365

하루 한쪽, 읽을 수록 놀랍고 감동적인

기적의 예화

김영진

성서원

example story of miracle

책이 좋았고 글이 좋았다. 딱히 별다른 이유가 없다. 그냥 책을 읽는 시간이 즐거웠고, 글을 쓰는 날들이 가슴 벅찼다. 그리하여 푸르른 스무 살 때 첫 시집을 냈다. 이름하여 『草原의 꿈을 그대들에게』(1965년, 동아출판사). 그 이후로 수많은 글을 썼고 다양한 책을 출간했다.

1972년 성서원을 설립하여 본격적으로 책을 펴냈다. 출판사는 이름 그대로 성경과 찬송가를 비롯한 기독교 전문 서적을 주로 냈지만, 개인적으로는 다양한 분야의 글을 쓰고 책을 펴냈다. 여러 권의 시집을 비롯하여 수필집, 자기 개발서, 기행문, 서간집, 청소년 도서, 성경 소설, 심지어 마케팅 도서까지 냈다. 글 쓰는 것이 좋아서 수천 편의 시와 수필을 쓰고, 60여 권의 책을 펴냈다.

그런데 어느 날, 두루 살펴보니 예화집이 한 권도 없었다. 예화는 어떤 내용을 가장 설득력 있고 감동적으로 전달하는 유용한 수단이다. 누구나 쉽게, 즐겁게 읽는다. 예수님도 이 땅에서 천국 진리를 전하실 때 비유와 예화를 즐겨 사용하시지 않았던가. 교회에서 설교를 들을 때, 백 마디의 주석이나 강해보다 단 하나의 예화가 가슴속에 더 깊이 남지 않던가.

좋은 예화집을 펴내고 싶어서 과감하게 도전했다. 그렇다면 세상에 회자되는 수많은 예화 중에서 어떤 것을 뽑고 고를 것인가. 고심하고 기도하다가 마침내 결론을 내렸다. 오래도록 필자에게 익숙한 기독교였다. 기독교의 핵심 예화를 고르고 뽑아 잘 다듬은 후 한 권의 책으로 펴내기로 마음먹었다.

그리하여 이 책이 세상에 빛을 보게 되었다. 1년 365일에 맞추었다. 새해 첫날부터 한 해의 마지막 날까지 하루에 한 개씩의 예화를 실었다. 기독교적 교훈을 품고 있는 세계의 유명한 인물과 사건에 관한 것이다. 365

머리말

일, 모든 날의 예화에는 '주제'가 있고 '관련 성구'를 제시했다. 먼저 주제를 인식한 후에 관련 성구를 보고 예화를 읽는다면, 그 교훈이 머릿속에 쏙쏙 들어오고 가슴속에 깊이 박힐 것이다.

365개의 예화를 설교 강단에서 적재적소에 손쉽게 활용할 수 있도록 다양한 색인(index)을 만들었다. 일련번호(001~365)에 따라 정리한 '차례별 색인', 예화의 주제를 가나다순으로 정리한 '주제별 색인', 그리고 창세기부터 요한계시록까지 성경 권별순으로 정리한 '성구별 색인'을 만들었다. 색인을 잘 활용하면 원하는 예화를 얼마든지 손쉽게 찾을 수 있을 것이다.

이 예화집을 만들기 위해 유명 예화집을 많이 살펴보았다. 그중에 가장 인상적이고 가슴 울리는, 뜨거운 감동과 교훈을 주는 핵심 예화들을 고르고 뽑았다. 일상의 바쁜 독자들이 읽는 데 조금도 지루하지 않게 했다. 예화 한 개당 200자 원고지 3~3.5매로 균일하게 압축하여 다듬었다. 말하자면 긴 예화의 엑기스인 셈이다.

356일 내내 예화처럼 뜨겁고 감동적인 삶이기를 소망하는 마음으로 이 책을 썼다. 교회 강단의 설교가 이 예화를 통해 더욱 풍성하고 감화력 있게 전달되고, 1천만 크리스천들의 영성을 살찌우는 데 보탬이 되었으면 한다. 무엇보다도 하늘 만나를 체험하기를 간절히 기도한다. 하루하루 광야 같은 각박한 세상살이로 하늘의 신령한 교훈에 목말라하는 사람들에게, 바위를 뚫고 콸콸 치솟는 시원한 샘물이 되기를 기도한다. 이 모든 것이 합력하여 오직 하나님께 영광되기를 바랄 뿐이다.

2024년

색인 활용법

이 책에 소개된 365개의 예화를 설교 강단에서 적재적소에 손쉽게 활용할 수 있도록 다양한 색인(index)을 만들었다. 각각의 활용법은 아래와 같다.

1. 일련번호(001~365)에 따라 차례순으로 정리한 '차례별 색인'

차례별 색인 _ 차례순	
001 불독개미 ☞ (일련번호와 예화 제목) 전쟁과 평화 ☞ (예화 주제)	033 폴리갑의 순교 ☞ (일련번호와 예화 제목) 신앙과 순교 ☞ (예화 주제)

2. 예화 주제를 가나다순으로 정리한 '주제별 색인'

주제별 색인 _ 가나다순	
(예화 주제) ☞ 가난 112, 154, 165, 184, 240, 248, 262, 362 ☞ (예화 관련 번호)	(예화 주제) ☞ 성경 10, 55, 65, 66, 75, 84, 105, 213 ☞ (예화 관련 번호)

3. 예화와 관련된 성구를 성경의 권별순으로 정리한 '성구별 색인'

성구별 색인 _ 성경 권별순	
창세기 1:27 (No. 32) (성경의 장절과 예화 관련 일련번호)	에베소서 5:15 (No. 87) (성경의 장절과 예화 관련 일련번호)

차례별 색인 _ 차례순

001 불독개미 / 전쟁과 평화 …… 16
002 횃불 릴레이 / 협력과 협동 …… 17
003 세 가지 유형의 인간 / 시련의 극복 …… 18
004 회개의 산성 / 양심과 회개 …… 19
005 에스키모의 한 노동자
   / 하나님의 일꾼 …… 20
006 대통령의 초청 만찬 / 수고와 상급 …… 21
007 에이브러햄 링컨 / 속박과 해방 …… 22
008 백의의 천사 바턴 / 친절과 호의 …… 23
009 윌리엄 그랜빌 / 참교육 …… 24
010 벤허 / 성경의 감화 …… 25
011 나이아가라 폭포 / 하나님의 창조 …… 26
012 네 번 이름이 바뀐 성자
   / 선교와 희생 …… 27
013 트루먼 대통령 / 믿음의 능력 …… 28
014 아이작 왓츠 목사 / 감사와 찬송 …… 29
015 리빙스턴의 꿈 / 선교와 전도 …… 30
016 콜럼버스 / 개척 정신 …… 31
017 구르카 부대 / 소망과 비전 …… 32
018 에델바이스 / 역경의 극복 …… 33
019 에서 증후군 / 인내와 견딤 …… 34
020 하겐 샤이머 / 감사와 은혜 갚음 …… 35
021 미키마우스 / 역경의 극복 …… 36
022 콰이강의 다리 / 올바른 판단 …… 37
023 청혼자의 자격 / 결혼의 조건 …… 38
024 선교사 스미스 부인 / 하나님의 섭리 …… 39
025 톨스토이의 우화 / 하나님의 은혜 …… 40
026 예수의 제자들 / 하나님의 일꾼 …… 41
027 악질 탐험가 / 악인과 형벌 …… 42
028 대리 시위 / 돈과 재물 …… 43
029 지옥 경험 / 도덕과 양심 …… 44
030 순교자 폴리유크토스 / 신앙과 순교 …… 45
031 옛 소련의 지하 교회 / 신앙과 충성 …… 46
032 인간 창조의 설화 / 사람의 창조 …… 47
033 폴리갑의 순교 / 신앙과 순교 …… 48
034 페니의 성공 / 도우심과 돌보심 …… 49
035 맥콜의 영적 각성 / 부르심과 소명 …… 50
036 빠삐용 / 후회와 자책감 …… 51
037 십자가 정신 / 희생과 봉사 …… 52

038 쉰들러 리스트 / 희생과 헌신 …… 53
039 삼국전도회 / 전도와 소망 …… 54
040 벨디에브의 증언 / 희생과 헌신 …… 55
041 덴마크 국기 / 십자가의 승리 …… 56
042 윈스턴 처칠의 경험
   / 보살핌과 도우심 …… 57
043 성전 머릿돌 / 하나님의 사람 …… 58
044 최후의 만찬 / 화해와 화목 …… 59
045 발렌타인데이 / 사명과 노력 …… 60
046 마르틴 루터와 돌계단 / 믿음과 구원 …… 61
047 두 가지 인간형 / 희생과 봉사 …… 62
048 존 듀이의 90세 생일 / 노년과 일 …… 63
049 윌 톰슨의 찬송 / 찬송과 은혜 …… 64
050 액자틀의 교훈 / 보배로우신 주님 …… 65
051 로버트 건드리의 8복 번역
   / 복 있는 자들 …… 66
052 국빈이냐 예배냐 / 예배와 신앙 …… 67
053 노름꾼과 지옥 / 방탕과 방종 …… 68
054 바르 코크바의 반란 / 저항과 자유 …… 69
055 사해 동굴 문서들 / 성경과 말씀 …… 70
056 안식일 등불 / 율법과 유대인 …… 71
057 미우라 아야코의 가게 / 배려와 양보 …… 72
058 다트마우스의 연구 / 신앙과 건강 …… 73
059 코닥 회사 / 자녀 교육 …… 74
060 삼일운동과 기독교
   / 기독교와 정의 …… 75
061 김치 이야기 / 희생과 성숙함 …… 76
062 마틴의 연구 / 이해와 배려 …… 77
063 월리스 심프슨의 회고록
   / 순수한 사랑 …… 78
064 토마스 헌 / 복음 전도자 …… 79
065 우편물 배달 / 성경과 말씀 …… 80
066 지미 베이카 / 말씀과 회개 …… 81
067 김활란의 찬송시 / 도우심과 보살핌 …… 82
068 앙리 뒤낭 / 희생과 봉사 …… 83
069 커크랜드 상사의 물통
   / 헌신과 화해 …… 84
070 알렉산더 대왕의 군대
   / 더 소중한 것 …… 85

차례별 색인 _ 차례순

071 나이든 신학생 / 삶의 결단 ········· 86
072 메뚜기 은행 / 하나님의 섭리 ········ 87
073 피아니스트 파울 비트겐슈타인
　　/ 역경의 극복 ···················· 88
074 탁아록 / 은혜와 배척 ··············· 89
075 윌리엄 틴데일 / 성경과 구원····· 90
076 경찰관 로리 터글 / 대화와 화해 ··· 91
077 사라 키어스테드 / 공존과 상생 ···· 92
078 처칠의 연설 / 역경의 극복 ········· 93
079 리처드 오웬 / 믿음과 새 삶······· 94
080 우정의 승리 / 친구와 우정 ········ 95
081 성 프랜시스의 말 / 십자가의 능력 ··· 96
082 레브 쇼메아 / 경청과 지혜 ········ 97
083 세 가지의 금 / 시간과 세월 ······ 98
084 소프라노 제니 린드 / 말씀과 성경 ··· 99
085 메리 라이언 / 기독교 교육 ········ 100
086 거리의 영웅상 / 정의와 희생 ····· 101
087 마지막 시간 관리 / 시간과 최선 ··· 102
088 레오나르도 다빈치 / 노력과 열매 ··· 103
089 대구와 메기 / 역경과 진보 ········ 104
090 구원자 무라토 / 자유와 해방 ····· 105
091 신빙성 여론 / 진실과 거짓 ········ 106
092 멕시코 라메싸 교도소
　　/ 고통과 구원 ···················· 107
093 이란 왕궁의 현관 / 실패와 성공 ··· 108
094 충분히 흔드세요 / 시련과 역경 ··· 109
095 토발센의 예수상 / 희생과 겸손 ··· 110
096 러브 스토리 / 가정과 자녀 ········ 111
097 로즈 케네디 여사 / 어머니의 교육 ··· 112
098 테레사 수녀의 전환점 / 헌신과 봉사 ··· 113
099 소설가 텔마 톰슨 / 역경의 극복 ··· 114
100 예수의 초상화 / 구세주 예수 ····· 115
101 오세올라 메카티 / 구제와 선행 ··· 116
102 스티븐의 빈 상자 / 부활과 생명 ··· 117
103 이민자 라모스 / 성실과 정직 ····· 118
104 레온티우 캘리 목사 / 자유와 해방 ··· 119
105 성경의 재발견 / 성경과 말씀 ····· 120
106 타마로아의 두 남자 / 감사와 친절 ··· 121
107 인간 이솝 / 말과 혀 ··············· 122

108 헤리스 교수의 연구 / 환난과 위기 ··· 123
109 배우 해럴드 월터스 / 치유와 병 고침 ··· 124
110 우간다의 기적 / 기도의 능력 ····· 125
111 믿음과 생활 / 믿음과 행함 ········ 126
112 베토벤의 집안 / 역경과 시련 ····· 127
113 톨스토이의 숲길 / 자연과 하나님 ··· 128
114 성 사마리아 여인 / 구제와 봉사 ··· 129
115 로자 파크스 사건 / 자유와 인권······· 130
116 승천한 자들의 노래 / 회개와 변화 ··· 131
117 대스승의 스승 / 스승과 감화 ····· 132
118 만물 박사 다빈치 / 신앙과 유산······· 133
119 잡초 존슨그래스 / 보복과 앙갚음 ··· 134
120 마스터키 / 예수와 생명 ············ 135
121 시인 하이네 / 어린이와 순수함 ··· 136
122 에드워드 가문 / 신앙 교육의 열매 ··· 137
123 유대인의 쉐마 교육 / 말씀과 교육 ··· 138
124 교회를 섬긴 봉사자들 / 봉사와 헌신 ··· 139
125 수산나 웨슬리의 가정교육
　　/ 자녀와 교육 ···················· 140
126 백성학과 빌 / 구제와 베풂 ········ 141
127 골다 메이어 수상 / 하나님의 일꾼 ··· 142
128 어머니의 영향력 / 어머니와 교육 ··· 143
129 테레사 수녀 / 하나님의 부르심 ··· 144
130 추상화가 김영수 / 시련의 극복 ··· 145
131 한 소녀의 메모 / 소망의 하나님 ··· 146
132 가정주부의 관심사 / 가정생활 ···· 147
133 17명의 5학년 남학생들
　　/ 친구와 우정 ···················· 148
134 분홍신 / 유혹과 타락················ 149
135 삶의 계절 / 꿈과 노력··············· 150
136 서부 개척자들 / 신앙과 개척 ····· 151
137 링컨의 집 / 기도와 간구 ·········· 152
138 최고의 설교가 / 어머니의 영향력 ··· 153
139 실리콘밸리의 진실 / 행복과 만족 ··· 154
140 빌 뎀비 선수 / 절망과 소망 ······ 155
141 악처 에피소드 / 남편과 아내 ····· 156
142 조각가 바톨디 / 어머니 ··········· 157
143 토미 타이의 스티커 / 어린이의 꿈 ··· 158
144 도널드 트럼프의 호화 요트

차례별 색인 _ 차례순

| / 돈과 행복 ·············· 159
145 르완다 소녀 / 찬송의 능력 ·············· 160
146 루이 파스퇴르 / 하나님의 일하심 ····· 161
147 헨리 포드의 고향집
/ 가정의 소중함 ·············· 162
148 아벤벨크 백작의 선물
/ 어린이의 가치 ·············· 163
149 경찰서장 찰스 무어 / 희생과 봉사 ···· 164
150 클레풀의 간증 / 자족과 행복 ·············· 165
151 토키벨레의 조사 / 십자가의 능력 ······ 166
152 네덜란드 항쟁 운동
/ 그리스도인의 자세 ·············· 167
153 안나 마리아 보타치 / 신념과 용기 ··· 168
154 하그로브 교수 / 역경의 극복 ·············· 169
155 크리스토퍼 로이 / 구제와 베풂 ·············· 170
156 힐러리 클린턴의 변화
/ 남편과 아내 ·············· 171
157 YMCA 창설자 / 청년과 말씀 ·············· 172
158 에스키모인의 건강 / 시련과 역경 ······ 173
159 윌리엄 콜게이트 / 사업과 십일조 ······ 174
160 링컨대통령의 정치 / 지도자의 리더십 175
161 후치다와 제이콥 / 양심의 가책 ·············· 176
162 영부인 베티 / 가족의 사랑 ·············· 177
163 가장 값진 보석 / 예수님과 성도 ·············· 178
164 존 록펠러 / 구제와 베풂 ·············· 179
165 외팔이 화가 / 의지와 노력 ·············· 180
166 독일 어머니들 / 근면과 성실 ·············· 181
167 아크바르 황제 / 겸손과 교육 ·············· 182
168 도원결의桃園結義 / 서약과 맹세 ·············· 183
169 아오키가하라 숲 / 자살과 복음 ·············· 184
170 투바슈타 / 여성의 창조 ·············· 185
171 누가 도왔는가 / 도움과 협조 ·············· 186
172 부스 부인 / 구제와 베풂 ·············· 187
173 칼 바르트의 고백 / 찬양과 묵상 ·············· 188
174 다이크 목사의 찬송시 / 창조와 찬양 189
175 본회퍼의 마지막 모습 / 믿음과 순교 190
176 오스트레일리아 개척 / 개척과 도전 ··· 191
177 존 웨슬리의 면모 / 근면과 성실·········· 192
178 스탠리 존스 선교사 / 선교와 사명 ···· 193

179 다임의 행진 / 돌봄과 나눔 ·············· 194
180 험프리의 회개 / 회개와 용서 ·············· 195
181 독수리 둥지 / 자녀 교육 ·············· 196
182 간디의 복음 / 복음과 실천 ·············· 197
183 카이저의 희망 / 절망 속의 희망 ·········· 198
184 메리언 앤더슨 / 어머니의 희생 ·············· 199
185 파우스트의 종말 / 사탄의 유혹 ·············· 200
186 영국과 스페인 식민지들
/ 복음과 황금 ·············· 201
187 황제와 청소부 / 성실과 근면 ·············· 202
188 모세 멘델스존의 사랑 / 사랑과 헌신 203
189 미얀마 선교사 / 섬김과 희생 ·············· 204
190 듣는 귀 / 부활 신앙 ·············· 205
191 스펄전의 명설교 / 사랑과 구원 ·············· 206
192 링컨과 감리교 / 교회와 봉사 ·············· 207
193 가수 케이트 스미드 / 재능과 섬김 ···· 208
194 네루의 코트와 모자 / 지도자의 자세 209
195 교회 지붕 위의 십자가
/ 교회와 십자가 ·············· 210
196 체중 달기 / 청렴과 성실 ·············· 211
197 플라자의 전설 / 성실과 근면 ·············· 212
198 링컨의 직업들 / 노력과 성공 ·············· 213
199 여객기 납치 사건 / 거짓과 공포 ·············· 214
200 빈민굴의 두 사람 / 교육의 중요성 ···· 215
201 마하트마 간디 / 비폭력과 평화 ·············· 216
202 아이젠하워 대통령 후보 / 믿음과 결단 217
203 올리버 판사의 세족식 / 차별과 편견 218
204 내일을 주시오 / 시간과 희망 ·············· 219
205 참 건강법 / 건강과 사랑 ·············· 220
206 프랭크 서피코 / 정직과 올곧음 ·············· 221
207 나도 너처럼 괴로웠다
/ 위로와 격려 ·············· 222
208 프로와 아마추어 / 삶과 인생 ·············· 223
209 독립 생활 / 독립과 자립 ·············· 224
210 로버트 아몬 / 서원과 사명 ·············· 225
211 가룟 유다의 얼굴 / 부자와 탐욕 ·········· 226
212 몰트 마이어슨의 가훈 / 감사와 축복 227
213 케추아 부족의 성경 / 성경과 선교 ···· 228
214 십자가와 내리막길 / 낮음과 십자가 ··· 229

차례별 색인 _ 차례순

215 두려워 말라 / 두려움과 말씀 ………… 230
216 파스칼의 인간학 / 하나님과 인간 …… 231
217 얼어붙은 눈물 / 고통과 영광 ………… 232
218 세계적인 잡지 발간 / 아버지와 아들 … 233
219 소매치기 / 순수함과 회개 …………… 234
220 테레사의 전도 / 믿음과 행함 ………… 235
221 시스틴 채플 / 재능과 은사 …………… 236
222 벨그라브 목사 / 포용과 용서 ………… 237
223 성경과 석유 / 말씀과 형통 …………… 238
224 메리 밀러 할머니 / 모금과 연보 ……… 239
225 일레인 차오 / 목표와 성공 …………… 240
226 하나님의 복을 빕니다 / 믿음과 소망 … 241
227 노예 잡기 / 사탄과 올무 ……………… 242
228 우편배달부 / 복음의 향기 …………… 243
229 미국인 메이슨 / 인생의 의미 ………… 244
230 링컨의 수염 / 조언과 수용 …………… 245
231 마리 스티븐스의 양장점
　　　　　/ 도움과 배려 …………… 246
232 미국의 성조기 / 신념과 정신 ………… 247
233 토머스 제퍼슨의 말 / 말씀과 순종 … 248
234 조지 워싱턴의 새벽 / 애국과 신앙 … 249
235 브라질에서 온 소년들 / 욕심과 탐욕 … 250
236 당근 대가리 / 인내와 끈기 …………… 251
237 거짓말 열전 / 진리와 거짓 …………… 252
238 워너메이커의 투자 / 성경의 가치 …… 253
239 메가케로스의 뿔 / 권세와 영광 ……… 254
240 벤디빌트의 임종 고백 / 심령과 영혼 … 255
241 미국의 달러 / 돈과 신앙 ……………… 256
242 마가렛 변호사 / 섬김과 봉사 ………… 257
243 어린 루터의 신앙 / 어린이와 신앙 … 258
244 고독한 사람 / 고독과 사색 …………… 259
245 피아노 이야기 / 긴장과 기도 ………… 260
246 선한 사마리아인 / 이웃과 섬김 ……… 261
247 동물의 본능 / 자연과 동물 …………… 262
248 어머니의 초상 / 어머니의 사랑 ……… 263
249 상처를 별로 만들어라 / 역경의 극복 … 264
250 폴 뉴먼 / 열정과 최선 ………………… 265
251 장애를 극복하라 / 장애의 극복 ……… 266
252 교회의 적 / 핍박과 부흥 ……………… 267

253 루터 목사의 아버지 / 새로운 삶 …… 268
254 개미구멍 / 유비무환 ………………… 269
255 하이든의 골방 / 고통과 기도 ………… 270
256 쿤타 킨테 / 믿음의 형제 ……………… 271
257 미운 것 / 사람의 도리 ………………… 272
258 우물 안 개구리 / 앎과 지식 ………… 273
259 양심에 대하여 / 사람의 양심 ………… 274
260 쓰레기를 종이로 / 새 생명과 중생 … 275
261 어리석은 부자 / 때와 기회 …………… 276
262 무디의 인생철학 / 하나님 우선 ……… 277
263 영아기의 3대 두려움 / 삶과 두려움 … 278
264 이민 소년의 결심 / 결심과 실천 …… 279
265 어느 차량 강도 / 정직한 삶 ………… 280
266 추장의 아들 / 명예와 자존감 ………… 281
267 엄마의 심장 소리 / 엄마와 아가 …… 282
268 순교자들 / 신앙과 순교 ……………… 283
269 무거운 짐 / 멍에와 죄 짐 …………… 284
270 한 마라토너의 미담 / 재능과 봉사 … 285
271 얼민 이야기 / 죄악을 멀리함 ………… 286
272 헬렌 켈러의 전조등 / 믿음과 빛 …… 287
273 지옥문에서 돌아서다 / 성경과 부흥 … 288
274 크고 넓은 골리앗 / 믿음과 진취성 … 289
275 보스턴의 케이크 천사 / 헌신과 봉사 … 290
276 공자의 꾸지람 / 가르침과 책망 ……… 291
277 가수 코텔리아 클락 / 죄인의 친구 … 292
278 세 거두의 사인 / 희소성과 가치 …… 293
279 교도소 개선위원회 / 변화와 개선 …… 294
280 선한 사냥꾼 / 희생과 헌신 …………… 295
281 시요 학원 / 섬김과 봉사 ……………… 296
282 칸트의 행복론 / 행복한 삶 …………… 297
283 평화의 아기 / 평화와 화해 …………… 298
284 희망을 팝니다 / 희망과 믿음 ………… 299
285 외줄타기 / 교만과 겸손 ……………… 300
286 교회의 색유리 / 용서의 힘 …………… 301
287 슈바이처와 짐 존스 / 하나님 중심 … 302
288 헤밍웨이의 문장력 / 글과 진실 ……… 303
289 가장 행복한 사람 / 행복과 보람 …… 304
290 후계자 정하기 / 목표와 목적 ………… 305
291 작업복의 학장 / 겸손과 감동 ………… 306

차례별 색인 _ 차례순

292 거미의 교훈 / 인내와 용기 ······ 307
293 산불 이후 / 회복과 새로움 ······ 308
294 로렌스 수도사 / 겸손과 모범 ······ 309
295 마부의 출세 / 현숙한 아내 ······ 310
296 엘레나 루스벨트 / 좋은 아내 ······ 311
297 나이팅게일의 겸손 / 겸손과 헌신 ······ 312
298 노벨 화학상 수상자 / 근면과 성실 ··· 313
299 막사이사이의 인격 / 공의와 정의 ······ 314
300 카네기의 그림 / 역경과 소망 315
301 마쓰시다 회장 / 굳센 의지 ······ 316
302 20세기의 3대 발언 / 말과 영향력 ··· 317
303 성녀 조안 / 묵상과 명상 ······ 318
304 대통령의 겸손 / 겸손과 소박함 ······ 319
305 충성 지침서 / 충성과 헌신 ······ 320
306 코카콜라 창업자 / 자유와 해방 ······ 321
307 회초리 교육 / 자녀 교육 ······ 322
308 어떤 며느리 / 사랑과 미움 ······ 323
309 클라이머와 카지노 / 서원과 맹세 ······ 324
310 황제의 어머니 / 예수의 십자가 ······ 325
311 가장 아름다운 것 / 가정의 소중함 ······ 326
312 위기 개입 / 역경과 진보 ······ 327
313 링컨의 어머니 / 어머니의 교육 ······ 328
314 테레사의 등불 / 빛의 삶 ······ 329
315 서양 문명사 / 전쟁과 평화 ······ 330
316 루터와 악마 / 죄와 구원 ······ 331
317 록펠러와 십일조 / 십일조 신앙 ······ 332
318 나무의 그늘 / 감사와 비난 ······ 333
319 조지와 윌리엄 / 진정한 승자 ······ 334
320 희망봉 / 도전과 희망 ······ 335
321 저주받은 자 / 감사와 고마움 ······ 336
322 로빈슨 크루소 / 감사와 만족 ······ 337
323 탈무드 / 지혜의 삶 ······ 338
324 상선약수上善若水 / 본분과 자연 ······ 339
325 노벨의 충격 / 죽음과 삶 ······ 340
326 쉐퍼 부부 / 부부의 행복 ······ 341
327 미켈란젤로의 꽃꽂이함 / 최선과 정성 342
328 두 개의 우산 / 배려와 베풂 ······ 343
329 방관자 이웃 / 사랑과 자비 ······ 344
330 최초의 추수감사절 / 추수와 감사 ······ 345

331 칠면조 / 복수심과 번영 ······ 346
332 아스팔트에서의 낚시질 / 전도와 선교 347
333 심슨의 위대한 발견 / 오직 예수 ······ 348
334 에이즈 보균자 / 믿음과 감사 ······ 349
335 오르간 연주자 / 차별 금지 350
336 헬렌 켈러의 소망 / 범사에 감사 ······ 351
337 루터의 깨달음 / 믿음으로 구원 ······ 352
338 간디의 모범 / 본과 모범 ······ 353
339 남편을 팝니다 / 남편과 아내 ······ 354
340 개 훈련 / 칭찬과 격려 ······ 355
341 피카소의 벽화 / 평화의 주님 ······ 356
342 포드의 4대 건강법 / 건강과 장수 ······ 357
343 기다림 / 기다림과 소망 ······ 358
344 묘지의 문 / 죄인과 천국 ······ 359
345 아버지라는 존재 / 아버지와 자녀 ······ 360
346 술과 악마 / 술의 폐해 ······ 361
347 죽음의 세기 / 전쟁과 어린이 ······ 362
348 금광 캠프 / 가정과 아기 ······ 363
349 사치스러운 사람들 / 사치와 낭비 ······ 364
350 송청의 선행 / 선행과 베풂 ······ 365
351 진가陳家의 결혼식 / 희생과 봉사 ······ 366
352 타이타닉호의 침몰 / 교만의 결과 ······ 367
353 걷지 않은 대문 빗장 / 회심과 용서 ··· 368
354 피카소의 그림 / 복음의 가치 ······ 369
355 링컨과 스토우 부인 / 하나님의 일꾼 370
356 허영에 속는 사람들 / 허영과 사치 ······ 371
357 말무덤 / 충성과 헌신 ······ 372
358 어이없는 일 / 교만과 넘어짐 ······ 373
359 포인세티아의 비밀 / 환난과 역경 ······ 374
360 고산족의 소 값 / 희망과 긍정 ······ 375
361 아방궁 / 평강과 기쁨 ······ 376
362 라구아디아 판사의 판결 / 돌봄과 구제 377
363 제일 큰 장난감 / 자선과 베풂 ······ 378
364 윌리엄 캐리의 임종 / 충성과 헌신 ··· 379
365 황소 걸음 / 여유와 신중함 ······ 380

작가 약력 ······ 381

주제별 색인 _ 가나다순

가난 112, 154, 165, 184, 240, 248, 262, 362
가정(가족) 96, 132, 147, 162, 311, 348
가치(귀함) 50, 70, 278, 325, 349, 354
각성(깨달음) 35, 40, 43, 46, 81, 167, 229, 306
감사(고마움) 14, 20, 25, 72, 106, 212, 318, 321, 322, 330, 331, 336
감화(감동) 10, 117, 277, 291, 334
개척 16, 136, 176, 209, 331
개혁 46, 105, 279, 337
거듭남(중생) 93, 260, 293
거짓(거짓말) 91, 199, 237, 257
건강 58, 132, 205, 342
격려 140, 153, 207, 340
결정(결심, 결단) 22, 45, 71, 202, 236, 264
결혼 23, 62, 188
겸손 167, 214, 230, 240, 291, 294, 297, 299, 304, 324, 352, 355
경솔함(어리석음) 19, 53, 185, 261, 356
경청(들음) 82, 230
고난(고통) 217, 249, 252, 255
고독(외로움) 99, 244, 303
교만 239, 285, 358
교육(가르침) 9, 59, 85, 97, 122, 123, 125, 136, 167, 181, 200, 273, 276, 307, 313, 331
교회 136, 151, 192, 195
구세주 100
구원 46, 191, 337
구제(베풂, 자선) 101, 114, 126, 155, 164, 172, 182, 350, 363
근면 166, 177, 187, 298
근신(경계) 227, 245, 254
긍정의 생각 5, 360

긍지(자존감) 266
기다림 343
기도(간구) 110, 137, 226, 245, 253, 255
기독교(기독교인) 60, 152, 268, 310
기회(때, 전화위복) 21, 24, 99, 127, 130, 261, 312
꿈(미래, 비전) 5, 19, 99, 135, 143, 363
나눔 179
노년 48
노력(성실) 73, 88, 103, 135, 153, 165, 198, 249
단련(연단, 훈련) 94, 181, 217, 249
도덕 29
도움(도우심) 34, 171, 231, 329
도전(진취성) 78, 165, 176, 274, 320
독립(자립) 209
돈(재물) 28, 132, 144, 186, 229, 241
돌봄(돌보심) 34, 42, 179, 362
두려움 199, 215, 263, 361
만족(자족) 139, 150
말과 혀 107, 302
말씀 55, 66, 84, 123, 157, 215, 223, 234
모금(연보) 224
모범(솔선수범) 294, 297, 338
목숨(생명) 112, 120
목표(목적) 45, 225, 290
묵상(사색) 173, 244, 303, 365
믿음(신뢰) 13, 23, 30, 31, 33, 46, 131, 136, 175, 226, 263, 272, 274, 284, 334, 337, 342
방탕(방종) 53
배려(양보) 37, 57, 62, 231, 328
배움 225
변화 116, 279, 293

보배(보물) 50, 163
보복(앙갚음) 119
보호하심 42, 67
복(축복) 51, 212, 321, 331
복음 7, 64, 169, 186, 228, 253, 269, 354
봉사 8, 12, 37, 47, 68, 98, 124, 149, 192, 246, 270, 275, 281
부르심(소명) 35
부활 102, 190
부흥 252, 273
분쟁 2
불굴(의 정신력) 17, 78, 153, 165
사랑 23, 63, 188, 191, 205, 282, 296, 308, 353
사명 45, 149, 178, 210
사업(투자) 159, 164, 223, 238, 261, 306
사역(일) 48, 127, 243, 282
사치(허영, 낭비) 83, 349, 356
사탄 7, 185, 227
상급 6
상생(공존) 77, 347
새 삶 79, 93, 116, 219, 229, 260, 275, 293, 312, 314
서약(맹세) 168, 210, 309
선교 12, 15, 45, 178, 189, 213
선행 155, 164, 182, 246, 350
섬김 47, 189, 193, 203, 242, 246, 281
섭리 24, 72
성경 10, 55, 65, 66, 75, 84, 105, 213, 234, 238, 273
성공 198, 225, 290, 306, 360
성도(믿음의 형제) 256, 266
성숙 61
성실 166, 177, 187, 197, 198, 254, 298, 327
소망(희망) 17, 131, 140, 183, 204, 226, 282, 284, 300, 320, 343, 360

주제별 색인 _ 가나다순

순교(순교자) 30, 33, 175, 268, 271
순수함(순전함) 121, 143, 219, 243
술(알코올 중독) 346
스승 117, 135
승리 41, 319
시간(세월) 83, 87, 204,
시련(의 극복) 16, 18, 21, 94, 130, 146, 154, 158
신앙 30, 31, 33, 52, 58, 103, 118, 122, 217, 234, 241, 249, 251, 300, 359
신의(의리) 168
신중함 365
실천(행함) 111, 182, 220, 264, 338
십일조 159, 242, 306, 317
십자가(의 능력) 41, 81, 146, 151, 155, 195, 214, 310, 316, 354,
아기 171, 263, 267, 283, 289, 348
아내(남편) 141, 156, 295, 296, 326, 339
아버지 218, 345
악영향 22
악인 27, 287
애국(애국심) 56, 194, 232, 234, 305
약점(장애) 92, 249, 251, 272
양심 4, 29, 161, 233, 259
어린 이 121, 143, 148, 219, 243, 347
어머니 59, 97, 128, 137, 138, 142, 166, 184, 248, 267, 313, 317, 353
여성 170
역경(환난) 18, 21, 73, 89, 94, 99, 112, 154, 158, 251, 300, 312, 359
열정 15, 250, 332

영광 28, 217, 221
예배 52
예수(그리스도) 50, 70, 74, 79, 92, 95, 100, 109, 120, 163, 207, 277, 278, 280, 283, 333, 354
오해(배척) 74
용기(용감) 38, 140, 202, 206, 215, 292
용서 44, 180, 222, 286, 353
우정 80, 133
위기 108, 130
위로 6, 207, 215
유대인 56, 123, 212, 323
유혹(쾌락) 134, 185, 227
율법 56
은사(재능) 193, 221, 270
은혜 25, 26
은혜(은혜 갚음) 20
의식주 28
이웃 사랑 329, 362
인간(사람) 3, 26, 32, 92, 216, 257, 258, 263
인권 115
인내(견딤, 끈기) 19, 236, 292
인생(삶) 208, 229, 324
일꾼(사역자) 26, 43, 129, 355, 364
자녀 96, 125, 128, 181, 218, 266, 307
자살 169
자연 113, 247
자유 7, 54, 90, 115, 306
자책감(죄책감) 36, 161, 325
전도(전도자) 39, 64, 161, 332, 364
전쟁(싸움) 1, 315
절망(낙담) 18, 34, 140, 183
정결(거룩함) 232, 271
정신(정신력) 54, 232, 301
정의(공의) 27, 60, 86, 206, 232, 299

정직 103, 206, 233, 265
죄(죄 짐) 269, 271, 316
죄인 344
지도자 160, 194, 196
지옥 53
지혜 82, 323
진리(진실) 91, 237, 288
차별 335
찬송(찬양) 14, 49, 67, 145, 173, 174
창조(창조주) 11, 32, 113, 170, 174, 247
천국 344
청년 157
청렴(검소) 194, 196
최선(의 삶) 250, 327
충성 31, 33, 305, 357
치유(병 고침) 109
친구 80, 133
친절 8, 106
칭찬 340
탐욕(욕심) 211, 235, 239
판단 22
평화(평강) 1, 76, 77, 201, 283, 315, 341, 347, 361
포용(수용) 222, 230, 353
하나님 13, 241, 258, 262, 287
해방 7, 36, 90, 104, 314
행복 139, 144, 150, 282, 289, 326, 360, 361
헌신 38, 47, 98, 124, 188, 220, 275, 297, 351
협력(협동) 2
형통 223
화목(화해) 44, 69, 180, 283
환난(핍박) 108, 252, 359
회개 4, 66, 116, 253
효도 308
후회 36
훈계 9
희생 12, 37, 38, 40, 47, 61, 86, 95, 184, 280, 351

성구별 색인 _ 성경 권별순

✦ 구약 ✦

창세기 1:27(No. 32)
창세기 2:22 (No. 170)
출애굽기 31:2-5 (No. 221)
신명기 6:3 (No. 123)
신명기 6:6 (No. 233)
신명기 6:7 (No. 59)
신명기 8:18 (No. 212)
신명기 16:13 (No. 330)
여호수아 17:15 (No. 16, 136, 176)
여호수아 17:18 (No. 320)
사무엘상 17:45 (No. 274)
열왕기상 19:12-13 (No. 303)
열왕기하 5:2 (No. 230)
욥기 23:10 (No. 94)
욥기 27:6 (No. 54)
욥기 38:36 (No. 247)
욥기 42:2-3 (No. 258)
시편 5:7 (No. 52)
시편 7:8 (No. 196)
시편 11:7 (No. 265)
시편 15:1 (No. 152)
시편 18:29 (No. 202)
시편 19:1 (No. 113)
시편 19:9 (No. 84)
시편 20:1-2 (No. 154)
시편 23:4 (No. 263)
시편 26:2 (No. 259)
시편 27:5 (No. 67)
시편 32:6 (No. 137, 245)
시편 33:18 (No. 249)
시편 34:4 (No. 255)
시편 34:6 (No. 92, 108)
시편 34:12-13 (No. 91)
시편 36:9 (No. 272)
시편 39:7 (No. 204)
시편 41:1 (No. 98, 164, 362)
시편 42:5 (No. 17, 130)

시편 43:5 (No. 140, 169)
시편 46:1 (No. 99, 112)
시편 50:15 (No. 34)
시편 51:6 (No. 288)
시편 51:10 (No. 287)
시편 59:1 (No. 226)
시편 62:5 (No. 284)
시편 66:13 (No. 309)
시편 67:7 (No. 232)
시편 71:18 (No. 48)
시편 90:14 (No. 289)
시편 95:1-2 (No. 49, 174)
시편 95:2 (No. 14)
시편 104:24 (No. 11)
시편 119:36-37 (No. 235)
시편 119:69 (No. 237)
시편 119:105 (No. 234)
시편 119:105-106 (No. 56)
시편 119:165 (No. 65)
시편 126:5 (No. 73, 198)
시편 126:5-6 (No. 165)
시편 126:6 (No. 135)
시편 127:1 (No. 22)
시편 127:3-5 (No. 348)
시편 128:3 (No. 96, 132, 311)
시편 128:3-4 (No. 345)
시편 131:2 (No. 142)
시편 137:1,4 (No. 256)
시편 139:9 (No. 42)
시편 144:15 (No. 331)
잠언 2:11-12 (No. 257)
잠언 2:12 (No. 323)
잠언 2:22 (No. 206)
잠언 3:5-6 (No. 223)
잠언 3:7 (No. 342)
잠언 3:29-30 (No. 77)
잠언 5:1-2 (No. 82)
잠언 9:9 (No. 9)
잠언 10:4 (No. 166)
잠언 11:2 (No. 167)

잠언 11:3 (No. 103)
잠언 13:4 (No. 298)
잠언 13:24 (No. 307)
잠언 14:26 (No. 218)
잠언 14:31 (No. 363)
잠언 15:22 (No. 88)
잠언 16:18 (No. 239, 285, 352, 358)
잠언 17:1 (No. 147, 361)
잠언 17:17 (No. 80)
잠언 19:14 (No. 296)
잠언 19:17 (No. 101, 126)
잠언 21:9 (No. 141)
잠언 22:6 (No. 125, 181, 200)
잠언 23:30 (No. 346)
잠언 25:11 (No. 302)
잠언 27:21 (No. 340)
잠언 31:10 (No. 295)
전도서 3:1 (No. 261)
전도서 5:4 (No. 168)
전도서 6:6 (No. 325)
전도서 9:10 (No. 45)
전도서 12:11 (No. 117)
전도서 12:13 (No. 324)
아가 8:7 (No. 63)
이사야 1:17 (No. 275)
이사야 2:4 (No. 347)
이사야 6:8 (No. 35, 71)
이사야 9:6 (No. 1, 195, 341)
이사야 28:29 (No. 24)
이사야 30:15 (No. 365)
이사야 40:31 (No. 183)
이사야 41:10 (No. 301)
이사야 43:5 (No. 215)
이사야 49:15 (No. 72, 267)
이사야 52:7 (No. 228)
이사야 53:2 (No. 100)
이사야 53:5 (No. 40)
이사야 55:7 (No. 353)
이사야 58:6 (No. 104)

주제별 색인 _ 가나다순

이사야 58:7 (No. 114)
이사야 66:13 (No. 184, 248)
예레미야 8:7 (No. 357)
예레미야 22:3 (No. 38)
에스겔 18:31 (No. 279)
호세아 11:1 (No. 74)
요엘 3:10 (No. 315)
아모스 5:11 (No. 27)
아모스 5:15 (No. 60)
아모스 5:24 (No. 86, 299)
요나 2:9 (No. 210)
미가 7:7 (No. 131)
말라기 3:10 (No. 159, 317)

✦ 신약 ✦

마태복음 5:3 (No. 240)
마태복음 5:3-10 (No. 51)
마태복음 5:23 (No. 44)
마태복음 6:14 (No. 180)
마태복음 6:33 (No. 28, 262)
마태복음 7:6 (No. 276)
마태복음 10:16 (No. 208)
마태복음 10:36-37 (No. 329)
마태복음 10:39 (No. 351)
마태복음 11:19 (No. 277)
마태복음 11:28 (No. 269)
마태복음 14:22-23 (No. 244)
마태복음 18:3 (No. 219)
마태복음 18:4 (No. 148)
마태복음 18:22 (No. 222)
마태복음 19:13 (No. 121)
마태복음 19:14 (No. 243)
마태복음 21:22 (No. 110)
마태복음 25:40 (No. 155, 160, 281)
마태복음 26:52 (No. 119, 201)
마가복음 1:18 (No. 332)

마가복음 10:14 (No. 143)
누가복음 4:18 (No. 115)
누가복음 5:31-32 (No. 344)
누가복음 6:38 (No. 8)
누가복음 10:37 (No. 246)
누가복음 16:10 (No. 254, 327)
누가복음 17:17 (No. 20)
누가복음 20:17 (No. 43)
누가복음 24:1-3 (No. 102)
요한복음 3:16 (No. 191)
요한복음 5:39 (No. 55)
요한복음 8:32 (No. 306)
요한복음 13:34 (No. 308)
요한복음 14:6 (No. 120)
요한복음 15:13-14 (No. 133)
요한복음 20:27 (No. 189)
사도행전 1:8 (No. 15)
사도행전 3:6 (No. 178)
사도행전 16:25-26 (No. 145)
사도행전 17:25 (No. 25)
사도행전 20:24 (No. 39)
사도행전 24:16 (No. 29, 161)
로마서 1:17 (No. 46, 337)
로마서 5:3-4 (No. 18, 21)
로마서 5:4 (No. 300)
로마서 8:1-2 (No. 7, 36, 90)
로마서 10:12 (No. 203)
로마서 12:2 (No. 3)
로마서 12:10-11 (No. 192, 242)
로마서 12:11 (No. 177, 250)
로마서 12:17-18 (No. 69)
로마서 13:12 (No. 66)
로마서 15:2 (No. 231, 350)
고린도전서 1:18 (No. 151, 354)
고린도전서 1:26 (No. 129)
고린도전서 1:27 (No. 127, 146)
고린도전서 1:28 (No. 26)
고린도전서 2:2 (No. 310)
고린도전서 4:1 (No. 5)
고린도전서 9:16 (No. 364)

고린도전서 11:1 (No. 294, 338)
고린도전서 13:13 (No. 282)
고린도전서 15:2 (No. 157)
고린도전서 15:10 (No. 355)
고린도전서 15:12 (No. 190)
고린도전서 15:31 (No. 61)
고린도전서 16:14 (No. 205)
고린도후서 1:5 (No. 207)
고린도후서 2:11 (No. 199)
고린도후서 3:5 (No. 139)
고린도후서 4:7 (No. 50)
고린도후서 4:17 (No. 359)
고린도후서 5:17 (No. 93, 253, 260, 293)
고린도후서 8:2 (No. 224)
고린도후서 12:10 (No. 216, 251)
갈라디아서 5:24 (No. 81)
갈라디아서 6:2 (No. 37, 171)
갈라디아서 6:9 (No. 78, 292)
갈라디아서 6:14 (No. 41, 195)
갈라디아서 6:17 (No. 163, 278)
에베소서 4:1-3 (No. 76)
에베소서 4:19 (No. 53)
에베소서 4:22-24 (No. 134)
에베소서 4:32 (No. 286)
에베소서 5:3 (No. 271)
에베소서 5:4 (No. 318)
에베소서 5:8-9 (No. 79, 116, 314)
에베소서 5:15 (No. 87)
에베소서 5:16 (No. 83)
에베소서 5:19 (No. 173)
에베소서 5:33 (No. 326)
빌립보서 1:12 (No. 89, 158, 252, 312)
빌립보서 1:20 (No. 334)
빌립보서 2:2 (No. 2)
빌립보서 2:3 (No. 12, 47, 57, 68, 149, 297, 356)
빌립보서 2:4 (No. 179, 328)

성구별 색인 _ 성경 권별순

빌립보서 2:6-7 (No. 95, 214)
빌립보서 2:8 (No. 280)
빌립보서 3:7-8 (No. 70)
빌립보서 3:8 (No. 150, 319, 333)
빌립보서 3:13-14 (No. 225, 290)
빌립보서 3:20 (No. 268, 343)
빌립보서 4:12 (No. 360)
빌립보서 4:13 (No. 13, 153)
골로새서 1:13 (No. 316)
골로새서 3:15 (No. 321, 336)
골로새서 3:18-19 (No. 62)
데살로니가전서 2:9 (No. 64)
데살로니가전서 4:11 (No. 187, 197, 209)
데살로니가전서 5:16-17 (No. 106)
데살로니가전서 5:18 (No. 322)
데살로니가후서 3:9 (No. 194)
디모데전서 1:19 (No. 4)
디모데전서 4:8 (No. 58)
디모데전서 5:8 (No. 162)
디모데전서 6:9 (No. 211)
디모데전서 6:10 (No. 144, 186, 241)
디모데후서 1:5 (No. 97, 118, 122, 128, 138, 313)
디모데후서 3:12 (No. 175)
디모데후서 3:15 (No. 75)
디모데후서 3:16 (No. 10, 85, 105, 213)
디모데후서 3:16-17 (No. 238, 273)
디모데후서 4:7-8 (No. 6, 33, 264)
디모데후서 4:8 (No. 217)
디도서 2:14 (No. 270)
히브리서 12:16 (No. 19)
야고보서 1:4 (No. 236)
야고보서 1:27 (No. 172)
야고보서 2:1 (No. 335)
야고보서 2:14 (No. 111)
야고보서 2:15-16 (No. 182)
야고보서 2:18 (No. 220)
야고보서 3:6 (No. 107)
야고보서 4:6 (No. 291)
야고보서 4:14 (No. 229)
야고보서 5:15 (No. 109)
베드로전서 2:9 (No. 266)
베드로전서 3:1 (No. 339)
베드로전서 3:5 (No. 156)
베드로전서 4:10 (No. 124, 193)
베드로전서 5:6 (No. 304)
베드로전서 5:8 (No. 185)
베드로전서 5:8-9 (No. 227)
요한일서 2:2 (No. 283)
요한일서 4:18 (No. 23, 188)
요한계시록 2:10 (No. 31, 305)
요한계시록 7:14 (No. 30)
요한계시록 18:7 (No. 349)

365

하루 한쪽, 읽을 수록 놀랍고 감동적인

기적의 예화

001 | 불독개미

전쟁과 평화
(♪ 412장, 410장)

수백만 년의 전쟁

불독개미인 일개미는 허리가 잘려도 싸웁니다. 인간도 싸움의 본능이 있어서 죽을 때까지 크고 작은 싸움을 수없이 하는 존재입니다. 예수는 아가페 사랑으로 십자가를 지셨습니다.

    독일의 철학자 쇼펜하우어는 인간을 불독개미와 같다고 했습니다. 불독개미는 개미 종류 중에서 싸움하는 군대 개미를 말합니다. 그 개미는 몸체를 잘라 놓아도 계속 싸우기만 합니다. 몸체의 절반을 잘라 버리면, 머리 부분과 꼬리 부분이 서로 싸웁니다. 머리는 꼬리를 물고 늘어지고, 꼬리의 바늘 침은 머리를 쏘아댑니다.

    어떻게 보면 인간도 싸움하는 존재입니다. 태어나서 죽을 때까지 크고 작은 싸움과 전쟁의 도가니 속에서 살아가는 것을 볼 수 있습니다. 죽을 때까지 싸우는 불독개미처럼 인간도 싸움과 경쟁의 본능이 있습니다. 혼자 있으면 졸고 둘이 있으면 싸웁니다. 그리고 셋이 있으면 파당을 짓고 또 서로 싸웁니다.

    사람 속에는 보이지 않는 싸움과 투쟁의 DNA가 있는 듯합니다. 그래서 싸움의 처참한 결말과 폐해를 잘 알면서도 아랑곳하지 않고 계속 싸웁니다. 이처럼 우리 인간은 자신도 모르게 싸움의 본능을 지니고 있습니다. 왜 싸우는지, 꼭 싸워야 하는지 그 이유도 모른 채 그저 싸울 때가 종종 있습니다. 정말 인간은 불독개미와 같은 존재입니다. 그래서 이 같은 인간의 싸움과 전쟁의 본능을 종식시킬 수 있는 유일한 치료제는 아가페 사랑으로 자신을 희생하신 예수 그리스도의 십자가 보혈뿐입니다. 정녕 그분은 평화의 왕이십니다.

"한 아기가 우리를 위하여 태어났도다. 주께서 우리를 위하여 한 아들을 주셨도다. 그 아기가 장차 우리의 통치자가 되어 우리를 다스리실 것이니."(사 9:6)

002 | 횃불 릴레이

협력과 협동
(♪220장, 475장)

횃불 릴레이는 고린도 서쪽 올림푸스 산에서 아테네까지 달리는 경기였습니다.
그리스 화폐의 '빛을 전달하라'라는 문구는 달리기에 협동 정신을 강조하라는 뜻입니다.

기드온의 300용사

고린도는 오늘날 그리스의 수도인 아테네에서 서쪽으로 고린도 운하 건너편에 있는 고대 도시입니다. 신약 성서 고린도전서와 고린도후서에서 고린도 교회는 갈등과 싸움이 잦았던 것으로 기록되어 있습니다. 사도 바울 당시에, 고린도 교회의 교인들은 서로 갈라져 파당을 짓고 싸우고 분쟁을 일으키는 골칫거리였습니다.

이 고린도에서 계속 서쪽으로 가면 올림포스산이 있고 그리스 신들의 터전이 있습니다. 고대에 그곳에는 '횃불 릴레이'라는 경기가 있었습니다. 오늘날 올림픽에서 육상의 한 종목이 된 경기는 횃불이 없는 릴레이입니다.

그런데 고대에는 횃불을 들고 달려가 다음 주자에게 전달하는 횃불 릴레이를 했습니다. 이때 경기 중 횃불이 꺼지거나 경기 규칙을 위배하면 그 팀은 실격이 되므로, 이 경기 종목을 '횃불 나르기 릴레이 경기'라고 했습니다.

이것이 조금 변형되어 오늘날 올림픽 육상에서 '4인 이어달리기'라는 종목으로 시행되고 있습니다. 운동 경기는 최선을 다해 치열하게 해야 합니다. 그런데 고대의 횃불 릴레이 경기처럼 다른 주자에게 빛을 전달하는 경기는 빛을 꺼뜨리지 않는, 협력하는 정신이 필요합니다. 경기를 승리로 이끌어 국가의 빛을 발하기 위해서는 서로 협력해야 합니다.

그래서 오늘날 그리스 화폐에는 '빛을 전달하라'라는 문구가 새겨져 있습니다. 한마음과 한뜻을 품는 협동 정신은 성도들의 삶에도 아주 중요합니다.

"여러분은 한마음과 한뜻으로, 같은 사랑을 가지고 하나가 되어 행함으로써, 내 기쁨이 넘치게 해주십시오."(빌 2:2)

003 | 세 가지 유형의 인간

시련의 극복
(♪354장, 350장)

심리학회에 보고한 삶의 세 가지 유형입니다.
독수리형은 상승과 승리를 축으로 하여 진취적입니다.
황소형은 저돌적이지만 위를 못 보고 현실적·이기적입니다.
풍선형은 풍조에 따라 주체성이나 방향도 없이 즉흥적입니다.

    어느 심리학자가 정리한 인간형이 있습니다. 심리학회에서 보고한 이 삶의 형태는 세상을 살아가는 인간의 태도를 분석하고 정리한 것입니다. 우리는 어느 것에 해당하는지 한번 점검해 봐야겠습니다. 그 세 가지 유형은 바로 독수리형, 황소형, 풍선형입니다.
    올라가는 인생, 승리하는 삶을 추구하고 싶지 않습니까? 첫 번째 유형인 독수리형은 그렇게 발전하고 성장하는 인간형입니다. 독수리처럼 매사에 진취적으로 나아갑니다. 독수리는 세찬 바람이 있어야 상승 기류를 타고 위로 높이 올라갈 수 있습니다. 바람이 잔잔하거나 잠들면 오히려 날기 힘들어집니다. 세찬 바람이 고통이나 역경을 상징한다면, 독수리형 믿음을 가진 사람에게는 고통이나 환난도 더 높은 비상을 위해 매우 유익한 것입니다.
    두 번째 유형인 황소형은 투지만만하고 저돌적인 모습을 보입니다. 얼핏 보면 용기가 있는 것 같지만, 이런 유형은 땅만 내려다볼 뿐 위를 보지 못합니다. 열정적인 것 같아도 원대한 목적에서 이탈하고, 당장 눈앞에 보이는 현실에만 급급하여 이기적으로 살아갑니다.
    세 번째 유형인 풍선형은 주체성도 없고 방향도 없습니다. 마치 유랑하는 철새 같은 모습을 보입니다. 무게도 없고 중심도 없습니다. 바람 따라 풍조 따라 이리저리 흔들리는 유형입니다. 이런 풍선형은 타락한 시대의 풍조에 따라 방종하고 즉흥적인 생을 살다 갑니다. 성경은 이런 삶을 경고합니다.

"…하나님의 뜻이 무엇인지, 또 하나님께서 기뻐하시는 선하고 온전한 뜻이 어디에 있는지 옳게 분별하여 그것을 받아들이도록 하십시오."(롬 12:2)

004 | 회개의 산성

양심과 회개
(♪255장, 259장)

누구든 죄가 있다고 생각되면 교회 건축에 필요한 벽돌 2장 값을 보내 달라는 신문 광고를 본 사람들은 벽돌뿐만 아니라 목재, 기와, 유리 값까지 보냈습니다. 무명씨들의 헌금으로 회개의 산성 교회를 지었습니다.

콜롬비아 보고타의 1만 피트 산꼭대기에는 '회개의 산성'이라는 벽돌 교회가 있습니다. 양심적인 시민들이 기부한 각자의 벽돌 두 장 값으로 지은 교회입니다. 처음 이 교회를 지으려 할 때, 신문에 이런 광고 문구를 냈다고 합니다. 누구의 생각인지 참으로 기발합니다.

"누구든지 죄가 있다고 여기면, 우리 교회 건축을 위해 벽돌 두 장 값을 보내 주세요."

이 같은 신문 광고를 보고 양심적인 시민들이 호응하여 벽돌값이 많이 들어왔습니다. 벽돌뿐만 아니라 그것 외에 필요한 목재, 기와, 유리 값까지 모였습니다. 무명씨로 기부했는데 한 사람이 여러 차례 한 적도 많았습니다. 알게 모르게 사람들은 죄를 지을 때면 그때마다 벽돌 두 장 값을 보내기도 했습니다.

죄를 짓고도 뻔뻔하게 살아가는 사람들이 많은 세대입니다. 그러나 비록 죄를 지었을지라도 양심을 잃지 않고 회개하는 마음으로 살아가는 현대인들도 이처럼 많습니다. 회개하는 마음을 벽돌 두 장 값에 덧붙여 하나님께 바치는 모습이 아름답습니다. 우리나라에도 이런 양심의 벽돌로 쌓아 올린 '회개의 산성' 교회를 세웠으면 싶습니다.

"굳센 믿음과 선한 양심을 간직하십시오. 어떤 사람들은 그 양심을 버렸고, 그 믿음을 깨뜨려 버리고 말았습니다."(딤전 1:19)

005 | 에스키모의 한 노동자

하나님의 일꾼
(♪320장, 332장)

알래스카 코체부

포스터 목사는 대학 시절 알래스카 봉사 때 만난 한 에스키모 노동자의 말을 평생 잊지 못했습니다. 수많은 학생이 공부할 고등학교를 떠올리며 춥고 힘들 때 그의 말을 듣고 힘을 얻었습니다.

미국의 포스터 목사는 목회자와 저술가로 널리 알려진 인물입니다. 대학 시절 그가 방학 때 봉사단의 한 사람으로 알래스카의 코체부에 갔을 때였습니다.

때마침 고등학교를 건축하는 그곳 현장에서는 맹렬한 추위와 싸워야 했습니다. 얼어붙은 땅을 파고 기초 공사를 하는데, 땅은 너무나 단단했습니다. 뿐만 아니라 춥고 배도 고팠습니다. 그래서 그런지 포스터의 표정에는 힘들고 피곤한 기색이 역력했습니다.

"힘들지? 그러나 이곳에 고등학교를 세우면 숱한 학생들이 그들의 꿈과 미래를 위해 열심히 공부할 것을 생각하게."

열심히 집을 짓던 한 에스키모인이 힘들어 찡그리는 그를 툭 치며 말했습니다. 그 노동자는 힘든 일을 기쁜 표정으로 감당하고 있었습니다.

그러자 포스터는 감격에 찬 눈빛으로 그 노동자를 바라보며 긍정적으로 생각을 바꾸었습니다. 알래스카의 힘든 건축 현장에서 포스터가 경험한 이 일은, 장차 하나님의 왕국을 세우는 성실한 노동자가 되기로 결심하는 계기가 되었습니다. 후일 그는 하나님 왕국을 세우는 저명한 목사와 저술가로 활동하면서, 이때의 경험을 잊지 못한다고 고백했습니다.

"여러분은 마땅히 우리를 그리스도의 일꾼이요, 하나님의 복음의 비밀을 맡은 사람들로 보아야 합니다."(고전 4:1)

006 | 대통령의 초청 만찬

수고와 상급
(♪360장, 353장)

사흘 뒤 부부 동반으로 만찬에 초대한다고
비서가 와서 정중하게 말했습니다.
대통령은 강추위에도 열심히 일하는
환경미화원들이 진짜 애국자라고 했습니다.

프랑스 파리 엘리제 궁전

　1974년 1월 몹시 추운 날, 프랑스 파리의 엘리제 궁 뒷길 마리니 가에서 환경미화원들이 청소를 하고 있었습니다. 그날따라 혹독한 맹추위에 빗자루를 든 손가락이 빠질 것만 같아서 추위 속에 한참을 웅크리고 있었습니다. 그때 대통령 비서가 와서 그들에게 정중하게 말했습니다.

　"대통령께서 특별히 여러분을 만찬에 초대하셨습니다. 사흘 뒤 부부 동반하여 꼭 엘리제 궁으로 오시랍니다."

　그들은 어리둥절해하며 반신반의했습니다. 엘리제 궁은 프랑스 대통령의 관저입니다. 그곳에서 부부 동반 초청 만찬이라니?

　"우리 같은 말단 노동자들을 왜 초청하시는 겁니까?"

　"이런 강추위에도 열심히 일하는 여러분들이 진짜 애국자라고 하셨습니다."

　그러자 어느새 추위도 고통도 잊은 채 가슴에서 불타오르는 열정이 그들을 뜨겁게 달구는 것을 느꼈습니다. 감격한 그들은 혹독한 추위도 잊고 열심히 일했습니다. 무엇보다 자신들의 수고를 알아주는 대통령의 배려와 초대를 큰 영광으로 알았습니다.

　우리 성도들도 이 땅에서 말단 노동자처럼 살아가지만, 그 모든 수고를 하늘에 계신 만군의 왕 하나님께서 다 아십니다. 때가 되면 하늘 예루살렘으로 초대하여 큰 상급으로 위로해 주실 것입니다.

"나는 선한 싸움을 다 싸웠고, 달려갈 길을 다 끝냈으며, 나의 믿음을 굳게 지켰습니다. …이제는 의의 월계관이 나를 기다리고 있습니다."(딤후 4:7-8)

007 | 에이브러햄 링컨

속박과 해방
(♪283장, 287장)

노예해방선언서

링컨이 마차에서 내려 수렁에 빠진 돼지를 구하다가 옷이 더러워져 마차 타기를 거부당한 일이 있었습니다. 훗날 대통령이 된 그는 그때의 경험을 떠올리며 노예들을 해방시키고 자유와 권리를 주었습니다.

링컨도 거부당하는 아픔을 겪은 적이 있었습니다. 어느 날, 그는 마차를 타고 가다가 돼지가 수렁에 빠져 허우적대는 것을 보았습니다. 사람들이 구경하고 있었지만 아무도 그 돼지를 구하지 않았습니다. 그때 링컨이 마차에서 내려 달려가 그 돼지를 구했습니다. 하지만 더러워진 옷 때문에 마차에 타지 못하고 승차를 거부당해야 했습니다.

언젠가 증명서를 가지고 들어갈 수 있는 백인 지역에 인디언 노인이 왔을 때였습니다. 백인 군인이 증명서를 찢고 그 노인을 죽이려 했습니다. 이전에 거부의 아픔을 겪었던 링컨은 노인을 적극적으로 구했습니다.

마침내 링컨이 미국 대통령이 되자 거부와 차별의 아픔에 시달리는 흑인 노예들을 해방하기 위해 노력했습니다. 그 결과 흑인 노예 해방이 이루어졌습니다. 미국 전역에 흑인 노예를 해방한다는 성명서가 나무, 벽, 울타리 등 눈에 띄는 곳마다 붙었습니다. 그 소식에 주인집을 나온 노예들은 모두 자유를 얻었습니다. 링컨의 노예 해방 선포는 역사를 바꾼 위대한 사건이 틀림없습니다.

그러나 일부 노예들은 주인이 무서워 그대로 머물러 있었으므로 해방의 기쁨을 누리지 못했습니다. 믿지 못하거나 용기가 없어서 주인집에 머물렀던 노예는 자유인이 되지 못했습니다.

복음도 그렇습니다. 예수 그리스도를 믿음으로 죄로부터의 해방은 선포되었지만, 그것을 받아들이지 못하는 자들은 여전히 사탄의 노예로 묶여 있는 것입니다.

"그러므로 이제 그리스도 예수께 속한 사람은 결코 정죄 받는 일이 없습니다. …죄와 죽음의 법에서 여러분을 해방시켜 주었기 때문입니다."(롬 8:1–2)

008 | 백의의 천사 바턴

친절과 호의
(♪220장, 218장)

쿠바에 진주한 미군 기병대 지휘관 루스벨트 대령이
군량미 부족으로 심각한 문제에 부딪혔을 때
민간 의료 봉사대에 식량이 도착했습니다.
간호사 클라라 바턴이 무상으로 주었습니다.

미국 적십자 창설자, 클라라 바턴

미국과 스페인의 전쟁 때 쿠바에 진주한 미군 기병대 지휘관은 루스벨트 대령이었습니다. 그는 나중에 제26대 미 합중국 대통령이 된 인물입니다. 그가 기병대 지휘관으로 있을 때, 전쟁 중 식량 부족이라는 심각한 문제에 부딪혔습니다. 부대원들 중에는 부상병들도 다수 포함되어 있었습니다.

그런데 마침 그 지역 민간 의료 봉사대에 식량이 도착했습니다. 책임자는 클라라 바턴이었습니다. 그녀는 후일 '백의의 천사'로 존경받은 인물입니다. 식량 부족으로 고심하던 루스벨트는 군량미가 부족하다면서 자신의 부대에 식량을 좀 팔라고 바턴에게 요청했습니다. 그러나 그 부탁은 거절당하고 말았습니다.

"의료 봉사를 한다면서 부상병이 굶어 죽어도 좋다는 말입니까?"
루스벨트가 따지듯 물었습니다.
"우리는 식량을 팔지는 않아요. 그냥 달라고 하세요."
순간, 루스벨트 대령은 크게 당황했지만 이내 크게 웃었습니다.
"참, 내가 그런 생각을 못 했소. 당신의 친절과 봉사와 사랑을 믿지 못한 내 어리석음이 컸습니다."

루스벨트는 정중하게 사과하고 필요한 식량을 얻었습니다. 이처럼 클라라 바턴과 데오도르 루스벨트 대령의 대화로 군대의 식량 문제가 해결되었습니다. 심각한 문제를 재치 있는 대화로 풀어낸 이 일화는 미군 역사의 한 토막을 장식했습니다.

"너희가 남에게 주면, 너희는 그것을 다시 받을 것이다."(눅 6:38)

009 | 윌리엄 그랜빌

참교육
(♪ 513장, 516장)

뉴욕 월스트리트의 모빌사 대표 윌리엄 그랜빌은 10대 시절에 갱단 두목을 한 적도 있었지만 상담 교사 베시 힐 덕분에 악의 소굴에서 벗어나고 그랜빌 학교도 세워 10대들을 인도했습니다.

흑인 윌리엄 그랜빌은 오늘날 월스트리트(뉴욕 금융가) 최고 회사 중의 하나인 모빌사의 경영자가 되었습니다. 참으로 놀라운 출세였습니다. 더욱 놀라운 것은, 그는 10대 시절에 뉴저지주 트렌턴에서 갱단 두목으로 살면서 감옥을 제집처럼 들락거리던 심각한 문제아였다는 사실입니다.

그런 그가 오늘날 뉴욕 금융가의 큰 회사 경영자로 성공했습니다. 그뿐만 아니라 방과 후 학교인 그랜빌 학교를 세워 일꾼들을 키워내고 있으니, 성공한 그의 기쁨은 두 배가 되었습니다. 그는 평소에 "힐 선생님의 기도와 정성이 나를 키웠습니다."라고 말하곤 했습니다. 그의 10대 시절의 상담 교사였던 베시 힐이 감옥에 간 그를 끝까지 책임지겠다는 각서를 쓰고 공부시킨 것입니다.

그의 저서 『하겠다고 말하라』에서처럼 그랜빌은 자신을 믿고 올바른 길로 이끌어준 힐 선생님께 항상 감사하면서, 진취적이고 긍정적인 생각으로 마침내 성공한 것입니다. 세계 실업계의 정상 그룹에 우뚝 올라섰습니다.

그는 빈곤, 불신, 마약, 폭행의 골목과 창녀의 소굴에 방과 후 학교인 그랜빌 학교를 세웠습니다. 그 학교 출신자들은 100% 대학에 진학하여 우수한 기능 보유자들이 되는 전통을 세우고 있습니다. 오늘날 그랜빌 학교는 미국에 19개나 있습니다.

"지혜로운 사람을 훈계하면 훈계할수록 더욱 지혜로워지고, 의로운 사람을 가르치면 가르칠수록 더욱더 많은 것을 깨닫게 될 것이다."(잠 9:9)

010 | 벤허

성경의 감화
(♪200장, 203장)

기차 여행 중 한 친구가 종교 문학은 지루하니 낭만적인 예수전을 쓰라고 뉴웰리스에게 말하자 그는 『벤허』를 썼고 영화로도 나왔습니다. 전 세계에서 가장 감동적인 기독교 작품입니다.

벤허 Ben Hur, 1959년, 미국

"종교 문학은 좀 지루하고 답답한 이야기인데, 자네가 낭만주의적인 예수전을 쓰면 어떨까?"

언젠가 기차 여행 중 두 친구가 잡담을 했는데 이것이 촉매가 되어 유명한 소설 『벤허』가 나왔습니다. 이 책의 저자인 뉴웰리스는 심심풀이로 글을 썼습니다. 단순히 배경 설명을 하기 위해 성경을 읽고 예수에 대해 공부하다가 큰 감동을 받고, 마침내 『벤허』라는 위대한 작품을 쓰게 된 것입니다. 이 장편 소설은 영화화되어 전 세계를 놀라게 했고 감동시켰습니다.

이 영화의 장엄한 장면은 보는 이들의 심장을 멎게 할 것처럼 흥미진진하고 박력이 있습니다. 맨 마지막 장면을 보면, 예수가 십자가 위에서 흘린 한 방울의 피가 빗물과 함께 골고다의 고랑을 타고 흘러내립니다. 흘러내린 핏물이 대지를 덮는 그 장면은 보는 이들의 가슴을 뜨겁게 불타오르게 합니다.

불신자였던 작가가 기독교를 폄하하기 위해 글을 쓰는 사람이 되었지만, 『벤허』라는 작품을 쓰면서 그리스도인이 되었습니다. 그는 이 책과 영화를 통해 세계 최고의 문서 전도자가 되었습니다. 누구든지 마음을 열고 성경을 진지하게 파고들면, 성경이 주는 감동으로 크리스천이 될 수밖에 없습니다.

"성경의 모든 책은 하나님의 영감을 받아 기록된 것으로, 참된 진리가 무엇인지 가르치고… 또 의로써 훈련시키기에 아주 유익한 책입니다."(딤후 3:16)

011 | 나이아가라 폭포

하나님의 창조
(♪79장, 76장)

가가와가 미국 버팔로의 한 교회에 초청되었을 때
인근의 나이아가라 폭포를 보고 외쳤습니다.
"저 폭포는 우리 아버지 것이다!"
취재진은 폭포 주인 아들이 왔다고 보도했습니다.

언젠가 일본인 가가와 도요히코賀川豊彦가 미국 뉴욕주 버팔로의 한 교회에 설교 초청을 받았습니다. 그는 좀 일찍 가서 나이아가라 폭포를 둘러보다가 감탄하여 큰소리로 외쳤습니다.

"저 폭포는 우리 아버지 것이다!"

취재진이 그를 따라다니다가 때마침 이 말을 듣고, 다음날 조간에 대서특필했습니다.

"나이아가라 폭포 주인의 아들이 왔습니다."

일본인 가가와가 버팔로에 와서 이곳 교회에서 설교한다고 보도했는데, 그것이 큰 광고가 되어 사람들이 홍수처럼 몰려들었습니다.

"자기 아버지는 일본인이 아닌 하나님이고, 나이아가라 폭포는 하나님의 것이니, 하나님을 아버지로 모시고 사는 자에게는 그 말이 당연하다."

가가와는 이렇게 설교했습니다. 이처럼 기독교 신앙으로 일생을 살았던 가가와 도요히코는 주의 이름으로 여러 사회사업을 전개하기도 했습니다. 일평생 경건하게 신앙생활을 하여 일본에서는 성자 칭호를 받았습니다.

"주께서 하신 일들이 어찌 그리도 많고 다양한지요. 그 모든 일을 주께서 지혜로 다 이루셨으니, 온 땅이 주께서 지으신 것들로 가득합니다."(시 104:24)

012 | 네 번 이름이 바뀐 성자

선교와 희생
(♪212장, 218장)

미국 감리교 선교사 폴리오는 브라질 오지에서 백인, 존경하는 백인, 백인 인디언, 멜런드로 인디언들에 의해 네 번이나 이름이 바뀌고 그들의 발을 씻어주는 성자가 되었습니다.

미국 감리교 소속의 선교사인 멜런드는 부부가 함께 브라질 오지에 들어가서 희생적인 선교 사업을 했습니다. 교육과 의료 사업을 통해 열심히 전도하여 그곳에 교회를 세웠습니다. 피눈물과 정성과 땀으로 인디언들을 위해 평생을 바친 멜런드 선교사는 브라질에서 성자가 되었습니다.

처음에 인디언들은 그를 '백인'이라고 불렀습니다. 오랫동안 멜런드 선교사 부부가 의료 봉사를 하며 질병 치료와 새 생활을 가르치자 그 다음 이름은 '존경하는 백인'이었습니다. 그러나 인디언들에게 그는 여전히 저주스러운 백인이었습니다.

그 다음 이름은 '백인 인디언'이었습니다. 멜런드 부부는 폴리오 인디언들의 말을 열심히 배워 교육하고 치료하여, 마침내 이웃의 이름을 얻었습니다. 멜런드란 이름과 함께 그의 이름은 넷이나 되었습니다.

"인디언들의 발을 씻어주는 백인을 보았는가?"

이 말이 브라질에 퍼져 그는 성자로 불렸습니다. 부상당한 인디언 소년의 발을 씻어주고 약을 발라 치료해 주자 진심으로 그를 존경하게 된 것입니다. 제자들의 발을 씻겨주신 예수님을 본받아 멜런드 부부도 희생과 봉사 정신으로 성공적인 선교 사역을 감당했던 것입니다.

"무슨 일을 하든지 이기심이나 허영으로 하지 말고, 오직 겸손한 마음으로 자기보다 다른 사람을 더 낫게 여기십시오."(빌 2:3)

013 | 트루먼 대통령

믿음의 능력
(♪ 545장, 542장)

'페어 딜'을 발표한 트루먼(1949)

미국의 트루먼 대통령은 감리교 평신도였습니다. 한국전쟁 때 우리나라에 군대와 물자도 보냈습니다. 퇴임 후 트루먼 기념 도서관에서 아이들이 질문하자 하나님이 늘 도와주시고 함께 계신다고 말했습니다.

미국의 제33대 대통령인 트루먼은 한국전쟁 때 한국을 도와 군대와 물자를 보냈습니다. 그는 기도 생활을 열심히 한 미국 감리교 소속 교회의 평신도로서 훌륭한 신앙의 소유자라고 평이 났습니다.

백악관에서 물러난 후 어느 날, 트루먼이 '트루먼 기념 도서관'에 들르자 그 도서관에 있던 초등학생들이 우르르 몰려들어 이것저것 물었습니다.

"대통령께서는 우리 나이 때도 인기가 좋고 반장도 하셨겠죠?"

"아니, 정반대였어. 나는 어려서 안경 없이는 아무것도 못 보고 또한 재주도 없었어. 공부도 못 했고 거기다 또 겁쟁이였어."

"어? 그런데 어떻게 대통령까지 되셨어요?"

"하나님이 나와 함께하심을 믿었지. 힘겨울 때면 하나님은 나를 도와주셨어. 성경 말씀을 믿으면서 뭐든 할 수 있다는 자신감을 가졌어. 하나님이 늘 내 등 뒤에 계시니까 말이야."

트루먼의 말에 아이들은 놀라며 신앙의 위대한 힘을 느꼈습니다.

"나에게 능력을 공급해 주시는 분 안에서, 나는 모든 일을 능히 감당할 수 있습니다."(빌 4:13)

014 | 아이작 왓츠 목사

감사와 찬송
(♪353장, 349장)

영국 파크레인 교회에서 평생 목회하던 아이작 왓츠는 찬송시를 761편이나 지어 '영국 찬송가의 아버지'가 되었습니다. 우리 찬송가에도 12편이나 있습니다.

아이작 왓츠 Isaac Watts; 1674~1748

아이작 왓츠 목사는 영국이 살기 힘들 때 성실하게 목회하던 주의 신실한 종이었습니다. 어려운 시대에도 그는 한숨을 쉬거나 한탄하지 않고, 매사에 감사하며 천국 소망을 일깨웠습니다. 무엇이든 꾸준히 한길로 달려간 그는 수많은 찬송가 가사를 지어 '영국 찬송가의 아버지'로 존경받게 되었습니다.

기쁠 때나 힘들 때나 찬송가 작사하기를 좋아하던 그는 무려 761편의 찬송시를 창작했습니다. 우리가 사용하는 한국 찬송가에도 그의 찬송시가 12편이나 실려 있습니다(6, 20, 46, 71, 115, 138, 143, 149, 151, 249, 349, 353장). 찬송가에 작사를 남기는 일은 대단한 긍지요 큰 자랑입니다. 필자가 작사한 「말씀으로 이 세상을」도 지금 사용하는 『21세기 찬송가』 319장에 실려 있습니다.

그는 영국의 마크레인 교회에서 평생 목회하며 틈날 때마다 찬송시를 썼습니다. 그래서 오늘날 우리는 예배 때 그가 쓴 찬송시로 하나님께 예배드리고 있습니다. 그중 한 곡을 소개합니다.

"십자가 군병 되어서 예수를 따를 때/ 무서워하는 맘으로 주 모른 체할까 / 나의 주 그리스도 나를 속량했으니/ 나 십자가를 벗은 후 저 면류관 쓰리."

"감사의 노래를 부르면서 그분께 나아가자. 그분을 기리는 즐거운 찬송을 부르자."(시 95:2)

015 | 리빙스턴의 꿈

선교와 전도
(♪502장, 507장)

데이비드 리빙스턴 (1813~1873)

마펫의 『아프리카 탐험기』를 읽은 리빙스턴은 뜨거운 감동으로 아프리카 선교를 꿈꾸었습니다. 그가 아프리카 알라라 마을 움막에서 죽기까지 대서양에서 인도양까지 두루 탐험했습니다.

"나는 고원에서 마을을 내려다봅니다. 사방에 마을이 있고, 오막살이가 있습니다. 오막살이마다에서 저녁 연기가 피어오르고, 사람들이 많이 살고 있는데, 저들은 아직 한 번도 구원의 십자가 복음을 듣지 못하고 있습니다. 누가, 언제 저들을 위해 이리로 올까요?"

영국 청년 리빙스턴이 읽은 마펫의 『아프리카 탐험 여행기』 중 일부입니다. 이 글을 읽은 리빙스턴의 가슴에 뜨거운 불이 붙었습니다. 그 뜨거운 불길에 새로운 선교의 꿈이 생겨나기 시작했습니다. 마침내 그는 길 없는 길을 열어 아프리카로 갔습니다.

서쪽 대서양에서부터 동쪽 인도양까지 탐험했습니다. 무려 1만 7,600km, 곧 4만 4천 리 길을 탐험했습니다. 십자가 복음을 전하려고 짐승에게 쫓기고 식인종을 피하면서 아프리카를 종단한 그의 희생적 탐험 여정이었습니다.

리빙스턴에 의해 아프리카는 전 세계에 알려졌습니다. 지역명도 그가 처음으로 지은 것이 대부분입니다. 그렇게 뜨거운 열정으로 탐험 선교를 하던 중 1873년 5월 1일, 아프리카 알라라 마을 한 움막에서 그의 주검이 발견되었습니다. 일생 아프리카 선교에 헌신하다가 하나님의 부르심을 받은 것입니다.

1990년대부터 한국인 선교사들에 의해 아프리카 선교 사역이 활발하게 진행되었습니다. 리빙스턴 목사의 뜨거운 꿈을 한국인 선교사들이 이어받은 모양입니다.

"성령이 너희에게 임하시면, 너희는 권능을 받게 될 것이다. 그러면 너희는 예루살렘에서… 그리고 땅 끝까지 이르러 나의 증인이 될 것이다."(행 1:8)

016 | 콜럼버스

개척 정신
(♪347장, 350장)

'그리스도에게 사로잡혀 식민지를 찾아나선 일꾼'인
크리스토퍼 콜럼버스는 네 번의 항해를 했습니다.
스페인 국왕이 예산을 거절해도 굽히지 않고
남북 아메리카 대륙을 찾아냈습니다.

크리스토퍼 콜럼버스 (1450~1506)

신대륙을 발견한 크리스토퍼 콜럼버스는 왜 그토록 새 땅을 찾아다녔을까요? 모두가 반대해도 그는 백전불굴의 정신으로 한 번 세운 목표를 중도에 포기하지 않고 끝까지 밀고 나갔습니다.

콜럼버스는 네 번의 큰 항해를 감행하여 새로운 대륙을 찾았고, 그로 인해 세계 역사를 바꾸었습니다. 예산 부족, 선원들의 반란, 원주민의 배척 등을 극복해 나가면서 악전고투 끝에 항해를 성공시켰습니다.

1502년에는 스페인 국왕도 그의 항해를 거절했지만, 거듭 간청하여 예산을 얻어냈습니다. 만약 중도에 낙담하거나 포기했다면 그는 페르디난도 국왕 부처도 설득하지 못했을 것이고, 신대륙을 향한 그의 항해도 결코 이루어질 수 없었을 것입니다.

항해 예산을 얻어낸 그는 천신만고의 항해 끝에 아메리카 대륙을 발견했습니다. 그의 이름은 남북 미주 도처에 있고, 나라 이름까지 되었습니다.

'크리스토퍼'는 '그리스도에게 사로잡힌 자'란 뜻이고 '콜럼버스'는 '식민지를 찾아나선 자'란 뜻입니다. 크리스토퍼 콜럼버스란 이름의 의미는 '그리스도에게 사로잡혀 식민지를 찾아나선 일꾼'이라고 할 수 있습니다.

"여러분이 수효가 너무 많아서 에브라임 산악 지대로 충분하지 않다면… 삼림 지대로 올라가서 여러분 스스로 개간하도록 하시오."(수 17:15)

017 | 구르카 부대

소망과 비전
(♪484장, 488장)

19세기 구르카족의 모습을 묘사한 그림

네팔 포카라에는 구르카족이 운영하는 가정집 같은 호텔이 여러 개 있습니다. 영국군 구르카 부대는 건장하고 강인한 구츠카족으로 구성되어 있습니다.

네팔 포카라에서 구르카 부대원 가족이 운영하는 한 호텔에 머물면서 구르카족에 대한 이야기를 들은 적이 있습니다. 그들은 산속에서 나서 자라서 건강하고 강인한 정신력을 지녔습니다. 그곳 어린이들의 소원은 장차 커서 구르카 부대원이 되는 것입니다.

구르카족으로 구성된 영국군 구르카 부대는 힘 좋고, 인내심 강하고, 목숨 걸고 절대복종하는 군인들입니다. 1982년 영국이 아르헨티나와 치른 포클랜드 전쟁에도 투입되었습니다. 제2차 세계대전 중 미얀마 전투에도 참전했는데, 미얀마에서 한 병사가 실종되었다가 4개월 만에 본대로 귀대한 전설 같은 이야기도 있습니다.

그 병사는 열대림으로 뒤덮인 정글 속 2천 ㎞를 헤매며 본대로 걸어왔습니다. 수백 번이나 죽을 고비를 넘겼지만, 그의 손에 쥐어진 한 장의 누더기 같은 지도 때문에 살아남았습니다.

그것은 런던 관광 지도 조각이었습니다. 살아서 런던에 꼭 가겠다는 간절한 희망이 끝까지 포기할 수 없도록 만들었던 것입니다. 이처럼 희망의 끈을 놓지 않으면 반드시 희망의 항구에 도달할 수 있습니다.

"나의 영혼아, 어찌 그리 풀이 죽어 낙심하느냐? 어찌 그리 불안해하며 괴로워하느냐? …이제 나는 내 구원자이신 나의 하나님을 도리어 찬양하며 살리로다."(시 42:5)

018 | 에델바이스

역경의 극복
(♪336장, 342장)

에델바이스는 눈 속에 있다가 봄이면 꽃을 피웁니다.
역경을 헤치고 나온 꽃향기는 참으로 향기롭습니다.
헬렌 켈러도 에델바이스 정신으로 절망을 이겼습니다.
「사운드 오브 뮤직」은 오스트리아 정신을 보여줍니다.

에델바이스(Edelweiss)

　에델바이스는 고산 식물입니다. 우리나라에도 설악산 등 여러 군데에 서식하는 작은 꽃입니다. 솜털로 덮인 잎사귀를 가진 에델바이스는 고난 속에서도 인내하는 꽃으로 평가됩니다.

　눈얼음 속에서 봉오리를 맺고 있다가 봄기운에 향기로운 꽃송이를 살짝 내밉니다. 눈이 아직 덜 녹은 산기슭에 몰래 숨어서 피는 그 청초한 자태가 무척 아름답습니다.

　제2차 세계대전 중 독일군 점령하에도 의지를 굽히지 않은 오스트리아 국민의 정신을 표현한 「사운드 오브 뮤직」이란 영화가 있습니다. 주인공 가족이 부르는 노래 「에델바이스」는 보는 이들의 가슴을 울컥하게 만듭니다.

　절망은 어리석은 자들이 빠지는 늪입니다. 생명의 길에 절망이란 있을 수 없습니다. 헬렌 켈러가 시각과 청각을 잃고 말도 못 하는 절망적인 상황을 이겨낸 것은 에델바이스 정신이라고 할 수 있습니다. 정녕 에델바이스는 역경을 이기고 피어나는 설산의 해맑은 꽃입니다.

　그 향기는 인고와 절망을 이기고 승리한 개선군의 얼굴을 연상시킵니다. 누구나 가슴에 한 송이 에델바이스를 피우고 그 향기를 마음껏 발산했으면 좋겠습니다.

"…어려움이 인내를 낳고, 인내는 우리의 성품을 단련시켜 주며, 그러한 성품은 마침내 소망을 이루는 줄을 우리가 알기 때문입니다."(롬 5:3-4)

019 | 에서 증후군

인내와 견딤
(♪343장, 345장)

배가 고파 팥죽 한 그릇에 장자권을 팔 만큼
이삭의 아들 에서는 신중하지 않았습니다.
아무리 급해도 가문의 영광은 존중해야 합니다.
이렇게 어리석은 결단이 에서 증후군입니다.

영어에는 어리석은 결단을 하는 사람을 일컫는 '에서 증후군'이라는 표현이 있습니다. 이삭의 아들이자 야곱의 형인 에서가 배고픔을 참지 못하고, 동생 야곱에게 팥죽 한 그릇을 얻어먹는 대가로 자신의 미래인 장자의 명분과 권리를 팔아 버린 데서 연유한 단어입니다.

에서는 현재가 어렵더라도 언약 가문의 영광과 자신의 미래를 위해 신중하게 처신해야 했습니다. 아무리 배가 고파도 견딜 것은 견뎌야 옳았습니다. 자신의 미래를 팔아 현재를 산, 순간적인 경솔한 결정이 아버지 이삭의 영광스러운 축복을 받지 못하게 했습니다. 그의 일생을 망치는 꼴이 되고 말았습니다.

어리석은 결정을 저지른 에서의 이야기에서, 오늘날 성급한 시대를 살아가는 우리는 소중한 교훈을 배워야 할 것입니다. 특히 청년들은 꼭 귀담아들어야 할 것입니다.

변별력이 부족하던 때, 배고픈 현실을 이기지 못한 한순간의 실수는 에서를 아브라함의 언약 족보에서 비껴가게 만들어 서자 아닌 서자 신세로 전락시키고 말았습니다. 그러므로 아무리 어렵고 배가 고파도, 어리석은 결정을 하지 말고 미래를 잊어서는 안 될 것입니다.

"에서처럼 세속적인 불신앙의 사람이 되지 않도록 조심하십시오. 에서는 팥죽 한 그릇에 장자의 권리를 야곱에게 팔아넘긴 사람입니다."(히 12:16)

020 | 하겐 샤이머

감사와 은혜 갚음
(♪290장, 311장)

뉴기니 섬 앞바다에 미군 수송기가 추락하자 7명이 섬사람들에게 구출되었습니다.
나중에 그중 한 사람인 비행사 하겐 샤이머가 전 재산을 들여 이 섬에 학교를 세웠습니다.

남 태평양 외딴섬 파푸아 뉴기니

제2차 세계대전 때 뉴기니 섬 앞바다에 미군 수송기 한 대가 격추된 적이 있었습니다. 그때 7명이 섬사람들에게 구출되어 숨어 있다가 미군에게 무사히 인도되었습니다.

27년 뒤 뉴기니의 카카오 섬에 어느 미국인 내외가 찾아왔습니다. 남자는 27년 전에 극적으로 구출된 7명 중 한 명이었습니다. 그는 아내와 함께 평생 저축한 돈으로 이 섬에 학교를 세우고 집을 지어 주어 은혜를 갚았습니다. 그의 이름은 프레드 하겐 샤이머입니다.

그를 구출하여 간호하고 숨겨 주었던 원주민들은 마을 잔치를 열었습니다. 이제는 카카오 섬에 이들 부부가 세운 학교가 있어서 어린이들이 제대로 교육을 받게 되었습니다.

하겐 샤이머가 감사의 마음으로 은혜를 갚은 일은 카카오 섬에서 기념비적인 일이었습니다. 그 당시 구조된 사람은 모두 7명인데, 하겐 샤이머만 찾아왔던 것입니다. 원주민들은 그를 높이 받들었습니다. 학교를 세운 것도 고맙지만, 어린이들에게 은혜에 보답하는 인성 교육을 보여준 것이 더 가치가 있었기 때문입니다.

"열 사람이 깨끗하게 낫지 아니하였소? 그런데 나머지 아홉은 어디 있소?"(눅 17:17)

021 | 미키마우스

역경의 극복
(♪337장, 342장)

월트 디즈니 미키 마우스 2024년에 저작권 소멸

뉴욕 콜로니 극장에서 최초로 만화 영화 「스팀보트 윌리」를 상영했습니다. 그 후 텔레비전 영상물 「미키마우스」는 시청률 높은 동물 만화가 되었습니다.

    1928년 11월 18일, 뉴욕 콜로니 극장에서 최초의 만화 영화 「스팀보트 윌리」를 상영했습니다. 주인공은 미키마우스였습니다. 고양이와 쥐의 관계를 다양한 스토리로 아기자기하고 재미있게 전개하는 만화 영화입니다.

    그 후 백 년 가까이 세계를 휩쓴 「미키마우스」 캐릭터는 시청률 높은 텔레비전 영상물이 되었습니다. 이것을 만든 월트 디즈니는 돈이 없었습니다. 종종 남의 집 창고에서 자기도 하는, 갈 곳 없는 떠돌이 청년이었습니다.

    그런 시절에 그는 창고에 들락거리는 생쥐들을 장난삼아 그리다가 호기심이 생겼습니다. 쥐들에게 먹이도 주면서 재빠르게 움직이는 쥐의 습성을 자세히 관찰하다가 기발한 발상을 얻은 것입니다.

    한때 독일 나치나 공산 국가에서는 정치적으로 「미키마우스」 상영을 금지시켰습니다. 그러나 소련의 정치가 후르시초프가 디즈니랜드로 찾아가 「미키마우스」를 보고는 개방했습니다. 월트 디즈니는 역경의 순간을 도리어 기회로 삼아 자신의 꿈을 이룬 사람입니다.

"…어려움이 인내를 낳고, 인내는 우리의 성품을 단련시켜 주며, 그러한 성품은 마침내 소망을 이루는 줄을 우리가 알기 때문입니다."(롬 5:3-4)

022 | 콰이강의 다리

올바른 판단
(♪ 448장, 454장)

제2차 세계대전 때 영국군은 일본군의 포로가 되어 미얀마와 태국 국경의 포로수용소에 갇혔습니다. 일본군은 영국군 포로 장교에게 다리를 놓게 하지만 미군 폭격기가 이 콰이강의 다리를 폭파합니다.

콰이강의 다리

제2차 세계대전 때였습니다. 동남아 전쟁에 투입된 영국군은 일본군의 포로가 되어 미얀마와 태국 국경의 산중 포로수용소에 갇혔습니다. 영국군 포로들은 역시 포로로 잡힌 계급 높은 장교의 인솔 아래 있었습니다.

일본군은 영국군 포로들을 동원하여 콰이강에 큰 다리 공사를 계획했습니다. 영국군 포로 장교도 그 일에 적극적으로 협조하여 천신만고 끝에 튼튼한 다리를 완공했습니다.

일본군은 그 다리를 이용하여 자신들에게 유리한 전쟁을 펼쳤습니다. 다리 건설에 협조한 영국군 고위 장교의 행위는 결과적으로 적국을 돕는 이적 행위가 되었습니다. 미군 측은 그 다리를 폭파하기 위해 큰 희생을 치렀습니다.

인생살이 또한 이런 게 아닐까 싶습니다. 최선을 다한 결과가 엉뚱한 실패를 가져오기도 하고, 가치관의 차이로 피땀 흘린 노력이 허사가 되기도 합니다. 맡은 일에 최선을 다해 노력했으나, 그 일이 결과적으로 사람들에게 악영향을 끼치는 경우도 종종 있습니다.

자신의 가치 판단으로 결정을 내릴 것이 아니라, 하나님의 말씀에 기초한 판단을 내려야 합니다. 짧게 보고 결정을 내릴 것이 아니라, 멀리 보고 결정해야 합니다. 그래야 노력과 정성이 헛되지 않고 알찬 열매를 맺을 것입니다.

"주께서 집을 짓지 아니하시면 집 짓는 사람의 수고가 헛되고, 주께서 성을 지키지 아니하시면 파수꾼이 깨어 눈 부릅뜨고 지켜도 헛일이다."(시 127:1)

023 | 청혼자의 자격

결혼의 조건
(♪601장, 604장)

미국 최고의 명문가 조나단 에드워드

미국 프린스턴 신학교 교장 조나단 에드워드는
딸과 결혼하겠다는 청년을 말렸습니다.
딸은 날카로운 성격에 독선적인데
청년은 신앙과 사랑으로 살겠다고 했습니다.

조나단 에드워드는 미국의 저명한 신학자, 사상가, 명설교자로 유명한 목사입니다. 그런데 그의 딸은 전혀 달랐습니다. 당시 프린스턴 신학교 교장 에드워드에게 그의 딸과 결혼하고 싶다는 청혼자가 나타났습니다. 에드워드는 걱정했습니다. 그의 딸은 날카로운 성격에 괴팍하고 독선적이라서 결혼시키는 것이 두려웠습니다.

딸에게 청혼한 청년은 아주 좋은 가문에 실력 있고 성격도 좋았습니다. 장래가 촉망되는 그 청년은 멋있고 건강하고 친화력까지 있었습니다. 에드워드는 그 청년이 아까워 거절했습니다.

"자네가 잘 모르는 모양인데 내 딸과 결혼하면 결혼 생활이 어려울 것 같으니 단념하게."

"전혀 아닙니다. 따님은 하나님을 믿는 크리스천이고, 우리는 서로 사랑하고 있습니다. 결혼 생활에 어떤 어려움이 있더라도 충분히 헤쳐나갈 수 있습니다."

조나단 에드워드 목사는 이렇게 신앙과 사랑을 앞세우며 역경을 극복하겠다고 나오는 그 청년을 막을 길이 없었습니다. 신앙과 사랑보다 더 좋은 청혼자의 자격은 없기 때문입니다. 결혼할 때 오직 두 가지, 신앙과 사랑만 굳건하다면 어떤 역경도 극복해 나갈 수 있을 것입니다.

"사랑에는 두려움이 없습니다. …그러므로 두려워하는 사람은 아직 온전한 사랑을 이루지 못한 사람입니다."(요일 4:18)

024 | 선교사 스미스 부인

하나님의 섭리
(♪293장, 304장)

산골 선교사 스미스 부인이 앓고 있을 때 선교비가 바닥이 나 물과 오트밀만 먹었습니다. 한 달 뒤에 선교비가 오고 건강도 회복했습니다. 물과 오트밀만 먹으면 낫는 병이었습니다.

아프리카의 우간다 깊은 산골에서 복음을 전하던 선교사 스미스 부인이 어느 해 심한 병에 걸렸습니다. 그런데 설상가상으로 선교비까지 한 달이나 늦게 와서 거의 굶은 채 앓은 적이 있었습니다. 물과 오트밀을 조금씩 먹으면서 연명하며 힘겹게 지내던 중, 마침내 선교비가 도착하여 제대로 음식을 먹고 살아났습니다.

그녀는 다음 해 안식년을 맞아 미국에 가서 의사에게 건강 진단을 받았습니다. 진료를 마친 의사의 말을 듣고 스미스 부인은 깜짝 놀랐습니다. 선교비가 떨어진 안타까운 상황을 통해서 자신의 병을 치료하신 하나님의 섭리를 깨달았기 때문입니다.

"그때 부인이 앓은 병은 음식을 많이 먹으면 안 되고, 물과 오트밀을 조금씩 먹으며 버텨야 낫는 병이었습니다."

선교비가 늦게 와서 살아난 셈이었습니다. 만약 선교비가 제때 와서 고기와 우유 등 평소처럼 식사하고 약물 치료를 했더라면, 병은 더욱 악화되어 어쩌면 목숨을 잃을 수도 있었습니다.

"이런 지혜 또한 전능하신 만군의 주께서 전부 가르쳐 주신 것이다. …그분의 지혜가 크고 경이롭지 아니하냐?"(사 28:29)

025 | 톨스토이의 우화

하나님의 은혜
(♪310장, 306장)

레프 니콜라예비치 톨스토이 백작

> 인간들에게 물이 귀중하다는 말을 듣고
> 늙은 물고기에게 물이 뭐냐고 물었습니다.
> 물을 떠나면 모두 죽는다고 하자
> 믿지 못한 젊은 물고기가 뛰쳐나가 죽었습니다.

톨스토이가 쓴 우화寓話에 물고기 이야기가 있습니다. 어느 날, 물고기들이 인간들이 하는 말을 엿들었습니다. 인간들은 물고기한테는 물이 제일 귀중하다고 했습니다. 물고기들은 아무리 생각해도 물이 무엇인지 몰랐습니다. 그래서 가장 지혜로운 늙은 물고기를 찾아가서 물었습니다.

"도대체 물이 무엇입니까?"
늙은 물고기는 한심하다는 듯 입을 열었습니다.

"너희가 살고 있는 세계가 바로 물속이야. 누구든지 이 물속에서 뛰쳐나가면 곧바로 죽는다. 너희 몸뚱이는 늘 물속에 있어야 하고, 또 물을 마셔야 살 수 있는 거야."

이 말을 들은 젊은 물고기는 그 말을 믿지 않았습니다. 물가로 헤엄쳐 나가더니 물 밖으로 뛰쳐나가 육지로 올라갔습니다. 그러자 그 물고기는 몸이 말라 이내 죽어 버렸습니다. 그제야 다른 물고기들은 물의 고마움을 깨달았습니다.

물과 물고기는 사람과 공기, 혹은 사람과 하나님의 은혜에 비유됩니다. 톨스토이는 기독교 신자였습니다. 그는 물고기 이야기를 통해 인간들도 하나님의 은혜를 떠나서는 잠시도 살지 못한다는 사실을 깨닫게 하려고 이런 우화를 지은 것입니다.

"모든 인간에게 생명과 호흡을 주시고, 또 그밖에 필요한 모든 것을 허락해 주십니다."(행 17:25)

026 | 예수의 제자들

하나님의 일꾼
(♪320장, 349장)

베드로는 정서 불안, 안드레는 무능력자,
요한과 야고보는 이기주의, 도마는 부정적 사고,
알패오의 아들 야고보와 다대오는 불온 사상가,
가룟 유다는 판단력이 뛰어난 배신자였습니다.

예수의 열두 제자에 대해서 학력, 성격, 적성 등등의 검사를 하여 정리해 놓은 게 있습니다. 오늘날 기준으로 보면 예수의 제자들은 한마디로 자격 미달입니다. 물론 성격과 사고방식에도 문제가 많습니다.

베드로는 정서 불안입니다. 안드레는 무능력자입니다. 세베대의 아들들인 요한과 야고보 형제는 이기주의자입니다. 도마는 부정적 사고에 추진력이 부족합니다. 알패오의 아들 야고보와 다대오는 과격한 불온 사상가들입니다.

놀랍게도 열두 제자 중 가룟 유다만이 쓸 만한 인물입니다. 그는 지식과 능력과 가능성이 있고, 사교성과 판단력이 뛰어난 사람입니다. 또한 강한 의욕에 성취력을 겸비한 좋은 경영자로 판단되었습니다. 만약 예수가 제자들을 뽑아 인재 상담소에 자격 심사를 요청했더라면, 이상과 같은 분석이 나올 것입니다.

가룟 유다는 여러 모로 가장 능력 있는 인물로 판단되었지만 결국 배신자요 패배자로 남았습니다. 하지만 나머지 제자들은 예수의 승천 이후 오순절 성령 충만을 입고 나름대로 각자의 역할을 훌륭하게 잘 감당했습니다. 예수의 사역을 감당하는 데는 인간적인 좋은 조건보다는, 여러 가지로 부족하더라도 성령의 능력을 입는 것이 더욱 중요하다는 사실을 깨우쳐 줍니다.

"하나님께서는 이 세상에서 …비천한 자들과 업신여김받는 자들과 보잘것없는 사람들을 택하셨습니다."(고전 1:28)

027 | 악질 탐험가

악인과 형벌
(♪522장, 465장)

리빙스턴과 함께 최초로 아프리카를 탐험한 세실 론오드가 남아프리카에 갔을 때였습니다. 다이아몬드 다섯 개로 공기놀이하는 아이들에게 사탕 한 개씩 주고 그 땅을 침략했습니다.

아프리카 최초의 탐험가들이 있었습니다. 한 사람은 존경받는 리빙스턴 목사, 다른 한 사람은 악질적인 상인 세실 론오드입니다.

영국 정부의 비인도적인 처사를 비판했던 리빙스턴 목사는 국가 정책을 거역하는 반역자라는 소리까지 들었습니다. 그러나 하나님의 말씀에 입각하여 올바로 처신한 그는 오늘날 '정의의 사도', '사랑의 개척자'로 불리며 존경받고 있습니다. 죽은 후 그의 유해는 웨스트민스터 아베이에 정중하게 안장되었습니다.

세실 론오드는 리빙스턴과 함께 한 아프리카 탐험가였습니다. 한번은 그가 남아프리카에 갔을 때 나무그늘에서 마을 어린이들이 다이아몬드로 공기놀이하는 것을 보았습니다. 그는 가방에서 사탕 다섯 개씩을 꺼내 아이들에게 건네주고는 다섯 개의 다이아몬드 공깃돌을 얻었습니다.

이런 식으로 야금야금 그 땅을 침략한 그는 마침내 황금전쟁을 일으켰습니다. 이 전쟁으로 남아공 지역의 원주민들 수십만 명을 죽이고, 금은과 다이아몬드 등 수많은 보화를 가득 싣고 영국으로 돌아왔습니다.

영국이 세계의 부국이 되는 데 큰 역할을 한 세실 론오드는 엄청난 돈을 벌고 부귀영화를 누렸지만, 그의 종말은 치욕스럽고 부끄럽기 그지없습니다. 오늘날 그 악질 탐험가의 시신은 아무도 행방조차 모릅니다.

"너희가 잘 다듬은 돌로 호화로운 집을 지어도 거기에서 살지 못할 것이고… 포도원을 가꾸어도 거기에서 나는 포도주를 마시지 못할 것이다."(암 5:11)

028 | 대리 시위

돈과 재물
(♪94장, 81장)

미국에서는 대리 시위 데모를 하고
과제물과 시험을 대신 보는 등
돈이라면 뭐든지 할 수 있다는
회사가 생겼다고 합니다.

예수의 산상수훈

　세상에는 별의별 직업이 있습니다. 미국에서도 이상한 직업이 생겼습니다. 대리 시위를 해주는 업체가 여기저기 생겨나 성업 중이라고 합니다. 시위할 사람을 대신하여 돈을 받고 대신 피켓을 들고 데모합니다. 돈을 받고 대신 데모하는 것입니다. 일을 맡기는 사람이 시키는 대로 시위합니다.

　비슷한 경우로 돈을 받고 다른 사람의 과제물을 대신해 주거나, 시험을 대신 치러주기도 합니다. 물론 이러한 경우는 불법입니다. 다른 사람의 의사 표시를 돈을 받고 대신한다는 것이 과연 바람직한 일인가 하는 생각이 듭니다. 요즘은 돈이 되는 일이라면 무엇이든 대신하려는 시대입니다. 가장 나쁜 경우가 돈을 받고 사람까지 죽이는 청부 살인입니다.

　이처럼 돈이면 모든 것이 가능한 황금만능 시대에, 우리 크리스천은 돈의 노예가 되지 말아야 합니다. "돈을 사랑하는 것은 정녕 온갖 악의 뿌리"(딤전 6:10)가 된다고 성경은 가르칩니다. 우리는 돈을 위해서가 아니라 하나님의 영광을 위해서 살아가야 합니다. 예수는 산상수훈에서 먼저 하나님의 나라와 그분의 의를 구하면, 먹고 입고 자는 의식주 문제를 해결해 주실 것이라고 약속했습니다. 우리는 이 약속을 믿어야 합니다.

"여러분은 무엇보다 먼저 하나님의 나라와 하나님의 의를 추구하십시오. 그리하면 이 모든 것을 여러분에게 덤으로 더해 주실 것입니다."(마 6:33)

029 | 지옥 경험

도덕과 양심
(♪ 452장, 455장)

대규모 정전 사태로 암흑천지가 된 미국 뉴욕 맨해튼 도심

2천여 개의 점포 유리가 깨지고 10억 달러 이상의 물품을 도난당했습니다. 1천여 군데의 방화 사건, 4천여 명의 체포 등 뉴욕 시내의 정전으로 아수라장이 되었습니다.

　1979년 7월 13일 저녁 9시 30분, 뉴욕 시내가 삽시간에 정전이 되자 글자 그대로 아수라장이 되었습니다. 세상에서 가장 사악하고 부끄러운 도시가 되었습니다.

　2천여 개의 점포 유리가 깨지고, 10억 달러 이상의 물품이 도난당했습니다. 1천여 군데서 방화 사건이 생기고, 4천여 명이 체포되기에 이르렀습니다. 어둠 속에서 인간 본연의 타락한 모습이 적나라하게 드러난 것입니다.

　『뉴욕 타임스』는 타락한 축제 기분에 휩싸인 사상 없는 인간들이라고 까발렸습니다. 또한 신문 칼럼들은 '도덕 없는 악몽'이라고 표현했습니다. 인간 사회가 행복해지려면 사회 복지로 행복해지는 것이 아니라, 높은 도덕의식이 꽃필 때 그 사회는 천국을 닮아갈 것입니다.

　뉴욕의 정전 사건이 세계에 보도되자 사람들은 비인간성의 야수들이 우글거리는 망할 세상이라고 욕했습니다. 그러나 그런 정전 사건이 다른 도시에서 일어났다면 어떻게 되었을까요? 혹 서울에서 그랬다면 어떻게 되었을까요? 크리스천은 어떤 경우에도 선한 양심으로 행동해야 할 것입니다.

"하나님 앞에서나 사람들 앞에서 언제나 양심에 부끄러움이 없는 생활을 하려고 애쓰고 있습니다."(행 24:16)

030 | 순교자 폴리유크토스 신앙과 순교 (♪336장, 333장)

로마 데키우스 황제의 기독교 박해 때
폴리유크토스는 신앙을 지키며 순교했습니다.
후세에 유스티니우스 1세는 그를 위해
콘스탄티노플에 큰 기념 교회를 지었습니다.

악명높은 상설 종교재판소

　폴리유크토스는 로마 데키우스 황제의 기독교 박해 때 순교한 인물입니다. 예수의 신실한 일꾼으로서 신앙을 지키며 순교하는 것을 영광으로 알고 조금도 주저하지 않았습니다.

　그는 그리스 정교회에서 존경받는 인물이었습니다. 로마의 한 장교는 순교 때 고난당하는 그를 찬양하는 옛 글을 읽고 그리스도인이 되었다고 합니다.

　우상 숭배를 거부한 그는 주후 250년 1월 7일에 순교한 것으로 알려져 있습니다. 그의 무덤 위에 세워진 교회는 오늘날 멜리테네에 남아 있습니다. 후세에 유스티니우스 1세 대왕이 그를 위해 콘스탄티노플에 큰 기념 교회를 건립했습니다.

　이처럼 폴리유크토스는 동방 교회에서 특히 존경하는 초기 기독교 지도자요 순교자였습니다. 동방 교회는 1월 9일을 그의 축일로 삼았습니다. 제롬의 순교사에는 1월 7일, 로마의 순교사에는 2월 13일을 축일로 삼았습니다. 교황 그레고리우스는 『순교자의 영광』에 그를 기록했습니다. 오늘날 우리도 그런 순교자의 정신을 본받아 꿋꿋이 살아가야 할 것입니다.

"이 사람들은 큰 환난을 겪은 사람들로서, 그들은 어린 양의 피로써 자기들의 옷을 빨아 희게 만들었습니다."(계 7:14)

031 | 옛 소련의 지하 교회

신앙과 충성
(♪336장, 342장)

북한 지하교회의 예배 모습.

지하 교회에서 예배를 볼 때입니다. 갑자기 두 사람의 군인이 쳐들어와서는 예수 신앙을 버리면 살려줄 테니 모두 밖으로 나가라고 했습니다.

미국 작가 스윈덜은 그의 저서에서 옛 소련의 지하 교회를 적나라하게 기록했습니다. 예배 중에 두 명의 군인이 갑자기 쳐들어와서 크게 소리쳤습니다. 놀란 교인들은 꼼짝없이 시키는 대로 했습니다.

"모두 손을 들고 벽을 향해 돌아서! 지금이라도 예수 신앙을 포기한다면 밖으로 나가도 좋다!"

총을 든 군인들을 보자 겁에 질린 두 사람이 나갔습니다.

"이제 마지막 기회이다. 살고 싶으면 밖으로 나가!"

몹시 부끄러운 표정으로 또 두 명이 밖으로 나갔습니다. 그러자 끝까지 남은 사람들을 향해 그 군인들은 갑자기 공손한 태도를 취하며 말했습니다.

"정말 고맙소. 며칠 전 비밀 예배당을 습격했을 때, 당신들 같은 용감한 신앙인들을 만난 후 크게 감동받은 우리도 예수를 믿기로 했습니다. 자, 기왕 손을 들었으니 함께 하나님을 찬양합시다."

공산 치하의 옛 소련은 기독교 신앙인들을 크게 핍박했습니다. 스탈린도 한때는 신학교에 다니던 신자였으나, 권력에 눈멀어 기독교를 박해했습니다. 수많은 순교자가 나왔는데 국가는 모든 교회를 폐쇄시켰습니다. 그래서 신앙인들은 지하로 숨어들어 지하 교회가 많이 생겨났던 것입니다.

"감옥에 집어넣을 터인데, 너희가 열흘 동안 박해를 당할 것이다. 그러나 너는 죽기까지 충성하라. 그러면 내가 생명의 면류관을 네게 주겠다."(계 2:10)

032 | 인간 창조의 설화

사람의 창조
(♪65장, 68장)

하나님이 인간을 창조하실 때
인간은 탐욕 때문에 정의를 팽개치므로
안 된다고 천사들이 반대했습니다.
자비의 천사는 창조하라고 했습니다.

천사와 씨름하는 야곱

유대 민족의 설화 중에 인간 창조에 대한 설화가 있습니다. 인간 창조를 놓고 하나님을 향해 천사들의 찬반 제의가 있었습니다. '정의의 천사'는 인간 창조를 반대했습니다. 인간은 탐욕 때문에 정의를 팽개치고 거짓말할 것이라고 주장했습니다. 인간은 정의를 무시하고 거짓으로 행동할 것이므로 만들지 말아야 한다고 했습니다.

'성결의 천사' 역시 인간 창조를 반대했습니다. 인간을 만들면 '씻을 수 없는 더러운 존재'가 될 것이라고 주장했습니다.

이번에는 '평화의 천사'가 일어나 말했습니다.

"인간을 창조하지 마세요. 인간은 자기들끼리 계속 싸울 것이니, 싸움꾼들을 만들 필요가 없습니다."

이때 듣고만 있던 '자비의 천사'가 말했습니다.

"인간을 만드세요. 거짓은 자비로 용서하고, 싸움은 사랑의 손길로 어루만지면 되고, 더러움은 회개하면 깨끗해집니다."

성경과 달리 유대 민족의 전통 설화에는 인간 창조를 놓고 이런 천사들의 분분한 건의가 있었습니다. 그러나 하나님은 당신의 거룩하고 기쁘신 의지대로, 당신의 모양과 형상에 따라 인간을 창조하셨습니다.

천사들이 인간 창조를 반대한 것은, 그들을 향한 하나님의 사랑과 관심을 인간에게 뺏길까 봐 그랬을 것입니다. 그러나 하나님의 뜻이 더 강하여 인간 창조의 역사가 이루어졌다고 할 수 있습니다.

"하나님께서는 당신의 형상 곧 하나님의 형상에 따라 사람을 창조하셨다. 하나님께서는 사람을 남자와 여자로 창조하셨다."(창 1:27)

033 폴리갑의 순교

신앙과 순교
(♪318장, 343장)

요한의 제자 폴리갑의 순교

86년이나 그리스도를 섬겼지만 단 한 번도 버리지 않으셨다면서 끝까지 신앙을 지킨 폴리갑은 순교자의 반열에 들어갔습니다.

로마 제국의 제4차 기독교 박해 시기인 마르쿠스 아우렐리우스 황제 시대였습니다. 서머나 교회 감독 폴리갑(70~156년)이 로마의 신을 숭배하지 않은 죄로 붙잡혔습니다. 살고 싶으면 예수를 저주하고 황제의 제단에 나가 제사하라고 했지만, 폴리갑은 듣지 않았습니다.

"내가 86년 동안 그리스도를 섬겼지만 그분은 한 번도 나를 버리지 않으셨습니다. 그러니 내가 어찌 구원의 주님을 배반하며 그분을 욕하겠습니까?"

그의 얼굴은 굳센 신앙으로 장엄하게 빛났습니다. 화형으로 순교당하기 직전에 그는 이렇게 기도했습니다.

"저들은 이내 꺼질 불로 나를 죽이지만 영원히 꺼지지 않는 불, 곧 지옥불을 무서워할 줄 모릅니다. 주여, 저들을 용서하소서! 이제 내 영혼을 받아주시고, 이 어려운 잔을 능히 마실 수 있는 힘을 주소서!"

폴리갑 주교는 오히려 감사하면서 순교했습니다. 사도들에게서 교육받은 대로 끝까지 신앙을 지켜 마침내 거룩한 순교자의 반열에 들어갔습니다. 이 같은 순교 이야기는 유세비우스가 쓴 교회사에 자세히 실려 있습니다.

"지금껏 나는 선한 싸움을 다 싸웠고, 달려갈 길을 다 끝냈으며, 나의 믿음을 굳게 지켰습니다. …의의 월계관이 나를 기다리고 있습니다."(딤후 4:7-8)

034 | 페니의 성공

도우심과 돌보심
(♪382장, 384장)

"너 근심 걱정 말아라. 주 너를 지키리."
젊은 페니가 사업 실패로 낙심하여
간신히 교회 뒷자리에 앉아 있을 때
이 찬송이 그의 영혼을 일으켰습니다.

미국 콜로라도 웨스트민스터의 JC페니 백화점

미국에서 백화점과 연쇄점 왕으로 큰 부자가 된 페니의 젊었을 때 이야기입니다. 그가 사업에 실패하여 도저히 재기할 수 없을 정도로 큰 절망에 빠졌을 때입니다. 그는 몸과 마음이 지칠 대로 지쳐 겨우 몸을 일으켜 간신히 주일 예배에 갔는데, 성가대의 우렁찬 찬송가를 듣게 되었습니다.

"너 근심 걱정 말아라. 주 너를 지키리."

그 찬송가는 마치 실의에 빠진 자신을 위해 하나님이 불러주시는 노래 같았습니다. 눈물을 흘리며 이 찬송을 들은 그는 새로운 각오를 다졌습니다.

온몸이 날아갈 듯 힘이 났습니다. 새로운 용기가 솟구쳐 다시금 땀 흘리며 일했습니다. 그리하여 사업을 성공적으로 크게 일으켰습니다. 많이 기부하고 헌신하는 기독교 사업가가 되었습니다.

그렇습니다. 주께서 나를 돌보십니다. 삶의 거센 파도에 휩쓸리거나 실패하여 절망에 빠진 날에도, 하나님은 변함없이 우리를 돌보십니다. 그러므로 그분을 의지해 다시금 용기를 내어 새롭게 시작해야 합니다.

"너희는 고통과 재난의 날에 나를 부르라. 내가 너희를 건져 주리니."(시 50:15)

035 | 맥콜의 영적 각성

부르심과 소명
(♪311장, 320장)

예수께서 베드로를 부르심

여자친구를 만나려고 차를 몰던 맥콜은 산악 지대로 가다가 라디오 설교를 듣는데 왜 하나님을 찾지 않느냐는 말에 변호사 대신 목사가 되기로 결심했습니다.

미국 남침례교 지도자인 맥콜은 고등학교와 대학교에 다닐 때 모범생이었습니다. 최고의 성적을 유지하는 우등생으로서 장래가 유망한 청년이었습니다. 그는 밴더빌트 법학 대학원에 입학 허가를 받아 아버지의 뒤를 이어 변호사가 되기로 했습니다.

맥콜은 대학 졸업식 다음 날 여자친구를 만나러 갔습니다. 테네시주 동부 산악 지대로 차를 몰고 가다가 라디오에서 한 시골 목사의 설교를 듣게 되었습니다.

"왜 너는 하나님을 다시 찾지 않느냐?"

그 말은 한때 열심히 신앙생활을 하다가 이제는 열정이 식은 자신에게 하는 말 같았습니다. 그 말이 가슴에 깊숙이 와 닿자 산속 한가한 곳에 차를 세웠습니다. 그리고 두어 시간 설교 말씀을 들었습니다.

마침내 뜨거운 눈물을 흘리며 영적 각성을 한 그는 법학 대학원 입학을 포기했습니다. 집에서 1년 동안 기도하며 장래 문제로 숙고하다가 신학교 입학을 결심했습니다. 목사가 되어 주님의 일을 섬기기로 작정한 것입니다. 하나님이 산속 한적한 곳에서 그를 부르신 것입니다.

"주님, 제가 여기 있습니다. 저를 보내 주소서!"(사 6:8)

036 | 빠삐용

후회와 죄책감
(♪255장, 268장)

빠삐용은 '악마의 섬'이라는 감옥에서 탈출을 시도하지만 계속 실패합니다. 감옥도 간수도 아닌 자신이 헛살았다는 후회와 자책감이 그를 괴롭혔습니다.

영화 빠비용의 한 장면

프랑스의 죄수 빠삐용은 소설과 영화로 많이 알려졌습니다. '악마의 섬'이라는 감옥에서 벌어지는 비인간적인 삶과 탈출자들의 비극을 그렸습니다. 죄수가 된 빠삐용은 악몽에 시달리며 생을 송두리째 뒤집어 놓는 말을 되풀이해 듣습니다.

"너는 인생을 헛산 거야. 그렇지, 빠삐용?"

폐부를 찌르는 이 날카로운 저주는 검사가 한 말입니다. 빠삐용은 이 말만 생각나면 잠에서 깨어 절망 속을 헤매곤 합니다. 그러다가 맥없이 무너집니다.

"나는 죄인입니다. 나는 헛살았습니다."

인생을 헛살았다는 자책감이 더욱 절망감에 빠지게 했습니다. 헛살았다는 말은 그를 뼈저린 후회 속에 빠뜨렸습니다. 사람은 후회와 자책감 때문에 용기를 잃고, 다시 절망감과 죄책감에 깊이 빠지고 맙니다.

빠삐용이 견디기 힘들었던 것은 악마의 섬도, 감옥의 악랄한 간수들도 아닙니다. 후회와 자책감에 사로잡혀 재생의 길을 찾지 못하고 절망 속에 그대로 주저앉는 것이었습니다. 거기서 빠져나오지 못하면 정말 자멸하고 맙니다. 최악의 비극은 후회와 죄책감의 포로가 되는 것입니다. 예수 그리스도는 우리를 그런 쇠사슬에서 해방시켜 줍니다.

"그리스도 예수께 속한 사람은 결코 정죄 받는 일이 없습니다. …성령의 법이 죄와 죽음의 법에서 여러분을 해방시켜 주었기 때문입니다."(롬 8:1-2)

037 | 십자가 정신

희생과 봉사
(♪ 218장, 213장)

육군사관학교의 체력 테스트 때 달리기에 늘 뒤처지는 생도에게 장거리 선수 출신 생도가 다가가 발을 맞추며 끝까지 달렸습니다.

직업 군인 출신인 스탠 게이트 목사는 십자가 정신을 설명하는 예화로 육군사관학교 시절 이야기를 자주 설교에 사용하곤 했습니다. 그가 웨스트포인트 사관생도 때 겪은 이야기입니다.

해마다 체력 테스트를 하는데, 평소부터 달리기를 무척 힘겨워하던 생도가 있었습니다. 그때 장거리 선수 출신의 생도가 뒤처지는 그에게 바짝 다가와 함께 달리며 소리를 질렀습니다.

"짐, 기운 내! 너는 할 수 있어. 나를 따라와. 하나, 둘, 셋, 넷! 잘했어. 너는 할 수 있어. 계속 달려!"

이 광경을 보며 함께 뛰던 게이트는 '저것이 십자가 정신이다.'라고 속으로 되뇌었습니다. 우리의 대장 예수 그리스도는 우리를 앞서거나 곁에서 함께 달립니다. 우리 짐을 덜어주며 "나를 따르라!" 하고 말씀하셨습니다.

두 생도의 달리기는 힘들었습니다. 장거리 선수 출신의 생도 역시 못 달리는 생도와 발맞추어 계속 격려하면서 달려야 했기 때문입니다. 그래서인지 못 달리는 생도는 중도에 포기하지 않고 끝까지 달렸습니다. 정한 시간에 도착했습니다.

교관은 둘에게 합격의 기쁜 소식을 전했습니다. 게다가 특별히 포상까지 해주었습니다. 교관은 그들의 우정과 장거리 선수 출신 생도가 보여준 십자가 정신을 높이 산 것입니다. 둘은 웨스트포인트를 우수한 성적으로 졸업하여 나중에 훌륭한 장교가 되었습니다.

"여러분은 서로 짐을 져주십시오. 그리하면 여러분은 그리스도의 법을 성취할 수 있게 될 것입니다."(갈 6:2)

038 | 쉰들러 리스트

희생과 헌신
(♪212장, 465장)

이 영화는 나치 독일에서 유대인을 구출하는 오스카 쉰들러와 부인 에밀리 이야기입니다. 쉰들러의 무기 공장에 일손이 필요하다며 유대인 1천여 명을 고용하여 모두 살립니다.

영화 〈쉰들러 리스트〉 속 붉은색 코트를 입은 소녀의 모습.

미국 할리우드 영화 「쉰들러 리스트」는 나치 독일 치하에서 유대인을 구출한 오스카 쉰들러와 그의 부인 에밀리 이야기입니다. 나치의 유대인 학살 정책으로 인해 죽을 운명에 처한 유대인들을 최대한 빼돌려 많은 목숨을 살린 눈물겨운 이야기입니다. 쉰들러 부부의 희생과 헌신으로 아우슈비츠 수용소에서 많은 유대인이 살아났습니다.

1944년 나치 정권은 크라코의 유대인 노동자 1천여 명을 아우슈비츠로 보내 집단 학살을 하려고 했습니다. 쉰들러 부부는 무기 공장에 일손이 필요하다고 주장합니다. 독일군의 무기 도금 공장을 핑계로 수용소의 유대인들을 고용했습니다. 유대인들을 계속 고용하기 위해 부부는 밤낮 고생했습니다.

이렇게 쉰들러 공장으로 빼낸 유대인들은 1945년 소련군의 진주로 모두 살아나 석방됩니다. 이들 중 지금도 살아 있는 위흐터는 이렇게 말합니다.

"쉰들러 부부는 큰 위험을 감수하고 우리를 사지에서 살려냈습니다."

세계인들은 「쉰들러 리스트」라는 영화를 보고 놀랐습니다. 쉰들러 부부는 독일인이었지만 나치 정책에 반대하여 옳은 길을 걸었습니다. 용감하고 헌신적인 그 희생으로 유대인 1,200여 명이 죽음 직전에 살아남았습니다.

"억울하게 빼앗기고 착취당하는 사람들을 탄압하는 자들의 손아귀에서 건져 주고, 이방인들과 고아들과 과부들을 억누르거나 괴롭히지 말고…"(렘 22:3)

039 | 삼국전도회

전도와 소망
(♪520장, 514장)

1910년대 만주 장백현 보성 학교 터.

삼국전도회는 북간도에 온 우리 민족의 독립운동과 함께 이민자 단결과 교육에 열중하며 새로운 삶의 소망을 키워 주었습니다.

일제 치하 때 독립운동의 일환으로 만주 북간도 지역 이민자들에게 단결, 신앙, 독립운동 등을 전개한 기독교 선교 단체가 삼국전도회입니다.

일제의 수탈을 피해 수많은 한국인이 살려고 북간도로 갔습니다. 마적 떼가 우글거리고 일본군이 위협하던 곳이었지만, 광활한 땅을 개간하여 만주 지역에 자리를 잡고 살았습니다.

1910년 삼국전도회는 중국 북간도를 중심으로 활동했습니다. 1911년 김약연, 정재면 등의 민족 운동가들과 이동휘 전도사가 이곳을 방문했습니다. 대대적인 사경회와 특별 기도회 등을 통해 나라 잃은 슬픔에서 벗어나 일어서자는 민족적인 운동으로 번져 나갔습니다.

러시아, 중국, 한국 등 삼국에 걸쳐 독립운동을 적극적으로 전개하면서 북간도에 장로교 선교사인 김내범 목사를 청빙했습니다. 이처럼 한민족 이민자들을 대상으로 단결을 강조하고 신앙을 고취하던 삼국전도회는 그곳 교회를 상부상조하는 견실한 기독교 공동체로 발전시켰습니다. 이처럼 어디든지 기독교 정신이 살아 있는 곳에서는 새로운 삶에 대한 소망이 싹 텄습니다.

"하나님의 은혜와 사랑의 복음을 다른 사람들에게 전하는 이 일을 완수할 수만 있다면, 나는 내 목숨이 조금도 아깝지 않습니다."(행 20:24)

040 | 벨디에브의 증언

희생과 헌신
(♪216장, 251장)

포로수용소에서 유대인들이 죽었습니다.
아기 안은 엄마를 가스실로 보내려 할 때
한 수녀가 자기 옷을 벗어 입히고는
아기와 엄마 대신 가스실로 갔습니다.

샤르트르의 삭발여성

독일인 벨디에브 교수는 한때 나치 정권에 잘못 보여 포로수용소에 끌려 가게 되었습니다. 강제 노동을 해야 하는 수용소 캠프에서는 매일 일정한 숫자대로 유대인들을 가스실에 넣어 죽였습니다.

하루는 아기를 안은 엄마에게서 강제로 아기를 떼어내고, 엄마를 가스실로 보내려 했습니다. 그 순간, 다급하게 한 수녀가 달려와 자기 옷을 벗어 그 엄마에게 입혔습니다.

그날 그 수녀는 아기 엄마를 대신하여 가스실로 보내져 죽었습니다. 수녀의 희생 덕분에 아기 엄마는 아기를 안고 다시 수용소로 돌아왔습니다. 목소리가 아름다운 그 수녀는 수용소 캠프에서 모두 좋아하던 마리아 수녀였습니다.

이 광경을 지켜본 벨디에브 교수는 가슴이 뜨거워졌습니다. 그는 마르크스주의자로 기독교를 비판하던 철학 교수였는데, 그 사건 이후로 기독교도가 되었습니다. 마르크스주의에는 냉철한 이론은 있지만, 수용소에서 본 뜨거운 희생은 없다는 것을 깨달았던 것입니다.

"그가 벌을 받음으로 인해 우리가 평화를 누리고, 우리 대신 그가 매를 맞음으로 인해 우리가 고침을 받은 것이다."(사 53:5)

041 | 덴마크 국기

십자가와 승리
(♪349장, 352장)

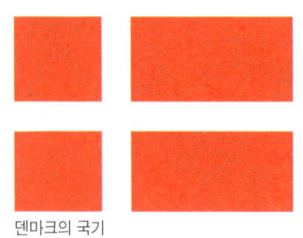

덴마크의 국기

덴마크 월드머 황제가 적진으로 돌격할 때 적군 쪽 붉은 하늘에 흰 십자가가 보였습니다. 붉은 바탕에 흰 십자가를 넣은 국기를 전쟁에서 승리한 그해에 만들었습니다.

모든 국가에는 그 나라의 국기가 있습니다. 국기는 나라를 상징하는 깃발입니다. 그 가운데서 덴마크 국기가 가장 오래되었습니다. 기독교 국가답게 붉은 바탕 위에 하얀 십자가가 있습니다.

1219년 덴마크의 월드머 황제가 군대를 이끌고 적진으로 돌격할 때 갑자기 적군 쪽 붉은 하늘에 흰 십자가가 나타났습니다. 십자가는 예수의 죽음을 의미하지만, 또한 죄와 사망을 이긴 영원한 승리의 상징이기도 합니다.

그 광경을 본 황제는 승리를 확신했습니다. 대승을 거둔 후 붉은 바탕에 흰 십자가를 넣어 국기로 만들었습니다. 덴마크의 월드머 황제가 돌격전을 벌일 때 발견한 흰 십자가는 국기에 새겨져 영원히 덴마크의 상징이 되었습니다.

덴마크 국기는 1219년에 제정한 이후 한 번도 바꾸지 않았습니다. 독일, 스웨덴, 핀란드 등 강국에 둘러싸여 많은 전쟁을 겪었지만, 흰 십자가를 본 뒤로 승리가 이어졌습니다.

"그리스도로 말미암아 나는 세상을 십자가에 못박았고, 세상은 나를 십자가에 못박았습니다."(갈 6:14)

042 | 윈스턴 처칠의 경험

보살핌과 도우심
(♪382장, 386장)

제대 후 남아공 전투에 종군 기자로 간 처칠은 적군의 포로가 된 후 간신히 탈출합니다.
3일간 굶다가 한 민가를 발견하여 들어갔는데 집주인 덕분에 배불리 먹고 기운을 차립니다.

1940년 총리 관저에서 윈스턴 처칠

    윈스턴 처칠은 젊은 시절 여러 전투에 참가했습니다. 제대 후 그는 남아공 지역 전투에 종군 기자로 파견되었다가 적군의 포로가 되었습니다. 포로로 고생한 내용은 그의 전쟁 기록에 잘 나타나 있습니다.

    포로수용소에서 그는 간신히 탈출에 성공했지만 거의 쓰러질 지경으로 굶주리면서 들판을 헤맸습니다. 그러다가 3일 만에 우연히 한 민가를 발견하고 그 집으로 들어갔습니다. 바로 그것이 처칠의 신앙이 싹트는 계기가 되었습니다.

    "나는 영국 군인 윈스턴 처칠이오. 적군의 포로수용소에서 탈출했으니 좀 도와주십시오."

    애원하는 이 말에 집주인은 친절한 목소리로 대답했습니다.

    "내 집에 오셨으니 잘됐습니다. 근방에서 영국군을 숨겨둘 모험을 할 집은 우리 집밖에 없을 테니 안심하십시오."

    이 따뜻한 말에 처칠은 안도의 숨을 내쉬었습니다. 더운물과 따뜻한 음식도 배불리 얻어먹었습니다. 이날부터 처칠은 믿음이 생겼습니다. 하나님이 기적적으로 살려주신 것을 깨달았기 때문입니다. 하나님의 보살핌과 보호하심이 확실하구나 싶었습니다. 이후로 그는 믿음으로 일생을 살았습니다.

"내가 새벽 날개를 타고 햇살처럼 신속하게 날아가서, 바다 저쪽 끝 편의 가장 먼 곳에 머물지라도…"(시 139:9)

043 | 성전 머릿돌

하나님의 사람
(♪80장, 600장)

모퉁이의 머릿돌

예루살렘 성전을 크고 화려하게 지은 후 공사 내력을 적을 머릿돌을 찾던 석공들은 전에 쓸모없다고 버린 돌을 발견하고는 그 돌에 성전 이름을 새겨 넣었습니다.

이스라엘의 솔로몬 왕 때 예루살렘 성전을 대대적으로 건축했습니다. 이 공사에 세계에서 최고의 석공들이 동원되었습니다. 석재들도 외국에서 주문하여 들여왔습니다.

그 많은 돌 가운데 규모가 그리 크지 않은 돌이 하나 있었습니다. 석공들은 설계에도 없는 불필요한 돌이라고 생각하고 성 밖으로 내다 버렸습니다. 그러고는 공사를 마무리했습니다.

머릿돌에 공사 내력을 새겨 넣어야 할 단계가 되었습니다. 한 석공이 적당한 크기의 돌덩이를 찾아 나섰습니다. 그런데 이전에 내다 버린 그 돌이 딱 들어맞았습니다.

다시 찾은 그 돌은 머릿돌로 삼기에 꼭 알맞은 크기였습니다. 다른 큰 돌들과는 달리 색채가 아주 곱고 신비감마저 도는 귀한 돌덩이였습니다. 그제야 석공들은 깨달았습니다. 바로 그 돌이 모퉁이의 요긴한 머릿돌이었던 것입니다.

이 사실은 성경 기록에는 없지만, 석공들이 버린 돌이 모퉁이의 요긴한 머릿돌이 된다는 누가복음 20장 17절의 말씀을 떠올리게 합니다. 하나님의 사람은 때로는 쓸모없어 보이지만 때가 되면 머릿돌이 될 수 있습니다.

"성경에 기록된 대로 '집 짓는 사람들이 쓸모없다고 버린 돌이 모퉁이를 받치는 머릿돌이 되었다.'라는 말이 무슨 뜻입니까?"(눅 20:17)

044 | 최후의 만찬

화해와 화목
(♪475장, 220장)

레오나르도 다빈치가 「최후의 만찬」을 그릴 때
그림의 중심인 예수를 그려야 하는데
사소한 일로 친구와 싸워 많이 힘들었습니다.
그러나 화해하고 나서 이 명화가 탄생했습니다.

레오나르도 다빈치 최후의 만찬

　르네상스의 거장인 유명한 화가 레오나르도 다빈치가 「최후의 만찬」을 그릴 때입니다. 그가 어떤 사소한 일로 우연히 친구와 크게 다투고는, 이후로 그를 무척 미워하게 되었습니다.

　그 뒤로 그는 「최후의 만찬」을 그릴 때 중심을 제대로 그리지 못했습니다. 그 중심은 예수인데 아무리 그려도 마음에 차지 않아 다시 그리고, 또다시 손대고 하다가 결국 중단했습니다. 다빈치는 그 원인을 곰곰이 생각했습니다. 그가 깨달은 것은 싸운 친구와 빨리 화해하고, 미워하는 마음을 푼 뒤 즐거운 마음으로 그리는 것이었습니다. 다빈치는 그 친구와 화해하고, 편안한 마음으로 그림을 완성하여 저 유명한 「최후의 만찬」이라는 명작이 탄생했습니다. 그는 만족스럽게 그림을 끝내고 하나님을 찬양했습니다.

　사람이 재주가 많아서 짐승보다 뛰어난 게 아니고, 머리가 좋다고 잘난 것도 아닙니다. 무엇보다도 자신의 마음을 다스려 기쁨과 평강을 유지할 수 있어야 사람답습니다.

"하나님께 제물을 드리려고 할 때, 당신에게 원한을 품고 있는 형제가… 먼저 화해한 다음에 다시 돌아와서 하나님께 제물을 바치도록 하십시오."(마 5:23)

045 | 발렌타인데이

사명과 노력
(♪316장, 320장)

고대 로마의 사제 발렌타인

발렌타인 수도사는 편지로 문서 선교를 했는데 나중에 이 편지에 감동한 사람이 늘어났습니다. 그들은 이 사랑의 편지 기념일을 정하고 그의 이름을 따서 발렌타인데이라고 했습니다.

발렌타인은 로마의 한 수도사였습니다. 그는 날마다 성경을 읽다가 "네 손이 닿는 대로 힘껏 일하라."라는 전도서 9장 10절에서 은혜를 받았습니다. 그는 좋은 일을 해야겠다고 생각하고 이런저런 궁리를 하다가 마침내 마음을 정했습니다.

'사랑의 편지 쓰기'를 하기로 작정하고 곧바로 실천했습니다. 주후 3세기에 일종의 문서 선교를 시작한 것입니다. 그는 열심히 사랑의 편지를 써서 이웃들에게 보냈습니다. 특히 성경 말씀을 쉽게 알 수 있고, 믿을 수 있고, 실천할 수 있는 그런 말씀들을 써 보냈습니다.

그는 이 운동을 죽을 때까지 계속했습니다. 감동을 받은 사람들은 그가 죽은 날을 기념하여 발렌타인데이로 정했습니다. 오늘날 전 세계가 이 기념일을 지키고 있습니다.

뭐든지 한 가지 사명을 목표로 삼고 최선을 다하면 역사에 길이 남습니다. 그의 편지를 받은 이들은 믿음, 소망, 사랑의 마음을 가졌습니다. 요즘은 안타깝게도 그 의미가 약간 퇴색되어 여자가 남자에게 사랑을 고백하는 날로 굳어 버렸습니다.

"네가 무엇을 하든지 네게 주어진 일은 온 힘을 다 바쳐 힘껏 하여라."(전 9:10)

046 | 마르틴 루터와 돌계단

믿음과 구원
(♪536장, 546장)

루터는 로마 순례 때 베드로 대성당 돌계단을 남들처럼 무릎으로 기어 올라갔습니다.
그때 뇌리에 번개처럼 떠오르는 성경 구절에 벌떡 일어나 걸어서 올라갔습니다.

1510년 로마 순례 때 마르틴 루터는 베드로 대성당의 수많은 돌계단을 피가 나도록 무릎으로 기어올랐습니다. 힘들게 기어 올라가다가 성경 한 구절이 번뜩 떠올랐습니다.

"의인은 믿음으로 말미암아 살 것이다."(롬 1:17)

이 구절이 가슴속으로 깊숙이 파고들었습니다. 그는 깨달았습니다. 돌계단을 무릎으로 기어 올라가는 것 같은 인위적인 고행이 사람을 의롭게 할 수 없고, 오직 예수 그리스도의 십자가 피 공로를 믿는 그 믿음만이 의롭게 할 수 있다고 확신했습니다. 그는 도중에 벌떡 일어섰습니다. 그가 그처럼 믿고 일어선 것처럼 그때부터 종교개혁이 시작되었습니다.

이 돌계단은 베드로 대성당에만 있는 게 아닙니다. 고난으로 인해 인간이 조금은 겸손하거나 착해질 수 있겠지만, 구원에 이르는 의로움을 얻는 것은 불가능합니다. 고행으로는 절대로 구원받을 수 없습니다. 그것이 성경의 가르침입니다.

종교개혁은 루터 혼자 성취한 것이 아닙니다. 중세 시대에 많은 믿음의 선각자들이 종교개혁의 필요성을 줄곧 외쳤습니다. 마침내 인위적인 고행의 허무함을 깨달은 루터가 일어섬으로써 종교개혁의 횃불이 활활 타올랐던 것입니다.

"복음에는 하나님의 의로움이 나타나 있어 오직 믿음으로 믿음에 이르게 합니다. … '의인은 믿음으로 말미암아 살 것이다.'라고 한 것과 같습니다."(롬 1:17)

047 | 두 가지 인간형

희생과 봉사
(♪454장, 218장)

미켈란젤로의 '천지창조'

> 기자 얀시는 두 가지 인간형을 정했습니다.
> 그것은 바로 스타형과 하인형입니다.
> 스타형은 자기 자신을 내세우려 하고
> 하인형은 자신을 부인하려고 합니다.

얀시는 미국의 어느 신문사 기자였습니다. 그는 40여 년을 살면서 20세기 후반의 저명한 세계 인사 8천여 명을 인터뷰했습니다. 그 결과 그는 사람을 두 가지 유형으로 정리했습니다. 바로 스타형(star style)과 하인형(servant style)입니다.

스타형은 자기 자신을 내세우려고 합니다. 자랑과 광고를 열심히 하여 스스로를 멋지고 위대하게 보이려는 스타일입니다. 하지만 하인형은 애써 자기 자신을 부인하려고 합니다. 드러나지 않는 데서 남을 섬깁니다.

방글라데시나 아프리카 등지의 밀림에서, 병원이나 거리에서 헌신하고 희생합니다. 각종 재난 현장에서 남모르게 봉사합니다. 더위와 고통과 죽음도 불사하고 묵묵히 일합니다.

스타형은 자기 자신의 부귀영화를 자랑하는 껍데기 인생이지만, 하인형은 다른 이들의 칭찬을 기대하지 않고 또 봉사에 대한 대가가 없어도 묵묵히 일하는 알짜배기 인생입니다.

이들이 있기에 인류 역사가 그 빛을 발합니다. 예수도 이 땅에 종의 모습으로 오셔서 우리 죄인들을 섬기셨습니다.

"무슨 일을 하든지 이기심이나 허영으로 하지 말고, 오직 겸손한 마음으로 자기보다 다른 사람을 더 낫게 여기십시오."(빌 2:3)

048 | 존 듀이의 90세 생일

노년과 일
(♪ 330장, 595장)

오늘의 미국을 이룩한 정신적 지도자
존 듀이의 교육 철학 실용주의는
유치원에서 대학원까지 실천하고 있습니다.
그는 90세에도 열정적인 자세를 보였습니다.

존 듀이(1859-1952)

    미국의 철학자이자 교육학자인 존 듀이를 모르는 사람은 거의 없을 것입니다. 오늘날 미국 사회에서는 그의 실존주의가 실천되고 있습니다. 유치원에서 대학원까지의 교과 과정이 그의 프래그머티즘(실용주의)에 입각하여 시행되고 있습니다.

    그는 미국 교육 철학의 뼈대를 세운 위대한 철학자이며 교육자입니다. 항상 부지런하고 겸허한 태도로 연구하고 실천하는 인물입니다. 미국을 세계 최강의 국가로 만드는 기본 정신을 제공했습니다. 그의 90세 생일에 기자들이 찾아와서 이 노학자에게 질문했습니다.

    "이제는 정말 쉬실 때가 되었습니다. 그간 너무도 큰일을 많이 하셨습니다. 그런데 요즘은 무엇으로 소일하십니까?"

    "산맥은 아직도 높고 깊고 큽니다. 이제 겨우 90개의 봉우리를 넘었습니다. 100개째 봉우리는 넘어야 하지 않겠습니까?"

    노욕이 너무 크다고 할지 모르지만, 그는 90세의 나이에 100세를 바라보며 아직도 할 일이 많이 남았다고 대답했습니다. 실로 노익장의 승리가 아닐 수 없습니다.

"이 몸은 나이 많아 머리가 하얗게 세도록 늙었습니다. 그럴지라도 나를 버리지 마소서! 그리하시면 내가 주의 힘과 권능을 다음 세대에 전하렵니다."(시 71:18)

049 | 윌 톰슨의 찬송

찬송과 은혜
(♪93장, 37장)

베드로의 신앙고백

윌 톰슨이 작사, 작곡한「예수는 나의 힘이요」는 대부흥사 무디가 애창하던 찬송가입니다. 그는 집회 때마다 큰 은혜를 받았습니다. 오늘날 전 세계 기독교인들도 애창합니다.

"내 집회가 성공했던 것은 당신의 찬송 덕택입니다. 정말 고맙습니다."

미국의 대부흥사 D.L 무디는 임종 전날 윌 톰슨의 손을 꼭 잡고 이렇게 말했습니다. 그가 말한 찬송이란 윌 톰슨이 작사, 작곡한「예수는 나의 힘이요」입니다.

원문의 첫 줄을 직역하면 "예수는 내게 있어서 온누리요"입니다. 이것을 의역하여 "예수는 나의 힘이요 내 생명 되시니"라고 부릅니다. 큰 감명을 주는 찬송 가사는 수많은 교인에게 큰 은혜를 끼칩니다.

윌 톰슨은 "주님은 그리스도이시며 살아 계신 하나님의 아들이십니다."(마 16:16)라는 베드로의 신앙 고백에서 영감을 받아 이 노랫말을 썼습니다. 무디가 평소에 제일 애창하여 그의 장례식 때도 부른 찬송가입니다. 오늘날 이 찬송가는 전 세계 기독교인들이 애창하며 은혜받는 명곡이 되었습니다.

"오라, 모두 와서 우리 다 같이 주님께 기쁨의 노래를 불러 드리자. 소리 높여 우리 구원의 반석이신 주님을 찬양하자. 감사의 노래를 부르면서 그분께 나아가자."(시 95:1-2)

050 액자틀의 교훈

보배로우신 주님
(♪81장, 94장)

뉴욕 소호의 한 그림 전시장 아주 큰 그림 앞에서 누군가가 자기 작품이 얼마나 멋지냐고 했습니다. 그 말에 로버트 헨리가 사전트의 작품이라고 하자 그는 액자틀을 만든 사람이라고 했습니다.

뉴욕 소호의 한 그림 전시장에서 있었던 일입니다. 아주 큰 그림 앞에서 감탄하는 한 사람이 있었습니다.

"이건 내 작품이오. 멋지지 않소? 과연 세계적인 명작이야."

그때 그 말을 들은 기독교도 화가 로버트 헨리가 말했습니다.

"이 그림은 대화가 사전트(Sargent)의 대작이오. 그런데 이게 당신 작품이라뇨?"

감탄하던 그 사람은 그 그림의 액자틀을 만든 이가 자신이라고 밝혔습니다. 그러자 로버트 헨리는 그림이 액자틀의 가치까지도 결정한다는 사실을 깨달았습니다. 자기가 만든 액자틀에 사전트의 대작이 들어 있는 것을 크게 만족해하며, 그 사실을 자랑하던 사람에게서 한 가지 교훈을 얻은 것입니다.

틀은 나무든 플라스틱이든 중요하지 않습니다. 하지만 그 액자틀 안에 넣은 그림이 무엇이냐에 따라 귀하게 대접받을 수 있습니다. 우리 또한 그렇습니다. 우리 안에 예수를 모시면 죄인도 존귀해질 수 있습니다.

"우리는 이 귀한 보물을 우리의 깨지기 쉬운 질그릇 같은 육체 속에 담고 있습니다. … 오직 하나님께로부터 나온 것임을 보여주기 위해서입니다."(고후 4:7)

051 | 로버트 건드리의 8복 번역 | 복 있는 자들 (♪427장, 435장)

산상 설교 (山上說教, Sermo montanus)

로버트 건드리의 산상수훈 8복 번역에서 '복이 있나니'를 '축하합니다'로 한 것은 호응도가 큰 새로운 해석이라고 합니다. 복 있는 자는 축하받을 만하다는 뜻입니다.

마태복음 5장 산상수훈에는 8복의 교훈이 있습니다. 영어 번역에는 '복이 있다', 우리말 성경에는 '복이 있나니'로 번역했습니다. 평범하게 원문의 뜻을 그대로 번역한 것입니다. 그런데 미국의 신학자 로버트 건드리는 특이하게 '축하합니다'로 번역했습니다.

"가난한 이들이여, 축하합니다. 천국이 여러분의 것입니다."

그는 천국 시민의 자격을 얻은 이들을 '축하한다'라는 의도로 번역한 것이라고 합니다. 예수님 말씀대로 믿으면 천국 시민이 되므로 '축하한다'라는 것입니다.

"애통하는 이들이여, 축하합니다. 그대들은 위로를 받을 것입니다. 주리고 목마른 이들이여, 축하합니다. 그대들은 만족할 것입니다."

로버트 건드리의 8복 번역은 호응도가 컸습니다. 8복을 처음부터 '축하합니다'로 읽으면 더 큰 은혜를 느낀다는 것입니다. 정말로 8복에서의 복 있는 자들은 축하를 받아 마땅합니다.

"복됩니다! 마음이 가난한 사람들이여. 하늘나라가 그들의 것입니다. …의를 위해 박해를 받는 사람들이여. 하늘나라가 그들의 것입니다."(마 5:3-10)

052 | 국빈이냐 예배냐

예배와 신앙
(♪42장, 463장)

주일 아침 미국 대통령 아이젠하워는
국빈인 소련 수상 후르시초프에게
같이 교회로 예배하러 가자고 했습니다.
두 사람은 예배 후에 만났습니다.

아이젠하워 전 미국 대통령

1959년 9월 27일 주일 아침, 아이젠하워 미국 대통령은 국빈으로 소련 수상 후르시초프를 맞이했습니다.

"나와 함께 교회로 가서 예배를 드립시다."

그러자 후르시초프는 전화로 거절했습니다. 아이젠하워는 교회로 갔습니다.

1시간 반 후 주일 예배가 끝나고 아이젠하워 대통령이 후르시초프 수상에게 물었습니다.

"1시간 반 동안 무엇을 했습니까?"

"내가 국빈 자격으로 먼길을 찾아왔는데, 나를 남겨두고 교회에 가야 하는 당신의 핑계가 무엇일까 생각하고 있었소."

하나님께 드리는 예배가 얼마나 소중한지 공산주의자는 알 턱이 없었던 것입니다. 국빈이냐 예배냐에서 아이젠하워 대통령은 신앙을 지키는 주일 예배가 국빈 접대보다 당연히 더 중요하다고 믿었습니다. 그러나 하나님 신앙을 모르는 후르시초프 수상은 아이젠하워 대통령의 주일 예배를 전혀 이해하지 못했습니다.

"주의 집에 들어가 두렵고 떨리는 마음으로 주의 거룩한 성전을 향해 경배드릴 것입니다."(시 5:7)

053 | 노름꾼과 지옥

방탕과 방종
(♪522장, 537장)

미국 네바다주 라스베이거스에는 금요일부터 노름꾼들이 몰려듭니다. 있는 돈을 다 털린 채 주일 아침이면 축 늘어져 비틀대며 집으로 돌아갑니다.

미국 네바다주 감리교회 감독 제럴드 케네디 목사는 한심한 노름꾼들을 자주 목격합니다. 그 광경을 지옥의 풍경으로 묘사합니다. 어리석은 그들의 모습에서 지옥을 본 것입니다.

"내 관할 구역에는 라스베이거스가 있습니다. 도박하는 사람들인 노름꾼들을 쉽게 봅니다. 그들은 금요일이면 모여들어 주일 아침까지 노름에 빠집니다. 제때 먹지도 자지도 못하고 노름판에 빠져 있다가 돌아갑니다. 주일 아침에 남들은 예배드리려고 바쁘게 집을 나설 때, 그들은 축 처진 몸으로 노름판을 나옵니다. 주차장이나 비행장으로 가면서도 비틀거립니다. 밤새 한숨 자지 못한 그들의 눈은 붉게 충혈되어 있습니다. 얼굴은 죽을상을 하고, 어깨는 축 늘어지고, 눈은 퀭합니다."

네바다주 사막 한가운데 세워진 계획 도시 라스베이거스는 세계의 노름꾼들이 몰려드는 현대판 죄의 도시(Sin City), 곧 소돔과 고모라입니다. 이 환락의 도시에서 노름꾼들은 금요일부터 주일 아침까지 2박 3일 동안 노름하고, 대부분 빈털터리로 귀가합니다.

"분별력을 잃어버린 채 자신을 육체의 본능에 맡겨 온갖 방탕과 욕정에 빠져 지내면서도, 그런 죄악 된 생활을 멈추려고 하지 않습니다."(엡 4:19)

054 바르 코크바의 반란

저항과 자유
(♪460장, 350장)

바르 코크바는 예루살렘 제2반란 지도자였습니다. 로마 총독 티네이우스 루푸스를 격려하러 왔던 하드리아누스 황제의 군대 증파로 진압되었으나 유대인들의 정신만은 살아 있습니다.

로마에 맞선 유대인 반란의 지도자

이스라엘의 수도 예루살렘은 주후 70년에 로마군에게 완전히 점령되었습니다. 그 후 100년까지 마사다에서 로마군에 계속 항전했습니다. 그리고 132년부터 135년경에 바르 코크바의 반란이 일어났습니다.

로마 제국의 강압적인 식민 통치에 항거하여 반란을 일으킨 유대인 바르 코크바는 일시적인 성공으로 예루살렘을 점령했습니다. 로마에 항거한 크고 작은 유대인들의 반란 중 지도자 이름이 알려진 것은 그가 유일합니다. 그는 유대인들의 메시아 역할을 했습니다.

예루살렘을 점령한 후 '예루살렘의 자유를 위하여'란 기념 동전을 다량으로 만들어 사용했지만, 얼마 후 증강한 로마 군대에 의해 진압되었습니다. 주후 70년 로마 장군 티투스에 의해 진압된 뒤 두 번째 진압입니다.

제2반란의 원인은 할례 금지령과 엘리아 카피톨리나 도시 건설 때문입니다. 예루살렘의 유대인들은 학정에 못 이겨 바르 코크바를 중심으로 총궐기하여 반란을 일으켰습니다. 로마 총독 티네이우스 루푸스를 격려하려고 유대를 방문한 하드리아누스 황제가 사태의 심각성을 깨닫고 군대를 증파하여 반란을 진압했습니다. 비참하게 끝났지만 로마 제국에 저항한 유대인들의 정신만은 살아 있습니다.

"내가 결백하다는 이 주장을 굽히지 않을 것인데, 이 점에 대해 내가 살아 있는 동안 양심에 아무런 거리낌이 없을 것이네."(욥 27:6)

055 | 사해 동굴 문서들

성경과 말씀
(♪200장, 203장)

사해사본이 발견된 쿰란동굴

사해 동굴 지역인 와디 무라바아트에서 발견한 귀중한 문서들을 예루살렘에 전시했습니다. 와디 하브라 동굴에서 발견한 이사야 사본 등은 성경 사본 연구에 필요한 소중한 문서였습니다.

1952년 1월 21일부터 3월 21일까지 사해 동굴 지역인 와디 무라바아트에서 발견된 문서를 예루살렘에 전시했습니다. 1-10세기의 것으로 추정되는 고문서들은 대부분 성서 사본이었습니다. 발견된 두루마리는 역사, 문화, 성서 등의 연구에 아주 중요한 가치가 있었습니다.

유물 중에는 성서 외에 유대인 반란의 역사도 알 수 있는 자료도 포함되어 있었습니다. 그 인근의 와디 하브라 동굴에서도 문서들이 나옴으로써 제2반란인 바르 코크바의 반란사도 알게 되었습니다.

발견된 문서들은 히브리어, 아람어, 헬라어, 아라비아어로 되어 있었습니다. 더러는 훼손되고, 더러는 베두인 족속이 현지에 찾아간 여행사나 학자들에게 몰래 팔아넘기기도 했습니다.

고문서 가운데 구약 이사야서 사본은 성경 사본의 연구 대상으로 아주 큰 가치가 있습니다. 이 유물들은 오늘날 예루살렘 성서박물관에 잘 보관되어 있습니다. 발견된 사본들을 살펴보면 다시금 성경 말씀의 무오성과 위대함을 알 수 있습니다.

"성경을 열심히 연구하는 것은, 성경에서 영원한 생명을 얻을 수 있다고 생각하기 때문이오. 그렇소. 그 성경이 바로 나를 증언하고 있소."(요 5:39)

056 | 안식일 등불

율법과 유대인
(♪206장, 201장)

유대인들은 가정마다 금요일 저녁이면
안식일 등불을 켤 준비를 하고 예배합니다.
『탈무드』의 샤바트 두 번째 장인
바메 마들리킨을 외우며 그 의미를 깨닫습니다.

    유대인들은 금요일 저녁이 되면 예배할 때 바메 마들리킨을 외웁니다. 이 말은 "사람은 무엇으로 등불을 켤까?", "안식일 등불에 불을 붙일까?"라는 뜻입니다.

    금요일 밤 예배에서 암송하는 『탈무드』 중 샤바트 두 번째 장을 시작하는 이 말은 신앙적인 상징이 매우 큽니다. 그날의 기름과 심지의 형태, 안식일이 시작되기 전에 갖추어야 할 각 가정의 준비물 등을 미리 일러줍니다.

    랍비들은 이 안식일의 등불을 세계 평화로 보고, 세계 평화를 위한 토라(율법)의 역할이 무엇인지 가르쳐 줍니다. 율법을 소유한 유대인이 반드시 갖추어야 할 신앙적 책무인 안식일에 등불을 켜는 의미를 깨닫게 합니다.

    유대인들은 가정마다 금요일 저녁이면 등불을 켤 준비를 합니다. 이들의 이 같은 신앙은 선민으로서 민족의 긍지와 애국심을 갖게 합니다.

"주님의 말씀은 내 발을 인도하는 등불이요. 내 길을 비춰 주는 빛입니다. 내가 주님의 의로운 법을 지키려고 굳게 맹세하고 다짐하였으니…"(시 119:105-106)

057 | 미우라 아야코의 가게

배려와 양보
(♪ 218장, 454장)

미우라 아야코

미우라 아야코는 남편과 함께 한 시골 마을에 작은 가게를 열었습니다. 손님이 너무 많아 옆집 가게가 걱정되자 손님을 옆집으로 보내고 소설도 썼습니다.

일본 작가 미우라 아야코가 조그만 점포를 열었을 때, 장사가 너무 잘돼 트럭으로 물건을 공급할 정도로 매출이 쑥쑥 올랐습니다. 그에 반해 옆집 가게는 파리만 날렸습니다. 그때 그녀는 남편에게 솔직한 심정을 털어놓았습니다. "우리 가게가 너무 잘되다 보니 이웃 가게들이 문을 닫을 지경이에요. 이건 우리가 바라는 바가 아니고 하나님의 뜻에도 어긋나는 것 같아요."

남편은 그런 아내를 자랑스러워했습니다. 이후 그녀는 가게 규모를 축소하고, 손님이 오면 이웃 가게로 보내곤 했습니다. 그래서 시간이 남아 평소에 관심 있던 글을 본격적으로 쓰기 시작했습니다. 그 글이 바로 『빙점』이라는 소설입니다. 그녀는 이 소설을 신문에 응모하여 당선되어 가게에서 번 돈보다 몇백 배의 부와 명예를 얻었습니다. 그녀의 빛나는 배려 덕분이었습니다.

배려는 사소한 관심에서 출발합니다. 역지사지易地思之의 자세로 상대방의 입장을 헤아리다 보면 배려의 싹이 탄생합니다. 배려는 거창하지 않습니다. 당신의 작은 배려가 세상을 행복하게 만듭니다.

"무슨 일을 하든지 이기심이나 허영으로 하지 말고, 오직 겸손한 마음으로 자기보다 다른 사람을 더 낫게 여기십시오."(빌 2:3)

058 | 다트마우스의 연구

신앙과 건강
(♪307장, 293장)

교회에 다니지 않는 사람들은
교회에 다니는 사람들에 비해
고혈압, 심장마비, 우울증, 자살 등
평균 수명이 짧다는 연구였습니다.

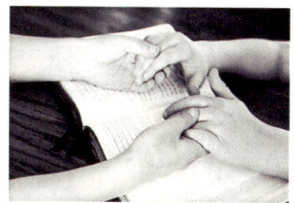

   미국 다트마우스 대학 연구팀의 발표는 시사하는 바가 큽니다. 그 내용은 교회 생활, 즉 신앙생활을 하는 사람과 하지 않는 사람과의 비교 연구입니다. 정기적으로 교회에 다니는 사람의 건강은 탁월했습니다.

   교회에 다니는 이들에 비해서 다니지 않는 이들의 고혈압 비율은 5배나 되었습니다. 심장마비 사망자 2배, 우울증 환자 2배, 자살률 4배, 그리고 평균 수명도 짧았습니다.

   이것은 통계학적으로 연구한 것이지만, 분명한 것은 신앙생활이 건강에 확실한 도움이 된다는 것입니다. 절도 있는 시간 활용의 긍정적인 영향이라고 하겠습니다.

   신앙생활은 영적 생활이지만 육적인 절제와 마음의 평화도 안겨 줍니다. 시간과 물질 생활의 절제, 규모 있는 자제력 등 건강에 확실히 도움이 됩니다. 그러므로 신앙생활은 여러모로 삶에 유익을 제공한다고 하겠습니다.

"하지만 하나님을 믿고 진리를 아는 자들은, 하나님께서 주신 음식은 어떤 것이든 감사하는 마음으로 먹는 것이 마땅합니다."(딤전 4:8)

059 코닥 회사

자녀 교육
(♪ 516장, 570장)

코닥 회사 창업주 조지 이스트맨은 홀어머니, 여동생과 함께 자랐습니다. 어머니는 늘 남을 위해 일하라고 가르쳤고 그는 그 가르침을 가슴에 새기며 성공했습니다.

코닥 회사는 조지 이스트맨이 창업한 사진기와 필름 전문 회사입니다. 그는 아버지 없이 어머니, 여동생들과 함께 아주 가난하게 자랐습니다. 어릴 적 기억으로 어머니는 파출부였는데 배우지는 못했지만 자식들을 올바로 가르쳤습니다.

"엄마, 쉬었다 해요."

그러면 어머니는 이렇게 말했습니다.

"나를 위해 일하는 것이 아니라 너희를 위해 일하는 것이니, 너희도 커서 남을 위해 일해라."

그는 어릴 적부터 어머니를 위해, 이웃을 위해 열심히 일했습니다. 그리하여 마침내 코닥 회사 창업주가 되었습니다. 세계 굴지의 회사로 큰돈을 벌었습니다. 한때 세계 시장을 독점하던 재벌 회사였습니다. 지금은 필름이 없는 디지털 카메라를 사용하지만, 그전에는 필름 없이는 사진을 찍지 못했습니다.

어릴 적의 가르침은 가슴속에 깊이 남습니다. 조지 이스트맨은 어릴 적 어머니의 가르침대로 사회를 위해 큰일을 많이 하고 장학금도 내놓았습니다.

"자녀와 함께 앉아 있을 때나 함께 여행을 할 때나 잠자리에 누울 때나 잠에서 깨어날 때, 항상 이 말씀을 자녀들에게 전해 주십시오."(신 6:7)

060 | 삼일운동과 기독교

기독교와 정의
(♪460장, 352장)

1919년 3월 1일 만세운동 때
교회들이 앞장서서 일어났습니다.
목사들과 장로들도 잡혀갔습니다.
물론 앞에 나서지 않고 일한 교인도 많았습니다.

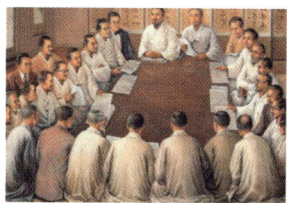

민족대표 33인 가운데는 기독교인들이 16명에 달한다.

    1919년 기미년 3월 1일, 일본의 압제에 저항하는 거국적인 만세운동이 일어났습니다. 이 운동이 전국적으로 신속하게 퍼져나간 것은 고종의 인산因山에 참가했던 지방 유지들이 고향으로 돌아가서 가담하였고, 또 전국의 교회 조직이 앞장섰기 때문입니다.

    만세운동은 3, 4월 두 달 동안 전국 각지에서 1,214회나 일어났습니다. 그 가운데서 큰 집회가 320곳에서 벌어졌는데, 교회 단독으로 한 집회는 78곳이었습니다.

    당시 기독교인은 조선 인구의 겨우 1.3% 정도였습니다. 그런데 민족 대표 33인 중 기독교인은 16명이었습니다. 감리교 9명, 장로교 7명이었습니다. 만세운동으로 체포되어 구금된 기독교인은 3,373명이었습니다. 목사는 대부분 잡혀갔고 장로들도 그 뒤를 이었습니다.

    앞에 나서지는 않았지만 뒤에서 묵묵히 일한 기독교인도 많았습니다. 삼일운동 때 기독교인들은 하나님의 말씀에 근거한 정의 구현을 몸으로 실천했습니다.

"너희는 악을 미워하고 선을 사랑하라! 성문 광장에서 올곧게 공의를 세워라! …살아남은 자들을 불쌍히 여겨 주실는지 모른다."(암 5:15)

061 | 김치 이야기

희생과 성숙함
(♪455장, 216장)

배추가 김치가 되려면 다섯 번 죽습니다.
땅에서 뽑고, 쪼개고, 소금에 절인 후
고춧가루와 젓갈에 재어 버무려
김치통에 넣어 익혀야 맛있는 김치가 됩니다.

배추가 김치가 되기까지에는 다섯 번이나 죽어야 한다고 합니다. 땅에서 뿌리가 뽑힐 때, 배추를 쪼갤 때, 소금에 절일 때, 고춧가루와 젓갈에 잴 때, 그리고 장독에 넣어 땅에 묻을 때나 김치통에 들어갈 때입니다.

배추밭에서 뽑힌 배추가 김치가 되어 우리의 식탁에 오르려면 이렇게 다섯 번이나 죽어야 합니다. 그래야 잘 익은 김치가 되어 입맛을 돋우게 됩니다.

우리 인생도 그렇습니다. 성숙한 사람이 되려면 여러 번 자아가 죽어야 합니다. 절제하고 견디고 희생하는 삶을 살아가야 합니다. 무나 배추가 밭에서 뽑혀 김치가 되어 밥상에 오르기까지의 과정은 우리 인생살이를 그대로 보여줍니다.

김치를 통해 참된 인생론을 배워야 합니다. 김치 이야기에서 인생의 맛을 찾는 것은 그 과정이 비슷하기 때문입니다. 다섯 번, 아니 그 이상의 희생을 통해 점차 성숙해지는 것이 바로 인간입니다.

"형제들이여, 감히 단언하건대 나는 날마다 죽습니다."(고전 15:31)

062 | 마틴의 연구

이해와 배려
(♪422장, 424장)

좋은 남편과 사느냐는 질문에
결혼 1년차는 98%가 그렇다고 했습니다.
2년차는 56%이고 20년차는 6%,였습니다.
30년차는 96%가 그렇다고 대답했습니다.

    마틴은 수년간 조사, 연구한 것을 그의 책 『좋은 결혼은 갑자기 이루어지지 않는다』에서 밝혔습니다.

    "당신은 좋은 남편과 살고 있습니까?"

    아내들의 대답은 요지경이었습니다. 결혼 후 1년 만에는 98%가 '그렇다'라고 대답했습니다. 2년 후에는 56%, 20년 후에는 6%만이 '그렇다'라고 대답했을 뿐입니다. 그러나 의아하게도 30년 후에는 96%가 '그렇다'라고 대답했습니다.

    20년 전후에는 이혼하는 사람이 많다는 통계가 있습니다. 그 무렵에는 대부분 자신의 남편을 나쁘게 봅니다. 그러나 남편을 제대로 알 수 있는 것은 결혼 후 30년, 40년 후라는 것입니다.

    부부 생활은 서로 배려하고 이해해야 합니다. 좋은 남편이냐 나쁜 남편이냐, 좋은 아내냐 나쁜 아내냐에 대한 대답은 상대방을 얼마나 배려하고 이해하느냐에 따라 달라집니다. 자신의 입장에서가 아니라 배우자의 입장에서 배려하고 이해하는 척도에 따라 달라지는 것입니다.

"아내들이여, 남편에게 순종하십시오. 이것이 주 안에서 합당한 일입니다. 남편들이여, 아내를 사랑하십시오."(골 3:18-19)

063 | 월리스 심프슨의 회고록

순수한 사랑
(♪86장, 293장)

세기의 로맨스 월리스 심프슨과 윈저공

에드워드 8세는 영국 왕 대관식 후 8개월 뒤에 왕위를 내려놓았습니다. 월리스 심프슨 부인과 결혼한 윈저공은 캐나다로 가서 살다가 죽었습니다.

1936년 에드워드 8세는 대영 제국의 왕으로서 대관식을 마쳤으나, 8개월 뒤에 왕위를 내려놓았습니다. 그는 이혼녀인 월리스 심프슨 부인과 결혼하고 캐나다에서 살다가 죽었습니다.

두 사람의 일은 세상을 떠들썩하게 했습니다. 이 세기의 사랑은 두고두고 이야깃거리였습니다. 엇갈리는 비판과 예찬이 많았습니다.

"어떻게 그럴 수 있느냐?"

"정말 위대한 사랑이야."

세인들의 입방아와 평가야 어찌 되었든 에드워드 8세였던 윈저공의 사랑을 듬뿍 받은 월리스 심프슨 부인의 말은 곱씹을 만합니다.

"나는 잠시도 슬퍼할 자격이 없습니다. 슬픔이 있을 때마다 에드워드의 희생과 그의 큰 사랑을 생각했습니다. 이 세상에서 어떤 여자가 왕관보다도 나를 더 사랑해 주는 남자를 만날 수 있을까요? 나의 남자가 엄청난 권력과 부귀영화보다도 더 나를 사랑해 준다고 고백할 사람이 몇 명이나 있을까요?"

"많은 물도 이 사랑을 알지 못하겠고 홍수라도 삼키지 못하나니, 사람이 그의 온 가산을 다 주고 사랑과 바꾸려 할지라도 오히려 멸시를 받으리라."(아 8:7)

064 | 토마스 헌

복음 전도자
(♪452장, 464장)

어느 날 코펠나인 강가에 천막을 치고 자는데 인디언들이 습격하여 물품을 훔쳐 갔습니다. 전도자 토마스 헌이 짐이 가벼워 좋겠다고 할 때 숨어서 보던 인디언들은 하나님을 믿기로 했습니다.

아메리칸 인디언에게 설교하는 전도자

　미국 개척기 초기에 복음 전도자는 그리 많지 않았습니다. 인디언들의 언어와 풍속 등을 연구하고, 그들의 지역을 탐험하면서 복음을 전하는 것은 여간 힘든 일이 아니었습니다. 토마스 헌은 인디언들에게 성공적으로 복음을 전했습니다. 백인에 대한 적개심을 해소시키고, 또한 인디언들에 대한 백인들의 악행을 회개시켰습니다.

　어느 날 밤 토마스 헌 일행이 코펠나인 강가에 천막을 치고 자는데, 인디언들이 습격하여 모든 걸 훔쳐 갔습니다. 아침에 일어난 일행은 무척 난감했습니다. 그러나 토마스 헌은 오히려 싱글벙글했습니다. 일행이 왜 그러느냐고 물었습니다.

　"짐이 가벼워져서 여행하기에 아주 좋아졌습니다. 물질은 잠시 필요한 것일 뿐, 없어도 충분히 견뎌낼 수 있습니다. 욕심으로 더 많이 가질 이유가 없습니다."

　숲속에 몰래 숨어서 이 광경을 지켜본 인디언들은 토마스 헌에게 크게 감동받았습니다.

　"저런 사람이 전하는 하나님이라면 진짜 신일 것이다. 우리도 그 하나님을 믿으면 저렇게 마음이 편안할 것이다."

　이 뜨거운 열정을 지닌 복음 전도자로 인해 많은 변화가 일어났습니다. 인디언들은 복음을 받아들이고, 마침내 그곳에 교회를 세웠습니다. 토마스 헌의 내려놓은 마음이 인디언들의 심금을 울려 큰 성과를 올린 것입니다.

"우리가 여러분에게 하나님의 복음을 전할 때, 어느 누구에게도 폐를 끼치거나 짐을 지우지 않게 하기 위해 밤낮으로 땀 흘리며 일했습니다."(살전 2:9)

065 | 우편물 배달

성경과 말씀
(♪202장, 206장)

미국의 서부 개척 시대에는
말을 타고 우편물을 배달했습니다.
우편배달부들은 한 권씩 받은 성경을
틈날 때마다 읽으며 어려움을 이겨냈습니다.

   미국의 서부 개척 시대에는 말을 타고 우편물을 배달했습니다. 우편물을 배달하는 기수는 20대였습니다. 그들은 다음과 같은 서약을 했습니다.

   "상스러운 말을 사용하지 않고, 술과 도박을 하지 않으며, 동물을 잔인하게 대하지 않는 등 비신사적인 행동은 하지 않겠다."

   또한 복장이나 말안장 등의 무게를 최소화하고, 권총 휴대도 금지했습니다. 한 통이라도 더 전달하려고 휴대품을 거의 소지하지 않고 맨몸으로 달려갔습니다.

   캘리포니아주 새크라멘토에서 미조리주까지 1,900마일을 말 5백 마리로 달렸습니다. 한 마리가 약 50마일씩 달렸고, 그 후에 다른 말로 교체했습니다. 비싼 우편물은 1온스당 5달러였습니다.

   아주 고된 직업이었지만 우편배달부가 되면 국가 정책으로 성경 한 권씩을 주었습니다. 서부 개척 시대에 성경은 무척 귀했습니다. 그들은 틈날 때마다 성경을 읽었습니다. 말씀으로 하나님의 보호하심과 위로를 받았습니다. 귀한 성경을 틈틈이 읽으면서 말을 타고 달려가 우편물을 배달한 것입니다.

"주님의 법을 사랑하는 사람들에게는 그 마음에 항상 평안이 깃드니, 아무것도 그들을 쓰러뜨릴 수 없습니다."(시 119:165)

066 | 지미 베이카

말씀과 회개
(♪250장, 264장)

6년 반이나 교도소에서 지내던 지미 베이카는
그곳에서 목사의 설교에 감동하여 회개했습니다.
27세에 출소한 그는 대학에 들어갔고
후일 뉴멕시코 대학 교수가 되었습니다.

지미 베이카란 인물이 있습니다. 그의 아버지는 아파치 인디언인데 모두가 손가락질하였습니다. 알코올 중독으로 갖은 행패를 부리던 악명 높은 그는 누군가에 의해 죽임당하고 말았습니다. 그의 멕시코인 어머니는 두 번째 남편한테 살해되었습니다.

어린 지미 베이카는 고아가 되었습니다. 죄의 소굴에서 마약 밀매, 공갈, 절도 등을 일삼으며 불우하게 자랐습니다. 고등학교 2학년 때 학교를 중퇴하고, 미래도 소망도 없이 되는 대로 살았습니다.

그는 죄를 지어 6년 반 동안 교도소 생활을 했습니다. 그런데 그야말로 쓰레기 같은 삶을 살던 그는 교도소에서 우연히 설교 말씀을 듣게 되었습니다. 그날의 설교 본문은 다음과 같습니다.

"낮에 행동하듯이 단정하고 규모 있게 행합시다. 흥청망청 먹고 마시며 술 취하지 말고, 음행과 방탕에 빠지지 말고, 다투거나 시기하지 마십시오."(롬 13:13)

지미 베이카는 교도소 목사의 설교에 정신이 확 들었습니다. 자신의 삶을 돌아보며 크게 회개하고 새롭게 살기로 결단했습니다. 교도소에서 고등학교를 졸업한 후 27세에 출소하여 대학에 들어갔습니다. 그 후 그는 열심히 공부하고 노력하여 뉴멕시코 대학 교수가 되었고, 또한 시인도 되었습니다.

"어두운 밤은 거의 끝나가고, 밝은 낮이 가까웠습니다. 그러므로… 낮에 합당한 빛의 갑옷을 입으십시오."(롬 13:12)

067 | 김활란의 찬송시

도우심과 보살핌
(♪345장, 370장)

삼일만세로 투옥되었다가 풀려난 김활란은 우리 민족의 암울한 처지를 한탄하며 「캄캄한 밤 사나운 바람 불 때」라는 찬송시를 짓고 울면서 노래했습니다.

1919년 삼일만세 이후 교회마다 목사와 장로는 감옥에 갇히고 집사들이 설교하고 교회를 지키던, 아주 암울하고 막막하던 때가 있었습니다.

김활란은 만세운동을 주도한 대가로 감옥에서 일경에게 혹독한 고난을 겪게 되자 더욱 하나님을 향한 기도에 매달렸습니다. 출옥 후 그녀는 이화학당을 지키며 22세 때 찬송가 「캄캄한 밤 사나운 바람 불 때」를 지었습니다. 그녀는 눈물을 흘리며 찬송했습니다. 다음은 그 찬송가의 4절 가사입니다.

"모진 바람 또 험한 큰 물결이/ 제아무리 성내어 덮쳐도/ 권능의 손 그 노를 저으시니/ 오, 잔잔한 바다 잔잔한 바다."

김활란은 이화여대를 끝까지 지키고 키운 사람이었습니다. 우리나라 계몽기 때 여성 교육의 큰 공로자였습니다. 감리교인이었던 그녀는 이렇게 유언했습니다.

"슬픈 곡을 부르지 말고, 할렐루야 찬양을 부르라."

그녀의 유언대로 장례 예배 때 하나님께 영광 돌리는 찬송을 불렀습니다. 그녀의 유해는 금란동산에 안장되었습니다.

"어려운 일 당할 때마다 주께서 이 몸을 지켜주시고, 주님의 성전 은밀한 곳에 숨겨주시리. 원수들이 달려들지 못하도록 나를 안전한 바위 위에 높이 올려놓으시리."(시 27:5)

068 | 앙리 뒤낭

희생과 봉사
(♪218장, 454장)

스위스 제네바에서 태어난 앙리 뒤낭은
적십자사 창설 후 노벨 평화상을 받았습니다.
매일 성경을 읽으며 봉사하던 그는
연금으로 근근이 살았습니다.

노년의 뒤낭

    스위스 제네바 태생의 앙리 뒤낭은 세계 적십자사를 창설하여 1901년 제1회 노벨 평화상을 받았습니다. 1859년 유럽에서 발발한 두 차례의 전쟁에서 4만여 명의 사상자가 나자 의료 봉사대를 조직했습니다. 이것이 적십자사의 발단이 된 것입니다.

    그는 아침저녁으로 성경을 매일 두 번씩 읽으며 예수 정신과 예수 사상으로 봉사단을 만들었습니다. 만일 개인 사업을 하면서 이익만 추구했다면 남부럽지 않게 많은 돈을 모으고 살았을 것입니다.

    봉사에 열중하던 그는 60세 후부터는 연금으로 근근이 살았습니다. 지극히 힘들고 가난했지만 82세까지 살면서 매일 꾸준히 성경을 읽고 봉사했습니다.

    그는 적십자사를 창설하고 국가 단위의 큰 대회를 제네바에서 열었습니다. 그는 노예 제도 폐지, 군비 축소, 유대인 국가 회복 등 세계적인 과제를 논의하고 적극적으로 협조한 사람이었습니다.

"무슨 일을 하든지 이기심이나 허영으로 하지 말고, 오직 겸손한 마음으로 자기보다 다른 사람을 더 낫게 여기십시오."(빌 2:3)

069 커크랜드 상사의 물통

헌신과 화해
(♪475장, 218장)

미국 남북전쟁 때 버지니아주 프레드릭스버그에서 사흘간의 전쟁으로 1만 2천 명이 전사했습니다. 남군의 커크랜드 상사가 북군 진지에 물통 전달 후 모두 크리스마스 캐럴을 불렀습니다.

1862년 12월 14일, 미국의 남북전쟁 때 이야기입니다. 그해 크리스마스를 열하루 앞두고, 20만 명에 달하는 남북 군대가 버지니아주 프레드릭스버그에서 격렬하게 싸웠습니다. 사흘간의 전쟁으로 1만 2천 명이 전사했습니다.

그날 밤, 남군의 커크랜드 상사가 부대장을 찾아갔습니다. 죽어가는 북군 병사들에게 물을 갖다 주는 걸 허락해 달라고 요청했습니다. 물론 거절되었지만 다섯 번이나 간곡하게 요청하자 마침내 감동한 부대장이 허락했습니다.

달빛이 휘영청 밝은 밤, 커크랜드 상사는 물통 열 개를 두 손에 들고 북군 진지로 갔습니다. 북군 초소에 이르러 물통을 들어 올려 보이고는 들어가서 전달했습니다. 목이 말랐던 북군 병사들은 정신없이 그 물을 받아 마셨습니다.

그때 북군의 한 병사가 크리스마스 캐럴을 불렀습니다. 곧이어 모두 따라 부르기 시작했습니다. 남군과 북군은 함께 큰소리로 캐럴을 불렀습니다. 총을 놓고 서로 얼싸안으며 불렀습니다. 그 순간만큼은 화해한 것입니다. 피비린내 나는 전쟁터에서 남북군이 어울려 크리스마스 캐럴을 부르는 기적적인 화해의 현장이 된 것입니다. 이 사건은 미국 역사책에 있는 감동 어린 이야기입니다.

"어떤 사람에게든지 악을 악으로 갚지 말고, 누가 보더라도 옳은 일을 하도록 애쓰십시오. …모든 사람과 평화롭게 지내도록 하십시오."(롬 12:17-18)

070 | 알렉산더 대왕의 군대

더 소중한 것
(♪94장, 81장)

알렉산더 군대가 페르시아와의 전쟁 때 수레마다 전리품이 가득했습니다.
알렉산더 대왕은 더 좋은 것이 많으니 전리품은 광야에 모두 버리라고 했습니다.

알렉산더 대왕 (BC 356~BC 323)

알렉산더 대왕의 군대가 페르시아와의 전쟁 때, 그간의 전투에서 승리하여 획득한 전리품이 수레마다 가득했습니다. 알렉산더는 그 광경을 보고 작전 명령을 내렸습니다.

지금 있는 것들 때문에 더 좋은 것을 가질 수 없으니, 여태껏 치른 작은 전쟁에서 얻은 전리품을 모두 광야에 버리라고 했습니다.

"페르시아에는 더 좋은 보물이 있다!"

그 말에 군사들은 더 좋은 것을 갖기 위해 귀금속, 골동품, 귀중품 등을 모두 버렸습니다. 최대의 강국 페르시아에는 더 좋은 것이 많다는 것을 의심치 않았습니다.

알렉산더 대왕은 인간의 심리를 잘 이용했습니다. 슬기로움과 위대함이 돋보였습니다. 그렇게 신속하게 진격하여 페르시아와의 전쟁에서 이길 수 있었던 것입니다.

"이전에 나에게 이로웠던 것들을 이제는 …그리스도를 위해 모든 것을 버렸고, 심지어 그것들을 쓰레기로 여기게 되었습니다."(빌 3:7-8)

071 | 나이든 신학생
삶의 결단
(♪349장, 344장)

개신교, 천주교, 유대교 신학생들을 조사하니
나이 35세 이상이 대부분이었습니다.
그것은 사회인으로 성공했으나
영적 고뇌가 커서 신학교에 간 것입니다.

언젠가 미국의 잡지 『레코드』는 개신교, 천주교, 유대교 신학생들 중 절반 이상의 나이가 35세 이상으로 많아졌다고 발표했습니다. 이것은 신학생들의 정신세계를 반영하는 의미 있는 통계 조사였습니다.

세 종교의 신학생은 6만 5천여 명이었습니다. 그들은 대학을 졸업하고 10년 이상 각자 전문직에 종사하다가 신학생이 되어 목사, 신부, 랍비가 되었습니다. 그것은 단순한 직업 변경이 아닌, 내부의 고뇌와 삶의 가치를 깊이 생각하여 신학교에 들어갔다는 의미입니다. 그들은 중년 이후에 삶의 방향과 생의 진리를 터득했습니다.

맨해튼 범죄 전문 변호사 코엘 에드먼드는 52세에 프린스턴 신학교에 들어갔습니다. 그는 수입이 좋고 명예로운 현재의 직업보다 누구를 위해, 또 무엇을 위해 살까 하여 신학생이 되었습니다.

신학생들의 평균 연령이 높아진 것은 바람직하다고 할 수 있습니다. 철저하게 자기와의 싸움을 겪고 들어왔다는 의미가 있기 때문입니다. 인생을 잘 알지 못하는 20대에 입학하는 것이 일반적이지만, 나이든 신학생들은 인생을 경험하고 삶의 방향을 정한 후 결단을 내린 것입니다.

"주님, 제가 여기 있습니다. 저를 보내 주소서!"(사 6:8)

072 | 메뚜기 은행

하나님의 섭리
(♪291장, 382장)

런던 외환은행은 신축 건물 벽에는
커다란 대리석 메뚜기 장식이 있습니다.
메뚜기 찾다가 발견한 아기를 데려왔는데
커서 은행장이 된 기념으로 만든 것입니다.

영국 런던 외환은행은 세계 굴지의 은행입니다. 영국이 세계 최대의 부국일 때 이 은행을 지었습니다. 은행 건물 외벽을 장식한 대리석에는 커다란 메뚜기 한 마리가 조각되어 있습니다. 사람들은 그 은행을 메뚜기 은행이라고 부릅니다.

이 메뚜기에는 깊은 사연이 있습니다. 한 소년이 메뚜기를 잡으러 갔다가 숲속에서 버려진 아기를 발견했습니다. 그 소년은 엄마에게 알려 그 아기를 집으로 데리고 왔습니다. 아기 부모를 백방으로 찾아보았으나 소용없었습니다. 그래서 소년의 엄마가 그 아기를 키웠습니다.

그 아기는 자라서 외환은행장이 되었습니다. 숲으로 메뚜기를 잡으러 나간 소년을 통해 생명을 구한 은행장은 자신의 건물에 커다란 메뚜기를 조각해 넣었다고 합니다. 그는 하나님의 섭리로 버려졌던 자신이 살아나게 되었다고 믿었습니다. 그는 고백합니다.

"나는 메뚜기 대신 잡혀온 사람 메뚜기입니다. 너무 감사해서 이 조각을 만들었습니다."

"어머니가 어찌 젖먹이 자식을 잊어버릴 수 있겠으며, 어찌 자기 뱃속에서 낳은 자식을 불쌍히 여기지 않겠느냐?"(사 49:15)

073 | 피아니스트 파울 비트겐슈타인 | 역경의 극복 (♪363장, 354장)

파울 비트겐슈타인(1887~1961)

미국의 파울 비트겐슈타인은 전쟁에서 오른팔을 잃은 피아니스트입니다. 「왼손을 위한 콘체르토 D장조」는 작곡가 레이블이 그를 위해 작곡했습니다.

미국의 파울 비트겐슈타인은 전쟁에 참가했다가 피아니스트의 생명인 오른팔을 잃고 말았습니다. 최악의 절망에 빠진 그에게 저명한 작곡가인 레이블이 특별한 곡을 작곡해서 보냈습니다. 그것은 「왼손을 위한 콘체르토 D장조」였습니다.

이 곡은 두 손으로도 연주하기 힘들 만큼 어려웠습니다. 이 곡을 받은 파울 비트겐슈타인은 죽기 살기로 연습하여 마침내 성공적으로 연주했습니다. 왼손 하나만으로 어려움을 극복한 승리의 연주였습니다.

절망을 뛰어넘으면 승리와 영광의 면류관이 있다는 사실을 잘 보여주었습니다. 그는 오른팔을 잃고도 절망하지 않고 「왼손을 위한 콘체르토 D장조」를 훌륭하게 연주했습니다. 그 이후로 장애인을 위한 작곡이 쏟아져 나왔습니다.

"눈물을 흘리며 씨를 뿌리는 사람은 기쁨으로 거두리라."(시 126:5)

074 | 탁상어록

은혜와 배척
(♪519장, 535장)

한 고학생이 어느 집 앞에서 학비를 구걸하자
집주인이 커다란 치즈 덩이를 들고 나왔습니다.
두고두고 먹으면서 공부하라는 뜻이었는데
학생은 치즈가 몽둥이 같아서 냅다 달아났습니다.

마르틴 루터의 『탁상어록』 중 한 토막입니다. 한 고학생이 어느 집 앞에서 지나가는 사람들에게 학비를 구걸하고 있었습니다. 그러자 집주인이 커다란 치즈 덩이를 들고 나왔습니다.

그것을 본 고학생은 냅다 달아났습니다. 그 사람은 몸집이 아주 크고 주먹도 세어 보였습니다. 치즈 덩이는 얼핏 몽둥이로 보였습니다. 겁이 난 고학생은 자세히 보지도 않고 줄행랑쳤던 것입니다.

집주인은 고학생이 불쌍했습니다. 두고두고 먹으면서 공부 잘하라고 커다란 치즈 덩이를 들고 나왔는데, 그것을 몽둥이로 오해하고 재빨리 도망친 것입니다.

인간과 하나님의 관계도 루터의 『탁상어록』처럼 고학생과 집주인을 생각하게 합니다. 하나님은 구원과 은혜의 치즈 덩이인 예수 그리스도를 인간에게 주셨습니다. 그러나 예수를 오해하여 배척하고 십자가에 매달아 죽인 것입니다.

"이스라엘이 어렸을 적에 내가 그를 사랑하였고, 그래서 나는 내 아들을 이집트에서 이끌어내었다."(호 11:1)

075 | 윌리엄 틴데일

성경과 구원
(♪200장, 203장)

윌리엄 틴데일 (1494~1536)

영국의 한 법정에서 윌리엄 틴데일은 헬라어 성경을 영어로 번역한 죄로 불에 태워 죽이는 분형을 언도받았습니다. 성경 번역을 포기하라고 해도 듣지 않았습니다.

1535년 윌리엄 틴데일은 영국의 한 법정에서 사형 언도를 받았습니다. 헬라어 성경을 영어로 번역했다고 하여 불에 태워 죽이는 분형焚刑을 받은 것입니다. 어려운 성경 원문을 영어로 쉽게 번역한 것이 죄가 되었던 것입니다.

그는 외국어, 철학, 인문학 분야에 박식한 학자였습니다. 영어는 기본이고 라틴어, 독일어, 스페인어, 이탈리아어, 프랑스어에도 능통하였습니다. 죽이기 아까운 법관들은 은밀히 종용했으나 그의 마음을 돌이킬 수는 없었습니다.

"지금이라도 성경 번역을 안 하겠다고 하면 살려주겠습니다."

"내가 살고 죽는 것은 문제되지 않습니다. 그러나 장차 밭에서 소를 모는 저 소년이 성경 말씀을 더 많이 아는 날이 올 것입니다. 이 일은 하나님의 뜻입니다."

오늘날 틴데일 하우스의 성경 번역 사업은 한국에도 『현대인의 성경』이란 이름으로 새 번역본을 내놓았습니다. 지금도 전 세계에서 성경 없는 민족이나 국가를 위해 그들의 말로 성경을 번역하여 출판하고 있습니다.

"성경은 그리스도 예수 안에 있는 믿음으로 말미암아 구원에 이르는 지혜를 그대에게 줍니다."(딤후 3:15)

076 | 경찰관 로리 터글

대화와 화해
(♪465장, 475장)

미국 모범 경찰관상을 받은 로리 터글은 흑인들의 눈물과 아픔을 달래주었습니다. 라스베이거스에서 일어난 흑인 폭동을 맨손으로 진압한 인물입니다.

1993년 미국의 모범 경찰상을 받은 로리 터글은 10여 년 동안 동분서주했습니다. 흑인들의 눈물과 그들의 아픔을 달래기 위해 차별 없이 사람들을 돌보았습니다. 그는 온갖 어려움과 고난을 감당한 최고의 경찰관이었습니다.

그러던 중 도박과 오락의 도시 라스베이거스에서 차별 대우에 분개한 흑인들의 폭동이 일어났습니다. 도시가 마비되자 로리 터글은 그 폭동을 진압하게 되었습니다.

그는 경찰관 40여 명에게 곤봉, 총기 등 무기류는 그대로 차에 두고 맨몸으로 행진하도록 했습니다. 경찰관들은 맨손으로 흑인들을 향해 그 분노의 도가니 속으로 걸어갔습니다.

선두에 선 로리 터글은 대화로 풀어나갔습니다. 그의 피나는 노력으로 라스베이거스 흑인 폭동이 평화적으로 해결된 것입니다. 믿음이 폭력을 이겼습니다.

"여러분은 하나님께 부르심을 받은 사람들이니, 그 부르심에 합당한 삶을 살아가십시오. 곧 겸손하고 온유한 사람이 되십시오."(엡 4:1-3)

077 | 사라 키어스테드

공존과 상생
(♪475장, 219장)

북아메리카 원주민

백인 여성인 사라 키어스테드는 인디언들과의 공존이 평화라고 믿었습니다. 감동한 인디언 추장이 땅을 선물했는데 그곳은 지금의 보고타 지역입니다.

17세기 미국의 개척 시대 초기에는 백인들이 인디언들을 몰아내고 그들의 땅을 빼앗았습니다. 인디언들을 마구 죽이고 그 땅에 집을 지어 살았습니다. 하지만 덴마크에서 미국으로 이민 온 사라 키어스테드는 달랐습니다. 뉴저지주 개척민 중의 한 사람이었던 그녀는 1666년에 오라탐 부족의 인디언 마을로 들어가 살았습니다.

영원한 평화를 위해서는 백인들과 인디언들이 협력하고 공존해야 한다고 생각했습니다. 그녀는 평화의 상생과 공존의 철학을 실천하며 살았습니다.

그러한 그녀에게 감동한 인디언 족장이 2,300에이커 땅을 선물로 주었습니다. 지금의 보고타 지역입니다. 전쟁 없이 평화로운 삶을 추구한 그녀에게 준 선물이었습니다. 백인 여성으로서 인디언들의 존경을 받은 그녀는 평화의 의미, 공존의 가치를 터득한 여성이었습니다. 평화롭게 서로를 돌보자고 주장한 그녀는 미국 잡지 『레코드』에도 실렸습니다.

"이웃에게 해를 끼칠 생각을 품어서는 안 된다. 그리고 네게 아무런 해도 끼치지 않는 사람과는 까닭 없이 다투거나 괜히 시비를 걸지 말아라."(잠 3:29-30)

078 | 처칠의 연설

역경의 극복
(♪342장, 354장)

"하나님을 믿는다면 결코 포기하지 마십시오."
이 말을 1분 간격으로 세 번이나 외쳤습니다.
한 고교 졸업식에서 행한 처칠의 이 연설은
그의 인생관 선포라고 언론은 말했습니다.

윈스턴 처칠 수상의 의회 연설 1940

    윈스턴 처칠은 군인으로, 정치가로, 사회 지도자로, 노벨 문학상 수상자로 당대 최고의 명성을 얻은 20세기 최고 지도자 중 한 사람입니다. 그의 수많은 연설문 중 가장 짧지만 유명한 연설은, 영국의 어느 고등학교 졸업식장에서의 격려사입니다. 그 학교의 졸업식 순서가 차례대로 경건하게 진행되다가 처칠 수상의 순서가 되었습니다.

    그는 입을 굳게 다문 채 단상에 올라갔습니다. 약 1분 동안 졸업생들을 찬찬히 둘러보다가 입을 열었습니다. 딱 한 마디였습니다.

    "하나님을 믿는다면 결코 포기하지 마십시오."

    1분쯤 뒤에 똑같은 어조로 다시 말했습니다. 그리고 다시 1분 뒤에 같은 말을 했습니다. 처칠은 포기하지 말라는 말만 세 번 되풀이하고 단상에서 내려갔습니다. 어떤 이들은 이 연설을 가리켜 말장난이라고 비웃기도 했지만, 언론은 처칠이 자신의 인생관을 외친 것이라고 보도했습니다. 졸업생들은 일생 동안 그의 이 말을 마음속에 깊게 새기면서 살았다고 합니다.

"선한 일을 하다가 도중에 낙심하지 마십시오. 포기하지 않고 꾸준히 선한 일을 행하면, 때가 이를 때에 반드시 거둘 것입니다."(갈 6:9)

079 | 리처드 오웬

믿음과 새 삶
(♪288장, 289장)

Michigan State Prison

인디애나주 미시간 교도소에서 리처드 오웬은 죄수들과 간수들의 비웃음 속에서도 공부하여 인권 문제 전문 변호사가 되었습니다. 그제야 모두 그를 인정하고 축하해 주었습니다.

미국 인디애나주에 있는 미시간 교도소 이야기입니다. 한 죄수가 피나게 공부하여 인권 문제 전문 변호사가 된 기적 같은 이야기입니다. 주인공 이름은 리처드 오웬입니다.

그는 12세 때부터 교도소를 들락거리는 상습 범죄자였습니다. 그런 그가 교도소에서 예수를 영접하고, 그날부터 밤낮없이 열심히 공부했습니다.

다른 죄수들의 비웃음과 간수들의 멸시를 고스란히 받으면서도 굴하지 않고, 끝까지 혼자 힘으로 공부하여 변호사가 되었습니다. 그제야 모두가 그를 인정하고 축하했습니다.

예수를 만난 것이 이렇게 놀라운 기적을 일으켰습니다. 교도소 역사에서 최초의 경사였습니다. 국가에서도 그가 변호사 일을 하도록 특사를 베풀어 주었습니다. 그는 예수를 알기 전 자신의 교도소 생활을 반면교사로 삼아 많은 사람에게 위로와 용기를 주었습니다.

"여러분이 전에는 어둠이었지만 지금은 주 안에서 빛입니다. …빛 된 자녀의 삶은 모쪼록 선하고 의롭고 진실하게 살아가는 것입니다."(엡 5:8-9)

080 | 우정의 승리

친구와 우정
(♪218장, 220장)

미국 신시내티 구단의 야구 감독 앤더슨은
세 번째로 월드 시리즈 결승에 올랐는데
친구가 암 말기로 4주밖에 못 산다는 전화에
밤마다 위로 전화를 하며 경기에도 이겼습니다.

스파키 앤더슨 1934년~ 2010년

미국 신시내티 구단의 야구 감독 앤더슨은 월드 시리즈 결승에 두 번이나 올랐지만, 다 패하고 세 번째로 결승에 올랐습니다. 긴장된 야구팀이 감독을 주시할 때 캘리포니아주에서 전화가 왔습니다. 친한 친구가 암 말기 판정을 받아 4주 정도밖에 못 산다는 내용이었습니다.

앤더슨 감독은 저녁마다 그 친구에게 전화로 위로하면서 믿음을 가지라고 했습니다. 이런 사정을 구단에서 알았습니다. 중요한 경기를 앞두고 있으니 친구와의 전화를 삼가고, 앞으로 치를 경기에만 전념해 달라고 요구했습니다.

그러나 앤더슨 감독은 단호했습니다. 그 중대한 경기 기간에 암으로 죽어가는 친구에게 매일 긴 전화로 위로하고 우정을 다졌습니다.

팀에서 만류했으나 친구를 위한 그의 우정은 계속되었습니다. 경기에도 승리했습니다. 이 이야기는 매스컴을 아름답게 장식했습니다.

변함없이 언제나 사랑하는 것이 친구이고, 위급하고 어려울 때 서로 돕는 것이 형제이다."(잠 17:17)

081 | 성 프랜시스의 말

십자가의 능력
(♪439장, 341장)

기도하는 성 프랜시스

> 물통에 물을 가득 채운 한 여인이 작은 나무토막을 물에 띄웠습니다. 그것은 걸어가면서 물통이 흔들릴 때 물이 넘치지 않게 하는 것이었습니다.

13세기 때 성자로 알려진 성 프랜시스의 인품은 예수를 닮았습니다. 어느 날 그는 산책하다가 물 긷는 한 여인을 유심히 바라보았습니다. 물통에 물을 가득 채운 그녀가 작은 나무토막을 물에 띄우는 것을 보고 다가가 물었습니다.

"왜 나무토막을 물에 띄웁니까?"

"물통이 흔들려도 물이 넘치지 않게 하려고요."

그때 확실한 깨달음이 왔습니다. 그는 만나는 사람마다 이렇게 말했습니다.

"분하고 화나고 마음이 몹시 흔들릴 때는 당신 마음속에 십자가를 띄우십시오."

작은 일이 성자로 하여금 큰 깨달음을 얻게 했습니다. 성자의 모습은 바로 이것이었습니다. 마음이 흔들릴 때 마음속에 십자가를 띄우면, 분노가 밖으로 터져 흘러넘치지 않고 조금씩 물결치다 그칩니다. 마음을 다스리려면 언제나 마음속에 십자가를 띄워야 합니다.

"그리스도 예수께 속한 사람들은, 죄 많은 육체와 더불어 육체의 정욕과 욕망을 십자가에 못 박은 자들입니다."(갈 5:24)

082 | 레브 쇼메아

경청과 지혜
(♪342장, 454장)

첫 번째로 1천 번제를 드린 솔로몬 왕에게
하나님이 소원을 말하라고 하시자
그는 지혜를 달라고 했습니다
'레브 쇼메아'는 '듣는 마음'입니다.

지혜의 왕 솔로몬

솔로몬 왕은 40년 동안 이스라엘을 통치하면서 최고, 최강의 나라로 만들었습니다. 그는 젊은 나이에 부왕 다윗의 뒤를 이어 통일 왕국 이스라엘의 통치자가 되었습니다. 왕이 된 뒤 첫 번째로 한 일은 1천 번제로 하나님을 감동시킨 것입니다.

"네 소원이 무엇이냐?"

하나님이 꿈에 솔로몬에게 나타나서 물으시자 그는 '지혜로운 마음'인 '레브 쇼메아'를 달라고 말했습니다. 그 말의 뜻은 히브리어인 '듣는 마음'입니다.

회의에서 강압적으로 자신의 주장을 내세우면 그는 어리석은 사람입니다. 그의 인격은 거기서 끝날 수 있습니다. 다음 회의 때부터는 공격의 대상이 되기 때문입니다.

남의 말을 잘 듣는 마음가짐이 진정한 지혜자의 모습입니다. 이기적인 판단이 강한 사람일수록 자신의 주장만 내세우는 어리석은 자일 가능성이 큽니다.

솔로몬처럼 슬기로운 사람이 되고 싶다면 무엇보다 먼저 남의 말을 잘 들어주는 훈련부터 해야 할 것입니다. 듣는 마음이 잘 갖추어진 사람일수록 지혜로운 사람입니다. 늘 깨어 있는 사람은 남의 말에 귀를 잘 기울입니다.

"내 아들아, 내 지혜에 주의하며 내 명철에 네 귀를 기울여서 근신을 지키며 네 입술로 지식을 지키도록 하라."(잠 5:1-2)

083 | 세 가지의 금

시간과 세월
(♪330장, 328장)

순금 골드바

인간은 세 가지 금이 가장 중요합니다.
소금은 생존을 위해서 꼭 필요하고
황금은 재산이고 지금은 시간입니다.
모든 것은 바로 지금에 달려 있습니다.

금에는 세 가지가 있습니다. 그것은 생존을 위한 소금, 재산을 뜻하는 황금, 시간을 소중히 하는 지금입니다.

인간은 소금 없이는 살아갈 수 없습니다. 소금은 인간 생활에서 절대적으로 필요합니다. 고대에는 소금을 차지하려 종종 전쟁을 벌이기도 했습니다.

자본주의 사회에서 황금은 두말할 필요 없이 아주 중요합니다. 황금, 곧 물질 없이는 사람 노릇을 하기 힘듭니다. 생존 자체가 어렵습니다. 그래서 황금 때문에 싸우고 웃고 울고 죽기도 합니다.

그런데 소금이나 황금보다 중요한 금이 있습니다. 바로 지금입니다. 지금이란 시간은 아주 중요합니다. 모든 것이 지금에 일어나기 때문입니다. 지금이 없는 사람은 이미 죽은 사람입니다.

그러므로 우리는 지금을 최고로 소중한 자원으로 여겨 무엇보다 가장 아껴 써야 합니다. 지금을 낭비하는 사람은 자기 삶을 낭비하는 사람입니다.

"부디 세월을 아끼도록 하십시오. 때가 악합니다."(엡 5:16)

084 | 소프라노 제니 린드

말씀과 성경
(♪199장, 200장)

스웨덴이 낳은 세계 최고의 음악가 제니 린드가 해변에서 열심히 성경을 읽는데 친구가 말했습니다. 돈방석에 앉을 음악회가 많은데 이게 뭐냐고 하자 그는 성경에서 새 세계를 찾는다고 했습니다.

Johanna Maria Lind, 1820~1887

소프라노 제니 린드는 스웨덴이 낳은 세계 최고의 음악가였습니다. 각종 국제 음악회에서 그녀를 요청하는 곳이 많아 잠시도 쉴 틈이 없었습니다.

어느 날 그녀가 해변에서 혼자 열심히 성경을 읽고 있는데 친구가 다가왔습니다.

"돈방석에 앉을 음악회가 여기저기 많을 텐데 바쁘지 않아? 온 세상이 네 목소리를 듣고 싶어하는데 이게 뭐야? 조용한 데서 성경이나 읽고 있게."

혼자 조용한 해변에서 성경 읽기에 푹 빠져 있던 그녀는 친구의 충고에 단호하게 대답했습니다.

"나는 성경에서 새로운 세계를 찾고 있어. 돈과 명예가 아니라 하나님의 사랑을 느끼고, 또 하나님께 감사하며 살아가는 축복받은 세상을 발견하고 있단 말이야."

제니 린드는 돈을 많이 벌고 명예를 누릴 수 있던 시기에 조용한 데서 바닷바람을 쐬면서 성경읽기에 열중했습니다. 성경읽기를 통해 내면의 행복을 찾고 있었습니다.

"주를 경외하며 사는 길은 순결하여서 영원토록 지속될 것이고, 주의 판결은 진실로 참되고도 의롭도다."(시 19:9)

085 | 메리 라이언

기독교 교육
(♪516장, 463장)

미국 최초의 여자 대학 설립자 메리 라이언은 수많은 여성 지도자를 배출했습니다. 사람은 흔해도 일꾼은 귀하다는 그녀는 남들이 하기 싫어하는 일을 하라고 했습니다.

미국 최초의 여자 대학 설립자인 메리 라이언은 현대 교육의 선구자입니다. 그녀가 세운 마운트 홀리요크는 수많은 여성 지도자를 배출한 명문 여대입니다. 그녀가 제정한 교훈은 특이합니다.

"남들이 가기 싫어하는 곳에 가라. 남들이 하기 싫어하는 일을 하라."

이런 교훈이 참교육의 밑거름이 되었습니다. 남들이 가기 싫어하는 곳에 가서 일하고, 남들이 하기 싫어하는 일도 웃으며 할 수 있는 인재들로 키워냈습니다. 그런 정신으로 철저한 기독교 학교를 운영하면서 학생들에게 성경을 가르쳤습니다. 전교생이 교인이 되어 정기적으로 예배를 드렸습니다.

이 학교 졸업생들의 신앙과 봉사가 소문나자 그들을 모셔가려는 회사가 줄을 섰습니다. 이 학교에 지원하는 학생들도 줄을 이었습니다. 사람은 흔한데 참일꾼은 귀하다는 말이 실감납니다. 대학을 졸업하고도 일자리가 없는 한국 사회에서도 그들이 졸업하기를 기다려 서로 데려가겠다는 그런 학교를 세워야 할 것입니다.

"성경의 모든 책은 하나님의 영감을 받아 기록된 것으로, 참된 진리가 무엇인지 가르치고… 또 의로써 훈련시키기에 아주 유익한 책입니다."(딤후 3:16)

086 | 거리의 영웅상

정의와 희생
(♪ 516장, 350장)

동네 청년들에게서 매를 맞다가 간신히 도망친 한 유대인 대학생을 청소 도구 뒤에 숨기고 대신 매를 맞은 용감한 아파트 수위는 뉴욕시가 주는 '거리의 영웅상'을 받았습니다.

미국 뉴욕시는 용감하고 정의로운 일을 한 사람에게 '거리의 영웅상'을 주고 있습니다. 한 아파트 수위로 일하는 48세의 흑인 윌리 머레이가 이 상을 받았습니다.

어디에든 나쁜 청년들이 있게 마련입니다. 특히 뉴욕은 심합니다. 언젠가 유대인 대학생이 뉴욕 할렘가의 브롬스 아파트에서 동네 청년들로부터 몰매를 맞다가 겨우 도망쳤습니다. 그런데 그를 죽이겠다고 6명의 폭력단 일원이 쇠파이프 등을 들고 쫓아왔습니다.

"유대인 한 놈이 이리 왔죠? 그를 내놓지 않으면 당신이 죽습니다."

이때 머레이는 그 유대인 대학생을 청소 도구 뒤에 숨긴 후 왜 그러느냐고 물었습니다. 그들은 단지 유대인이 싫어서라고 대답했습니다.

머레이는 입을 꽉 다물고 그들의 매를 맞았습니다. 그로 인해 전치 7주의 큰 부상을 입었습니다. 이 일이 알려지자 그 유대인 대학생이 다니는 예시바 대학에서 그에게 '거리의 영웅상'을 주었습니다.

"오직 너희는 공의를 물처럼 흘러넘치게 하고, 정의를 마르지 않는 강물처럼 항상 흐르게 하라."(암 5:24)

087 | 마지막 시간 관리

시간과 최선
(♪ 330장, 332장)

스포츠 학자들은 큰 경기에서는 최후 5분간의 시간 관리가 성패를 좌우한다고 합니다. 농구 결승전에서 루이지애나 팀이 앞섰지만 인디애나 대학 팀이 1분 만에 역전승했습니다.

스포츠를 연구하는 학자들은 운동 코치들에게 교육할 때 마지막 시간 관리가 아주 중요하다고 말합니다. 큰 경기일수록 역전 드라마가 종종 생깁니다. 마지막 시간 관리를 어떻게 하느냐에 따라 순식간에 승패가 뒤바뀌는 것입니다.

운동뿐만 아니라 학업, 비즈니스, 전쟁, 입시도 마지막까지 어떻게 시간을 안배하느냐에 따라 성공과 실패가 좌우됩니다. 모든 작전에는 승리를 위한 마지막 시간 관리가 중요합니다. 이것은 생명만큼이나 소중합니다.

1987년 미국 대학 농구 결승전에서 루이지애나 대학과 인디애나 대학의 전쟁 같은 경기가 진행되었습니다. 마지막까지 루이지애나 대학이 8점을 앞섰습니다. 그러나 1분 만에 역전패하고 말았습니다.

"마지막 5분간을 생명같이 여겨라."

일본인들이 흔히 하는 말입니다. 루이지애나 대학 팀은 시간끌기로 종료 휘슬을 기다렸습니다. 인디애나 팀은 남은 시간을 최대한 활용했습니다. 끝까지 공격하여 기적적인 승리의 드라마를 연출한 것입니다.

"여러분은 어떻게 살아가야 할지를 주의 깊게 살펴 어리석은 사람처럼 살아가지 말고, 지혜로운 사람처럼 살아가십시오."(엡 5:15)

088 | 레오나르도 다빈치 — 노력과 열매 (♪217장, 212장)

레오나르도 다빈치는 작품을 시작하기 전
며칠 동안은 아무 일도 하지 않다가
일단 시작하면 최선을 다했습니다.
작품 구상 등 만반의 준비를 한 것입니다.

Leonardo di ser Piero da Vinci.

문예 부흥기 때 이탈리아 사람 레오나르도 다빈치가 남긴 예술 작품은, 시대를 뛰어넘는 걸작들로 후세에 자랑할 게 많습니다. 기독교 작품들은 미켈란젤로와 함께 어느 것 하나도 세계에서 최고가 아닌 것이 없을 정도입니다.

그러나 그는 작품 구상에서부터 마무리까지 피나는 노력을 했습니다. 크고 작은 작품을 시작하기 전 며칠 동안은 아무 일도 하지 않고 오로지 깊은 생각에 잠겨 지냈습니다. 그 며칠을 그는 참으로 소중하게 여겼습니다.

마음속에 그 형상이 완성되는 순간부터 작업을 시작했습니다. 그 며칠의 시간이 남들이 보기에는 그저 잠만 자고 빈둥빈둥 노는 것 같았지만, 머릿속에서 위대한 예술 작품을 구상하는 고뇌와 창조의 시간이었습니다.

다른 분야도 마찬가지입니다. 무엇을 시작하기 전에 구상하고 계획하고 설계하고 다듬어야 합니다. 내적 노력이 충분히 진행되어야 좋은 결과가 나오는 것입니다.

"의논 없이 쉽사리 세운 계획은 실패하기 마련이지만, 많은 조언자의 다양한 의견을 잘 모아 세운 계획은 성공을 보장한다."(잠 15:22)

| 089 | 대구와 메기 | 역경과 진보 (♪336장, 343장) |

바닷물을 담은 수조에 며칠 두면 물컹거리고 냉동하면 생선 맛이 변한다는 걸 알고 수십 마리의 대구 틈에 메기 한두 마리를 넣자 천적을 피하느라 정신없는 대구는 아주 싱싱했습니다.

겨울별미 대구

    생선 수송업자가 내륙 깊숙이 대구를 운반할 때 심각한 문제가 있었습니다. 대구를 냉동하면 도중에 맛이 변하여 사람들이 별로 좋아하지 않았습니다. 또 바닷물로 채운 탱크에 대구를 집어넣고 며칠을 갔더니, 살점이 물컹거린다면서 역시 덜 좋아하더라는 것입니다.

    고민하고 또 고민하다 얻은 결론은 메기였습니다. 대구를 수십 마리 넣은 수조에 천적인 메기 한두 마리를 함께 넣었습니다. 그랬더니 메기가 대구를 물어뜯으려고 달려들었습니다. 그러면 대구는 기를 쓰고 이리저리 도망 다녔습니다.

    그런 긴장 상태를 유지하며 여러 날 운반했습니다. 놀랍게도 대구는 쫓겨 다니느라 잔뜩 긴장해서 그런지 맛이 달라지지 않았습니다. 목적지에 도착할 때까지 여전히 싱싱하고 쫄깃하였습니다.

"형제들이여, 내게 닥친 여러 가지 역경이 도리어 복음을 더욱 널리 전파하는 데 큰 도움이 되었다는 사실을 알아주시기 바랍니다."(빌 1:12)

090 | 구원자 무라토

자유와 해방
(♪268장, 284장)

구원자 무라토 전설이 신앙처럼 번졌습니다.
그레나다 섬에서 무라토가 나와
흑인 노예를 해방한다고 믿는 그들은
소망의 실현을 기대하며 열심히 일했습니다.

버지니아 커먼웰스(Commonwealth of Virginia)

19세기 초 구원자 전설이 미국 버지니아주에 신앙처럼 번져나갔습니다. 언젠가 그레나다 섬에서 무라토가 나와 흑인 노예들을 해방할 것이라고 하였습니다.

그 전설을 믿고 힘을 얻은 노예들은 어려운 현실에서도 그러한 소망으로 살았습니다. 삶이 아무리 비참해도 대대로 내려오는 무라토 전설을 믿었습니다. 그들은 열심히 일하며 아이들을 키웠습니다.

전설 속 무라토의 아버지는 흑인이고 어머니는 백인이라고 하였습니다. 그는 흑인 노예의 슬픔과 고통을 잘 알 것이므로 반드시 노예 해방을 실현할 것으로 믿었습니다.

노예 해방은 미국 대통령 링컨이 남북전쟁을 통해 실현했지만, 오래전부터 노예들에게 소망을 안겨준 것은 무라토 전설이었습니다. 기독교 입장에서 보면 이 무라토 전설은 메시아 사상과 비슷합니다. 오랜 기다림 끝에 메시아 예수는 인간들의 질고를 한몸에 지고 마침내 이 땅에 오셨습니다. 십자가 위에서 모든 허물과 죄악을 용서하고, 우리를 자유롭게 해방시킨 것입니다.

"그리스도 예수께 속한 사람은 결코 정죄 받는 일이 없습니다. …성령의 법이 죄와 죽음의 법에서 여러분을 해방시켜 주었기 때문입니다."(롬 8:1-2)

| 091 | 신빙성 여론 |

진실과 거짓
(♪ 463장, 513장)

미국 사회 직업군의 신빙성 여론 조사에서 목사는 49%, 의사는 48%, 부부는 40%, 친구는 26%, 자동차 수리공은 17%, 방송은 17%, 신문은 8%, 대통령은 8%, 국회의원은 3%였습니다.

언젠가 『US 뉴스』에서 미국 사회 직업군의 신빙성에 관한 여론 조사를 발표했습니다. 어느 나라나 정치가들의 헛소리와 거짓말 때문에 평균적으로 신빙성이 낮아지고 있음이 드러났습니다.

조사 결과에 따르면 목사는 49%, 의사는 48%, 부부는 40%입니다. 40% 이상의 신빙성을 보인 것은 이 셋뿐입니다. 친구는 26%, 자동차 수리공은 17%, 방송은 17%, 신문은 8%, 대통령은 8%, 국회의원은 3%로 맨 꼴찌입니다.

왜 이렇게까지 신뢰도가 추락하는 것일까요? 가장 큰 이유는 거짓말 때문입니다. 진실을 말하지 않고, 거짓말을 밥 먹듯이 하는 통에 믿을 수 없는 사회가 된 것입니다.

모든 직업군에 걸쳐 거짓말이 판을 치는 세상입니다. 안타까운 것은 목사들까지도 그 신빙성이 절반 이하로 낮다는 점입니다. 미국 사회의 정치나 종교 분야가 이 정도라면 한국은 이보다 훨씬 더 낮지 않을까 싶습니다.

"자기 생명을 사랑하면서, 오래도록 행복하게 복된 나날을 살고 싶은 사람이 누구냐? 그렇게 살려면… 네 입술을 모든 거짓에서 멀리하여라."(시 34:12-13)

092 | 멕시코 라메싸 교도소 | 고통과 구원 (♪337장, 326장)

라메싸 교도소는 흉악범을 수용하는 곳인데
이곳에 처음 들어오는 죄수는
이름, 죄, 형기 등을 50번씩 외치고
총을 든 교관 50명 사이를 지나갑니다.

『퍼레이드』란 잡지에 소개된 멕시코의 라메싸 교도소 이야기는 끔찍했습니다. 그곳은 흉악범을 가두는 살벌한 교도소이기 때문입니다. 이곳에서 안토니아 브레너 수녀가 죄수들의 어머니 노릇을 하고 있었습니다.

처음 들어오는 죄수들은 누구나 '그리토 의식'을 거쳐야 했습니다. '그리토'는 '비명을 지른다'는 말입니다. 먼저 교관 50명이 총을 들고 두 줄로 섭니다. 그러면 죄수는 자신의 이름, 죄목, 형기를 비명 지르듯 50번씩 크게 외치며 지나갑니다. 이렇게 하다 보면 녹초가 되고 맙니다.

그때 브레너 수녀가 살며시 다가갑니다.

"상심 말고 일어나세요. 예수님도 당신처럼 죄수였습니다. 이 빵과 잔을 받으세요."

크게 상처 입은 산짐승처럼 소리 지르며 쓰러지던 죄수들은, 브레너 수녀의 인자한 말소리를 들으며 가톨릭 신자가 됩니다. 아무리 극악한 죄수라도 순종하며 교도소에서 잘 지내다 나갑니다. 이것은 극한 상황에서 구세주를 찾는 인간의 약점을 잘 알고 시행하는 전략적인 방법입니다.

"이 가련한 몸이 주께 부르짖었더니, 주께서 그 기도를 들으시고 모든 고난에서 건져 주셨네." (시 34:6)

093 | 이란 왕궁의 현관

실패와 성공
(♪285장, 287장)

테헤란, 이란의 Golestan 궁전의 전망

유럽에서 수입한 유리로 왕궁 현관을 장식하려고 거울을 시공하다가 그만 산산조각이 났습니다. 새로 수입하려 할 때 한 미술가의 제안으로 모자이크를 만들어 세계적인 작품이 되었습니다.

이란은 지난날 페르시아 제국의 영광을 간직한 역사 깊은 나라입니다. 왕궁은 그 나라의 부와 영광과 문화의 상징입니다. 이란 왕궁의 현관은 벽, 천장, 기둥 등이 모두 작은 거울 조각으로 모자이크되어 있습니다.

어디서 보더라도 항상 무지갯빛을 발했습니다. 사람들은 그 아름다움에 놀랐습니다. 크고 작은 수많은 모자이크는 조명의 각도에 따라 어지러울 정도로 화려했습니다.

그러나 사정을 알고 보면 처음 설계대로 된 것이 아니었습니다. 유럽에서 거울을 이란 왕궁으로 운반하여 작업하려 했으나, 유리 시공자의 실수로 산산이 부서지자 전부 폐기하고 다시 주문하려고 했습니다.

그때 한 미술가가 제안했습니다. 부서진 조각을 버리지 말고 그대로 붙이면 새로운 작품이 태어날 것이라고 했습니다. 그의 말대로 하자 위대한 예술 작품으로 거듭 태어난 것입니다. 깨져서 버려야 할 물건이지만 버리지 않고 잘 활용하니, 오늘날 세계적으로 자랑스러운 예술품이 되었습니다.

이처럼 하나님은 깨지고 실패한 인생일지라도 버리지 않고 잘 이어붙여 위대한 작품으로 탄생시키십니다.

"누구든지 그리스도 안에서 있으면 그는 새로운 사람입니다. 옛것은 지나갔고… 이제 새것이 되었습니다."(고후 5:17)

094 | 충분히 흔드세요

시련과 역경
(♪342장, 344장)

물약은 충분히 흔들라고 적혀 있습니다.
골고루 섞여야 약효가 크다는 말입니다.
하나님도 교회 일꾼을 뽑을 때 큰 시련으로
눈물을 많이 흘린 사람을 쓰십니다.

흔들리며 피는 꽃

미국에서 물약을 사면 약병에 충분히 흔들라고 적혀 있습니다. 복용하기 전에 많이 흔들라고 하므로 그대로 실천해야 합니다. 약 성분이 골고루 섞여 약효가 크기 때문입니다.

약병을 많이 흔들어야 좋은 약효가 나타나듯이 사람도 많이 흔들어야 그 사람의 진가가 발휘됩니다.

성경을 보면 하나님이 일꾼을 쓰시려고 할 때 충분히 흔들어 놓으십니다. 그것이 하나님의 방법입니다. 사람을 쓰실 때나 구원하실 때 그 고난과 역경에 감사하고 이기는 사람이라야 바로 쓰십니다. 다윗이 그랬고 바울이 그랬습니다. 그래야 큰일을 감당할 수 있기 때문입니다.

오늘날도 마찬가지입니다. 하나님은 교회 일꾼들을 시련이나 시험으로 흔들고 단련시키십니다. 눈물과 땀과 피를 쏟게 하십니다. 그렇게 단련된 사람을 하나님 왕국 건설의 큰 일꾼으로 사용하십니다.

하나님은 아무런 고난 없이 온실 속에서 자란 꽃 같은 사람을 쓰지 않으십니다. 흔들어 시련을 겪게 한 뒤, 그 시련을 견디고 이긴 사람에게 큰일을 맡기시는 것입니다.

"그분께서는 내가 가는 길을 다 아실 터이니, 그분께서 나를 한번 시험해 보시면 내가 정금같이 흠 없다는 것을 아실 수 있으련만…"(욥 23:10)

095 | 토발센의 예수상

희생과 겸손
(♪96장, 92장)

코펜하겐 대성당 예수상

조각가 토발센이 점토로 예수상을 만든 후 여행지에서 사흘 뒤에 돌아왔을 때였습니다. 바닷물이 작업실로 들어와 두 손을 든 동상은 땅을 향해 머리를 아래로 숙이고 있었습니다.

덴마크 코펜하겐 대성당에는 조각가 토발센의 「나에게 오라」라는 예수 동상이 있습니다. 그는 점토로 이 작품을 만든 후 휴식을 취하려고 어디론가 여행을 떠났습니다.

사흘 후 머리를 식히고 돌아와 보니, 그 사이에 바닷가 근처에 자리한 작업실로 바닷물이 들어와 있었습니다. 물에 잠긴 예수상은 고개를 아래로 숙인 채 굳어져 있었습니다.

처음 계획은 하늘을 바라보며 두 팔을 높이 든 만왕의 왕 예수였습니다. 그러나 여행 중에 작업실에 바닷물이 들어왔고, 하늘을 바라보던 예수가 땅을 향해 머리를 아래로 숙이게 된 것입니다. 조각가와 자연의 공동 작품이었습니다.

그 모습을 본 조각가는 깨달았습니다. 우리 죄를 용서하려고 이 땅에 오신 예수는 하늘을 바라보는 분이 아니라, 십자가 위에서 우리 죄인들을 내려다보는 분이라고 생각되어 그 예수상을 그대로 두었습니다.

그 결과 하늘을 바라보는 모습이 아닌, 땅을 내려다보는 모습 그대로 예수 동상이 만들어져 코펜하겐 대성당에 세워졌습니다.

"그리스도께서는 본래 하나님과 똑같은 분이면서도 하나님과 똑같은 자리에 있지 않으시고, 도리어… 우리와 똑같은 사람이 되셨습니다."(빌 2:6-7)

096 | 러브 스토리

가정과 자녀
(♪559장, 556장)

부부 싸움으로 별거한 지 3개월 후였습니다.
아내의 교통사고로 옆자리에 탄 딸이 다치자
남편이 놀라서 달려왔고 셋은 나란히 누웠습니다.
가운데 누운 딸은 양손으로 부모 손을 잡았습니다.

영화 러브스토리 한 장면

30대 스미스 부부가 부부 싸움을 크게 하고, 별거한 지 3개월이 지난 뒤의 일입니다.

아내는 딸 메리를 옆자리에 태우고 운전하다가 교통사고가 났습니다. 안전벨트를 매지 않은 딸은 중상이고 아내는 가벼운 부상이었습니다. 입원한 지 12시간 뒤, 멀리서 따로 살던 스미스가 크게 놀라 달려왔습니다.

메리는 자신의 침대 왼편에 아빠를, 오른편에 엄마를 눕게 했습니다. 그런 후 간신히 팔을 뻗어 양손으로 두 사람의 손을 꼭 잡았습니다. 눈을 감은 채 잔잔한 미소를 띠었습니다. 이 일 이후로 부부는 다시 합쳤습니다. 건강을 회복된 딸과 새 가정을 이루게 되었습니다.

이 눈물겨운 이야기 한 토막은 미국 뉴저지주의 한 신문「러브스토리」에 소개되었습니다. 자녀를 둔 젊은 부부들에게 큰 자극을 주어 가정의 소중함을 다시금 일깨워 주었다고 합니다.

요즘 한국 사회의 이혼율이 세계 1위라는데, 이러한 가족애의 러브스토리를 신문이나 방송에서 자주 소개했으면 합니다.

"네 집 안방에 있는 네 아내는 열매를 주렁주렁 맺는 탐스런 포도나무 같고, 네 밥상에 빙 둘러앉은 네 자녀들은 어린 올리브나무 같도다."(시 128:3)

097 로즈 케네디 여사

어머니의 교육
(♪199장, 558장)

미국 3대 가문은 존 애덤스, 루스벨트, 케네디 가문입니다. 로즈 케네디 여사는 9남매를 헌신적으로 키웠습니다. 아들이 선거에 출마하자 어머니는 열심히 유세하여 케네디가 대통령이 되는 데 큰 힘을 발휘했습니다.

1914년 조지프 P. 케네디와 결혼

케네디 대통령의 어머니 로즈 케네디 여사가 별세하자 『뉴욕 타임스』가 조문 사설을 냈습니다. 요점은 정열, 신앙, 품위라는 세 가지 덕목이었습니다. 이는 케네디 가문의 오랜 자랑이었습니다.

미국 사회의 여론에 따르면 존 애덤스 가문, 루스벨트 가문, 케네디 가문을 미국의 3대 가문으로 꼽습니다. 이들 가문의 특성을 살펴보면 모두 그 집안의 어머니들이 그만한 수준을 만들었음을 알 수 있습니다.

9남매를 낳아 키운 로즈 케네디 여사는 자식들을 키울 때 모든 정열을 쏟았습니다. 자식이 선거에 출마하면 본인보다 더 열심히 뛰어다녔습니다. 어머니의 노력과 믿음이 자식을 대통령으로 만든 것입니다.

그들은 독실한 신앙으로 가정, 국가, 자식들을 위해 날마다 기도를 쉬지 않았습니다. 어떤 시련과 고난이 닥쳐도 품위를 잃지 않고 격조 있게 처신하고 행동했습니다.

"나는 그대 안에 있는 거짓 없는 믿음을 기억하고 있습니다. …그대도 그 믿음을 그대로 물려받아 지금 그대 안에 있는 줄 확신합니다."(딤후 1:5)

098 | 테레사 수녀의 전환점

헌신과 봉사
(♪ 212장, 218장)

부유층 자녀들을 가르치던 테레사 수녀는 가난한 자녀들은 거들떠보지도 않았습니다. 어느 날 밤 한 여자의 비명에 병원에 갔다가 가난한 사람들을 돌보는 일에 앞장섰습니다.

테레사 수녀 Mother Teresa

테레사 수녀는 20년 동안 인도 캘커타에서 부유층 자녀들이 다니는 학교 교사였습니다. 그녀는 가난한 사람들은 거들떠보지도 않고 부잣집 아이들만 가르쳤습니다.

그러나 어느 날 밤 한 여자의 비명을 듣는 순간, 자신이 수녀임을 깨닫고는 그녀를 안고 병원으로 뛰었습니다. 즉시 치료받지 않으면 위험한 환자였습니다.

첫 번째 병원은 그녀가 돈이 없다고 치료를 거절했습니다. 두 번째 병원은 낮은 계급이라고 거절했습니다. 세 번째 병원으로 가다가 그녀는 테레사의 가슴에 안긴 채 죽었습니다.

이때 테레사 수녀는 큰 충격을 받았습니다. 돈이 없거나 사회 계급이 낮아 치료조차 받지 못하고 죽어간 한 여인이 인생의 전환점이 된 것입니다.

테레사 수녀는 그 이후로 가난한 자들을 위해 평생 헌신했습니다. 1979년 노벨 평화상을 받을 때 그녀는 이렇게 말했습니다.

"내가 있을 곳은 가난한 사람들, 낮은 사람들이 있는 곳입니다. 그들을 도우라고 신은 나를 이 땅에 보냈습니다."

"가난하고 약한 사람을 잘 보살펴 주는 자들이여! 재앙의 날이 닥칠 때 주께서 그를 건져 주실 것이다."(시 41:1)

099 | 소설가 텔마 톰슨 — 역경의 극복 (♪354장, 363장)

텔마 톰슨, 〈별〉

텔마 톰슨은 군사 훈련 교관인 남편을 따라 캘리포니아 모하비 사막에서 살았습니다. 우울증에 시달리던 그녀는 친정에 편지했는데 아버지의 답장을 받고 그곳 생활에 적응했습니다.

텔마 톰슨은 제2차 세계대전 때 결혼했습니다. 그녀는 군사 훈련 교관인 남편을 따라 미국 캘리포니아주 모하비 사막으로 갔습니다. 그러나 얼마 후 우울증에 시달린 그녀는 친정에 편지했습니다. 이곳 생활을 계속하느니 차라리 감옥에 가는 게 더 낫겠다는 내용이었습니다. 이 같은 딸의 편지에 그녀의 아버지는 단 두 줄의 답장을 보냈습니다. 그 답장이 그녀를 변화시켜 새롭게 살게 했습니다.

"감방에 두 죄수가 있었다. 그런데 하나는 눈을 들어 감방 밖의 별을 쳐다보았고, 다른 한 명은 고개를 숙여 감방 밖의 진창을 바라보았다."

그녀는 생각을 바꾸어 별을 바라보며 살기로 했습니다. 사막 생활의 단조로움과 불편함으로 투덜거리는 대신, 인디언들과 함께 옹기나 멍석을 만들며 친구가 되었습니다. 또한 사막의 식물과 생물을 관찰하고 연구하면서 소설을 썼습니다. 그래서 태어난 작품이 『빛나는 성벽』이란 걸작이었습니다.

사막의 고독과 고통 속에서 그녀의 믿음은 더욱 깊어졌습니다. 하나님과 가깝게 교제하는 시간을 많이 가졌습니다. 하나님의 은총에 눈을 뜨며 모든 일에 감사하게 되었습니다. 그녀는 인디언의 좋은 친구가 되었습니다.

"하나님께서는 우리의 피난처시요 우리의 힘이시니, 어려운 고비 때마다 우리에게 항상 도움을 베푸시도다."(시 46:1)

100 | 예수의 초상화

구세주 예수
(♪88장, 94장)

예수의 초상화는 모두 상상화인데
워너 솔맨의 그림이 주로 걸렸습니다.
그는 3개월밖에 못 산다고 진단받았으나
병도 이기고 그림도 완성했습니다.

워너 솔맨의 '머리되신 그리스도'

예수의 초상화는 상상의 얼굴입니다. 그 가운데서 오늘날 가장 많이 걸려 있는 것은 청년 화가 워너 솔맨의 그림입니다. 제목이 「그리스도의 머리」라서 그런지 예수는 근엄한 얼굴을 하고 있습니다.

이 청년 화가는 임파선 결핵을 앓고 있었습니다. 3개월밖에 못 산다는 사형 선고를 받은 때였습니다. 가수인 그의 약혼녀는 임신 중이었습니다.

솔맨은 죽기 전에 예수의 초상화를 그리자고 다짐했습니다. 그는 약혼자의 정성스러운 간호를 받으며 예수의 초상화를 그렸습니다. 약간 병색이 도는 얼굴, 강하게 빛나는 눈을 그렸습니다. 긴 얼굴, 목을 덮은 길고 검은 머리카락, 강렬한 의지가 번뜩이는 얼굴이었습니다. 그림을 완성한 그는 결핵을 이겨낼 수 있었습니다.

예수의 초상화는 지금까지 세계적으로 거의 100여 점이나 있습니다. 렘브란트의 예수상을 비롯하여 많은 화가가 예수를 상상하며 초상화로 그렸습니다. 그러나 모든 사람이 솔맨의 예수상을 집안에 걸어 놓았습니다. 구세주의 이미지를 가장 확실하게 드러내는 그림이었기 때문입니다.

"주님 앞에서 연한 순과 같이, 마른 땅에서 나온 싹과 같이… 우리가 보기에 아무 볼품이 없으니, 도대체 우리를 잡아끌 만한 훌륭한 것이 하나도 없었다."(사 53:2)

101 | 오세올라 메카티

구제와 선행
(♪218장, 464장)

미국에 88세의 '기부 할머니'가 있었습니다.
그녀는 12세부터 86세까지 74년 동안
쉬지 않고 손빨래와 다림질한 옷을 납품하고
그렇게 모은 돈을 대학에 기부했습니다.

언젠가 『가이드포스트』는 88세의 오세올라 메카티를 '기부 할머니'로 소개했습니다. 미국 미시시피주 해티즈버그에서 태어난 그녀는 6학년 때 자신을 기른 이모가 병들자 학교를 중퇴했습니다.

그 이후로 12세부터 86세까지 74년 동안 잠시도 쉬지 않고 손빨래하고 다림질하여 옷을 납품했습니다. UN 총회 초청으로 대통령이 주는 '장한 시민상'을 받으러 갈 때 처음으로 뉴욕 구경을 했습니다.

재산 중 10분의 1인 십일조는 자신이 다니는 교회에 바쳤습니다. 오래도록 예금하고 한 번도 찾지 않은 돈 10분의 9(15만 달러)는 미시시피 대학에 기부하여 가난한 흑인 학생들을 돕게 했습니다.

신경통이 심해져 일을 하지 못할 때까지 손빨래하고 다림질하여 모은 돈을 장학금으로 기부했습니다. 숱한 미국 부자들을 부끄럽게 만든 그녀의 아낌없는 기부 정신은 사람들로부터 박수갈채를 받았습니다.

"가난한 자를 불쌍히 여겨 그에게 친절을 베푸는 것은 주께 빌려주는 것과 같아서, 장차 주께서 그 사람의 행위대로 되갚아 주실 것이다."(잠 19:17)

102 | 스티븐의 빈 상자

부활과 생명
(♪160장, 171장)

마틴 마티가 주일학교 교사 때 숙제를 냈습니다.
"새로운 생명을 상자 속에 담아 오세요."
부활절 숙제였는데 스티븐은 빈 상자였습니다.
"부활절에 예수님의 무덤은 텅 비어 있었어요."

예수님의 빈 무덤

『크리스천 센추리』 편집장인 마틴 마티 목사가 주일학교 교사 시절에 3학년을 맡은 적이 있었습니다. 그 반에 있던 지진아 스티븐은 늘 신경이 쓰이는 아이였습니다.

"새로운 생명을 상자 속에 담아 오세요."

어느 해 부활절에 이러한 숙제를 내고 검사했습니다. 아이들은 생명에 대해 숙제를 해 왔습니다. 어떤 아이는 상자 속에 나비를 담았고, 어떤 아이는 예쁜 꽃송이를 넣어 왔습니다. 또 어떤 아이는 파란 나뭇잎을 담았습니다.

그런데 스티븐은 아무것도 없는 빈 상자였습니다. 마틴 마티는 그 아이에게 숙제를 낸 자신이 잘못이라고 자책했습니다. 그러나 스티븐의 설명은 놀라웠습니다.

"부활절에 예수님의 무덤은 텅 비어 있었어요. 이 상자에서 예수님은 부활하신 거예요."

스티븐의 설명은 최고의 답이었습니다. 부활한 예수의 무덤은 분명히 빈 무덤, 빈 상자입니다. 지진아였던 스티븐이 믿고 생각한 그 단순한 믿음이 진정한 믿음이었습니다.

"안식일 다음 날 이른 새벽, 여자들은 준비한 향료를 가지고 예수의 무덤으로 갔다. … 무덤 안으로 들어가 보니, 주 예수의 시신이 보이지 않았다."(눅 24:1-3)

103 | 이민자 라모스

성실과 정직
(♪445장, 469장)

미국과 멕시코 간 국경 펜스에 올라가는

멕시코 국경을 넘다가 잡힌 라모스는 탈출하여 자동차 트렁크에 숨어 겨우 미국 땅에 왔습니다. 그는 32년 후 아내와 네 자녀를 데려오고 6명을 더 낳아 10남매를 훌륭하게 키웠습니다.

멕시코의 마르셀리노 라모스가 1999년 잡지 『퍼레이드』 1월호에 실은 성공담입니다.

미국 시민들은 거의 이민자나 이민자의 자손입니다. 그는 27세 때 헤엄쳐서 멕시코 국경을 넘다가 잡혀 송환 중이었는데, 천신만고 끝에 자동차 트렁크에 숨어 겨우 미국 땅에 들어왔습니다. 그는 로스앤젤레스에서 주급 50달러짜리 잔디 깎는 일을 했습니다.

세월이 흘러 32년 후에 그는 아내와 네 자녀를 미국으로 데려왔습니다. 미국에서 자녀를 6명 더 낳아 6남 4녀가 되었습니다. 그는 하나님을 믿고 기도하면서 땀 흘려 일했습니다. 당당하게 번 돈으로 자기 집도 마련했습니다.

자신은 초등학교를 2년밖에 못 다녔지만, 자녀들은 훌륭한 미국 시민으로 키웠습니다. 신부 1명, 박사 2명, 의사 1명, 경찰관 2명이 나온 것입니다.

그의 성공담 요점은 두 가지입니다. 신앙으로 성실하고 정직하게 살아온 것, 신앙의 바탕 위에서 10남매를 훌륭하게 키운 것입니다.

"정직한 사람의 성실함은 그 사람의 앞길을 환히 열어주지만, 신실하지 못한 사기꾼은 자기가 파 놓은 함정에 제 스스로 걸려든다."(잠 11:3)

104 | 레온티우 캘리 목사

자유와 해방
(♪268장, 287장)

신시내티 감리교회 목사인 아버지의 뒤를 이은
레온티우 캘리 목사의 어렸을 때 이야기입니다.
목사관 지하실에서 동생과 놀다가 지하도를 본 후
흑인을 탈출시킨 그 내력을 자랑스럽게 설교했습니다.

신시내티 스카이라인 칠리에 있던 감리

아버지가 미국 신시내티 감리교회에서 목회할 때, 어린 캘리는 놀라운 일을 경험했습니다. 동생과 놀다가 목사관 지하실에서 우연히 벽돌이 흔들리는 것을 목격했습니다.

교회 지하실에는 200년 묵은 8㎞ 지하도가 오하이오 강까지 연결되었으며, 또한 철로가 연결되어 광산처럼 수레를 운행한 흔적이 남아 있었습니다.

후일 아버지의 뒤를 이어 목사가 된 레온티우 캘리는 이렇게 설교했습니다.

"신시내티 감리교회는 웅장한 고딕 건축, 고급 수정 샹들리에, 멋진 가구가 자랑이 아닙니다. 우리 교회의 자랑은 바로 우리 발밑에 있습니다. 우리 교회의 교인들은 모두 백인이었지만, 흑인 노예들을 자유롭게 풀어주느라고 생명을 걸고 이 지하도로 그들을 탈출시켰던 것입니다."

신시내티 감리교회가 얼마나 많은 흑인 노예들을 몰래 풀어주어 캐나다로 달아나게 해주었던가를 그곳 지하도가 생생하게 증언하고 있습니다.

"내가 기뻐하는 금식은… 사람을 옭아매는 모든 멍에를 꺾어 버리는 것, 바로 이런 것들이 내가 기뻐하는 참된 금식이 아니겠느냐?"(사 58:6)

105 | 성경의 재발견

성경과 말씀
(♪200장, 202장)

비텐베르크 성교회 문에 95개 논제를 못박고 있는 루터

> 에라스무스가 그리스어 신약을 출판하자
> 루터는 개혁 운동을 크게 일으켰습니다.
> 루터의 신약 번역에 독일 왕실과 국민은
> 그의 종교 개혁을 찬성했습니다.

　1516년 에라스무스가 헬라어(그리스어) 신약 성경을 출판하자 루터의 개혁 운동이 산불처럼 일어났습니다. 1522년 루터는 독일어 신약 성경을 번역했습니다. 독일 왕실과 국민은 종교 개혁을 찬성했습니다.

　1625년 영국에서는 틴데일이 영어 성경을 번역하여 출간하기에 이르렀습니다. 그는 화형으로 순교했지만 성경 번역은 계속되었습니다. 옥스퍼드 대학과 케임브리지 대학이 성경 번역을 찬성했습니다. 1535년 프랑스에서도 올리베탄이 불어 성경을 출판하자 칼빈이 스위스의 제네바에서 종교 개혁 운동을 벌였습니다.

　성경이 들어가는 곳마다 종교는 물론이고, 국가와 사회가 개혁되고 역사가 올바로 섰습니다. 성경이 있는 곳에는 하나님의 능력이 임하고, 인간에게는 정의와 사랑이 강물같이 넘쳤습니다.

　개혁은 성경의 올바른 가르침 때문에 가능합니다. 루터가 혼자서 종교 개혁을 단행한 것이 아닙니다. 부모가 누군지도 모르는 사생아요, 수도원에서 고아로 자란 네덜란드의 에라스무스가 성경을 햇빛 속으로 끌어냄으로써 종교 개혁의 횃불이 타오른 것입니다.

"성경의 모든 책은 하나님의 영감을 받아 기록된 것으로, 참된 진리가 무엇인지 가르치고… 또 의로써 훈련시키기에 아주 유익한 책입니다."(딤후 3:16)

106 타마로아의 두 남자

감사와 친절
(♪ 307장, 218장)

아버지와 아들이 낮 12시간 동안
그들 앞을 지나가는 차나 사람들에게
큰 소리로 "감사합니다!"를 외쳤습니다.
이기주의 천지에서 세상을 바꾸는 말입니다.

미국 일리노이주 남쪽의 작은 마을인 타마로아에 사는 두 남자가 화젯거리가 된 적이 있습니다. 아버지 클래런스 체프만과 아들 샘입니다.

"감사합니다!"

이들 부자는 매일같이 큰 소리로 웃으며 외쳤습니다. 교대로 식사를 하며 낮 12시간 동안 그들 앞을 지나가는 차나 사람들에게 손을 높이 흔들었습니다.

"요즘 미국 사회가 점점 친절함과 감사함이 사라지고 살벌해져서 우리 부자만이라도 '감사합니다'란 말로 마을 분위기를 바꾸고자 합니다."

대학에서 철학을 공부한 아들 샘은, 64세인 아버지의 손 흔들며 감사하기 운동에 동참하여 그 뜻을 전국에 전파하려고 했습니다. 이들 부자의 행동은 작은 일인 듯하지만 결코 그렇지 않습니다.

오늘날 이기주의와 냉소주의의 팽창으로 "고맙습니다."나 "감사합니다."라는 말과 인사가 점차 사라지고 있습니다. 이럴 때 먼저 손을 흔들며 이 같은 인사를 한다면, 마을이 달라지고 사회가 달라지며 세계가 달라질 것입니다.

"항상 기뻐하십시오. 끊임없이 기도에 힘쓰십시오."(살전 5:16-17)

107 | 인간 이솝

말과 혀
(♪452장, 455장)

산터스는 귀한 손님이 온다면서 노예인 이솝에게 고급 요리를 시켰습니다. 이솝이 소의 혀 요리 몇 가지를 내놓으며 혀는 좋기도 하지만 나쁘다고도 했습니다.

출처 : 손종흠의 일자일언一字一言

『이솝 우화』로 잘 알려진 철학자 이솝은 산터스의 노예였습니다. 어느 날 주인이 이솝에게 말했습니다.

"귀한 손님이 올 테니 가장 좋은 재료로 고급 요리를 만들어라."

이솝은 소의 혀를 사서 몇 가지 요리를 했습니다.

"그릇마다 혀 요리냐?"

화가 난 주인의 말에 이솝이 대꾸했습니다.

"혀보다 더 좋은 건 없습니다. 혀는 사람 사이를 이어주는 소통이고, 진리와 사랑의 기관이며, 신을 찬양하기도 합니다."

주인은 이솝을 골탕 먹이려고 이렇게 말했습니다.

"가장 나쁜 재료를 사다가 종들과 함께 식사하도록 해라."

그런데 이솝은 또 소의 혀를 사서 요리했습니다.

"혀보다 나쁜 것이 어디 있습니까? 혀는 싸움의 원인이고, 질투의 도구이며, 고소의 장본인이고, 분열과 전쟁의 근원입니다. 뿐만 아니라 과오와 거짓과 모욕의 기관입니다."

"혀 역시 불입니다. …우리의 온몸을 더럽히고, 우리 인생의 수레바퀴에 불을 질러 삶을 망쳐 놓고, 결국에는 혀 자체도 지옥 불에 타버리고 맙니다."(약 3:6)

| 108 | 헤리스 교수의 연구 | 환난과 위기 (♪342장, 359장) |

전쟁과 전쟁 직후에 교회 출석률이 최고라는
헤리스 교수의 연구 결과가 있습니다.
공포와 죽음을 몰고 오는 전쟁 뒤에는
예배와 기도가 절실히 필요했습니다.

한국교회 순교자, 6·25전쟁 때 집중 발생했다.

미국의 대학에서 교회사를 연구하는 글렌든 해리스 교수는 교회 출석률이 언제 증가하는가를 조사하여 발표한 적이 있습니다. 그것은 한마디로 전쟁과 전쟁 직후였습니다.

공포와 죽음이 폭풍처럼 지나간 전쟁 뒤에는 우울증과 절망감에 사로잡힙니다. 그런 시기에 사람들은 교회로 찾아가 하나님께 기도하고, 하나님의 위로와 평화를 간구합니다. 세상이 접시 안의 물같이 흔들리고, 전쟁으로 태풍이 몰아칠 때 사람들은 하나님께 부르짖고 구원을 요청하는 것입니다.

우리나라도 굴욕적인 식민지 생활과 피비린내 나는 전쟁으로 핍절과 죽음의 위기에 몰렸을 때, 교회가 크게 부흥하고 사회를 이끌었습니다. 그러한 시기에 한국 교회는 세계 선교 사상 최고의 부흥을 이룩했습니다.

위기에 처했을 때 사람들은 하나님의 위로와 평화를 절실히 원합니다. 그래서 교회로 나와 하나님께 예배드리고 기도하는 것입니다.

"이 가련한 몸이 주께 부르짖었더니 주께서 그 기도를 들으시고 모든 고난에서 건져 주셨네."(시 34:6)

109 배우 해럴드 월터스

치유와 병 고침
(♪471장, 472장)

예수 수난극 장면

말기 암으로 죽음을 앞둔 배우 해럴드 월터스는 「예수의 수난극」에서 예수 역을 부탁받았습니다. 그는 고민 끝에 무대에서 죽을 각오로 연기하여 기적처럼 암이 완치되어 더 오래 연기했습니다.

미국의 텔레비전 인기 배우 해럴드 월터스가 말기 암으로 사형 선고를 받은 뒤였습니다. 일리노이주 블루밍턴 성극회는 그에게 「예수의 수난극」 주인공인 예수 역을 부탁했습니다. 해야 할까 말아야 할까 심각하게 고민하던 그는 무대 위에서 죽을 각오로 연기했습니다. 예수가 십자가 위에서 부르짖는 장면을 자기 일인 양 리얼하게 연기하며 울부짖었습니다.

"저들이 하는 일을 저들도 모르니 저들을 용서하소서."

얼굴은 온통 땀범벅이었습니다. 그러나 온몸은 말할 수 없이 상쾌했습니다. 그는 계속해서 뜨거운 열정으로 연기했습니다.

"아버지, 제게 맡겨 주신 이 사명을 다 이루었습니다. 이제 내 영혼을 아버지 품에 받아 주소서."

그때 그의 온몸은 불덩이처럼 뜨거워지면서 놀랍게도 암이 나았습니다. 기적이었습니다. 월터스는 예수 역할을 하면서 죽어도 좋다는 각오로 목숨 걸고 대사를 외우며 최선의 연기를 한 것입니다. 그래서 기적처럼 암이 치료되어 더 오래 연기를 할 수 있었습니다.

"간절한 믿음의 기도는 병든 사람을 낫게 할 것인데, 곧 주님께서 그를 회복시켜 주실 것입니다."(약 5:15)

110 | 우간다의 기적

기도의 능력
(♪361장, 369장)

부활절에 7천여 명 앞에서 설교하고
서재로 돌아온 케파 셈판기 목사 앞에
암살 특명을 받은 두 괴한이 들이닥쳤습니다.
목사가 기도하자 그들은 권총을 감추었습니다.

아프리카의 지성인 캄팔라의 큰 교회의 목사

우간다의 독재자 이디 아민이 통치하던 때의 일입니다. 독재자는 자신에게 걸림돌이 되면 누구든지 제거했습니다.

케파 셈판기 목사는 큰 교회의 성실한 목회자였습니다. 1973년 부활절에는 이런 일이 있었습니다. 그는 7천여 명 앞에서 설교하고 서재로 돌아왔습니다. 그때 암살 특명을 받고 들이닥친 두 명의 괴한이 권총을 겨누었습니다.

"2분간만 시간을 주시오."

목사의 말에 그들은 고개를 끄덕였습니다. 그는 최후의 기도를 시작했습니다. 예수가 십자가 위에서 하던 기도를 그대로 했습니다.

"주여, 이들이 하는 일을 자신들도 모르니 이들을 제발 용서하소서. 또한 내 영혼을 주님 품에 맡기니, 마지막 날에 주님과 함께 부활하게 하소서."

기도를 마치고 눈을 뜨자 괴한들은 권총을 도로 자신들의 품속에 넣었습니다.

"정부에서 목사님을 죽이려 하니 각별히 조심하셔야 합니다."

2분간의 기도에 감동한 그들은 이 말을 남긴 채 암살을 포기하고 사라졌습니다.

"너희가 기도할 때 믿고 구하면, 구하는 것이 무엇이든 다 얻을 수 있다."(마 21:22)

111 | 믿음과 생활

믿음과 행함
(♪463장, 290장)

밤길을 걷던 신부가 권총을 든 강도를 만났습니다.
신부는 지갑을 찾으려고 겉옷 단추를 풀었습니다.
그때 사제 복장을 본 강도는 죄송하다고 했습니다.
신부는 믿음과 생활이 일치해야 한다고 했습니다.

검은색 수단과 함께 검은색 파시아를 착용한 가톨릭 사제

아일랜드의 어느 신부가 미국 뉴욕 바웨리 지역을 밤중에 걸어가다가 강도를 만났습니다. 신부는 지갑을 꺼내려고 코트의 단추를 풀었습니다. 그런데 사제 복장이 드러나자 강도가 깜짝 놀랐습니다.

"죄송합니다, 신부님!"
그 강도는 권총을 거두고 돌아서려 했습니다.
"말보다는 진짜 회개를 하시오."
신부는 이렇게 말하면서 담배 한 개비를 꺼내 주었습니다.
"사순절에 담배는 안 됩니다."

강도는 철저한 천주교인이었습니다. 교회법을 잘 지키고 믿음이 돈독해도 밤에는 이렇게 강도질을 했습니다. 믿음과 생활이 다르면 참된 믿음이 아닙니다. 참된 믿음은 생활 속에서 입증되어야 합니다.

낮에만 천주교인으로 행세하던 사람이 밤에는 강도질하면서 살다가 하필이면 신부에게 권총을 들이대며 돈을 털려고 했던 것입니다. 더욱이 사순절에는 담배도 안 피우는 계율까지 잘 지키는 사람이었습니다. 신부는 그 강도에게 당부했습니다.

"믿음과 생활은 일치해야 합니다. 다시는 그러지 마십시오."

"믿음이 있다고 말하면서도 행함이 없으면, 그 믿음이 무슨 소용이 있겠습니까? 그런 믿음으로 어떻게 구원을 받을 수 있겠습니까?"(약 2:14)

112 | 베토벤의 집안

역경과 시련
(♪344장, 337장)

남편은 매독, 아내는 결핵, 네 아이도 결핵
하나는 죽고 다섯째를 임신했습니다.
학생들의 대답은 낙태시켜야 한다는데
그 다섯째는 바로 베토벤이었습니다.

고전음악의 최고 작곡가인 베토벤

어느 집안에 남편은 매독에 걸렸고, 아내는 심한 결핵을 앓고 있으며, 아이는 넷이나 있었습니다. 네 아이 중 하나는 얼마 전에 죽고, 세 아이 모두 결핵을 앓고 있었습니다. 그런데 그 부인은 또 임신했습니다.

교수가 이럴 때 어떻게 하면 좋겠냐고 학생들에게 물었습니다.

"즉시 낙태 수술을 해야 합니다."

한 학생의 말에 교수는 큰 소리로 말했습니다.

"지금 자네는 베토벤을 죽였네!"

그 집안에서 태어난 다섯째 아이가 바로 악성樂聖 베토벤입니다. 그는 이렇게 어려운 집안에서 태어났습니다. 보통 사람들의 상식대로라면 세상에 태어나지도 못했을 것입니다.

그러나 그의 어머니는 결핵을 앓으면서도 아이를 낳았습니다. 어려운 집안에서도 사람 목숨을 하늘같이 여기는 어머니의 판단대로 한 것입니다.

바로 그 아이가 100년에 하나 날까 말까 한 음악의 천재임을 당시에는 아무도 몰랐습니다. 어떤 환경에 있든 사람의 목숨은 참으로 귀한 것입니다.

"하나님께서는 우리의 피난처시요 우리의 힘이시니, 어려운 고비 때마다 우리에게 항상 도움을 베푸시도다."(시 46:1)

113 | 톨스토이의 숲길

자연과 하나님
(♪478장, 79장)

톨스토이의 숲길은 수천 제곱킬로미터였습니다. 글을 쓰다가 피곤하면 이 숲길을 걸었는데 기도하면서 하나님의 실체를 느꼈다고 했습니다. 귀족 출신의 그는 신앙을 철저히 지켰습니다.

영화 〈톨스토이의 마지막 인생〉

톨스토이의 숲길은 수백, 아니 수천 제곱킬로미터의 영지에 있었습니다. 그는 기도 생활을 열심히 했으나 러시아 정교회 지도자들을 비판하여 미움을 받아 출교까지 당했습니다.

그러나 톨스토이야말로 진정한 그리스도인입니다. 그는 예수 정신으로 살았습니다.

"나와 자연과 하나님이 서로 밀접하게 연관되어 있습니다."

그는 이렇게 고백하며 자연 속에서 큰 기쁨을 느꼈다고 합니다.

헨리 트로야트의 『톨스토이 전기』를 보면 귀족 부호의 아들 톨스토이의 신성 체험은 숲길 산책에 있었습니다. 모스크바에 있는 톨스토이의 집 뒤, 원시림이 우거진 숲길은 굉장히 넓었습니다.

그는 글을 쓰다가 피곤하면 이 숲길을 거닐었습니다. 싱그러운 숲속을 거닐 때면 모든 근심이 사라지고, 자신의 생명이 하나님과 연결되어 있음을 깨닫고 감사 기도를 했습니다.

톨스토이는 성자로 살면서 농노 해방과 토지 분배 등을 했습니다. 사욕을 버리고 많은 재산을 나누어 주었습니다.

"하늘은 하나님의 영광을 크게 선포하고, 창공은 주의 솜씨를 널리 알려주도다."(시 19:1)

114 | 성 사마리아 여인

구제와 봉사
(♪ 212장, 218장)

고학으로 고교와 초급 대학을 졸업하고 고아로서 굶주림을 잘 알던 마리 샌드빅은 창고를 빌려 무료 급식을 시작했습니다. 전 재산을 털어 사랑의 손길을 폈습니다.

우물가에 사마리아 여인

    미니애폴리스에 사는 70세의 마리 샌드빅은 그 지역에서 성자 소리를 듣는 할머니입니다.

    1920년 7세 때 폴란드에서 이민 왔으나 1년 만에 어머니가 병사했습니다. 그녀는 고아로 자랐습니다. 남의 집에서 일하며 추위와 굶주림을 혹독히 겪어야 했습니다.

    그렇지만 고학으로 고등학교와 초급 대학까지 졸업했습니다. 대학 졸업 후에는 미니애폴리스의 빈민촌 스키드로에서 빈 창고를 얻어 무료 급식을 시작했습니다. 미국이 불황기를 겪을 때 그녀는 자신의 전 재산을 털어 급식소를 차린 것입니다.

    그 이후로 정부 보조를 받지 않고 날마다 200여 명에게 끼니를 제공하고, 노인 20명의 잠자리를 마련했습니다. 연간 25만 달러의 구호 사업을 펴면서 사람들에게 성자 소리를 들었습니다. '성 사마리아 여인'으로 불린 그녀는 춥고 굶주린 이들을 위해 사랑의 손길을 펼쳤습니다.

"굶주린 사람에게 네 먹을 것을 나누어 주는 것… 기꺼이 도움의 손길을 베푸는 것, 바로 이런 것들이 내가 기뻐하는 참된 금식이 아니겠느냐?"(사 58:7)

115 | 로자 파크스 사건

자유와 인권
(♪268장, 352장)

미국 시민 인권 운동의 효시는 로자 파크스가 버스 기사에 대한 항의로 백인 좌석에 버티고 앉은 데서 시작되었고 마틴 루터 킹 목사는 인권 운동을 일으켰습니다.

로자 파크스(Rosa Parks)는 아프리카계 미국인 민권운동가

인권 운동에 영향을 준 사람은 로자 파크스→마틴 루터 킹→바웬사→보리스 예친 순입니다. 그런데 이 가운데 로자 파크스는 아프리카계 미국인 시민권 운동가로서 '현대 시민권 운동의 어머니'라고 불린 여인입니다.

그녀가 버스 기사에게 항의하여 백인 좌석에 그대로 버티고 앉은 것이 인권 운동의 불씨가 되어 요원의 불길처럼 번져나간 것입니다. 갖은 욕설과 구박에도 불구하고 꿋꿋하게 그 자리를 지켰습니다.

그 용기에 크게 감동한 마틴 루터 킹 목사는 흑인을 위한 인권 운동을 본격적으로 벌였습니다. 그 일을 하나님이 자신에게 주신 큰 사명으로 믿은 그는, 포기하지 않고 끝까지 해나갔습니다.

킹 목사의 인권 운동에 감동한 폴란드의 바웬사도 나섰습니다. 그는 목숨을 걸고 싸워 마침내 노동 운동자 출신의 대통령이 되었습니다. 러시아의 보리스 예친 대통령이 공산주의 정권을 종식한 것은 바웬사의 그런 운동을 전해 듣고 감동했기 때문이라고 합니다.

"주께서는 나를 보내셔서 포로로 붙잡힌 이들에게는 자유를 선포하게 하셨고, 앞을 못 보는 이들에게는 눈을 뜨게 해서 다시 보게 하셨다."(눅 4:18)

116 | 승천한 자들의 노래

회개와 변화
(♪285장, 288장)

미국 감리교 선교사 스탠리 존스는
아프리카에서 개종자들에게 강조했습니다.
예수를 믿은 후에는 달라져야 한다며
새 이름을 지어 주었습니다.

미국의 선교사 스탠리 존스(Stanley Jones)

미국 감리교 선교사 스탠리 존스가 아프리카에서 개종자들에게 새 이름을 지어 주는 『승천한 자들의 노래』라는 일화집이 있습니다.

아프리카 마을의 한 망나니는 예수를 믿으면서 완전히 달라졌습니다. 말이 달라졌습니다. 행실이 달라졌습니다. 생활 달라졌습니다. 생각하는 것이 달라졌습니다.

모든 것이 달라진 그에게 스탠리 존스는 '뒤에'라는 이름을 지어 주었습니다. 새 이름을 얻은 이 청년은 신앙인의 모습이 어떠해야 하는지를 잘 보여 주었습니다.

예수를 믿은 후에도 예수를 믿기 전과 달라진 것이 아무것도 없다면 진정한 회개를 경험하지 못한 사람입니다.

"여러분이 전에는 어둠이었지만 지금은 주 안에서 빛입니다. 그러므로 빛의 자녀답게 사십시오. …선하고 의롭고 진실하게 살아가는 것입니다."(엡 5:8-9)

117 | 대스승의 스승

스승과 감화
(♪560장, 448장)

무디의 열정적인 부흥집회 광경

> 복음 전도자 무디의 스승은 구두 수선공 컴볼이고
> 대설교가 스펄전의 스승은 에글렌이며
> 종교 개혁가 루터의 스승은 스타우핏츠입니다.
> 이들의 이름은 알려지지 않은 이가 많습니다.

역사에 큰 빛을 남긴 인물은 그들에게 큰 영향력과 감화를 준 스승을 두었습니다. 위대한 인물을 공부하다 보면 거기에는 반드시 동기 부여나 확신을 준 스승이 있었다는 것을 알 수 있습니다.

복음 전도자 무디를 감화시켜 복음 전선에 내세운 스승은 보스턴의 구두 수선공 컴볼이었습니다. 대설교가 스펄전을 키운 스승은 잘 알려지지 않은 에글렌이었습니다. 종교 개혁으로 세계 역사를 바꾸어 놓은 마르틴 루터의 스승은 스타우 핏츠였습니다.

위대한 인물의 스승인 이 세 사람은 겨우 이름만 찾아냈을 뿐, 어디서 어떤 일을 했는지는 전혀 알 길이 없습니다. 훌륭한 인물을 키운 큰일을 하고도 역사의 뒤안길에 묻힌 그들은 참으로 위대한 스승이었음을 알 수 있습니다. 역사의 조명은 위대한 인물만 비추지만, 조명되지 않은 인물 가운데 위대한 인물도 많다는 것을 잊어서는 안 됩니다.

"지혜로운 사람의 말은 찌르는 채찍처럼 사람들을 일깨우고… 이 모든 것은 다 이스라엘의 한 분 목자이신 하나님에게서 비롯된 것들이다."(전 12:11)

118 | 만물 박사 다빈치

신앙과 유산
(♪94장, 344장)

과학, 천문, 지리학, 식물학, 심리학, 해부학 등의 해박한 지식을 갖춘 다빈치는 만물 박사였습니다. 사생아로 태어났으나 할머니의 신앙을 유산으로 열심히 노력하여 다방면의 전문가가 되었습니다.

레오나르도 다 빈치 (1452~1519)

사람들은 레오나르도 다빈치에 대해 「모나리자」를 그린 위대한 화가로만 알고 있습니다. 그러나 그는 만물 박사였습니다. 과학자, 천문학자, 지리학자였습니다. 또한 기술자, 식물학자, 심리학자, 해부학자이기도 했습니다. 그는 왜 이렇게 많은 분야에서 전문가가 되었을까요?

사생아로 태어난 그는 몹시 불행하게 자랐습니다. 어머니는 일찍 죽고, 16세 소녀와 도망친 아버지는 행방불명되어 할머니 밑에서 자랐습니다.

"하나님이 나와 함께하시니 나는 무엇이든 할 수 있습니다."

그는 독실한 신자인 할머니의 신앙을 유산으로 물려받았습니다. 그것이 인생을 적극적으로 살게 한 동기가 되었습니다. 닥치는 대로 배우고 열심히 일하다 보니, 어느새 다방면의 전문가가 된 것입니다.

환경이 좋지 않더라도 무슨 일이든 최선을 다하고, 시간과 몸을 아끼지 않고 노력하면 됩니다. 다빈치는 환경에 굴복하지 않고, 어려운 환경을 발판삼아 죽기 살기로 열심히 배움으로써 다방면의 전문가로 우뚝 설 수 있었습니다.

"나는 그대 안에 있는 거짓 없는 믿음을 기억하고 있습니다. …그대도 그 믿음을 그대로 물려받아 지금 그대 안에 있는 줄 확신합니다."(딤후 1:5)

119 | 잡초 존슨그래스

보복과 앙갚음
(♪ 422장, 218장)

존슨그래스

이웃집에 앙심을 품은 로이 안젤은 그 집 밭에 잡초 존슨그래스 씨앗을 듬뿍 뿌렸습니다. 여러 해 뒤 그 집 딸과 결혼한 그는 무성한 잡초밭을 증여받고는 크게 후회했습니다.

    로이 안젤은 무슨 일로 인해 이웃집에 앙심을 품고, 그 사람의 밭에 몰래 잡초 존슨그래스 씨앗을 듬뿍 뿌렸습니다. 잡초는 억세게 자라났습니다.

    몇 해 못 가서 그 밭은 온통 잡초판이 되어 버렸습니다. 잡초는 한 번 뿌리내린 자리에서 아주 왕성하게 자라났기에 이웃집은 무척 고생했습니다.

    그런데 로이 안젤은 어쩌다가 화풀이한 이웃집의 외동딸을 사랑하게 되었습니다. 결국 그는 그 집의 외동딸과 결혼했습니다. 그리고 그 잡초밭을 증여받아 경작했습니다.

    잡초밭을 가꾸면서 그는 크게 후회했습니다. 자기가 뿌린 잡초와 끝없는 전쟁을 하게 된 것입니다.

    칼을 쓰는 자는 칼로 망한다고 했습니다. 남을 해치려고 하면 자신이 먼저 해롭게 됨을 잊어서는 안 됩니다.

"네 칼을 칼집에 도로 꽂으라. 칼을 쓰는 사람은 칼로 망한다."(마 26:52)

120 | 마스터키

예수와 생명
(♪96장, 93장)

중동의 세 석유 부자가 미국에 놀러 왔습니다. 뉴욕 시내를 구경하고 술에 취해 늦게 들어왔는데 호텔 엘리베이터가 정지돼 걸어 올라갔습니다. 열쇠도 없어 난감했는데 마스터키를 얻었습니다.

중동의 석유 부자 셋이 미국 땅 뉴욕에 놀러 왔습니다. 존 뉴턴, 루이 워드포드, 샘엘 프레스턴이었습니다. 그들은 귀빈들이 가는 앰배서더호텔 29층을 예약하고 짐을 풀었습니다.

시내 구경 후 술에 취해 늦게 돌아왔을 때, 불행하게도 엘리베이터가 고장 나서 탈 수가 없었습니다. 매니저가 2층의 작은 방을 주겠다고 했으나, 그들은 사양하고 29층까지 걸어 올라갔습니다.

그러나 술기운에 몇 층은 쉽게 올라갔지만 나중에는 벌벌 기다시피 올라갔습니다. 그러나 헛수고였습니다. 29층에 와서야 프런트에서 열쇠를 받지 않았다는 것을 알았습니다. 그러나 그들의 몸은 이미 녹초가 되었습니다.

"여기 마스터키가 있으니 일어나세요. 이 열쇠가 없으면 우리의 모든 수고도 헛것이지요. 예수 그리스도는 우리 생명의 마스터키예요."

청소부가 구세주 같은 마스터키를 그들에게 건네주며 한 말입니다. 독실한 기독교 신자였던 그녀의 이 한 마디로 그들은 기독교인이 되었습니다.

"내가 곧 길이요 진리요 생명이다. 나를 통하지 않고는 아무도 아버지께로 오지 못한다."(요 14:6)

121 시인 하이네

어린이와 순수함
(♪564장, 565장)

하인리히 하이네 (Heinrich Heine, 1797~1856)

친구가 시인 하이네의 집을 방문했을 때
아이가 없는 그 집이 온통 시끌벅적했습니다.
동네 아이들이 와서 떠드는 걸 좋아하는 그는
이런 데서 시가 생긴다고 말했습니다.

19세기 독일 시인 하인리히 하이네의 집을 느닷없이 방문한 한 친구가 적잖게 놀랐습니다. 서재나 거실에 온통 아이들이 와글거렸기 때문입니다. 시끄럽고 어지러워 정신이 하나도 없을 지경이었습니다.

"다들 아이가 없는 것으로 아는데, 웬일이야?"

친구의 질문에 하이네는 웃으며 말했습니다.

"동네에서 놀러온 아이들이야. 얼마나 즐거운가? 나는 아이들이 떠드는 소리를 듣는 게 참 좋아. 그들의 웃음을 봐야 미래를 생각하고, 또 미래를 생각할 때 창조적인 시가 잉태되거든. 그러니 아이들은 얼마나 소중한 존재인가?"

사랑과 희망의 노래로 세계 독자들을 감동하게 한 작품을 쓴 위대한 시인 하이네의 말입니다. 그의 맑고 탁월한 시는 어린이를 사랑하고 좋아하는 마음에서 생겨났습니다. 어린이의 티 없는 웃음, 재잘거리는 목소리가 시인의 마음에 영감을 불어넣은 것입니다.

"그때 사람들이 어린아이들을 예수께 데리고 와서는, 자기 아이들의 머리에 손을 얹어 기도해 달라고 청하였다."(마 19:13)

122 | 에드워드 가문

신앙 교육의 열매
(♪556장, 558장)

조나단 에드워드는 존 웨슬리와 함께
감리교회를 창설한 명설교자였습니다.
후손들은 교수, 의사, 목사, 저술가 등
아주 영광스러운 가문을 이루었습니다.

조나단 에드워드(Jonathan Edwards, 1703~1758)

조나단 에드워드는 영국에서 존 웨슬리 목사와 함께 감리교회를 창설한 3대 지도자 중의 한 사람입니다. 그는 명설교가이며 신학자이자 사상가였습니다.

미국으로 와서 프린스턴 신학교 교장을 지냈고, 목회자로 교회를 섬겼으며, 사회 개혁에 앞장선 선각자였습니다. 미국의 교회 역사 300년 가운데 존경받는 목사입니다.

그는 탁월한 가문을 이루었습니다. 모범적인 기독교 가정을 이끌었습니다. 쉬지 않고 기도하고 독서와 가르침에 열심이었습니다.

그가 죽은 지 150년 되던 해의 한 조사에 따르면, 그의 후손들은 크게 번창하여 1,394명이 되었습니다. 후손 중에는 교장 13명, 교수 65명, 의사 60명, 목사 100명, 언론인 18명 등이 있었습니다. 또한 부통령, 상원의원, 시장, 대사, 사장, 군인 75명, 공무원 80명, 저술가 60명이 배출되었습니다.

이 얼마나 영광스러운 가문입니까? 이는 가문 대대로 내려오는 신앙 교육의 덕택임이 분명합니다.

"나는 그대 안에 있는 거짓 없는 믿음을 기억하고 있습니다. …그대도 그 믿음을 그대로 물려받아 지금 그대 안에 있는 줄 확신합니다."(딤후 1:5)

123 | 유대인의 쉐마 교육

말씀과 교육
(♪555장, 203장)

세계 어느 곳에서 살든 유대인 가정에는 쉐마라는 작은 가죽 상자가 있습니다. 그 속에서 성경 구절을 적은 양피지를 꺼내 아침저녁 읽고 외우는 신앙 교육을 합니다.

역대 노벨상 수상자를 30% 배출한 유대인 '쉐마 교육법'

오늘날 세계에 흩어져 살고 있는 유대인 가정들은 똑같은 보물을 간직하고 있습니다. 쉐마라는 작은 가죽 상자에는 성경 구절을 적은 양피지가 들어 있습니다.

그들은 아침과 저녁에 온 가족이 모여앉아 그것을 꺼내어 읽는데, 거의 다 외웁니다. 그 내용은 다음과 같습니다.

"온 마음과 온 영혼으로 하나님을 사랑하십시오. 내가 오늘 여러분에게 명하는 주님의 말씀을 항상 마음에 품고 사십시오. 자녀들에게 이 말씀을 분명히 가르쳐 주십시오. 자녀와 함께 앉아 있을 때나 함께 여행할 때나 잠자리에 있을 때나 잠에서 깨어날 때, 항상 이 말씀을 자녀들에게 전해 주십시오. 여러분은 이것을 손목에 매달고 다니며 이마에 붙이고 다니십시오. 여러분의 집 문기둥과 대문에도 이 말씀을 써 놓으십시오."(신 6:5-9)

가정교육이 가장 잘되는 나라와 민족이 바로 이스라엘입니다. 전통을 중요하게 여기는 신앙교육이 오늘날의 이스라엘을 이루었습니다. 쉐마는 세계 1,200여만 유대인들의 신앙적·정신적·사상적 기둥입니다.

"주님의 명령을 귀담아듣고 그대로 지키십시오. 그러면 하나님께서 여러분의 조상들에게 약속하신 대로… 크게 번성할 것입니다."(신 6:3)

124 | 교회를 섬긴 봉사자들

봉사와 헌신
(♪ 211장, 216장)

연세대와 명지대 송자 총장은 교회 성가대원
어느 장로는 교회 화장실 청소를 매주 했고
은광교회의 어느 권사는 현직 장관 때도
주일에는 유치부 교사를 했습니다.

연세 발전의 초석 다진 송자 총장

   연세대 총장과 명지대 총장 등을 지낸 최고의 지성인 송자 박사는 아현감리교회 성가대원 자리를 꾸준히 지켰습니다. 그리고 음악가 곽상수는 대학 교회 반주자로 봉사했습니다.

   서울 어느 큰 교회 장로는 매주 교회 화장실 청소를 했습니다. 은광교회의 한 권사는 현직 장관 때도 주일이면 어김없이 교회 유치부 교사를 했습니다.

   일본의 재무장관을 지낸 한 교인은 평생 교회 신발장을 정리했습니다. 미국의 '백화점 왕' 존 워너메이커도 그랬습니다. 체신부장관 임기 4년 동안 워싱턴에서 필라델피아에 있는 교회를 오가며, 주일학교 어린이들을 가르쳤습니다. 이 일을 평생 했습니다.

   이들은 모두 교회를 섬긴 봉사자들입니다. 자랑스럽고 존경스러운 신앙인들입니다. 한 주간도 빠지지 않았다는 것은 굳센 믿음을 가지지 않았다면 결코 할 수 없습니다.

"각각 하나님의 은사를 맡아 관리하는 선한 청지기답게 서로를 섬기고 서로에게 봉사하는 데 그 은사를 사용하도록 하십시오."(벧전 4:10)

125 | 수산나 웨슬리의 가정교육

자녀와 교육
(♪ 558장, 454장)

수산나웨슬리 (출처- 웨슬리 스토리)

수산나는 열여덟 명의 자녀를 엄격히 교육했습니다. 식사 시간 중 간식 엄금, 저녁 8시에 잠들기, 매일 기도회, 예배, 기도 등 10가지 교육 방침으로 채찍과 훈계를 철저히 가르쳤습니다.

엄격한 가정교육을 받고 자란 수산나 웨슬리는 결혼하여 열여덟 명의 자녀를 낳아 길렀습니다. 존 웨슬리와 찰스 웨슬리 형제를 비롯하여 이 아이들이 한집에서 자랄 때면 마치 보육원이나 어린이 합숙소 같았을 것입니다. 하나하나 사랑하고 올바로 가르치는 일은 정말 어려웠을 것입니다.

그녀는 신앙교육의 원칙을 잘 지켜 자녀들을 성공적으로 양육한 훌륭한 어머니였습니다. 그녀는 다음과 같이 엄격하게 자녀들을 교육했습니다. 그녀의 친정아버지는 목사였고 할아버지는 청교도였습니다.

① 간식을 엄금하니 식사 외에 주전부리는 없다.
② 전원 저녁 8시 취침 시간을 엄수한다.
③ 개인 의사를 존중하여 아이들의 말을 들어 본다.
④ 자녀 모두를 하나님께 인도하여 예배를 드리게 한다.
⑤ 말을 배울 때 기도부터 가르쳐서 하나님과 대화하게 한다.
⑥ 가정 예배에는 절대 정숙하게 한다.
⑦ 떼를 쓸 때는 아무것도 주지 않는다.
⑧ 잘못을 고백하면 너그러이 용서하고 따지지 않는다.
⑨ 부모나 아이들과의 약속은 반드시 지킨다.
⑩ 채찍은 무섭게 여기고, 훈계는 고맙게 여기게 한다.

"아이에게 마땅히 걸어야 할 올바른 길을 가르쳐라. 그러면 늙어서도 그 아이는 그 길을 떠나지 않을 것이다."(잠 22:6)

126 | 백성학과 빌

구제와 베풂
(♪517장, 212장)

백성학는 한국전쟁 때 고아가 되었습니다.
어렸을 때 전신 화상을 입은 그를
미군 병사 빌이 병원 치료를 받게 했는데
그때 받은 은혜를 잊지 않고 봉사합니다.

원산 출신 영안모자 백성학 회장

백성학의 감동적인 이야기가 『리더스 다이제스트』에 실린 적이 있습니다. 한국전쟁 때 고아가 된 그는 10세 때 전신 화상을 입고 2년 동안 병원에 입원한 적이 있었습니다. 이 소년의 안타까운 소식을 전해 들은 미군 병사 빌은 자신의 월급을 전부 털어 2년간 병원비를 대주었습니다.

백성학은 너무도 고마워서 어른이 되면 자신도 남의 무거운 짐을 대신 질 것이라고 결심했습니다.

오늘날 '영안 모자'는 그의 회사 제품입니다. 그는 19세에 모자 공장을 시작했습니다. 크게 번창하여 국내에만 12개의 공장이 있고, 해외에도 여러 개의 공장을 운영했습니다.

그는 강원도 홍천에 땅을 마련하여 양로원, 보육원, 교회, 병원 등을 지어 운영하고 있습니다. 어릴 적에 받은 은혜를 잊지 않고 자신의 결심대로 선행을 실천한 것입니다.

"가난한 자를 불쌍히 여기며 그에게 친절을 베푸는 것은 주께 빌려주는 것과 같아서, 장차 주께서 그 사람의 행위대로 되갚아주실 것이다."(잠 19:17)

127 | 골다 메이어 수상

하나님의 일꾼
(♪320장, 394장)

너무 못생겨서 남자 친구가 없었다는 골다 메이어는 오직 공부만 하며 역경을 이기는 강인함을 길렀습니다. 수상이 된 뒤 전쟁의 위기도 참고 견뎠습니다. 하나님은 못생긴 외모를 선한 방향으로 쓰신 것입니다.

1969년 취임 당시의 골다 메이어, 출처 : Pinterest

골다 메이어는 이스라엘 여성 수상이었습니다. 그녀는 자신의 외모 때문에 하나님께 크게 쓰임을 받는 일꾼이 되었다고 고백한 적이 있습니다. 못생겨서 출세한 사람이 된 것입니다.

그녀는 다른 소녀들보다 얼굴이 못생겨서 남자 친구는 고사하고 여자 친구조차 없었습니다. 그래서 공부밖에 할 일이 없었습니다. 오직 공부, 오직 기도를 통해 실력 있는 인재로 자랄 수 있었습니다.

나이를 먹을수록 그녀는 참고 견디는 인내를 배웠고, 역경과 어려움을 이기는 사고방식과 판단력도 갖추었습니다.

마침내 이스라엘 수상이 된 그녀는 전쟁의 위기 속에서 참고 견디며 팔레스타인과의 대화도 적극적으로 모색했습니다. 하나님은 그녀의 못난 외모를 선한 방향으로 사용하셨던 것입니다.

"하지만 하나님께서는 세상의 지혜로운 자들을 부끄럽게 하시려고 어리석어 보이는 자들을 택하셨고… 연약해 보이는 자들을 택하셨습니다."(고전 1:27)

128 | 어머니의 영향력

어머니와 교육
(♪576장, 579장)

네로의 어머니는 살인자였습니다.
나폴레옹의 어머니는 활동가였습니다.
바이런의 어머니는 미를 추구했습니다.
조지 워싱턴의 어머니는 경건했습니다.

폭군 네로의 엄마 아그리피나

모든 어머니가 어릴 적 교육을 중시하는 이스라엘 민족의 어머니 같다면 세상은 많이 달라질 것입니다. 자녀는 누구나 어머니의 영향을 크게 받습니다. 자녀의 인생길이 어머니에 의해 결정되는 것입니다.

세상의 모든 자녀는 어머니의 영향력에서 벗어날 수 없습니다. 위대한 인물이든 아니든 그 인물의 뒤에는 언제나 어머니가 있습니다. 어머니의 성품과 언행 하나하나가 절대적으로 영향을 끼치는 것입니다. 자녀의 가장 큰 스승은 어머니입니다.

폭군 네로의 어머니는 살인자였습니다. 나폴레옹의 어머니는 1분도 놀지 않는 정력적인 활동가로서 쉬지 않고 일했습니다. 시인 바이런의 어머니는 감성이 풍부했고 최고의 아름다움을 추구했습니다.

조지 워싱턴의 어머니는 한없이 경건하고 아주 순박했습니다. 감리교의 창시자 존 웨슬리의 어머니인 수산나 웨슬리는 자녀를 18명이나 길렀으나 3대 독자나 무남독녀처럼 철저한 개인 지도로 자녀 하나하나를 올바로 세웠습니다.

"나는 그대 안에 있는 거짓 없는 믿음을 기억하고 있습니다. …그대도 그 믿음을 그대로 물려받아 지금 그대 안에 있는 줄 확신합니다."(딤후 1:5)

129 | 테레사 수녀

하나님의 부르심
(♪517장, 320장)

'빈자의 성녀' 테레사 수녀1910~1997)

테레사 수녀가 노벨 평화상을 받을 때 주름진 얼굴, 작은 키, 약간 꼬부라진 허리, 거지 같은 옷차림에 모두 놀랐지만 별보다 더 빛나는 눈빛을 보았습니다.

노벨 평화상을 받는 자리에 나온 테레사 수녀의 모습에 모두가 놀랐습니다. 너무 못생긴 늙은이였습니다. 난쟁이에 가까운 작은 키는 약간 꼬부라지기까지 했습니다. 입은 옷은 마치 거지와도 같았습니다.

그러나 그녀의 눈빛만은 별보다 더 빛났습니다. 진실로 그녀는 하나님이 쓰시는 일꾼이었습니다. 마케도니아 출신의 그녀는 인도 캘커타 빈민굴에서 가진 것 하나 없이 거지보다 못하게 살았습니다.

그러나 그녀의 사역에 동참한 단체는 91개국에 걸쳐 500여 개가 넘는 천주교회 자선 기관이었습니다. 그녀가 미인이고 돈도 많았다면 그저 평범한 사람으로 살아갈 수도 있었을 것입니다.

아무리 못난 사람이라도 하나님이 붙잡으시면 큰 인물이 됩니다. 못생겼기 때문에 하나님의 사역에 크게 쓰임을 받아 위대하게 된 것입니다.

"형제들이여, 여러분이 하나님께 처음 부르심을 받았을 때 여러분의 처지가 어떠했는지를 한 번 생각해 보십시오."(고전 1:26)

130 | 추상화가 김영수

시련의 극복
(♪337장, 341장)

대학에서 건축학을 배운 김영수는
근육세포가 자라지 않는 병에 걸렸습니다.
그러나 TV에서 구필화口筆畫를 본 후
붓을 물고 그림을 그리는 화가가 되었습니다.

구필화가 김영수

    김영수는 대학에서 건축학을 배운 후 멋진 건축가의 부푼 꿈을 안고 사회에 나왔으나, 불행하게도 근육세포가 더는 자라지 않는 병에 걸렸습니다. 한국에는 이런 환자가 1만 5천여 명이나 있습니다.

    그의 몸은 점차 마비되어 갔습니다. 건축학 외에도 미술에 취미가 있어서 나중에 개인 교습도 받으며 공부하려고 했지만 병이 문제였습니다. 손발이 마비되자 애인도 떠나갔습니다.

    욥 같은 극한 시련 속에서 그는 어머니가 믿는 하나님, 그리고 자신도 믿는 그 하나님께 간절히 기도하며 하루하루 버티었습니다. 그는 하나님이 모든 인간을 돌보신다고 믿었습니다.

    그러던 어느 날 TV에서 입으로 그림 그리는 사람을 보았습니다. 그때부터 붓을 입에 물고 추상화를 그리기 시작했습니다. 평소에 감수성이 예민하던 그는 어느덧 그림 실력이 많이 좋아져서 유명한 추상화가가 되었습니다.

"나의 영혼아, 어찌 그리 풀이 죽어 낙심하느냐? 어찌 그리 불안해하며 괴로워하느냐? 오직 너는 하나님을 소망하며 살아라. …하나님을 도리어 찬양하며 살리로다."(시 42:5)

131 한 소녀의 메모

소망의 하나님
(♪488장, 484장)

유대인 학살수용소

나치스 군대를 피해 도망가던 유대인 소녀가 가족을 잃고 굴속에 숨어 있다가 굶어 죽었습니다. 하나님 나라에서 가족도 친구도 볼 것이라는 메모지를 손에 꼭 쥔 채였습니다.

제2차 세계대전 때였습니다. 독일 나치스 군대가 유대인들을 학살할 때 그들은 아이건 어른이건 가리지 않았습니다.

가족과 황급히 도망치던 한 소녀는 가족을 잃어버렸습니다. 소녀는 나치스 군대를 피해 다른 유대인 일행과 함께 산속으로 달아났습니다. 일행과 떨어져 굴속에 혼자 숨어 지내던 소녀는 굶어 죽고 말았습니다.

그러나 죽어가면서도 기도와 소망으로 끝까지 믿음을 지켰습니다. 그런 신앙 고백이 적힌 메모지를 손에 꼭 쥔 채 죽어가면서도 하나님이 함께하심을 믿었던 것입니다. 이보다 더 큰 믿음, 더 확실한 신앙 고백이 어디 있겠습니까?

네덜란드의 하켄딕 교수가 이 유대인 소녀의 메모를 발표할 때는 모두가 울었습니다.

"나는 지금 햇빛을 못 보지만 저 굴 밖에는 아름답게 비치고 있을 것입니다. 지금은 하나님이 말씀을 안 하시지만 하나님은 분명히 여기 굴속에 나와 함께 계십니다. 지금 나는 가족도 친구도 못 보지만 하나님 나라에서 반드시 다시 만날 것입니다."

"나는 오직 주만 바라보고 나를 구원하시는 하나님께 내 모든 소망을 둘 것이니… 하나님께서 내 기도를 들으시고 내게 응답해 주실 것이다."(미 7:7)

132 | 가정주부의 관심사

가정생활
(♪559장, 557장)

미국의 한 여성 잡지가 독자 3만 명에게
세 가지 걱정이 뭐냐고 물었습니다.
대답은 돈, 대화, 건강이었습니다.
이 세 가지는 꼭 필요한 항목입니다.

"당신이 걱정하는 세 가지를 적어 주십시오."

미국의 한 여성 잡지가 3만 명의 독자에게 이러한 앙케트를 냈습니다. 그 대답은 돈, 대화, 건강이었습니다.

주부들의 관심은 역시 경제 문제인 돈입니다. 가정생활에는 가족을 위해 의식주의 뒷받침인 돈이 최대의 관심사였습니다. 사실 돈은 생활에 꼭 필요합니다. 따라서 돈을 어떻게 벌고 또 어떻게 쓰느냐는 모든 이의 주요 관심사입니다.

다음은 대화입니다. 남편과 자녀들과의 커뮤니케이션이 반드시 필요함을 알 수 있습니다. 건전하고 행복한 가정생활을 영위하기 위해서는 오해, 미움, 감정 등을 대화로 푸는 것이 무엇보다도 중요합니다.

다음은 건강입니다. 가족의 건강은 행복한 가정의 필수 조건입니다. 육신이 늙어가거나 질병이 생기면 불행의 그림자가 생기는 것입니다.

"네 집 안방에 있는 네 아내는 열매를 주렁주렁 맺는 탐스런 포도나무 같고, 네 밥상에 빙 둘러앉은 네 자녀들은 어린 올리브나무 같도다."(시 128:3)

133 | 17명의 5학년 남학생들

친구와 우정
(♪86장, 92장)

캘리포니아주 엘카미노 크리크 초등학

초등학교 5학년 한 반 전원 17명이 삭발 등교를 하자 모두 놀랐습니다. 방사선 치료로 머리카락이 빠져 모자를 쓴 암 환자 친구를 위해서였습니다.

미국 캘리포니아주 오시언의 어느 초등학교에서 있었던 일입니다. 큰 이야깃거리가 되었지만 실제로는 무척 감동적이었습니다.

어느 날 5학년 한 반 남학생 전원 17명이 삭발하고 등교하자 모두 놀랐습니다. 같은 반에는 암 환자 학생이 한 명 있었습니다. 그 학생은 방사선 치료로 머리카락이 다 빠져 항상 벙거지를 쓰고 다녀야 했습니다.

이를 본 다른 학생들이 그 친구를 위해 모두 머리를 박박 깎아 그 아이처럼 하고 등교한 것입니다. 학급 친구를 위해 함께 머리카락을 밀기로 하고, 또 실행함으로써 그 암 환자 학생은 벙거지를 쓰지 않아도 되었습니다. 너나 할 것 없이 그 반 아이들 모두 까까머리가 되었으니까요.

이처럼 갸륵한 뜻을 모아 친구의 아픔을 함께 나눈 학생들의 우정은 눈물겨웠습니다.

"사람이 친구를 위하여 자기 목숨을 내어놓는 것보다 더 큰 사랑은 없다. 내가 너희에게 명한 내 계명을 너희가 지키면 너희는 내 친구이다."(요 15:13-14)

134 | 분홍신

유혹과 타락
(♪522장, 537장)

한 소녀가 호기심에 분홍신을 신었는데
고통스러워도 춤을 멈추지 못했습니다.
시골집에 가서도 계속 춤을 추다가
묘지 앞에서 지쳐 죽었습니다.

The Red Shoes

안데르센의 동화 『분홍신』이 있습니다. 이것은 마술사가 만든 신입니다. 이 분홍신을 신으면 누구든 계속 춤을 추어야 합니다. 너무 예쁜 신이라서 한 번 신으면 춤추는 유혹에 깊이 빠져들고 맙니다.

어느 날 한 소녀가 호기심에 이 분홍신을 신었습니다. 그 순간부터 계속 춤을 추어야 했습니다. 소녀는 엄청나게 고통스러워하면서도 사람들의 갈채 속에서 춤을 추었습니다. 피곤함에 지쳐도 멈출 수가 없었습니다.

도시를 지나 한가한 산골에서도 추었습니다. 고향집 앞에서 엄마가 부르는 소리도 지나쳐야 했습니다. 멈추고 싶은데 분홍신 때문에 어쩔 수 없이 춤을 추었습니다. 결국에는 어느 묘지 앞에서 기진맥진하여 죽었습니다.

호기심에 끌려 분홍신을 신은 한 소녀의 비극을 그린 이 작품은 큰 교훈을 줍니다. 마술사가 만든 분홍신에 홀리듯, 세상의 쾌락에 이끌려 일시적인 호기심으로 빠져들었다가는 실패한 인생이 되고 맙니다.

"여러분은 예전의 타락한 생활 방식, 곧 육체의 허망한 욕망에 따라 살아가는 썩어 없어질 옛사람을 벗어 버리고… 새사람을 입도록 하십시오."(엡 4:22-24)

135 삶의 계절

꿈과 노력
(♪354장, 359장)

성공자의 공통점은 꿈, 스승, 노력입니다.
꿈이 없으면 흔들리는 갈대와 같습니다.
스승이 있으면 절반은 성공이지만
피땀 어린 노력이 더욱 필요합니다.

레벤슨은 그가 출판한 『삶의 계절』에서 성공한 인물들의 공통점을 찾아냈습니다. 그것은 꿈(비전), 스승, 노력이었습니다. 성공한 이들은 자신의 인생을 투자할 수 있는 꿈이 있었고, 그 꿈을 키워나가도록 이끌어준 스승이 있었으며, 피땀 어린 노력이 있었습니다.

꿈을 갖는 것 못지않게 중요한 것은 스승입니다. 직접 가르치고 이끌어준 스승이든, 간접적인 영향을 준 스승이든 그들을 통해 올바른 방향을 잡고 달려갔던 것입니다.

꿈이 없는 인간은 바람에 이리저리 흔들리는 갈대와 같습니다. 그러나 꿈과 스승만으로는 절반의 성공일 뿐입니다. 성공에 이르기 위해서는 계획대로 최선을 다하는 노력이 필요합니다. 그래야 승리하는 인생이 될 수 있습니다.

레벤슨의 연구는 매우 실용적인 성공의 길을 제시합니다. 자기 계발과 관련된 수많은 책이 나왔지만, 이처럼 간결하게 성공의 길을 조명한 책은 드뭅니다. 우리는 청소년들과 청년들에게 꿈을 갖게 하고, 좋은 스승을 만나게 해야 합니다. 스승을 통해 꿈을 이룰 수 있도록 해야 합니다.

"울며 씨를 뿌리러 나가는 사람은 정녕 기쁨으로 곡식단을 거두어 돌아오리라."(시 126:6)

136 | 서부 개척자들

신앙과 개척
(♪347장, 351장)

서부 개척자들은 결코 총잡이가 아니라
하나같이 교회가 진짜 주인공이었습니다.
그들은 가는 곳마다 교회부터 세우고
그런 다음에 학교와 집을 지었습니다.

서부로 가는 이정표 : 와이오밍 인디펜던스 락

    미국의 서부 개척사는 할리우드 영화 속 총잡이의 역사로 왜곡되어 있습니다. 그러나 개척자들은 교회가 그 주인공임을 잘 알았습니다. 애리조나, 캘리포니아, 유타, 워싱턴 등지로 가는 이주 마차에는 거의 교회 신도들이 타고 있었습니다. 그들은 믿음의 형제가 되어 서부로, 서부로 이주했습니다.

    가는 곳마다 먼저 교회를 짓고, 다음에는 학교를 세웠습니다. 그런 다음에야 비로소 자신들의 집을 세웠습니다. 이것이 오늘날의 미국을 만든 서부 개척사입니다.

    그들은 6일 동안 피나게 일하고, 7일째에는 교회에 모여 마음도 몸도 쉬었습니다. 마을 공동체를 이루어 함께 의논하면서 살았습니다. 이런 정신이 미국을 기독교 국가로 만들었습니다.

    서부 이민 역사는 이처럼 신앙과 용기 있는 개척자들의 정신으로 이루어졌습니다. 그들은 역경 속에서 기도하고, 다 같이 마음을 합하여 신앙과 용기를 북돋웠습니다. 그리고 청교도적인 자녀 교육에 힘썼습니다. 미국은 기독교 신앙으로 시작한 나라이고, 또 기독교 신앙으로 운영되는 나라였습니다. 믿음이 서부 개척사의 원동력이었습니다.

"여러분이 수효가 너무 많아서 에브라임 산악 지대로 충분하지 않다면… 삼림 지대로 올라가서 여러분 스스로 개간하도록 하시오."(수 17:15)

137 | 링컨의 집

기도와 간구
(♪364장, 579장)

에이브러햄 링컨 출생지 통나무 오두막집

링컨의 집에는 늘 기도가 가득했습니다.
그의 어머니는 자나 깨나 기도했습니다.
집안 곳곳에 어머니의 기도가 넘쳐났습니다.
방에도 마당에도 부엌에도 기도뿐이었습니다.

    어릴 적 에이브러햄 링컨의 집은 온통 기도로 가득 차 있었습니다. 방에도 마당에도 부엌에도 기도로 가득했습니다. 언젠가 링컨 대통령은 이 말을 하면서 울었습니다.

    링컨이 어머니를 기억하면 떠오르는 것은 기도뿐이었습니다. 그의 어머니는 기도의 사람이었습니다. 집에서는 종일 어머니의 기도 소리가 들렸습니다. 어느 곳이건 어머니의 기도가 자리 잡았습니다.

    링컨이 들에서 일할 때나 가게 일을 할 때, 그의 귀에는 어머니의 기도 소리가 쟁쟁하게 울렸습니다. 그러니 링컨이 돈도 집안도 학벌도 없지만 대통령까지 된 것이 아닐까요?

    기도하는 어머니를 둔 링컨, 기도의 아들이 된 그는 기도의 울타리 안에서 행복한 유년기와 청소년기를 보낸 것입니다.

"고난이 홍수처럼 밀어닥칠지라도, 그들에게는 미치지 못할 것입니다."(시 32:6)

138 | 최고의 설교가 | 어머니의 영향력 (♪576장, 578장)

캠벨 몰간 목사는 미국 최고의 설교자인데 그의 아들 넷도 목사가 되었습니다. 친구들이 누가 설교를 제일 잘하느냐고 묻자 큰아들이 어머니라고 큰 소리로 말했습니다.

조지 캠벨 몰간(1863~1945)

　미국에서 최고의 설교가로 알려진 목회자 캠벨 몰간 목사의 아들 넷도 전부 목사가 되었습니다. 언젠가 그 집안에 작은 잔치가 있어서 지인들이 모였습니다. 한 짓궂은 친구가 누가 더 설교를 잘하느냐고 질문했습니다.

　"이 집에서 목사 다섯 분이 나왔습니다. 모두 유명한 설교가들인데 그중에서 누가 가장 훌륭한 설교가입니까?"

　모두 긴장하여 답을 기다리고 있을 때 큰아들이 큰 소리로 입을 열었습니다.

　"우리 어머니입니다!"

　이에 아버지 목사가 말했습니다.

　"나도 동감이오."

　그러자 그 자리에 있던 모두가 박수로 공감을 표시했습니다. 그들은 이구동성으로 어머니를 최고의 설교가로 꼽았습니다. 아들 넷이 목사가 된 것은 어머니의 설교 때문이라는 것입니다.

　어머니의 설교가 얼마나 은혜로웠으면 모두 훌륭한 설교가로 자랐고, 또 어머니의 말씀대로 모두 목사가 되었을까요? 어느 집이든 어머니는 그 집의 인도자입니다.

"나는 그대 안에 있는 거짓 없는 믿음을 기억하고 있습니다. …그대도 그 믿음을 그대로 물려받아 지금 그대 안에 있는 줄 확신합니다."(딤후 1:5)

| 139 | 실리콘밸리의 진실 | 행복과 만족 (♪427장, 434장) |

세계 으뜸인 미국 캘리포니아의 실리콘밸리는 전자공학 기술자들이 모인 산업 공단입니다. 그러나 이 디지털 시대의 주역들은 불만이 많고 스트레스에 시달리며 술기운으로 일한다고 합니다.

전 세계가 우러러보는 미국 캘리포니아의 실리콘밸리는 전자공학 기술자들이 모인 산업공단입니다. 언론은 세계 최고 전자 기술자들의 집단, 첨단 과학의 산실로 높이 평가합니다.

전자 기술은 세상을 디지털 시대로 바꾸어 첨단 과학의 시대로 만들지만, 정작 그곳에서 일하는 전문가들은 구제받을 길 없는 깊은 절망감을 토로하곤 합니다.

그들은 피나는 경쟁과 연구로 많이 지쳐 있습니다. 일설에는 연구원 절반 이상이 인도 방갈로르의 전자공학 졸업생이라는 것입니다.

극심한 스트레스와 싸우고 술에 취하지 않고는 현장 작업이 견디기 어려울 정도라고 하니, 얼마나 힘들고 고통스러울까요? 그런 문제가 심각해서 짐을 챙겨 떠나는 이도 많다고 합니다.

한 조사에 따르면 그곳에서 종사하는 사람들의 건강이 가장 문제라고 합니다. 연구 인력 중 3분의 1은 스트레스 해소제를 먹고, 34%는 술기운에 젖어 작업하며, 11.5%는 자기 일에 불만이라고 합니다. 전자 기술은 편리함을 제공하지만, 행복과 만족감을 주지는 못하는 것 같습니다.

"이런 일을 할 수 있는 자격이 우리에게시 나온 것이 결코 아닙니다. 하나님께서 우리에게 능력을 주셨기에 비로소 그런 자격이 있는 것입니다."(고후 3:5)

140 | 빌 뎀비 선수

절망과 소망
(♪83장, 88장)

빌 뎀비는 월남전에서 폭탄 파편에 두 다리를 잃었지만 어머니의 기도로 휠체어를 탄 농구 선수가 되었습니다. 토너먼트 경기에서 최우수 선수였습니다.

　빌 뎀비는 고교 때 농구 스타를 꿈꾸던 유능한 선수였습니다. 코치도 그가 큰 선수로 성장할 것이라고 믿었습니다. 독실한 기독교 신자인 어머니는 하나님의 영광이 아들과 함께할 것이라며 항상 이렇게 말했습니다.

　"너는 요셉의 색동옷을 입은 꿈을 꾸고 태어났다."

　그런데 1971년 3월 26일 월남전에 참전했다가 폭탄 파편으로 두 다리를 잃었습니다. 전쟁은 수많은 젊은이를 실의와 절망에 빠뜨렸습니다.

　하지만 그는 어머니의 기도와 격려로 휠체어를 탄 농구 선수가 되었습니다. 절망하지 않고 농구를 계속해 낙심했던 이들에게 용기를 주었습니다. 그가 음식점에 들어가면 시민들은 눈물로 반기며 이렇게 말했습니다.

　"내 아들이 당신 때문에 돌아왔다."

　"내 아우가 당신 때문에 희망을 찾았다."

　그는 다리를 절단하거나 반신불수인 사람들을 모아 농구팀을 만들어 1987년 토너먼트 경기에서 최우수 선수로 뽑히기도 했습니다. 듀퐁 TV 광고 모델이 되어 큰돈도 벌었습니다.

"내 영혼아, 어찌하여 그리도 낙심하느냐? …오직 너는 하나님을 소망하며 살아라. 나의 구원자이신 내 하나님을 내가 소리 높여 찬양하리로다."(시 43:5)

141 | 악처 에피소드

남편과 아내
(♪597장, 558장)

소크라테스의 머리에 오줌을 쏟고 있는 크산티페와 딸들

소크라테스의 아내가 화가 나서 남편에게 물통을 쏟으며 고함쳤습니다. 소크라테스, 존 웨슬리, 톨스토이의 아내는 세계 3대 악처로 유명합니다.

소크라테스의 아내는 몹시 화가 나서 남편에게 물통을 막 쏟아부은 뒤 고래고래 소리를 질렀습니다. 바로 그때 예고 없이 소크라테스의 친구가 찾아왔습니다.

현관에 들어서다가 그 광경을 본 친구는 어리둥절한 채 서 있기만 하고, 소크라테스의 아내는 거들떠보지도 않고 휙 돌아섰습니다.

"천둥이 친 뒤에는 소나기가 내리는 법일세."

소크라테스는 옷에 묻은 물기를 닦아내며 아무렇지도 않은 듯 친구에게 말하고는 엉엉 울었습니다. 참으로 어이없는 일이었습니다.

소크라테스의 아내는 악처로 유명합니다. 당대 최고의 지성인이요, 수백 명의 제자를 거느린 대철학자 남편을 조금도 자랑스럽게 여기지 않고 달달 볶았던 것입니다.

세계 3대 악처는 소크라테스의 아내, 존 웨슬리의 아내, 톨스토이의 아내라고 합니다.

"다투기를 좋아하는 여자와 넓은 집에서 함께 사느니, 차라리 좁은 다락방에서 혼자 사는 것이 낫다."(잠 21:9)

142 | 조각가 바톨디

어머니
(♪578장, 579장)

바톨디는 뉴욕 항구에 세울 여신상을 조각하려고 여기저기 모델을 찾아다녔으나 허탕을 쳤습니다. 지친 몸을 끌고 집에 왔을 때 자신의 어머니가 바로 자유, 사랑, 평화의 이미지라고 깨달았습니다.

자유의 여신상(Statue of Liberty)

프랑스의 조각가 바톨디는 미국의 뉴욕 항구에 세울 여신상을 만들어 달라는 청탁을 받고는 그 모델을 찾아 여러 날 헤맸다고 합니다.

파리 도심지에서 많은 여인을 눈여겨보고, 골목을 지나다니는 여성들도 유심히 살폈지만, 그가 조각할 모델을 만나지 못하자 낙심하여 지친 몸을 이끌고 집으로 돌아왔습니다.

그런데 꾸미지 않고 있는 소박한 어머니를 보자 착상이 떠올랐습니다. 그는 어머니를 모델로 삼아 작업을 시작하기로 했습니다. 자유, 사랑, 평화가 바로 어머니의 이미지였음을 깨닫고 어머니상을 만들었습니다.

그리하여 마침내 엄청난 규모의 여신상이 뉴욕 항구에 우뚝 세워졌습니다. 세상의 모든 어머니는 자유의 여신상이라고 할 수 있습니다. 또한 사랑의 여신상, 평화의 여신상입니다. 모든 인간은 어머니라는 자유, 사랑, 평화의 여신상을 모시고 살아갑니다.

"내 영혼은 오히려 고요하고 평온합니다. 마치 젖 뗀 아기가 엄마 품에 포근히 안겨 있듯이, 내 영혼도 그와 같이 평온합니다."(시 131:2)

143 | 토미 타이의 스티커

어린이의 꿈
(♪564장, 566장)

초등학교 1학년 토미 타이는 학교에서 어린이들의 장래를 위해 전쟁은 안 된다는 말에 이것을 스티커로 만들려고 결심하고는 한 실업가에게서 돈을 빌려 제작했습니다.

미국 캘리포니아주의 한 초등학교 1학년 토미 타이는 어느 날 학교에서 이런 말을 들었습니다.

"어린이들의 장래를 위해서 결코 전쟁해서는 안 된다."

이 말을 스티커로 만들어 붙이자고 생각한 토미 타이는 제작비 500달러를 아버지에게 달라고 했지만 거절당했습니다. 그러자 한 실업가에게 꾸어 달라고 했습니다.

"그 돈을 갚을 수 있겠느냐?"

"갚을 수 있어요. 1천 달러는 평화의 일꾼에게 보내겠어요."

그 실업가는 잃는 셈 치고 돈을 주었습니다. 그 돈으로 토미 타이는 스티커를 만들어 전직 대통령 레이건의 집으로 가서 사달라고 했습니다. 비서도 사고 대통령도 사주며 격려했습니다.

뜻이 있는 곳에 열매가 있습니다. 꿈이 있으면 희망이 있습니다. 오렌지 카운티 신문이 이 사실을 소개하자 스티커는 1만 매 이상 팔렸습니다. 토미 타이의 평화 호소에 공감한 것입니다.

"어린아이들이 내게로 오는 것을 막지 말아라. 하나님의 나라는 이런 어린아이와 같은 자들의 것이다."(막 10:14)

144 | 도널드 트럼프의 호화 요트 | 돈과 행복 (♪427장, 431장)

도널드 트럼프가 중동의 무기상으로부터 5층짜리 요트를 2,900만 달러에 샀습니다. 방 200개, 대형 냉장고 6개, 병원, 무도회장에 800여 개의 필름을 갖춘 영화관도 있었습니다.

트럼프의 첫 부인이었던 이바나와 함께

언젠가 대부호 도널드 트럼프가 중동의 무기상으로부터 5층짜리 대형 호화 요트를 사들였습니다. 장난감처럼 사들였다는 이 요트는 2,900만 달러나 주었습니다. 그가 얼마나 큰 부자인가를 짐작하게 합니다.

방이 100개인 요트에는 초대형 냉장고가 6개나 되었습니다. 100명이 3개월 먹을 음식도 저장했습니다. 병원, 무도회장, 식당, 이발관, 미용실, 오락실 등도 갖추었습니다. 800여 개의 필름을 갖춘 영화관도 있었습니다.

"싫증난다. 하나도 즐겁지 않다."

그런데 그는 1년도 못 가서 이렇게 고백했습니다. 돈으로 행복을 사려고 했지만 실패했습니다. 물질, 조건, 호화로움도 행복을 가져다주지 못했습니다. 영혼의 평화와 마음의 안식 없이는 아무리 많은 물질로도 행복을 누릴 수 없음을 깨달은 것입니다.

여기서 진정한 행복은 어디서 오는가를 생각하게 합니다. 물질의 한계와 더불어 인간의 어리석음을 깨닫게 합니다. 2016년 11월 도널드 트럼프는 미국 제45대 대통령에 당선했습니다.

"돈을 사랑하는 것은 정녕 온갖 악의 뿌리입니다. 그래서… 믿음의 길에서 떠나 방황하기도 하고, 스스로 많은 괴로움을 겪기도 합니다."(딤전 6:10)

145 | 르완다 소녀

찬송의 능력
(♪ 562장, 561장)

르완다 어린이들

> 아프리카 르완다 내전 때 반란군이 10여 명의 부상자를 데려왔습니다. 한 고아 소녀가 종일 찬송가를 불렀는데 워너 선교사는 미국 유학까지 보내주었습니다.

아프리카 르완다 내전 때였습니다. 어느 날 워너 선교사의 의료원에 반란군이 부상자 10여 명을 데려왔습니다. 선교사는 치료비도 제대로 못 받고 부상자들을 살려야 했습니다.

거기서 한 고아를 만나게 되었습니다. 정신없이 바쁜 병실 한쪽에서 7, 8세의 소녀가 낡은 담요를 껴안고 종일 되풀이하여 찬송을 부르는 것이었습니다.

"예수 사랑하심은 거룩하신 말일세."

주일학교에서 배운 어린이 찬송가였습니다.

주변 사람들은 부모, 형제가 전쟁통에 한꺼번에 죽어 이 소녀가 미쳤다고 생각했습니다. 그러나 워너 선교사는 소녀를 잘 돌봐주었습니다. 먹을 것, 입을 것을 제공하고 공부까지 시킨 것입니다.

소녀는 워너 선교사의 도움으로 미국 유학을 하여 교사의 꿈까지 이루었습니다. 주일학교 때 배운 찬송이 소녀의 삶을 바꾼 것입니다.

"한밤중이었다. 바울과 실라는 주께 기도하면서… 감옥 문이 모두 열렸다. 그리고 죄수들을 묶어 두었던 쇠사슬이 스르르 다 풀렸다."(행 16:25-26)

146 | 루이 파스퇴르

하나님의 일하심
(♪362장, 470장)

초등학교 때는 키가 제일 작고 병약하여 장차 어떻게 될지 모른다던 루이 파스퇴르는 현대 의학의 아버지요 세균학 권위자이며 프랑스 역사상 가장 위대한 인물로 뽑혔습니다.

루이 파스퇴르(Louis Pasteur, 1822~1895)

루이 파스퇴르 박사는 현대 의학의 아버지요, 세균학의 권위자입니다. 예방 의학을 처음으로 시행한 인물입니다. 그는 73세 때 국민 투표로 프랑스 역사상 가장 위대한 인물로 선정되었습니다.

그런데 초등학교 때 담임은 루이 파스퇴르에 대하여 학생 기록부에 이렇게 기록했습니다.

"우리 반에서 키가 제일 작고 가장 병약하다. 이 아이가 장차 어떻게 될지 걱정스럽다."

비록 병약했지만 이 아이가 자라서 그의 연구 결과를 프랑스의 자랑으로 여기게 되었습니다. 그의 생일이 공휴일로 선포되는 영광스러운 자리에 파스퇴르는 보행이 어려워 참석하지 못했습니다. 그의 아들이 대독한 선포식 연설문은 다음과 같습니다.

"미래는 힘으로 다스려지면 안 됩니다. 하나님의 사랑으로 인간 구원을 위해 노력하는 이들에 의해 세상이 움직여야 합니다. 십자가 정신이 곧 행복입니다."

"하지만 하나님께서는 세상의 지혜로운 자들을 부끄럽게 하시려고 어리석어 보이는 자들을 택하셨고… 연약해 보이는 자들을 택하셨습니다."(고전 1:27)

147 헨리 포드의 고향집

가정의 소중함
(♪556장, 558장)

헨리 포드(Henry Ford, 1863~1947)

대재벌이 된 자동차 왕 헨리 포드가
고향에 작은 집을 지었습니다.
이웃 사람들이 초라하다고 하자
예수 사랑이 넘치면 큰 집이라고 했습니다.

미국의 자동차 왕 헨리 포드는 대재벌이 된 다음 고향에 집을 지었습니다. 이웃 사람들은 모두 작고 초라하다며 그게 뭐냐고 지적했습니다. 그는 웃으면서 사람들에게 이렇게 말했습니다.

"가정은 건물이 아닙니다. 작아도 예수 사랑이 넘치면 아주 큰 집입니다."

이 말에 사람들은 그를 다시 쳐다보았습니다. 평소 수만 명의 직원 앞에서 기도하고 연설하던 그는 항상 가정을 행복하게 만들어야 한다고 했습니다.

수신제가치국평천하修身齊家治國平天下란 말처럼 직장이나 사회나 나라를 다스리려면 가정부터 행복하게 다스릴 줄 알아야 합니다. 가정에서부터 참된 인격이 형성됩니다. 비록 유교에서 비롯된 말이지만 성경의 사상과도 통하는 말입니다.

포드가 이런 말을 한 것은 성경을 잘 알고 있었기 때문입니다. 그는 가정을 단순히 건물로 이루어진 집으로 보지 않았습니다. 건물의 크기가 아니라 그 속에 간직된 믿음의 공동체로 보았습니다.

"마른 빵 한 조각을 먹더라도 서로 화목하게 지내는 것이 온갖 풍성한 음식을 차려놓고서도 서로 다투는 것보다 낫다."(잠 17:1)

148 | 아벤벨크 백작의 선물 | 어린이의 가치
(♪564장, 565장)

독일 황제 라인리히 2세가 아벤벨크 백작의 성에 왔습니다. 황제의 지방 순시에는 귀한 선물을 바치는 게 관례였습니다. 백작의 자녀 32명이 고운 옷을 입고 줄지어 서서 인사하자 황제는 나라의 미래인 아이들에게 일일이 입맞춤했습니다.

하인리히 2세 (AD 973~1024)

독일 황제 라인리히 2세가 아벤벨크 백작의 성에 도착했습니다. 당시 황제가 지방 순시를 하면 좋은 선물을 정성껏 드리는 관례가 있었습니다.

만찬 연회가 시작되자 성의 고관들과 귀부인들이 황제에게 모여들었습니다. 한창 분위기가 무르익을 때 아벤벨크 백작이 일어나서 정중히 인사하며 선물을 공개했습니다.

"황제 폐하께서 제가 준비한 이 선물로 기뻐하실 것이니, 모두 무대를 봐 주십시오."

팡파르가 울리고 막이 걷혔습니다. 그런데 거기에는 의외의 선물이 있었습니다. 백작의 자녀 32명이 고운 옷을 입고 줄지어 서서 웃으며 인사를 올렸습니다.

"저 아이들이 황제가 다스리는 이 나라의 미래이며 우리의 소망이기에 자랑스럽게 드립니다."

그러자 황제도 일어나 박수하면서 아이들을 자기 앞으로 오게 하여 일일이 입맞춤했습니다. 장내에는 박수 소리가 끊이지 않았습니다. 과연 아이들은 국가의 미래였기에 황제가 가장 기뻐할 선물이었습니다.

"그러므로 누구든지 이 어린아이와 같이 자기를 낮추는 사람이 하늘나라에서는 가장 큰 사람이다."(마 18:4)

149 | 경찰서장 찰스 무어

희생과 봉사
(♪212장, 218장)

미국 포틀랜드 전경

포틀랜드 경찰서에 찰스 무어 서장이 부임했습니다. 우범 지대인 마을 한가운데 헌 집으로 이사 후 조깅하며 순찰하는 그를 따라 이웃들도 동참하여 얼마 뒤 아주 살기 좋은 마을이 되었습니다.

미국 오리건주 포틀랜드 경찰서의 찰스 무어는 41세의 젊은 서장이었습니다. 그는 시민의 행복을 위해 목숨 걸고 지키는 강하고 결단력 있는 인물이었습니다.

찰스 무어가 발령받은 그 지역은 사람들이 자꾸 빠져나가 살기 어려운 도시였습니다. 크고 작은 범죄가 계속 일어났기 때문입니다.

그는 경찰서장으로 부임하자마자 총격 사건과 도난 사건이 끊이지 않는 우범 지대를 조사했습니다. 동네 한가운데에 있는 83년 된 헌 집을 사서 수리했습니다. 그 집으로 이사한 후에는 새벽마다 조깅을 했는데 운동 겸 순찰을 한 것입니다.

그러자 다른 사람들도 덩달아 함께 달리면서 허심탄회하게 이야기를 나누게 되었습니다. 그는 마을을 위해 성심껏 희생하고 봉사했습니다.

그러자 1년 뒤 그곳은 안정적인 마을이 되었습니다. 그의 피나는 노력으로 최악의 우범 지대가 평안한 마을이 되었습니다. 집값도 올라 주민들은 모두 행복해했습니다. 이웃을 사랑하고 마을을 사랑하는 사람들이 많아졌습니다.

"무슨 일을 하든지 이기심이나 허영으로 하지 말고, 오직 겸손한 마음으로 자기보다 다른 사람을 더 낫게 여기십시오."(빌 2:3)

150 클레풀의 간증

자족과 행복
(♪94장, 95장)

오스틴의 철학 교수 존 클레풀이 대학 때 친구 집에 놀러 갔다가 깜짝 놀랐습니다. 친구의 여동생은 양쪽 팔다리가 없는데도 아주 행복하다는 말을 했습니다.

미국 텍사스주 오스틴에서 철학 교수로 유명한 존 클레풀이 이런 간증을 한 적이 있습니다.

그가 대학생 때였습니다. 그는 자기만큼 잘생기고 지식이 많고 속 깊은 철학도가 없다고 여겼습니다.

어느 날 그는 친구 집에 놀러 갔는데, 19세 여동생의 양쪽 팔다리가 없어서 깜짝 놀랐습니다. 완벽할 정도로 예뻐서 더욱 놀랐습니다. 그 처지라면 살고 싶지 않을 텐데 그녀의 표정은 매우 밝았습니다. 늘 미소를 잃지 않고 신앙심도 깊었습니다.

"저는 팔다리만 없을 뿐 가진 게 아주 많아요. 눈, 코, 입, 귀는 누구보다도 예쁘잖아요? 하나님은 제 얼굴과 몸매를 예쁘게 하셨어요. 더군다나 예수님도 계시는데 무엇을 아쉬워하겠어요?"

아무 걱정도 없다는 듯 즐거워하는 그녀의 모습에 그는 감동했습니다. 믿음이 모든 것을 뛰어넘는 것임을 보여주는 흐뭇한 광경이었습니다. 행복은 조건에서 오는 것이 아니었습니다.

"그리스도를 위해 모든 것을 버렸고, 심지어 그것들을 쓰레기로 여기게 되었습니다."(빌 3:8)

151 | 토키벨레의 조사

십자가의 능력
(♪439장, 210장)

인생은 십자가로부터

프랑스 정부가 토키벨레를 미국에 보내 건국 후 단기간에 발전한 원인을 조사했습니다. 항구, 강, 농토, 숲, 공공 시설, 학교 등도 아닌 교회에서의 열정, 설교, 십자가 능력이었습니다.

19세기 초 프랑스 정부는 토키벨레를 미국에 파견했습니다. 신생국이 어떻게 그렇게 단기간에 크게 발전했는지를 조사하게 했습니다. 그것은 국제적인 관심거리였습니다.

미국에 도착한 토키벨레는 항구와 강을 조사했으나 그것이 성공 비결은 아니었습니다. 너른 농토와 숲의 광대함도 아니었습니다. 공공시설이나 학교를 조사했지만 그것도 아니라고 판단했습니다.

그는 해답을 얻지 못해 고심하다가 어느 날 교회에 나갔습니다. 미국 교회는 하나같이 뜨겁고, 열정이 넘쳤으며, 사랑이 충만했습니다. 강단마다 설교 말씀이 넘쳤습니다. 교회의 십자가 능력이 미국을 강대국으로 세운 것입니다.

그 모습을 본 토키벨레는 바로 이것이구나 싶었습니다. 그는 그 사실을 정리하여 프랑스 정부에 보고했습니다.

"십자가의 말씀이 멸망할 자들에게는 어리석게 들리겠지만, 구원받은 우리에게는 하나님의 크신 능력입니다."(고전 1:18)

152 | 네덜란드 항쟁 운동 | 그리스도인의 자세
(♪349장, 460장)

나치 독일군이 네덜란드를 점령했을 때
한 작은 교회에서 항쟁 운동이 일어났습니다.
신앙 고백에 답이 있다는 크래머 목사의 말에
교인들은 신출귀몰한 저항 운동을 펼쳤습니다.

한국 전쟁 참전국 네덜란드

제2차 세계대전 때 독일군을 골탕 먹인 네덜란드 항쟁 운동은 아주 유명합니다. 민간 의용군의 활동이 눈부셨던 것입니다. 이 일은 한 작은 교회에서 비롯되었습니다.

헨리 크래머 목사는 저명한 신학자입니다. 그 교회의 목사관을 찾아온 마을 유지인 교인들과 대화할 때였습니다. 교인들이 목사에게 물었습니다.

"이 위기에 그리스도인들은 어찌해야 합니까?"

"그리스도인이 누구인가는 그 신앙 고백에 답이 있습니다."

마을 사람들은 잠시 침묵하다가 마침내 결심했습니다. 그리스도인이란 하나님의 나라와 그분의 의를 구하는 자요, 부활의 소망으로 죽음을 극복하는 자요, 믿음으로 구원받은 천국 시민이기에 교인들은 그리스도인으로서 침략군인 나치 독일군과 맞서 싸우기로 한 것입니다.

이후 네덜란드의 항쟁 운동은 신출귀몰할 습격으로 최강을 자랑하던 독일군을 놀라게 하고 두렵게 하는 전공을 세웠습니다. 그 지역의 지리를 잘 알고, 국민의 지지를 받는 의용군들이 독일 나치군을 곤경에 빠뜨렸던 것입니다.

"주여, 누가 주님의 장막에서 살 수 있겠습니까? 누가 주님의 거룩한 산에서 머물 수 있겠습니까?"(시 15:1)

153 | 안나 마리아 보타치 | 신념과 용기 (♪543장, 344장)

클래식의 음악의 메카 뉴욕 카네기홀

안나 마리아 보타치가 교통사고로 뇌를 다쳤을 때 어머니는 힘내면 예수님이 도우신다고 말했습니다. 재활 훈련을 끝내고 16년 만에 그토록 그리던 카네기홀에서의 연주를 10회나 열었습니다.

아르헨티나 출신 안나 마리아 보타치는 4세 때 피아노 독주회를 열었고, 18세 때 전 세계로 연주회를 다녔으며, 23세 때는 일본 도쿄 구나다치 음대 교수가 되었습니다.

그런 천재 피아니스트에게 교통사고가 일어났습니다. 목숨은 겨우 건졌으나 뇌를 다친 그는 신체 불균형으로 피아노 연주는 꿈을 꿀 수도 없었습니다.

"우리가 사는 것도 하나님의 선물이며, 우리가 가진 것도 다 하나님의 것이다. 어떻게 되든 모두 하나님의 선물이니, 믿고 힘내면 예수님이 너를 도우실 것이다."

절망적인 상황에서도 어머니는 그녀를 격려하고 용기를 북돋워 주었습니다. 안나 마리아 보타치는 카네기홀에서의 독주회가 꿈이었습니다. 뇌수술을 받고 음악 생명이 끝났다는 의사의 선언에도 굴하지 않았습니다. 오직 믿음 하나로, 그리고 어머니의 끝없는 기도와 사랑으로 피나는 재활 훈련 끝에 다시 연주를 시작했습니다.

마침내 그녀는 교통사고로 수술한 지 16년 만에 자신의 꿈대로 카네기홀에서 10회나 연주했습니다.

"나에게 능력을 공급해 주시는 분 안에서, 나는 모든 일을 능히 감당할 수 있습니다."(빌 4:13)

154 | 하그로브 교수

역경의 극복
(♪342장, 343장)

남편이 죽고 네 자녀와 힘들게 살던 농부의 아내는
신학 대학 입학 후 석사, 박사 과정을 마치고
52세에 예일 대학 교수가 되었습니다.
믿음으로 많은 이에게 희망을 주었습니다.

지극히 가난하여 희망을 잃고 살아가던 한 여자가 신학 교육을 받고 예일 대학 교수가 된 이야기입니다. 하그로브 교수는 하나님께 사로잡혀 절망을 딛고 일어섰습니다. 미래와 생명의 축복을 받은 것입니다.

그녀는 콜로라도 벽촌에 살던 평범한 농부의 아내였습니다. 그러나 네 자녀를 낳은 후 남편을 잃었습니다. 하루하루 끼니를 걱정해야 하는 신세가 되었습니다.

육신도 가정도 악조건일 때, 가난과 절망에 굴하지 않고 38세에 신학 대학에 입학했습니다. 4년 후 신학교를 마치고 계속해서 석사, 박사 과정을 공부했습니다. 52세 때는 예일 대학과 일리프 신학교 교수가 되었습니다. 학생들이 존경하는 훌륭한 교수였습니다.

그런 과정에서 그녀는 온전히 하나님께 사로잡혔으며 하나님의 도움으로 모든 역경을 이겨냈습니다. 64세의 그녀가 뇌종양으로 죽을 때 『크리스천 센추리』에 그녀에 관한 이러한 기사가 났습니다.

그녀는 많은 사람에게 희망을 주었고, 모두에게 본을 보인 위대한 크리스천이었습니다.

"주여, 고난이 닥칠 때 주께서 왕에게 응답하여 주소서. 야곱의 하나님께서 친히 왕을 지켜주소서. 성소에서 왕을 도와주시고, 시온 산에서 왕을 붙들어 주소서."(시 20:1-2)

155 | 크리스토퍼 로이

구제와 베풂
(♪212장, 323장)

크리스토퍼(Christopher)

> 폭풍우가 무척 심한 밤에 한 소년이 문을 두드리며 엄마가 위독하니 강을 건너게 해달라고 했습니다. 위험하여 처음에는 거절하다가 소년을 업고 건넜는데 등 뒤에는 소년이 아닌 통나무 십자가가 있었습니다.

기독교 초기의 유명한 신학자인 이그나티우스가 성자 크리스토퍼 로이 이야기를 했습니다. 크리스토퍼 로이는 나루터에서 여자나 어린이를 업어 강을 건네주던 사람이었습니다.

폭풍우가 몹시 치던 어느 날 밤, 한 소년이 급하게 문을 두드렸습니다.

"어머니가 위독하니 제발 강을 건네주세요."

그는 불어난 강물과 세찬 물살이 아주 위험하여 처음에는 거절했습니다. 그러나 하도 간절한 간청에 소년을 업고 거센 강물 속으로 들어갔습니다. 갈수록 강물은 점점 깊고 소년도 무거워 힘들었지만, 그래도 급류를 헤치고 전진했습니다.

강을 거의 다 건너자 갑자기 등 뒤에서 어른의 목소리가 들렸습니다.

"나는 골고다에서 온 세상을 업은 자다!"

깜짝 놀라 돌아보니 등 뒤에 업었던 소년은 통나무 십자가였습니다. '크리스토퍼'라는 말은 '그리스도를 업은 사람'이란 뜻입니다. 그날 이후로 업어서 강을 건네주는 그의 이름을 크리스토퍼 로이라고 불렀습니다. 후일 그는 성자로 추앙받게 되었습니다. 초대 교회 역사에는 이런 신비스러운 이야기가 많습니다.

"너희가 여기 있는 내 형제들 가운데 가장 보잘것없는 사람 하나에게 해준 것이 곧 내게 해준 것이다."(마 25:40)

156 | 힐러리 클린턴의 변화

남편과 아내
(♪218장, 455장)

힐러리는 남편 클린턴을 위해 변신했습니다.
주지사에 당선시키려고 남편 성을 따랐고
대통령에 당선시키려고 주부가 되었습니다.
남편의 허물은 감싸주고 자신을 낮추었습니다.

힐러리 클린턴, 1947년~

    힐러리는 자신에게 충실하면서도 남편을 위해 기꺼이 변했습니다. 자신의 이미지가 손상되어도 남편을 세우기 위해서였습니다.

    『뉴욕 타임스』 토드 퍼덤 기자의 관찰에 의하면 그녀의 변화는 놀라웠습니다. 1982년 남편을 주지사로 당선시키기 위해 안경을 벗어 외모를 바꾸며 남편 성을 따른 것입니다.

    미국 여성들은 결혼하면 남편의 성을 따라 퍼스트네임을 고칩니다. 그러나 그녀는 결혼해도 처녀 때 이름 그대로 사용했지만, 남편을 주지사로 만들기 위해 자신의 이름부터 바꾸었습니다.

    1992년 그녀는 남편을 대통령에 당선시켰습니다. 그때부터 변호사라는 전문직 여성이 아닌, 과자를 굽는 평범한 주부가 되었습니다.

    1995년 새해에는 자기 자신을 벗어 버렸습니다. 여성 기자만을 초청한 연두 기자 회견에서 건강 보험 문제로 남편의 행정부에 손상을 입힌 책임을 자신의 잘못으로 돌렸습니다. 그녀는 남편을 세우기 위해 여러모로 자신을 낮추고 희생한 아내였습니다.

"전에 하나님께 소망을 두고 살았던 거룩한 여인들도, 이와 같이 자신의 속사람을 단장함으로써 자기 남편에게 순종하였습니다."(벧전 3:5)

157 | YMCA 창설자

청년과 말씀
(♪574장, 571장)

옷가게 점원인 조지 윌리엄은 날마다 성경을 읽으며 뜨겁게 은혜받고 주말에는 청년 모임을 했습니다. YMCA 운동은 이렇게 하여 세계적 단체가 되었는데 우리나라에는 조선 말기에 들어왔습니다.

YMCA의 창시자 조지 윌리엄

조지 윌리엄은 YMCA(기독교 청년회) 창설자입니다. 젊었을 때는 영국 런던의 한 옷가게 점원이었는데, 매일 쉬지 않고 성경을 열심히 읽었습니다.

"내가 여러분에게 전한 말씀을 여러분이 헛되이 믿지 않고 굳게 잡고 있다면, 여러분은 그 복음에 의해 구원을 받을 것입니다."(고전 15:2)

십자가 복음을 굳게 잡고 있으면 자신을 영육 간에 구원할 것이라고 믿었습니다.

성경 말씀을 통해 윌리엄은 뜨겁게 은혜를 받았습니다. 말씀대로 따라 살면 주님이 자신을 쓰실 것이라고 확신했습니다. 어떤 상황에서도 복음을 버리지 않고 끝까지 붙잡았기에 주님이 쓰신 것입니다.

그는 몇몇 청년과 주말 모임을 꾸준히 가졌습니다. 이것이 바로 YMCA 운동의 시작이었습니다. 그 후에는 세계적인 청년 단체가 되었습니다. 윌리엄은 영국 왕으로부터 기사 칭호도 받았습니다.

조선 말기에 우리나라에 들어온 YMCA는 청년들과 함께 기독교 신앙과 사회 봉사를 주도했습니다.

"내가 여러분에게 전한 말씀을 여러분이 헛되이 믿지 않고 굳게 잡고 있다면, 여러분은 그 복음에 의해 구원을 받을 것입니다."(고전 15:2)

158 | 에스키모인의 건강

시련과 역경
(♪344장, 336장)

에스키모인들은 참으로 건강했습니다.
혹독한 추위에도 잔병치레 없이 살았습니다.
시련과 역경이 건강하게 만든 것 같습니다.
그러나 문명의 혜택으로 병자가 나왔습니다.

사냥 중인 에스키모인

　알래스카의 에스키모 사람들은 세계에서 가장 건강한 종족으로 인정받아 왔습니다. 그들은 영하 40~50도의 혹독한 추위에도 아랑곳하지 않고 사냥을 하곤 했습니다. 심지어 여자들도 얼음을 깨고 고기를 잡았습니다.

　그들은 오래도록 잔병치레 없이 살아남은 강인한 종족입니다. 악조건에서 살 때는 그것을 이겨내려고 더욱 강인해졌습니다. 그러나 언제부터인가 달라졌습니다.

　문명의 혜택으로 집을 짓고 따뜻한 방에 살게 되었습니다. 자동차, 집, 전화기, 각종 전자 제품 등으로 조상이 모르던 여러 가지 문명을 누리고 살았습니다.

　그렇지만 그들은 악조건에 지기 시작했습니다. 먹거리도 풍부하고 좋은 옷도 입었지만, 이상하게도 조상들보다 수명이 짧았습니다. 병든 자가 많고 신체도 허약했습니다. 당뇨병, 심장질환 등의 성인병이 생겼습니다.

　편리하게 생활하고 따뜻하게 사는데 왜 그럴까요? 시련과 역경은 인간을 약하게 만드는 것이 아닌, 더욱 강인하게 만드는 촉매제인 듯합니다.

"형제들이여. 내게 닥친 여러 가지 역경이 도리어 복음을 더욱 널리 전파하는 데 큰 도움이 되었다는 사실을 알아주시기 바랍니다."(빌 1:12)

159 | 윌리엄 콜게이트

사업과 십일조
(♪49장, 50장)

뉴욕 콜게이트 대학 ©Colgate Univer-

윌리엄 콜게이트가 성인인 18세 때 한 노인의 조언을 들었습니다. 비누와 양초 만드는 아버지 일을 돕는다니까 하나님과 동업하고 십일조를 드리라고 했습니다.

윌리엄 콜게이트는 성인인 18세가 되는 날, 마을 어른들을 찾아뵙고 조언을 부탁했습니다. 그때 한 노인이 그에게 이렇게 물었습니다.

"지금 무슨 일을 하느냐?"

"비누와 양초 만드는 아버지를 돕고 있습니다."

콜게이트가 대답하자 노인이 말했습니다.

"그 일을 그대로 계속하게. 그런데 오늘부터는 하나님을 동업자로 삼고 그분에게 십일조를 꼭 바치게."

콜게이트는 그 노인의 조언대로 그날부터 하나님을 동업자로 삼고 십일조도 꼭 바쳤습니다. 마침내 그는 초기 미국 성서공회 총무가 되었고, 콜게이트 대학까지 설립했습니다.

자기가 소유한 모든 것을 하나님의 선물로 믿고 그분께 빚을 갚는 마음으로 평생 사업했습니다. 사회에 영향력을 끼친 자랑스러운 사업가가 되었습니다.

"너희 창고에 쌓아 놓을 데가 부족하도록 너희에게 복을 쏟아붓지 아니하는지, 너희가 이 일로 나를 한번 시험해 보아라."(말 3:10)

160 | 링컨 대통령의 정치

지도자의 리더십
(♪218장, 454장)

링컨 대통령은 소시민의 눈물을 닦아주었습니다. 하루는 백악관 2층에서 옆 초등학교를 바라보는데 신발에 구멍이 난 아이가 조롱당하는 것을 보고 그 아이 집에 운동화, 식료품, 석탄을 선물했습니다.

대통령 취임식에서 '조롱'을 '관용'으로 품은 링컨

링컨 대통령의 정치는 거창하지 않았습니다. 그것은 국민의 눈물을 닦아주는 아주 작은 일이었습니다.

어느 날 그는 백악관 2층 창가에서 한 초등학교를 내려다보고 있었습니다. 백악관 울타리 바로 옆에 있는 학교였습니다. 운동장에서 아이들을 바라보는데 신발에 구멍이 난 아이가 다른 아이들에게 놀림을 당하고 있었습니다.

다음날 그 학생의 집에 운동화, 식료품, 석탄까지 들어 있는 선물이 왔습니다. 링컨 대통령이 보낸 것이었습니다. 링컨은 그 아이와 친구들을 초대하여 작은 잔치까지 열었습니다. 그 초등학교에 가서 아이들에게 연설까지 했습니다. 가난한 사람이나 장애가 있는 사람을 업신여기지 말라고 했습니다.

링컨의 정치는 거창하고 대단한 것이 아니라 이런 것이었습니다. 소시민의 걱정을 덜어주고 눈물을 닦아주었습니다. 위로하고 격려하며 서로 돕고 잘살도록 했습니다. 그래서 두고두고 존경받는 위대한 대통령이 된 것입니다.

"너희가 여기 있는 내 형제들 가운데 가장 보잘것없는 사람 하나에게 해준 것이 곧 내게 해준 것이다."(마 25:40)

| 161 | 후치다와 제이콥 | 양심의 가책 (♪250장, 272장) |

일본인 후치다 미츠오는 진주만에 폭탄을 퍼붓고 미군 조종사 제이콥은 도쿄를 폭격했습니다. 그 뒤 잠도 못 자고 괴로워하던 두 사람은 복음 전도자가 되어 전쟁 트라우마를 극복했습니다.

후치다와 제이콥

일본인 후치다 미츠오는 진주만 폭격 때 비행기를 몰고 가서 미군에게 폭탄을 퍼부었습니다. 그 뒤 그는 심적인 괴로움으로 정신병을 앓았습니다. 영문도 모른 채 죽어간 군인들이 양심에 걸려 밤마다 잠을 이루지 못하고 심한 불안에 떨었습니다.

미국인 제이콥은 미 공군의 도쿄 폭격 때 선봉에서 시가지에 폭탄을 퍼부었습니다. 그는 무차별적으로 사람을 죽이는 전쟁 용사로 활약하다가 괴로움을 견디지 못해 회개하고 신학을 공부했습니다. 그 뒤 그는 도쿄 한복판에서 전도지를 나눠주며 열심히 전도했습니다.

후치다는 제이콥의 전도지를 받고 곰곰이 생각했습니다. 사흘을 고민하고 괴로워하다가 제이콥과 함께 전도자가 되기로 했습니다. 전쟁의 트라우마를 겪은 두 사람은 열심히 전도했습니다.

기구한 운명의 만남이었습니다. 후치다 미츠오가 진주만 폭격 때 사람 죽인 것을 괴로워하다가 같은 처지의 폭격자 제이콥을 만난 것입니다. 각자 죄책감을 이기기 위한 것이었습니다. 적대 국가의 공군 출신으로서 서로를 죽이려고 앞장섰던 두 사람이 회개하고 복음 전도자가 된 것입니다.

"하나님 앞에서나 사람들 앞에서 언제나 양심에 부끄러움이 없는 생활을 하려고 애쓰고 있습니다."(행 24:16)

162 영부인 베티

가족의 사랑
(♪369장, 558장)

미국의 포드 대통령 베티는 영부인이지만 자유분방한 생활을 하던 그녀에게 백악관에서의 생활은 지옥이었습니다. 꽉 짜인 일정이 매우 힘들었습니다.

제럴드 포드 대통령과 베티 포드 여사

높은 지위에 있다고 다 좋은 것이 아닙니다. 미국 포드 대통령의 부인 베티가 그렇습니다. 자유분방한 생활을 하던 그녀는 틀에 꽉 짜인 영부인 노릇을 하자니 하루하루가 지옥이었습니다.

백악관에는 전 세계에서 매일 각계각층의 사람들이 방문했습니다. 그들을 맞으며 영부인 역할을 제대로 해낸다는 것은 무척 힘든 일이었습니다.

임기 말년에 이르러 그녀는 거의 폐인으로 지냈습니다. 영부인 자리가 견디기 힘든 스트레스를 주었기 때문입니다. 또한 관절염이 무척 심해 진통제를 매일 복용했으며, 알코올과 약물에도 중독되었습니다.

그러나 그녀는 남편과 자녀의 헌신적이고 따뜻한 간호로 임기를 잘 마치고 백악관에서 나올 수 있었습니다. 가족은 진심을 담은 마음을 그녀에게 전했고, 대화로 안정을 찾도록 도왔습니다. 무엇보다도 틈나는 대로 하나님께 기도하면서 어려움을 견디어 냈다고 합니다.

"누구든지 도움을 필요로 하는 자기 친척, 특히 자신의 직계 가족을 못 본 체하는 사람이 있다면… 불신자들보다 더 악한 사람입니다."(딤전 5:8)

163 | 가장 값진 보석

예수님과 성도
(♪94장, 81장)

4월 탄생석 다이아몬드

누군가가 다이아몬드를 감정해 달라고 하자 슬쩍 살펴본 감정사가 보통이라고 했으나 조세핀에게 준 나폴레옹의 사인을 보고는 깜짝 놀라며 최고가라고 극찬했습니다.

다이아몬드는 보석 중에서도 아주 비싸고 고귀합니다. 어느 보석상에 다이아몬드를 감정해 달라는 손님이 왔습니다. 그 다이아몬드를 슬쩍 살펴본 감정사는 그냥 평범한 가격을 불렀습니다. 그러다가 다이아몬드에서 뭔가를 발견하고는 깜짝 놀랐습니다.

"이 다이아몬드는 아주 특별합니다. 최고가의 가치가 있습니다."

"네? 정말이에요?"

그 다이아몬드에는 '사랑하는 조세핀에게-나폴레옹이'라는 사인이 새겨져 있었습니다. 그 글씨로 인해 최고의 값인 수십억짜리 보석이라고 했습니다.

똑같은 보석이지만 다이아몬드는 가격이 천차만별입니다. 누가 사용했느냐, 또는 거기에 어떤 글씨가 박혀 있느냐에 따라 값어치가 결정되는 것입니다. 우리도 60억 인구 중 한 사람인 평범한 사람에 불과하지만, 만일 우리 몸에 예수의 흔적이 새겨져 있다면 세상에서 가장 값진 사람이 될 것입니다.

"나는 내 몸에 예수의 흔적을 가졌노라."(갈 6:17)

164 | 존 록펠러

구제와 베풂
(♪517장, 513장)

알로페시아라는 병에 걸린 존 록펠러는
머리털이 빠지고 소화불량으로 고생했습니다.
세계 최고의 부자는 그간 벌어들인 돈으로
성경 연구, 자선 사업, 교회 건축을 했습니다.

존 록펠러(John Davison Rockefeller)

　존 록펠러 1세는 정말 대단한 인물입니다. 그가 만든 록펠러 재단에서는 좋은 사업도 많이 했습니다. 그의 의학 연구소에서 개발한 페니실린은 수많은 환자를 치료했습니다. 구제 사업과 교육 사업은 현대 미국의 기둥을 세우는 역할을 했습니다.

　33세 때 이미 100만 불의 부자가 되었고, 43세 때 미국 정유 산업을 장악하여 기름 왕이 되었으며, 53세 때 세계 최고의 부자로 인정받았습니다.

　그러나 알로페시아라는 병에 걸린 그는, 머리털과 눈썹이 빠지고 소화가 안 되어 우유와 과자로만 연명했습니다. 의사는 1년밖에 더 살지 못한다고 했습니다.

　그때 그는 성경을 읽다가 돈이 전부가 아니라는 것을 깊이 깨달았습니다. 그 뒤부터 교회도 짓고, 구호 사업도 하고, 의학 연구소를 차렸는데 거기서 페니실린을 발명합니다. 그 역시 마음의 평화를 찾아 건강도 좋아졌습니다.

　그가 늙어서 한 말이 있습니다. 삶의 토대를 자신에게 둘까, 아니면 하나님께 둘까를 생각했는데, 어머니에게서 배운 십일조 생활을 하면서 삶의 토대를 하나님께 두고 살았다고 간증했습니다. 그는 1937년 98세에 눈을 감았습니다.

"가난하고 약한 사람을 잘 보살펴 주는 자들이여! 재앙의 날이 닥칠 때 주께서 그를 건져 주실 것이다."(시 41:1)

165 외팔이 화가

의지와 노력
(♪346장, 373장)

돈이 없어서 공부하러 대도시에도 못 가고
바닷가에 앉아 갈매기를 보던 소년은
아무리 바람이 세차도 새가 나는 걸 보고는
외팔로 그림을 그려 남화 거장이 되었습니다.

오사카 미술 학교 교장인 야노 하시무라矢野橋村는 일본 남화의 거장입니다. 그런데 그는 소학교 때 담임으로부터 천재성을 인정받았지만, 돈이 없어서 도회지인 교토나 도쿄로 공부하러 가지 못했습니다.

낙심한 그는 바닷가에 앉아 하염없이 갈매기들을 바라보고 있었습니다. 갈매기들은 아무리 바람이 세차게 불어도 자유롭게 하늘을 날고 있었습니다.

'한낱 새도 저 거센 바람을 이기고 자유롭게 날지 않는가?'

그는 두 주먹을 불끈 쥐고 무작정 도시로 나가 일하면서 혼자 그림을 그렸습니다. 그러다가 굳게 결심하고 오사카 남화 거장인 나가마쓰 하루요永松春洋를 찾아가 지도를 부탁했습니다. 스승은 그의 눈빛을 보고 가능성을 인정했습니다. 의지로 활활 불타는 눈이 유난히 빛났던 것입니다.

그런데 안타깝게도 그는 공장에서 일하다가 한쪽 팔이 잘려 외팔이가 되었습니다. 그래도 그 백절불굴의 정신은 장애를 이기고 가난도 이겨냈습니다. 강한 정신력으로 그림 공부를 계속해서 마침내 그 분야의 거장이 된 것입니다. 성공은 의지에 달려 있습니다.

"눈물을 흘리며 씨를 뿌리는 사람은 기쁨으로 거두리라. 울며 씨를 뿌리러 나가는 사람은 정녕 기쁨으로 곡식단을 거두어 돌아오리라."(시 126:5-6)

166 | 독일 어머니들

근면과 성실
(♪578장, 579장)

세상 어머니들은 자식을 위해 24시간 일하는데
세계 제일은 독일의 어머니들이라고 합니다.
가정부나 하인 등의 용어도 없습니다.
장관 아내도 살림하면서 아이를 키웁니다.

세상의 어머니들은 24시간 자식을 위해 피땀을 흘립니다. 그중에서도 독일 어머니들의 작업량은 세계 제일일 것입니다. 그들의 근면성은 본받을 만합니다.

통계에 의하면 그녀들은 주방에서 연간 800시간을 일합니다. 접시를 7,200개나 닦는데 그것을 높이 쌓으면 에펠탑보다도 더 높습니다. 또한 결혼 생활 25년에 쇼핑하려고 다닌 거리는 1만 4천 마일입니다.

독일 어머니들은 직장 생활을 하면서도 세계 어느 나라 여성과 견주어도 작업량이 뒤떨어지지 않습니다. 가정을 돌보는 것과 자녀 양육 역시 전부 어머니들의 책임입니다.

가족에게 무얼 먹고 싶으냐고 묻는 그 시간은 4개월이나 됩니다. 두 아이를 18세까지 키우는 양육 시간은 일생 중 3분의 2가 넘습니다.

영국에 가 보면 영국의 부자와 귀족은 하인이나 가정부가 있습니다. 그러나 독일은 그런 용어조차 없습니다. 장관집이라도 가정부가 없습니다. 도우미를 불러서 일을 시키는 가정도 없습니다.

"게으른 손을 가진 사람은 가난하게 되지만, 부지런한 손을 가진 사람은 재산을 모은다."(잠 10:4)

167 아크바르 황제

겸손과 교육
(♪212장, 454장)

무굴 제국을 통치한 제3대 황제(재위: 1556~1605)

아크바르 황제는 9명의 현자를 두었는데 왜 왕을 가르치지 않느냐며 호통쳤습니다. 그 소리를 들은 아이가 황제에게 배우려는 겸손한 자세가 없다고 말했습니다.

인도의 제3대 아크바르 왕은 인도 문화를 발전시킨 현명한 통치자였습니다. 그의 곁에는 9명의 현자가 있었습니다. 어느 날 왕이 그들을 불러 화를 내며 말했습니다.

"너희는 모두 현명한데 왜 내게 가르치지 않느냐?"

그때 한 아이가 현자를 따라 궁궐에 구경 왔다가 이런 모습을 보고 웃었습니다.

"왜 웃느냐?"

"현인들이 침묵을 지킨 까닭과 왕이 가르침을 받지 못한 까닭을 알기 때문입니다."

아이가 이렇게 말하자 왕이 그 이유를 물었습니다.

"왕이 가르침을 받는 제자의 자리로 내려오시고, 가르치는 자가 왕의 자리로 가야 합니다."

아이가 이렇게 말하자 왕은 그제야 깨달았습니다. 아이의 말대로 자신에게는 배우려는 겸손한 자세가 없어서 그랬던 것입니다. 배우는 자의 자세는 겸손이 먼저입니다. 겸손하지 못하면 배울 자세가 되어 있지 않고, 그런 자는 교육이 불가능하다는 것을 알 수 있습니다.

"교만한 사람에게는 수치가 뒤따르지만, 겸손한 사람에게는 지혜가 뒤따른다."(잠 11:2)

168 도원결의 桃園結義

서약과 맹세
(♪394장, 418장)

복숭아밭에서 의형제를 맺은 유비, 관우, 장비.
유비는 촉한을 세우고 황제가 되었습니다.
관우와 장비는 장군으로서 목숨을 다했습니다.
하늘 같은 유비, 기둥인 관우, 반석인 장비입니다.

『삼국지』를 보면 글의 초두에 유비, 관우, 장비가 복숭아꽃이 만발한 밭에 단을 쌓고 의형제를 맺는 장면이 나옵니다. 죽을 때까지 의리를 배반하거나 은혜를 저버리지 말자고 굳게 다짐합니다.

성과 출생지가 달라도 함께 살고 함께 죽기로 결의합니다. 만약 맹세를 어기면 천벌을 받는다고 생각했습니다. 그들은 맹약한 것처럼 끝까지 의리를 지켜 나라를 세우고 죽을 때까지 신의를 지킵니다.

촉한을 세운 유비는 황제가 되고, 관우와 장비는 나라의 기둥 장군이 됩니다. 싸움판에서도 의리를 지키는 인간미가 존경스럽습니다.

장비는 자기 재산으로 의병을 모집하고 군기와 말을 준비하여 군대를 만듭니다. 어떤 일이 있어도 도원결의를 잊지 않는 인간다운 진면모를 보여줍니다.

오늘날의 정치인에게도 이런 도원결의 같은 신의와 의리가 있을까요? 아침저녁 달라지는 오늘날의 세태에 도원결의가 그리워지는 것은 하늘 같은 유비, 기둥 같은 관우, 반석 같은 장비를 만나기 어렵기 때문입니다.

"만일 네가 하나님께 서원하고 맹세한 일이 있으면, 미적거리지 말고 속히 지켜라. … 너는 서원한 것을 반드시 지켜라."(전 5:4)

169 | 아오키가하라 숲

자살과 복음
(♪ 513장, 515장)

후지산이 만든 숲 '아오키가하라주카이'

일본 후지산 기슭의 아오키가하라 숲에서 자살하는 사람이 제일 많다고 합니다. 그러나 한국은 2012년 OECD 국가 가운데 최고로 많은 자살자가 많다고 알려졌습니다.

1998년 일본의 자살률은 세계 제일이었습니다. 그해에 일본의 자살자 수는 32,863명이었습니다. 하루에 90명씩 자살한 셈입니다.

유명한 자살 장소는 일본 북부 제일의 후지산 기슭 아오키가하라 숲이라고 『뉴욕 타임스』는 발표했습니다. 그곳에 가면 이런 팻말 간판이 있습니다.

'마음을 가라앉히고 부모와 처자식을 생각하십시오.'

그런데 2012년 한국의 자살자 수가 OECD 국가 중에서 가장 많다는 보도가 있었습니다.

『뉴욕 타임스』는 자살자들의 자살 이유로 부익부 빈익빈의 양극화된 사회 현상, 절망을 이기지 못한 의지박약, 삶은 허무한데 믿고 의지할 데가 없는 신앙의 결여 등으로 분석하기도 했습니다.

삶과 미래에 확신이 없는 사람들이 자살을 공포와 고독과 좌절로부터의 도피처로 여기는 것입니다. 실낱같은 희망 한 자락이라도 붙들면 자살하지 않습니다.

믿는 자들이 빚진 자의 자세로 삶의 희망이 없는 불신자들에게 열심히 복음을 전해야 하는 이유가 여기에 있습니다.

"내 영혼아, 어찌하여 그리도 낙심하느냐? 어찌하여 그토록 괴로워하느냐? 오직 너는 하나님을 소망하며 살아라. …내가 소리 높여 찬양하리로다."(시 43:5)

170 | 투바슈타

여성의 창조
(♪465장, 454장)

사슴, 토끼, 공작, 제비, 어치새, 비둘기, 호랑이, 햇살, 안개, 바람, 불, 눈, 금강석, 꿀 등의 속성과 겁, 허영, 자랑, 단맛, 잔인함, 따뜻함, 차가움, 재잘거림, 울음 등 여자의 창조는 참 복잡합니다.

성스러운 전쟁의 여신-두르가

『투바슈타』는 힌두교의 창조 설화집입니다. 기독교의 창조 이야기는 분명하고, 여성의 창조도 명쾌합니다. 인류 최초의 인간인 아담의 갈비뼈 하나를 빼내어 여자인 하와(이브)를 창조한 것입니다.

그러나 힌두교의 창조 설화집에 따르면 여자의 창조는 복잡하고 야단스럽습니다. 새끼 사슴의 눈동자, 맑은 햇살, 안개의 눈물로 반죽하여 바람으로 저어 만듭니다.

그 바람 속에는 토끼의 겁, 공작의 허영, 제비의 부드러운 목구멍이 섞여 있습니다. 여기에 금강석의 자랑, 꿀의 단맛, 호랑이의 잔인함을 넣었습니다.

또한 불의 따뜻함, 눈보라의 차가움을 보태어 만든 것도 모자랍니다. 어치새의 재잘거림, 비둘기의 울음을 잘 섞어 마침내 여자를 창조한 것이라고 합니다.

이 설화집에 나타난 여성의 창조 이야기를 읽어도 그 실상을 도무지 알 수 없습니다. 그러나 여성이 복잡미묘하고 섬세하며 까다롭다는 사실을 이해하는 데는 도움이 될 만한 자료입니다.

그렇게 복잡한 창조 과정을 거쳤으니, 남성들은 시간을 오래 두고 차근차근 여자를 이해해야 제대로 함께 살 수 있습니다.

"주 하나님께서는 그 갈비뼈로 여자를 만드시고, 그녀를 아담에게 데려오셨다."(창 2:22)

171 누가 도왔는가

도움과 협조
(♪458장, 214장)

1950년 8월 3일 / 6.25전쟁 피난민

제2차 세계대전 때 독일군의 침략으로 네덜란드 피난민들이 가파른 산길을 오를 때 지친 한 노인이 주저앉자 두 아이의 엄마가 무사히 그 산을 넘도록 도와주었습니다.

제2차 세계대전 때 독일군의 침략으로 네덜란드 피난민들이 허둥대며 가파른 산길을 오르고 있었습니다. 80여 세의 한 노인이 무리 속에서 걷다가 얼마 못 가 힘에 부쳐 그만 주저앉아 버렸습니다.

"더는 못 가니 나를 두고 어서들 떠나가게."

노인은 맥 빠진 소리로 말했습니다. 그때 한 여인이 나섰습니다. 그녀는 보따리를 등에 지고 한 손에는 아이 손, 다른 한쪽 팔로는 아기를 안은 채였습니다.

"두 아이와 짐 때문에 어쩔 수 없군요. 아이 하나만 부탁하니 이 아이 손을 좀 잡아 주세요."

기력이 하나도 없던 노인은 한참 동안 아이의 눈동자를 들여다볼 뿐이었습니다. 그러다가 일어나 아이의 손을 잡고 피난민 행렬에 섞여 무사히 산을 넘어갔습니다.

누가 이 노인을 도왔을까요? 노인이 아기 엄마를 도왔을까요? 노인이 지쳤을 때 그보다 더 힘든 아기 엄마가 아이를 부탁하여 무사히 피난하게 했던 것입니다. 어려울 때는 지푸라기도 잡습니다. 서로 돕는 것이 함께 사는 길입니다.

"여러분은 서로 짐을 져주십시오. 그리하면 여러분은 그리스도의 법을 성취할 수 있게 될 것입니다."(갈 6:2)

172 | 부스 부인

구제와 베풂
(♪517장, 218장)

구세군이 하는 일은 부모 없는 고아나
남편을 잃고 홀로된 여인들을 돕는 것입니다.
"어린이 하나를 하나님 사랑으로 올바로 키우는 것"
영국 구세군 창설자 부스 부인의 말입니다.

윌리엄 부스 (William Booth, 1829-1912)

영국 구세군 창설자 부스 부인은 어린이 교육과 복지에 관해 확고한 신념과 철학이 있었습니다. 그녀가 주변 사람들에게 강조한 말은 그 후 구세군 사업의 주요 이념이 되었습니다.

"어린이 하나를 하나님 사랑으로 올바로 키우는 것이 세계를 구원하는 첫 걸음입니다. 나는 언제나 한발 앞서 내 아이들을 올바로 인도하려고 노력합니다."

그런 일이 있게 된 바탕에는 구세군 창설자인 그녀의 흔들림 없는 철학과 믿음이 있었기 때문입니다. 구세군은 구제 사업과 복지 사업이 중심인데 보육원 사업은 세계적입니다. 교회 사업으로는 엄청납니다.

이처럼 구세군 사업은 주로 고아나 남편을 잃고 홀로된 여인들을 도왔습니다. 연말이면 서울 곳곳에서도 붉은 냄비를 걸고 종을 울리면서 이웃돕기 모금을 하고 있습니다. 우리도 주변의 소외된 이웃들을 돌봐야겠습니다.

"하나님 아버지께서 보시기에 순수하고 흠이 없는 경건한 신앙은, 의지할 데 없는 고아와 과부를 잘 보살펴 주는 것이고…"(약 1:27)

173 | 칼 바르트의 고백

찬양과 묵상
(♪ 335장, 361장)

칼 바르트 (Karl Barth, 1886~1968)

주일마다 교회에서 종탑 종소리와 오르간 연주를 들으며 묵상하면 하나님의 현존을 느낀다는 칼 바르트는 교회 음악과 찬양을 강조했습니다.

　스위스 바젤 대학 칼 바르트 박사는 20세기 최고의 신학자로 존경받는 인물입니다. 그의 『교회 교의학』은 신정통주의 신학의 대표적인 안내 서적으로 인정받습니다. 한국에도 윤성범, 전경연 같은 신학자가 바젤 대학에서 그의 제자로 공부했습니다.

　칼 바르트 박사가 매주 주일마다 교회에 가서 가장 큰 은혜를 받는 시간은 예배 시작을 알리는 종탑의 종소리, 예배 시작 전에 오르간 전주를 들으며 묵상에 잠길 때라고 합니다.

　이처럼 참회의 시간으로 안내하고 기도와 명상을 하게 하는 종소리와 오르간 전주는, 때때로 설교보다 깊은 감동을 주어 예배자들에게 넘치는 은혜의 시간이 되곤 합니다.

　칼 바르트의 고백에 따르면 이 같은 교회 음악과 찬양을 통해 많은 은혜를 받았다고 합니다. 설교는 신학적으로 너무 깊어서 와 닿지 못할 때가 많아도, 묵상에서 하나님의 현존을 뜨겁게 느꼈다고 고백했습니다.

"시와 찬송과 거룩한 노래를 부르고, 마음속에서 우러난 노래를 주께 불러 드리십시오."(엡 5:19)

174 | 다이크 목사의 찬송시

창조와 찬양
(♪64장, 78장)

윌리엄 대학에 설교하러 가던 다이크 목사는 버크셔 산을 넘다가 그 황홀한 경치에 끌려 「기뻐하며 경배하세」라는 찬송시를 썼습니다. 베토벤의 9번 교향곡 「합창」 곡조로 불렀습니다.

Henry van Dyke(1852~1933)

헨리 밴 다이크 목사는 명설교가로 알려져 있습니다. 대학에서 강의도 한 그가 1908년 설교 초청을 받아 윌리엄 대학으로 가게 되었습니다.

버크셔 산을 넘던 그는 황홀한 경치에 끌려 찬송시 「기뻐하며 경배하세」의 가사를 지었습니다. 하나님의 창조 솜씨에 감탄하면서 가슴 벅찼던 느낌을 적은 것입니다.

다음 날 아침 식탁에서 그는 윌리엄 대학의 가필드 학장에게 그 찬송시를 들려주었습니다. 다이크는 베토벤의 곡을 입혀 채플 시간에 학생들에게 부르게 하자고 제의했습니다.

평소 베토벤의 9번 교향곡 「합창」 중 「환희의 송가」를 무척 즐겨 불렀던 다이크 목사는, 자신의 찬송시에 그 곡조를 입히고 싶었습니다.

가필드 학장은 이 제안을 흔쾌히 수락했습니다. 그때부터 오늘날까지 이 곡은 전 세계에서 찬송가로 널리 불립니다.

"오라, 모두 와서 우리 다 같이 주님께 기쁨의 노래를 불러 드리자. 소리 높여 우리 구원의 반석이신 주님을 찬양하자. …그분을 기리는 즐거운 찬송을 부르자."(시 95:1-2)

175 | 본회퍼의 마지막 모습

믿음과 순교
(♪ 336장, 318장)

주일 아침 본회퍼를 두 군인이 끌고 나갈 때였습니다. 같은 감방에 있던 영국 장교의 마지막이라는 말에 예수님을 따라간다며 끝이 아닌 시작이라고 했습니다. 훗날 그 장교는 그날의 상황을 상세하게 기록했습니다.

'독일의 양심' 디트리히 본회퍼(1906~1945) 목사

1945년 4월 8일, 주일 아침이었습니다. 감옥에서 본회퍼 목사가 아침 기도를 할 때, 험상궂은 얼굴의 군인 두 명이 나타났습니다.

"죄수 본회퍼, 우리를 따라오시오!"

그들은 본회퍼를 감옥에서 데리고 나갔습니다. 그러자 같은 감방에 있던 영국인 장교가 말했습니다.

"목사님, 이제 마지막이군요. 안녕히 가십시오."

"마지막이라니요? 나는 저 군인들을 따라가는 것이 아니라 예수님을 따라갑니다. 그래서 지금은 끝이 아니라 겨우 시작입니다."

이렇게 말하고 나간 위대한 신학자 본회퍼 목사는 그날 처형을 당했습니다. 나치 정부에 항거하여 히틀러를 제거하려는 모의에 가담한 죄입니다.

이 광경을 지켜본 같은 방에 있던 영국 장교는 훗날 이 상황을 자세히 기록했습니다. 이 기록은 훗날 본회퍼 박사를 연구하는 데 큰 도움이 되었습니다. 그 장교는 어려서부터 교회에 다녔으나 믿음의 확신이 없었습니다. 그러나 본회퍼 목사의 말과 행동에서 살아 있는 믿음을 본 후 크게 감동했다고 합니다.

"그리스도 예수 안에서 경건한 삶을 살고자 하는 사람들은 모두 세상의 박해를 받을 것입니다."(딤후 3:12)

176 오스트레일리아 개척

개척과 도전
(♪347장, 354장)

영국이 오스트레일리아를 식민지 삼았을 때 시드니 등 동해안만 전부인 줄만 알았습니다. 광활하고 비옥한 농토와 초지가 무한한 서쪽 산악 너머는 나중에 개척한 것입니다.

불모지의 땅에 인간이 만든 풍요로운 공

영국이 오스트레일리아를 식민지 삼았을 때, 처음에는 시드니 중심의 동해안이 전부인 줄 알았습니다. 남과 북은 사막이고 서쪽은 절벽처럼 가파른 산맥인지라 별로 크지 않은 땅으로 알았던 것입니다.

그래서 서쪽 산맥을 넘어가는 일은 아무도 시도하지 않았습니다. 넘어갈 가능성이 없어 보여서 넘어가려 하지 않았습니다.

그러나 1812년 세 청년이 죽을 각오로 산등성이를 올라 서쪽으로 갔습니다. 높고 가파른 서쪽 산맥을 넘어갔는데, 산마루 서쪽 지역에는 농토와 초지가 무한히 펼쳐져 있었습니다.

그들은 희망을 안고 계속 진출하여 저 큰 대륙 오스트레일리아를 차지했습니다. 영국인의 개척 정신과 끝없는 도전, 인내, 용기가 그 넓고 비옥한 땅을 차지할 수 있었던 것입니다.

하나님이 우리에게 주신 영역도 아주 넓고 비옥한데 우리의 개척 정신과 도전, 인내, 용기가 부족해서 머뭇거리며 풍족함을 누리지 못하는 것은 아닐는지요?

"여러분이 수효가 너무 많아서 에브라임 산악 지대로 충분하지 않다면… 삼림 지대로 올라가서 여러분 스스로 개간하도록 하시오."(수 17:15)

177 | 존 웨슬리의 면모

근면과 성실
(♪332장, 330장)

새로운 회심자들에게 설교하는 존 웨슬리

> 60년간 새벽 4시에 일어난 존 웨슬리 목사는 50년간 5시 설교, 40년간 매일 200km 전도 여행, 매해 400회 설교, 매일의 독서, 80년간 일기 쓰기, 83세까지 매일 집필에 매달렸습니다.

감리교회를 창설한 존 웨슬리 목사는 무척 활동적인 인물이었습니다. 그의 할아버지, 외할아버지, 아버지, 동생도 모두 목사였습니다.

존 웨슬리는 60년간 새벽 4시에 일어났고, 50년간 새벽 5시에 설교했습니다. 40년간 하루 200㎞ 전도 여행을 했으며 해마다 400회 이상 설교했습니다. 간혹 하루 두 번 이상 설교하기도 했습니다.

매일 한 권씩 독서를 했으며 80년 가까이 일기를 썼습니다. 400여 권의 책을 저술했고 10개국의 언어를 활용했습니다. 83세까지 매일 집필했습니다.

그가 말을 타고 가면서 책을 읽는 모습은 콕스베리의 상징이었습니다. 아마도 그를 능가하는 독서가는 아무도 없을 것입니다.

그는 옥스퍼드 대학 교수, 설교가, 전도자, 독서가, 여행가였습니다. 누가 존 웨슬리만큼 책을 읽고 집필하고 설교하고 기도하고 전도하겠습니까? 오래도록 장수한 비결은 분명 잠을 잘 자고 열심히 활동적인 일상생활을 한 덕분이었을 것입니다.

"맡은 일을 게을리하지 말고, 영적인 열정을 갖고 힘껏 주님을 섬기십시오."(롬 12:11)

178 | 스탠리 존스 선교사

선교와 사명
(♪502장, 505장)

인도로 간 감리교 선교사 스탠리 존스 목사가 뇌졸중으로 쓰러지자 미국으로 송환했습니다. 89세에 뇌혈관이 터져 절망적이었으나 6개월 치료 후 완치되어 인도로 돌아 갔습니다.

스탠리 존스(Stanley Jones, 1884~1973)

　인도로 간 선교사 스탠리 존스 목사가 89세에 뇌졸중으로 쓰러졌습니다. 미국 감리교 선교부는 그를 강제로 송환하여 입원시켰습니다. 의사들은 고령이고 뇌혈관이 터졌기 때문에 일어나기 힘들다고 판단했습니다. 그러나 그가 보스턴 병원에서 약 6개월 치료했을 때 기적이 일어났습니다.

　"나사렛 예수 그리스도의 이름으로 명하니 일어나 걸으시오!"

　그가 평소에 즐기던 성구였습니다. 그는 의사와 간호사들에게 이 성구를 외치라고 했습니다. 그들이 외치자 거짓말처럼 일어나 걷게 되었습니다.

　그는 다시 인도로 선교하러 갔습니다. 200여 년 전에는 캘리 선교사가 인도에 가서 성경 번역, 교회 건축, 신학교 설립 등을 이루었습니다. 그런 인도에 존스는 평생을 바쳐 선교했습니다.

　그의 행적은 오늘날 인도 선교의 교과서가 되고 있습니다. 인도 선교 이야기를 『인도양 너머 그리스도』란 책으로 펴냈습니다. 인도의 문학, 역사, 종교 등을 제대로 파악하고 기독교가 인도에서 어떻게 뿌리내릴까를 탐구한 것입니다. 예수 그리스도의 이름으로 병마를 떨치고 일어나 복음이 뿌리내리기 힘든 척박한 불모의 땅에 평생을 바친 그는, 90세에 하나님의 부르심을 받았습니다.

"은이나 금은 내게 없지만 내가 가진 것을 당신에게 주겠소. 곧 나사렛 예수 그리스도의 이름으로 명하니, 일어나 걸으시오!"(행 3:6)

179 | 다임의 행진

돌봄과 나눔
(♪517장, 218장)

미국의 방송인 켄터가 '다임 보내기 운동'을 시작했습니다. 10센트는 100원인데 1만 명이면 100만 원이 됩니다. 루스벨트 대통령이 앞장선 소아마비 퇴치 기금 운동으로 지금은 650개 지부가 있고 교회가 적극적으로 참여합니다.

단돈 10센트의 위력

1934년 미국의 방송인 켄터가 10센트 '다임 보내기 운동'을 전개했습니다. 이 사업은 루스벨트 대통령이 소아마비로 불구가 된 다음 대통령까지 되면서 미국 사회를 뜨겁게 달군 사랑의 운동입니다. 10센트는 우리 돈으로 100원인데 1만 명이 참여하면 100만 원이 됩니다. 티끌 모아 태산입니다.

소아마비 퇴치 운동을 위한 기금 모으기인 이 동전 보내기는 당시 루스벨트 대통령의 생일에 시작했습니다. 백악관으로 다임 동전이 홍수처럼 밀려왔습니다.

소아마비로 일생을 고생하던 루스벨트 대통령이 앞장서는 거대한 사회 물결이 된 것입니다. 이것은 미국 소아마비 기금으로 적립되었습니다. 다임 운동과 때를 같이해 소아마비 예방 치료, 환자 치료 등 소아마비와의 전쟁이 시작되었습니다.

지금도 미국에는 650개의 다임 보내기 운동 지부에서 모금이 활발히 이루어지고 있습니다. 이 기금이 많아져서 선천적 기형아까지 돌봅니다.

다임 행진에 교회도 뜻을 같이하여 적극적으로 참여했습니다. 이처럼 가난하고 소외된 이웃을 돕는 일에 교회가 교단을 초월하여 마음을 합한다면 하나님이 기뻐하실 것입니다.

"각자 자기 일만 돌보지 말고, 다른 사람의 일도 관심을 갖고 돌보아 주십시오."(빌 2:4)

180 | 험프리의 회개

회개와 용서
(♪468장, 454장)

임종을 앞둔 험프리가 닉슨을 찾았습니다.
죽기 전에 사과하고 용서받으려 한다는 소식에
닉슨은 비행기로 달려와 서로 화해했습니다.
장례식 때는 미망인 옆자리에 닉슨이 앉았습니다.

미국의 제38대 부통령 험프리(1911~1978)

　허버트 험프리와 닉슨은 다른 정당 사람으로 사사건건 심하게 싸웠습니다. 험프리는 상원의원과 부통령을 지냈습니다.

　그런데 그는 임종 전에 자신의 정적인 닉슨 전 대통령을 찾았습니다. 젊은 시절 그를 가장 괴롭혀서 회개하려고 했던 것입니다. 주님의 용서를 받아야 하는데 죽기 전에 사과하고 용서를 받아야겠다고 생각한 것입니다.

　그 소식에 닉슨은 비행기를 타고 험프리에게 달려왔습니다. 두 정객은 손을 잡고 서로에게 상처 준 것을 용서했습니다. 정직하게 회개하고 용서를 비는 일은 참으로 아름답습니다.

　험프리의 장례식 때는 미망인 옆자리에 정적이었던 닉슨이 앉아 지그시 눈을 감고 있었습니다. 주님의 심판대 앞에 서기 전, 험프리는 이렇게 임종 전에 용서를 빌고 용서받았던 것입니다.

"여러분에게 죄지은 사람을 용서하면, 하늘에 계신 여러분의 아버지께서도 여러분을 용서하실 것입니다."(마 6:14)

181 | 독수리 둥지

자녀 교육
(♪354장, 469장)

독수리는 가파른 절벽 가까이에 둥지를 틉니다. 가시나무와 자갈과 깃털을 깔아 알을 낳습니다. 새끼가 자라 날기를 배울 때는 벼랑으로 밀어 바닥에 떨어지기 직전에 등에 태워 훈련합니다.

독수리는 가파른 절벽 가까이에 둥지를 만듭니다. 뾰족한 가시나무를 물어다 둥지에 깔고 그 위에 자갈을 물어다 놓습니다. 그런 다음 부드러운 깃털을 깝니다. 거기에 알을 낳고 새끼를 기릅니다.

어느 정도 자라서 새끼가 독립할 때가 되면 어미는 둥지의 깃털을 내다 버립니다. 그러면 딱딱한 돌멩이와 가시가 남습니다. 뒤뚱거리던 새끼는 가시에 찔리고 딱딱한 자갈에 부딪치곤 합니다.

그러다가 날기를 배워야 할 때는 어미가 사정없이 벼랑으로 밀어 버립니다. 새끼는 날개를 버둥대며 날다가 곧장 아래로 떨어집니다. 땅이나 바다 위에 닿기 전에 어미는 재빠르게 새끼를 등에 태워 올라옵니다. 조류의 왕자가 되도록 훈련합니다.

독수리는 새끼 훈련을 무섭게 시킵니다. 어미로부터 훈련받은 대로 자기 새끼들을 키우는 것입니다. 자식을 편하게만 키우면 불효자로 만들고, 고생시키면서 키워야 효자가 된다는 말이 있습니다.

"아이에게 마땅히 걸어야 할 올바른 길을 가르쳐라. 그러면 늙어서도 그 아이는 그 길을 떠나지 않을 것이다."(잠 22:6)

182 | 간디의 복음

복음과 실천
(♪517장, 464장)

굶주린 자에게는 빵 한 개가 필요합니다.
아무리 귀한 말도 귀에 들어오지 않습니다.
백번의 설교보다 빵이 복음이 됩니다.
이 빵 한 개의 복음은 간디의 복음입니다.

간디의 물레

　신학교 교수와 학생들이 야유회를 갔습니다. 공기 맑고 조용하고 경치 좋은 곳에서 어울려 함께 식사하고 여흥 시간도 즐겼습니다. 여러 사람이 돌아가며 웃기기도 했습니다. 잠시 후 평소에 말수가 적고 점잖은 노교수가 말했습니다.

　"나는 오늘 특별 경제 연설을 하겠습니다. 배고플 때는 따지지 말고 무엇이든 먹어야 합니다. 추울 때는 옷을 두껍게 껴입고, 양말이 뚫어지면 새 양말을 신어야 하며, 목마르면 물을 마셔야 합니다."

　한 학생이 옳다며 맞장구를 치자 노교수는 말을 멈추고 간디의 복음을 전했습니다.

　"굶주린 배를 안고 잠잘 수밖에 없는 사람에게는 백번의 설교보다 빵 한 개가 낫습니다."

　이것이 바로 '빵 한 개'라는 복음입니다. 주린 자에게 아무리 좋은 말이나 설교를 한다고 해도 귀에 들어올 리가 없습니다. 목마른 자에게도 마찬가지입니다. 주린 자에게는 한 개의 빵이 복음이 되고, 목마른 자에게는 한 그릇의 물이 복음이 된다고 마하트마 간디는 외쳤습니다. 노교수의 경제 연설은 간디의 복음을 전하기 위한 서론이었습니다.

"어떤 형제나 자매가 헐벗은 데다 그날 먹을 식량조차 없는데… 몸에 필요한 것들을 주지 않는다면 그런 말이 도대체 무슨 소용이 있겠습니까?"(약 2:15-16)

183 | 카이저의 희망

절망 속의 희망
(♪354장, 487장)

Henry John Kaiser (1882~1967)

> 미 대륙을 횡단하는 철도를 부설할 때 폭우로 많은 자재가 떠내려갔습니다. 폐허로 변한 일터에서 감독자 카이저는 기차가 달릴 거라는 희망을 주었습니다.

　미 대륙을 횡단하는 공사가 있었습니다. 로키산맥을 뚫고 철도를 부설할 때 폭우가 쏟아졌습니다. 삽시간에 건축 자재가 진흙탕에 묻히거나 급류에 휩쓸려 떠내려가기도 했습니다.

　폭우가 그친 후 폐허로 변해 버린 일터를 본 일꾼들은 하나같이 절망에 빠져 한숨만 쉬었습니다. 그때 공사 감독자 헨리 카이저가 나타났습니다.

　"이번 폭우로 많은 주요 자재가 유실되었지만 그래도 내 눈에는 희망이 보입니다. 물이 빠지고, 멋진 터널이 뚫리고, 기차가 기적소리를 힘차게 울리며 터널 안으로 달리는 광경이 보입니다."

　이 말에 일꾼들은 용기를 얻었습니다. 다시금 일어나 일하자며 소리를 질렀습니다.

　몇 년 후 과연 기차는 대륙을 횡단하여 로키산맥과 그 들판을 힘차게 지나고 있었습니다.

　큰일에는 종종 절망이 드리우게 마련입니다. 여름날의 폭우, 겨울철의 혹독한 눈보라와 추위는 지친 일꾼들에게 절망입니다. 그러나 그런 절망 속에서도 절망을 뚫고 희망을 바라본 철도 감독 카이저의 눈이 우리에게도 필요합니다.

"오직 주님을 바라보고 그분께 소망을 두는 사람은… 아무리 멀리 뛰어도 지치지 않고, 아무리 오래 걸어도 피곤하지 않을 것이다."(사 40:31)

184 | 메리언 앤더슨

어머니의 희생
(♪578장, 579장)

서울 세종문화회관에서 열린 독창회에서
메리언 앤더슨의 노래에 빠져든 청중은
노래가 끝나도 얼이 나간 듯 멍하다가
3분쯤 뒤 모두 일어나 박수를 보냈습니다.

메리언 앤더슨(Marian Anderson, 1897~1993)

20세기 미국의 흑인 성악가 메리언 앤더슨이 서울 세종문화회관에서 독창회를 열었습니다. 감동에 젖은 청중은 얼이 빠진 듯 한참이나 멍했습니다. 흑인 영가를 열창할 때 눈물에 젖어 박수도 잊었습니다.

그러나 3분쯤 후에는 모두 일어나 세계적인 성악가가 된 그녀에게 지붕이 떠나갈 듯 열광적인 박수를 보냈습니다. 공연 후 기자는 그녀에게 언제가 제일 좋았느냐고 물었습니다.

그녀는 처음 노래해서 번 돈을 엄마에게 드릴 때라고 대답했습니다. 남의 집 빨래 안 해도 된다고 어머니와 껴안고 울었던 때라고 했습니다.

어머니는 남의 집 청소와 빨래를 한 돈으로 딸에게 음악 공부를 시켰습니다. 성량이 풍부하고 발성법이 독특한 메리언 앤더슨은 영혼이 깃든 노래를 불렀습니다. 어머니의 희생으로 그녀는 유명한 성악가가 되어 우리나라에 와서 독창회를 열었던 것입니다.

가끔 혼자 고독감에 잠길 때면 세종문화회관에서 들었던 앤더슨의 목소리를 음미합니다. 영혼이 깃든 흑인 영가의 나직한 목소리를 생각하면 지금도 몸이 떨리는 듯합니다.

"어머니가 아이를 어르고 달래듯이 나도 너희를 어르고 달래주리니. 정녕 너희가 예루살렘의 품 안에서 위로를 받게 될 것이다."(사 66:13)

185 | 파우스트의 종말

사탄의 유혹
(♪348장, 357장)

파우스트는 사탄과 흥정하고 계약합니다. 이 세상에서 부귀영화를 누린 후 죽어서 지옥으로 내려간다고 했습니다. 그 계약 기간 24년은 금세 지나갔습니다.

감옥안에서 파우스트와 메피스토(Joseph Fay, 1825-1875)

독일 대문호 괴테의 대표작 『파우스트』는 세계 최고의 명작입니다. 작품 속에서 파우스트는 사탄과 흥정하고 계약하는데 마지막은 비극으로 끝납니다.

어떤 경우에도 마귀 사탄과는 흥정하거나 계약하지 말아야 합니다. 사탄의 달콤한 유혹에 넘어가서는 안 됩니다. 마귀 사탄은 힘껏 싸워 쳐부술 상대일 뿐, 절대로 흥정하고 타협하거나 계약을 맺어서는 안 됩니다.

그러나 파우스트는 사탄과 계약을 맺었습니다. 세상에서 부귀영화를 실컷 누린 후, 계약이 끝나면 죽어서 지옥으로 내려가겠다는 계약을 하고 말았습니다. 계약 기간인 24년은 금세 지나갔습니다.

사탄은 메피스토펠레스를 보내 파우스트에게 통보했습니다.

"오늘 자정에서 1시 사이에 목숨을 거두어 가겠다."

파우스트는 그제야 자신의 어리석음을 깨달았습니다.

그날 밤 이상한 소리가 들린다며 마을 사람들이 몰려가 파우스트의 집 주변에서 웅성거렸습니다. 그 집에서는 파우스트의 목소리가 밤바람 속에 울려 퍼졌습니다.

"살려주세요! 제발 살려주세요!"

"정신을 바짝 차리고 항상 깨어 있으십시오. 여러분의 원수 마귀가 으르렁거리는 사자처럼 먹잇감을 찾아 두루 돌아다니고 있습니다."(벧전 5:8)

186 | 영국과 스페인 식민지들 | 복음과 황금 (♪ 513장, 516장)

영국과 스페인은 식민지 개척에 혈안이었습니다.
스페인은 황금 탈취가 목적이었으며
영국은 선교사를 보내 기독교를 전파했습니다.
스페인 식민지는 사라지고 영국의 영향력은 큽니다.

스페인의 중남미 대륙 정복

　18세기와 19세기 이 지구상에는 영국과 스페인 두 나라가 식민지 개척에 혈안이 되었습니다. 그러나 목적이 달랐습니다.

　스페인은 콜럼버스, 콜테즈, 미자르 등의 세계 탐험으로 신대륙과 식민지를 확장했습니다. 그래서 지금도 남미와 아프리카 일부에서는 스페인어인 에스파냐어를 사용합니다. 그러나 오늘날 스페인의 식민지는 모두 잃었습니다.

　그때로부터 200여 년이 지난 뒤 그 많던 스페인의 식민지는 왜 사라졌을까요? 그 원인은 황금을 추구했기 때문입니다. 좀 씁쓸한 결론입니다.

　잉카 왕국을 점령한 후 스페인은 방에 황금을 7피트 높이까지 채우면 아타할라 왕을 살려준다고 약속했지만, 그 약속을 지키지 않았습니다. 왕을 죽이고 황금만 뺏었습니다.

　그러나 영국은 리빙스턴 같은 선교사들이 아프리카, 아시아, 아메리카 등지를 탐험하면서 선교했습니다. 복음을 전하는 일에 심혈을 기울였습니다.

　오늘날 영국의 영향력은 세계 1위입니다. 오스트레일리아, 뉴질랜드, 캐나다, 남아프리카공화국, 인도 등지에서 여전히 큰 영향력을 끼칩니다.

"돈을 사랑하는 것은 정녕 온갖 악의 뿌리입니다. 그래서 어떤 이들은 돈을 좇다가… 스스로 많은 괴로움을 겪기도 합니다."(딤전 6:10)

187 | 황제와 청소부

성실과 근면
(♪465장, 332장)

황제가 잔치를 열어 한 명에게 상을 주었습니다. 옆자리에 앉은 사람은 궁정 청소부였습니다. 누추한 차림새에 마른 뼈다귀 같은 손의 그 할머니에게 고운 옷과 음식도 대접했습니다.

러시아의 대문호 톨스토이의 동화 「황제와 청소부」입니다. 그는 성경 누가복음 24장을 읽다가 부활한 예수의 손과 못 자국 장면에 감명을 받아 이 작품을 썼습니다.

어느 날 황제가 잔치를 베풀고, 참석자들 가운데 한 명을 뽑아 황제와 황후 사이에 앉히고는 상을 주려고 합니다.

황제의 명을 받은 신하들은 참석자들의 손을 일일이 살펴 뽑았습니다. 뽑힌 사람은 누추한 차림새의 늙은 할머니 청소부였습니다. 평생 힘들게 일한 손은 마른 뼈다귀와도 같았습니다.

황제는 이 청소부 할머니를 자신과 황후 사이에 앉게 했습니다. 금일봉을 하사하고 좋은 옷과 좋은 음식으로 대접했습니다. 그날은 할머니도 황제 못지않았습니다. 이 광경에 신하들과 참석자들은 감동했습니다.

성실과 근면의 삶을 사랑하는 작가의 마음이 잘 나타난 명작입니다. 평생을 궁전 청소부로 일하여 손가락이 마른 뼈다귀 같은 할머니의 손을 잡는 황제의 부드러운 손이 느껴지는 듯합니다. 감동에 겨운 할머니의 눈물이 독자들의 가슴에 떨어지는 듯합니다.

"자기가 맡은 일에 전념하는 가운데, 자기 손으로 직접 일하면서 살도록 하십시오."(살전 4:11)

188 | 모세 멘델스존의 사랑

사랑과 헌신
(♪ 211장, 213장)

독일 작곡가 멘델스존의 할아버지는
곱사등이였지만 부잣집 딸과 결혼했습니다.
하나님이 그를 그렇게 만드신 것은
까닭이 있다며 그녀에게 청혼한 것입니다.

멘델스존이 사랑한 여인

독일 작곡자 멘델스존 가문의 이야기입니다. 할아버지인 모세 멘델스존은 곱사등이였는데 아름다운 한 여인을 짝사랑했습니다. 그녀는 함부르크 가문의 부잣집 딸로 보기 드문 미인이었습니다. 가능성이 없는 사랑이었지만 모세 멘델스존은 날이 갈수록 견딜 수가 없었습니다.

용기를 낸 그는 어느 날 그녀에게 고백했습니다.

"하나님이 나를 곱사등이로 만드신 것은 까닭이 있을 겁니다. 허락만 해 주시면 평생 당신의 한숨과 눈물, 걱정과 고독, 아픔과 가시 등을 모두 짊어지겠습니다."

곱사등이가 부잣집 딸에게 프러포즈한 그 용기가 참으로 놀랍습니다. 그뿐만 아니라 그 프러포즈를 받아들인 그녀 또한 놀랍습니다.

지순한 사랑에 감동한 그녀는 결혼하기로 합니다. 진심이 담긴 고백이 통했기 때문입니다. 그리고 그 고백대로 평생 그녀를 사랑하고 헌신적으로 가정을 꾸려간 노력 역시 감동적입니다.

"사랑에는 두려움이 없습니다. 온전한 사랑은 모든 두려움을 내쫓습니다. …두려워하는 사람은 아직 온전한 사랑을 이루지 못한 사람입니다."(요일 4:18)

189 | 미얀마 선교사

섬김과 희생
(♪212장, 463장)

미얀마에 최초로 복음 전한 아도니람 저드슨 선교사

미얀마 국왕에게 선교 허락을 부탁하자 농부 손 같으면 허락하겠다고 했습니다. 미국인 선교사 저드슨 목사는 2년간 농사일로 농부 손처럼 되었습니다.

미국인 선교사 저드슨 목사는 미얀마에 도착하여 그 나라 왕에게 선교 활동을 신청했습니다. 불교 국가 미얀마에서의 타 종교 활동은 왕의 허가가 있어야 합니다.

왕이 목사의 손을 보고는 이렇게 말했습니다.

"이런 고운 손으로는 무슨 말을 해도 우리 국민은 듣지 않을 것이오. 그들의 거친 손과 비슷해져야 합니다."

저드슨 목사는 미얀마 농촌에서 2년 동안 농사일을 하며 그 나라의 말과 문화를 익혔습니다. 격의 없이 미얀마 국민과 친해지고 농부의 손처럼 된 뒤에야 교회를 세우고 선교를 시작했습니다. 그는 왕의 슬기로움에 감탄했습니다.

손은 그 사람의 신분증과도 같습니다. 손을 보면 무엇을 하는 사람인가를 알 수 있습니다. 일하는 손, 섬기는 손은 거칩니다. 엄마의 손, 일꾼의 손, 농부의 손 등이 바로 그렇습니다. 부활하신 예수 손의 못 자국은 구세주의 손입니다.

"와서 네 손가락을 여기 넣어 보고, 또 네 손을 내 옆구리에 넣어 보아라. 그리고 이제부터는 믿음 없는 자가 되지 말고 믿는 자가 되어라."(요 20:27)

190 | 듣는 귀

부활 신앙
(♪171장, 162장)

터니어가 낸 신앙 간증 책 『듣는 귀』에는 아내의 이야기가 뭉클하게 담겨 있습니다. 부부가 그리스 여행 중 아내가 죽었는데 천국에서 시부모를 만날 거라고 했습니다.

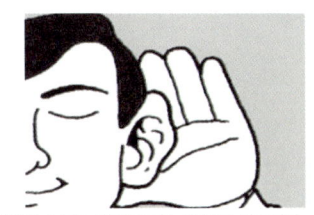

성경에서 귀는 잘 들으라는 뜻으로 지으셨다.

    스위스 제네바의 개업 의사 터니어는 모태 신앙이지만 부활 신앙에 대한 확신이 없었습니다.

    그가 쓴 신앙 간증 책 『듣는 귀』에는 여러 이야기가 담겨 있습니다. 그의 아내 넬리의 죽음을 다룬 부분은 참으로 뭉클합니다.

    그들 부부가 그리스로 여행할 때 안타깝게도 아내가 심장마비로 숨지고 말았습니다.

    "오늘 제가 천국에 가면, 먼저 가신 당신 부모님을 만나게 되어 즐거울 거예요."

    아내는 이 말 외에는 다른 말 없이 눈을 감고 말았습니다. 그날 터니어는 강렬한 충격을 받고 비로소 부활 신앙을 믿었습니다.

    "나는 아내 넬리와 육체적으로만 결혼한 게 아니라 그녀의 소망과 믿음 속에서 한몸이 되었다."

    지금껏 그는 환자들을 치료하면서 육신의 건강만을 강조했습니다. 그러나 아내의 죽음에서 부활 신앙과 영생의 축복을 확인 후, 죽는 날까지 환자들을 돌보며 복음을 전하는 착실한 전도자가 되었습니다. 부활 신앙으로 전도의 의미를 깨달은 것입니다.

"그리스도께서 죽은 자들 가운데서 다시 살아나셨다고 전했는데도, 어찌하여 여러분 가운데 더러는 죽은 사람의 부활이 없다고 말하는 것입니까?"(고전 15:12)

191 | 스펄전의 명설교 | 사랑과 구원
(♪ 294장, 304장)

찰스 해돈 스펄전(1834~1892)

명설교가 스펄전이 메트로폴리탄 대성전에서 빈 새장을 들고 실물 설교를 했습니다. 새 한 마리 넣고 놀다가 싫증나면 죽인다기에 2파운드에 사서 날려 보냈다고 합니다.

영국의 대설교가 스펄전이 메트로폴리탄 대성전 강단에 작은 빈 새장을 들고 나타났습니다. 그날 그는 실물 설교를 했습니다.

"이것은 며칠 전 한 아이한테서 2파운드(100불) 주고 샀습니다. 길에서 한 아이가 새 한 마리를 넣고 자꾸 괴롭히길래 어떻게 할 거냐고 물으니, 가지고 놀다가 싫증나면 죽여 버릴 거라고 했습니다. 그렇게 하려면 내게 팔라고 하자 2파운드를 달라고 했습니다. 엄청 비싸게 샀습니다."

하나님은 마귀에게 인간들을 어떻게 하려느냐고 물었습니다.

"서로 질투하게 하고 미워하게 하여 싸우게 하다가 결국에는 죽여 버릴 겁니다."

"내가 사고 싶은데 얼마면 되겠나?"

"당신의 외아들을 내주십시오. 그 외아들을 인간들에게 내주면, 인간들은 침을 뱉고 그를 십자가에 매달아 죽일 겁니다. 그래도 내게서 인간들을 사겠습니까?"

하나님은 자신의 외아들 예수를 내주고 우리 인간들을 구원하셨습니다. 스펄전의 설교에 교인들은 눈물바다를 이루며 모두 회개 기도를 했습니다. 그의 설교는 매우 감동적으로 교인들의 가슴에 와 닿았습니다.

"하나님께서는 세상을 극진히 사랑하셔서 외아들을 보내주셨소. 누구든지 그 아들을 믿는 자마다 멸망하지 않고 영원한 생명을 얻게 하려는 것이오."(요 3:16)

192 | 링컨과 감리교

교회와 봉사
(♪210장, 600장)

미국 감리교 전국 대회에서 링컨 대통령이
주강사로 초청되어 연설했습니다.
감리교 교인들의 강한 애국심과
적극적인 사회봉사를 칭찬했습니다.

미국 제 16대 대통령 아브라함 링컨

1864년 5월 14일 미국의 에이브러햄 링컨 대통령이 감리교 전국 대회에 주강사로 초청되어 연설했습니다. 그는 감리교 교인이 아니었지만 대단한 호의를 보였습니다.

감리교 교인들은 일선에 군인들을 많이 보냈고 병원마다 간호사를 여러 명 보냈습니다. 누구보다도 기도를 많이 드렸고 하나님의 축복 속에 살고 있음을 알았습니다.

링컨은 감리교회가 사회봉사를 가장 많이 하고, 나라를 적극적으로 사랑하여 가장 활달하게 일하는 교회라고 칭찬했습니다. 기쁨과 사명감에 넘쳐 있다고 판단했습니다.

링컨은 기독교 정신으로 대통령직을 훌륭하게 잘 수행했습니다. 남북전쟁과 흑인 노예 문제로 시끄러웠던 130여 년 전, 감리교회를 가장 애국적인 교회로 보았습니다.

감리교 교인들이 국가에 적극적으로 헌신하고 열심히 사회에 참여한다는 것을 인정했습니다. 이런 전통을 감리교회는 계속 이어 나가야 할 것입니다.

"형제처럼 서로 따뜻하게 사랑하고, 서로 먼저 존경하는 마음을 가지십시오. …영적인 열정을 갖고 힘껏 주님을 섬기십시오."(롬 12:10-11)

193 | 가수 케이트 스미드

재능과 섬김
(♪ 215장, 211장)

Kate Smith (케이트 스미드)

시골 소녀로서 음악 공부도 하지 못한 스미드는 워싱턴 방송 노래자랑에서 1등을 하고 2년 후에는 브로드웨이 뮤지컬 배우가 되어 경제 공황 때도 큰돈을 벌었습니다.

시골 소녀 케이트 스미드는 1924년 워싱턴 방송 노래자랑에서 1등을 차지했습니다. 2년 후에는 브로드웨이 유명 뮤지컬 배우가 되어 경제 공황 때도 많은 수입을 올렸습니다.

그녀는 음악 학교에 다니거나 성악 지도를 받은 적도 없습니다. 교회에 열심히 다니면서 성가를 불렀을 뿐입니다. 그녀가 부른 「하나님은 미국을 축복하신다」라는 음반은 수백만 장이 팔렸습니다. 1주일에 1만 3천 불의 수입을 올리기도 했습니다.

돈도 많이 벌고 사회적 명성도 얻은 그녀는 누구보다도 열심히 사회봉사를 많이 했습니다. 물론 신앙생활도 잘했습니다.

그녀는 자신의 노래 솜씨를 오로지 하나님이 주신 재능으로 믿었습니다. 하나님께 영광을 돌리며 겸손한 자세로 노래를 불렀습니다.

그런 마음이 많은 사람을 기쁘게 했고 또한 하나님을 기쁘시게 했습니다. 그녀는 노래하면서 하나님께 헌신하며 기도를 쉬지 않았습니다.

"각자가 하나님께 받은 독특한 은사가 무엇이든… 선한 청지기답게 서로를 섬기고 서로에게 봉사하는 데 그 은사를 사용하도록 하십시오."(벧전 4:10)

194 | 네루의 코트와 모자 | 지도자의 자세 (♪448장, 454장)

인도 수상 네루의 옷은 특별했습니다.
감옥에서 입던 정치범 복장입니다.
겉옷은 통자루에 소매를 달았으며
모자는 굴뚝을 잘라 쓴 것 같았습니다.

자와할랄 네루(Jawaharlal Nehru)

세계의 지도자로 활동한 인도 수상 네루는 독특한 의상과 모자로 유명합니다. 그가 입은 겉옷은 통자루에 소매를 단 것이고, 모자는 굴뚝을 잘라 쓴 것 같았습니다.

그것은 감옥에 갇혔을 때 입었던 옷입니다. 정치범 죄수의 옷을 그는 평소에도 즐겨 입었습니다. 모자도 그때 썼던 죄수 모자였습니다.

그가 이 옷을 즐겨 입는 데는 까닭이 있습니다. 이 옷을 입으면 아무것도 소유할 수 없고, 자기 몸 하나뿐이라고 생각하기 때문입니다. 순박하고 허영심이 없음을 대변하는 차림새였습니다.

다른 데 욕심부리지 않고 애국심 하나로 일하겠다는 결의이기도 했습니다. 인도 정객 중에는 네루처럼 통자루옷에 굴뚝 모자를 쓴 사람이 많았습니다.

네루 수상이 입고 다니던 네루 코트, 네루 모자는 욕심 없는 정치인의 모습으로 보였습니다. 지금은 그런 의상이 사라지고 없지만, 인도인들은 그런 수수한 차림새로 욕심 없이 나라를 이끌던 네루의 지도력은 영원히 간직하고 있습니다.

인도의 정신세계는 간디가 이끌었고 정치는 네루가 이끌었습니다. 오늘의 인도가 있기까지 이 두 사람의 지도자들이 있었습니다.

"여러분에게 부지런함의 본을 보여서 여러분으로 하여금 우리를 본받도록 하기 위함이었습니다."(살후 3:9)

195 | 교회 지붕 위의 십자가

교회와 십자가
(♪439장, 341장)

"엄마, 저 지붕에는 더하기가 있어."
"저건 더하기가 아니라 십자가란다."
"엄마, 저 집은 무엇을 더하는 곳이에요?"
"저 집은 하나님의 사랑을 더하는 교회란다."

교회는 대부분 지붕 위에 십자가를 높이 세워 놓습니다. 한 아이가 엄마와 함께 길을 가다가 교회 지붕을 가리키며 물었습니다.

"엄마, 저 지붕에는 더하기(✝)가 있어. 그런데 더하기가 없는 집도 있어."

엄마는 아이에게 대답했습니다.

"저건 더하기가 아니라 십자가란다."

아이는 이상하다는 듯 고개를 갸우뚱거리다가 말했습니다.

"유치원 선생님이 저것을 더하기 표시라고 가르쳐 주셨어. 엄마, 저 집은 무엇을 더하는 곳이에요?"

그 순간, 엄마에게 어떤 영감이 와서 부드럽고 따뜻한 어조로 아이에게 말했습니다.

"저 집은 하나님의 사랑을 더하는 교회란다. 사람에게 꿈을 더해 주고, 기쁨과 축복도 더해 준단다. 무엇보다 영원히 살 수 있는 구원을 더해 주는 곳이야."

엄마의 말에 아이는 고개를 끄덕이며 말했습니다.

"그렇다면 난 교회에 잘 다녀서 다른 사람한테 그 모든 걸 더해 주는 사람으로 자랄 거야."

"한 아기가 우리를 위하여 태어났도다. 주께서 우리를 위하여 한 아들을 주셨도다. 그 아기가 장차 우리의 통치자가 되어 우리를 다스리실 것이니."(사 9:6)

196 체중 달기

청렴과 성실
(♪ 424장, 427장)

영국의 하이 와이콤시는 특별한 관례로 시장의 이취임식에서 체중달기를 합니다. 자기 배만 채웠느냐 열심히 일했느냐를 몸무게로 알아보는 것이었습니다.

영국의 하이 와이콤시는 시장 이취임식에서 체중을 다는 관례가 있습니다.

취임식 때보다 임기가 끝날 때의 체중이 줄어들었으면 박수갈채를 보냅니다. 일을 많이 하고 자기 배만 채우지 않았다고 여긴 것입니다. 그러나 퇴임 때 체중이 늘었으면 박수도 없고 인사도 없습니다.

이런 원리가 꼭 들어맞는 것은 아니지만 시사해 주는 바가 큽니다. 자리를 이용하여 자기 배만 불리는 공직자는 반성해야 합니다. 공금 횡령이나 착복 등의 범죄가 많은 한국의 공직 사회에도 체중 달기 같은 부정 행위 체크가 있어야 하지 않을까요?

영국의 하이 와이콤시의 관례는 시장이 열심히 뛰게 하였습니다. 그래서 정직한 시장으로 임기를 마치게 했습니다. 단지 몸무게를 줄이는 게 아니라 욕심의 무게를 줄이는 것으로 승화된 것입니다.

"진실로 주께서는 세상 뭇 민족을 올바로 심판하시는 분이오니, 나의 의로움과 나의 신실함에 따라 나를 옳게 판단해 주소서."(시 7:8)

197 | 플라자의 전설

성실과 근면
(♪465장, 332장)

뉴욕 플라자호텔 문지기 조셉 조렌티니는 근속 50년에 '플라자의 전설'로 불렸습니다. 드나드는 사람들은 사장이 누군지는 몰라도 늘 제자리에서 인사하는 그는 잘 압니다.

미국의 뉴욕 플라자호텔에서 50년 동안 문지기를 한 조셉 조렌티니를 축하하는 모임에서 직원들이 인사했습니다. '플라자의 전설'이라는 별명의 그는 반세기를 같은 자리에서 일했습니다.

"어서 오십시오."

"플라자호텔을 이용해 주셔서 감사합니다."

"안녕히 가십시오."

사람들은 플라자호텔의 사장은 누군지 몰라도 조셉 조렌티니는 압니다. 이 호텔의 도어맨인 그는 한결같이 허리를 굽혀 손님 차의 문을 열어줍니다. 그리고 짐을 안으로 들어다 줍니다.

이 하찮은 일을 그토록 오래 했으니 누군가는 그를 무능하다고 할지 모르지만, 플라자호텔에서는 이 전설의 인물을 칭찬하며 푸짐하게 대접해 주었습니다.

근속 50년은 아무나 할 수 있는 일이 아닙니다. 플라자는 초호화 호텔입니다. 세계 최고의 지도자들이 묵고 갑니다. 그런 호텔에서 조셉은 같은 자리에서 같은 일을 성실하게 했습니다. 그의 인내와 투철한 직업 의식은 높이 살 만했습니다.

"자기가 맡은 일에 전념하는 가운데, 자기 손으로 직접 일하면서 살도록 하십시오."(살전 4:11)

198 | 링컨의 직업들

노력과 성공
(♪464장, 332장)

링컨은 열두 개의 직업이 있었습니다.
뱃사공, 농부, 막노동자, 장사꾼, 군인,
우체국 직원, 측량사, 변호사, 주의원,
상원의원을 거쳐 대통령이 되었습니다.

고된 노동을 달갑게 하는 소년 링컨의 모습

링컨은 전 세계인들에게 큰 영향을 끼친 미국의 위대한 대통령입니다. 그가 남북전쟁을 승리로 이끌어 노예를 해방해서가 아닙니다. 노력과 끈기와 열정과 인내의 삶을 보여주었기 때문입니다.

그는 대통령이 되기까지 약 열두 개의 직업을 거쳤습니다. 집안이 지독하게 가난했기 때문에 처음에는 굶주림을 면하려고 뱃사공을 했습니다. 농부가 되어 농사일도 했습니다. 막노동자로 일했고, 장사도 했으며, 군인도 되었습니다.

그는 늘 최선을 다했습니다. 우체국 직원이 되기도 했고, 측량사로 일하면서 법률을 공부하여 변호사도 되었습니다. 그 후 주의원으로 당선한 그는 상원의원이 되었습니다.

켄터키주의 어느 통나무집에서 태어나 자란 그는 혼자 노력하고 공부하여 마침내 백악관의 주인이 되었습니다. 위대한 인물로 우뚝 일어섰습니다. 배경도 학벌도 없는 촌사람이 대통령이 된 것입니다.

그런 위대한 인물이 되기까지 그는 끼니 걱정을 하고 하류층의 노동도 했습니다. 그래도 계속 기도하며 노력하고 공부했습니다. 한 계단씩 올라가는 직업을 위해 자그마치 12계단의 직업을 밟은 것입니다.

"눈물을 흘리며 씨를 뿌리는 사람은 기쁨으로 거두리라."(시 126:5)

199 | 여객기 납치 사건

거짓과 공포
(♪348장, 357장)

일본 하코다데에서 일어난 여객기 납치 사건으로 승객들과 승무원은 범인 고바야시 사부로의 거짓 위협에 공포에 질려 벌벌 떨었습니다. 그러나 무기는 드라이버와 비닐봉지뿐이었습니다.

1995년 일본의 휴양 도시 하코다데에서 여객기 납치 사건이 일어났습니다. 승객 365명과 승무원들은 15시간 동안 납치범의 인질이 되었습니다. 범인은 고바야시 사부로였습니다.

그가 지닌 무기는 드라이버 한 개와 비닐봉지가 전부였습니다. 그는 드라이버로 주머니 속의 폭탄을 터뜨린다며 위협했고, 그 말에 사람들은 속았습니다. 승객들과 승무원들은 공포에 떨었습니다. 범인의 말만 믿고 벌벌 떨었던 것입니다. 범인에게는 플라스틱 폭탄도 없었습니다.

두려움에 떨면 바른 판단을 할 수가 없습니다. 무조건 범인의 말만 따랐는데, 나중에야 비닐봉지가 흔들려 아무것도 없다는 것을 알았습니다.

해프닝으로 마무리되었지만 사람들은 공포에 질려 15시간이나 아무 대책 없이 죽은 듯 있어야 했습니다. 참으로 어처구니없는 사건이었습니다.

우리 신앙인들도 사탄의 온갖 거짓에 속아 그의 종노릇을 하며 벌벌 떠는 일이 없어야겠습니다.

"이것은 또 우리가 사탄에게 속지 않기 위해서이기도 합니다."(고후 2:11)

200 | 빈민굴의 두 사람

교육의 중요성
(♪199장, 203장)

미국 시카고 빈민굴에서 태어난 두 사람은
제인 애덤스와 알 카포네입니다.
애덤스는 사회 사업가로 노벨 평화상을 받았고
알 카포네는 악명 높은 갱 두목이 되었습니다.

밤의 대통령 알 카포네

미국 시카고 빈민굴에서 유명한 두 사람이 태어났습니다. 사회운동가 제인 애덤스와 갱단 두목 알 카포네였습니다. 무엇을 배우고 누구를 본받았느냐에 따라 그 인물 됨됨이가 결정되는 것일까요?

두 사람은 같은 시카고 빈민굴에서 자랐으나 교육이 달라 다른 인물이 되었습니다. 미국을 대표할 만한 큰 인물이 된 애덤스 여사는 사회 사업에 헌신하여 노벨 평화상을 받았습니다.

그러나 알 카포네는 한때 미국 사회를 발칵 뒤집어 놓은 악명 높은 갱단 두목이 되었습니다. 그는 온갖 악행을 저질렀습니다. 금주령을 어기고 버젓이 술을 판매했으며, 살인과 납치와 세금 포탈 등으로 '밤거리의 대통령'이라는 별명을 얻었습니다.

이처럼 올바른 교육을 받느냐 못 받느냐에 따라 사람의 일생이 좌우됩니다.

"아이에게 마땅히 걸어야 할 올바른 길을 가르쳐라. 그러면 늙어서도 그 아이는 그 길을 떠나지 않을 것이다."(잠 22:6)

201 | 마하트마 간디 | 비폭력과 평화 (♪412장, 414장)

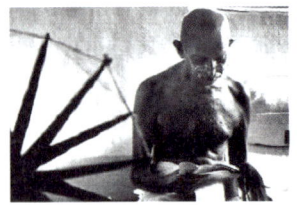

인도의 명문 가문에서 태어난 마하트마 간디는 영국으로 유학하여 변호사가 되었습니다. 남아프리카공화국에서는 인도인들을 변호하고 조국에서 비폭력 무저항 독립운동을 했습니다.

인도의 독립운동가, 마하트마 간디(1869~1948))

인도의 성자 마하트마 간디는 명문 가문에서 태어났습니다. 인도에서 최고의 교육을 받고 영국으로 유학하여 변호사 자격까지 받았지만, 그 좋은 조건과 출세의 길을 버렸습니다. 개인의 영달을 버리고 조국의 독립을 위해 싸웠습니다.

왕국에 아첨하면 높은 자리를 얻고 부귀영화를 누렸겠지만, 그는 남아프리카공화국으로 가서 학대받는 인도인들을 위하여 변호사로 일하다가 조국 인도로 돌아왔습니다. 인도는 영국이 총칼로 수백 년을 지배하고 있었습니다.

그때 간디는 끝없는 비폭력 무저항 운동으로 인도의 독립에 헌신했습니다. 그는 인도인들에게 존경을 받았지만 같은 인도인에 의해 암살되었습니다. 김구가 같은 한국인에 의해 암살된 것과 같습니다.

간디가 암살된 지 49년 만에 갠지스강에 그의 재를 뿌렸습니다. 비로소 그의 장례가 끝난 것입니다.

오늘날 인도의 대도시 중앙 도로는 하나같이 마하트마 간디의 도로입니다. 인도인들이 그를 얼마나 존경하는지 알 수 있습니다. 12억 인도인들의 아버지가 된 간디의 정신은 인도의 심장에 생생하게 살아 있습니다.

"네 칼을 칼집에 도로 꽂으라. 칼을 쓰는 사람은 칼로 망한다."(마 26:52)

202 | 아이젠하워 대통령 후보

믿음과 결단
(♪344장, 356장)

미국 공화당 전당 대회 때 아이젠하워가 입장하자
우렁찬 북소리와 함께 모두 기립 박수했습니다.
낭독자가 노르망디 작전의 혁혁한 공로를 말하자
하나님을 믿었기 때문에 성공했다고 했습니다.

아이젠하워 전 미국 대통령

　미국의 공화당 전당 대회에서 아이젠하워가 대통령 후보로 나오기 위한 경선이 있었습니다. 그가 입장할 때 우렁차게 북소리가 울렸습니다. 낭독자는 노르망디 상륙 작전 때의 전사자 수와 혁혁한 전공을 읽어나갔습니다.

　불이 켜지고 전 당원이 기립 박수로 환영했습니다.

　"오늘의 이 대회는 잘못되었습니다. 사실 노르망디 작전에서 나는 아무것도 아니었습니다. 내가 그나마 약간의 용기를 낼 수 있었던 비결은 하나님을 믿었기 때문입니다. 그 작전은 정의의 하나님이 함께하셨기 때문에 성공한 것입니다."

　이렇게 연설한 아이젠하워는 공화당 대통령 후보로 당선했습니다. 그를 후보로 뽑은 공화당 전당 대회의 이벤트 또한 멋진 연출로 한 편의 드라마였습니다.

　그는 영국의 윈스턴 처칠과 함께 세계 전쟁을 승리로 이끈 노르망디 작전의 영웅이었습니다. 그의 용기와 결단력은 오로지 하나님을 의지한 그의 믿음에서 비롯된 것입니다.

"나는 오직 주의 힘만 의지하여 나의 대적들에게 달려들어 당당하게 맞서 싸울 수 있고… 내 앞에 놓인 높은 성벽조차도 능히 뛰어넘을 수 있습니다."(시 18:29)

203 | 올리버 판사의 세족식

차별과 편견
(♪475장, 218장)

요하네스버그 성시온 교회 사순절 세족식 때 백인 올리버 판사가 이 흑인 교회에 왔습니다. 20년간 자기 집 하녀인 흑인 여인의 발을 씻기자 다들 놀랐는데 정부는 이 일로 그를 해임했습니다.

제자의 발을 닦아주시는 예수님

남아프리카공화국 요하네스버그의 성시온 교회에서 사순절 세족식을 할 때였습니다. 이 흑인 교회에 백인 한 명이 들어왔는데 모두 세족식을 멈추고 그를 바라보았습니다.

온 국민이 존경하는 올리버 판사였습니다. 그가 자신의 집에서 20년 동안 하녀로 일하는 흑인 여인 앞에 무릎을 꿇고 그녀의 발을 씻어주자 다들 놀랐습니다.

"이 교회의 중심은 예수님입니다. 흑인과 백인에 무슨 차이가 있겠습니까? 내 중심에도 예수님이 계십니다. 주인과 종이 무슨 차이가 있겠습니까?"

남아프리카공화국은 수백 년 동안 영국의 식민지로 흑백의 차별이 가장 심한 나라였습니다. 미국의 남북전쟁 이전과도 같았습니다.

정부는 이 일로 올리버를 판사직에서 해직시켜 버렸습니다. 그러나 세월이 지나 남아프리카공화국에서도 만델라 같은 훌륭한 대통령이 나오고, 미국도 오바마 같은 흑인 대통령이 나온 시대입니다.

"유대인이나 이방인이 아무런 차별이 없습니다. …주님께서는 자신께 구하는 사람 누구에게나 풍성한 복을 내려주십니다."(롬 10:12)

204 | 내일을 주시오

시간과 희망
(♪330장, 488장)

마거릿 히긴스 기자가 강원도 산속을 가다가 길에 쓰러진 미 해병 병사를 발견했습니다.
"내가 하나님이라면 당신은 무엇을 구하겠소?"
병사는 내일을 달라며 절규했습니다.

한국전쟁에 뛰어든 유일한 女기자

한국전쟁 때 미국의 마거릿 히긴스 기자가 강원도 어느 산속을 가다가 먼지 날리는 길에 지쳐 쓰러진 미 해병 5사단 소속의 한 병사를 발견했습니다.

"내가 하나님이라면 당신은 무엇을 구하겠소?"

히긴스 기자의 질문에 병사는 이렇게 절규했습니다.

"내일을 주시오!"

이 기사로 히긴스 기자는 퓰리처상을 받았습니다. 전쟁 한복판에서 한 용사를 인터뷰하여 큰 상을 받은 것입니다.

기회는 시간에 담겨 있습니다. 위기 때 가장 필요한 것은 시간입니다. 가능성과 희망이 있는 내일이란 시간은 바로 하나님의 큰 선물이요 은총입니다.

1950~1953년의 한국전쟁은 동족상잔의 비극으로 남았습니다. 파괴와 절망, 죽음의 틈바구니에서 한 병사가 절규한 내일이란 희망은 모든 병사의 것이었습니다. 희망이 있다면 오늘의 고통과 절망도 이겨낼 수가 있습니다.

"이 몸이 무엇을 바라겠습니까? 주여, 나의 희망은 오직 주께만 있습니다."(시 39:7)

205 | 참 건강법

건강과 사랑
(♪ 218장, 468장)

한센 박사는 참건강법을 발표했습니다. 술과 담배를 끊고 운동하고 과식 금하기 등 기초적인 건강 유지법을 지키면서 사랑의 실천을 강조했습니다.

예방의학 전문가인 한센 박사는 『뉴욕 메일리』에 참건강법을 발표했습니다. 기초적인 여러 가지 건강법을 정리하고, 꼭 지켜야 할 것들을 명시했습니다.

먼저 술과 담배를 끊고, 적절한 운동을 하고, 과식을 피하는 등 기본적인 건강법을 일러주었습니다. 그런 뒤 나머지 건강법을 일러주었습니다.

절반은 물리적·물질적 생활의 규범을 지키는 것, 절반은 사랑하는 생활이라고 했습니다. 가족을 사랑하고, 이웃을 사랑하고, 무엇보다 하나님을 사랑하면 최고의 건강법이라고 말했습니다.

사랑하면 긍정적이고 적극적이고 부지런해집니다. 건강을 위해 보양식도 좋고 운동도 해야 하지만, 그 모든 것은 절반밖에 안 되는 건강법입니다.

나머지 절반을 채우기 위해서는 사랑하는 생활이 꼭 필요합니다. 싫어하고 미워하면서 건강식을 먹고 건강법을 지키면 아무 소용 없습니다.

"모든 일을 사랑으로 하십시오."(고전 16:14)

206 | 프랭크 서피코

정직과 올곧음
(♪516장, 460장)

식당과 술집에서 돈도 내지 않고 먹고 마시거나 도박단과 결탁하여 뒷돈까지 받는 것을 보고 뉴욕 경찰의 부패상을 폭로한 프랭크 서피코는 괴한의 총탄에 하반신이 마비되었습니다.

영화 형사 서피코(1973)의 한 장면

1960년대 미국 뉴욕 경찰계는 요란했습니다. 이탈리아계 이민자이며 독실한 가톨릭 신자인 프랭크 서피코 경찰관이 뉴욕 경찰의 부패상을 폭로했기 때문입니다.

뉴욕 경찰은 식당과 술집에서 돈을 안 내고 먹고 마시는 것이 보통이었습니다. 도박단이나 마약 업자들과 결탁해서 뒷돈을 받기도 했습니다.

그는 이런 부패한 경찰들 틈에서 혼자 싸웠습니다. 동료 경찰들을 충고하고 경찰서장에게 탄원도 했습니다.

그러던 어느 날 그는 괴한의 총탄을 맞았습니다. 그 결과 하반신이 마비되어 휠체어를 타야 했지만, 그래도 굴복하지 않고 경찰의 부패상을 『뉴욕 타임스』에 호소했습니다.

신문사는 경찰의 부패상을 대대적으로 보도했고, 부패한 경찰들과 공무원들이 재판을 받았습니다. 갖은 협박과 위협에도 굴하지 않고 용기를 내어 부패상을 드러낸 서피코는 뉴욕 최고의 훈장을 받았습니다.

그 이후 영화 「서피코」가 제작되고 경찰은 한결 정직해졌습니다. 그는 평소에 이렇게 말했다고 합니다.

"하나님이 내 곁에 계시는데 두려울 것이 무어냐?"

"악한 자들은 이 세상에서 모두 끊어지고, 신실하지 못한 자들은 이 땅에서 뿌리째 몽땅 뽑힐 것이기 때문이다."(잠 2:22)

207 | 나도 너처럼 괴로웠다

위로와 격려
(♪458장, 307장)

아내가 가출하자 교회에 가서 울던 해리 투처트는 벽에 있는 그림 밑의 이 글을 보고 위로받았습니다. "네 마음을 다 안다. 나도 너처럼 괴로웠다." 그 뒤 그는 신학 공부를 하여 목사가 되었습니다.

출판인 해리 투처트는 성공한 사람이었습니다. 돈도 많이 벌었고 좋은 책도 많이 출판했습니다. 그러나 그의 가정은 불행했습니다.

그의 아내가 가출하자 이 충격에 방황하던 그는 어느 교회에 들어가 한참을 울었습니다. 그러다 무심코 교회 벽의 그림을 보았습니다.

환자가 지팡이를 짚고 멀리 보고 있는 그림이었습니다. 그림 속의 환자는 몹시 괴로운 표정이었고, 그 멀리에는 조그맣게 십자가 세 개가 있었습니다. 그리고 그림 아래에는 이런 글이 쓰여 있었습니다.

"네 마음을 다 안다. 나도 너처럼 괴로웠다."

그는 그 글을 보고 기도했습니다.

"주님, 저를 도우소서! 주께서 제게 반드시 힘을 주실 것을 믿습니다."

그 후 그는 신학 공부를 했고, 목사가 되어 새로운 인생을 사는 사명자가 되었습니다. 삶의 어느 순간이든 주 예수를 만나면 이렇게 새로운 삶이 전개되는 것입니다.

"그리스도의 고난이 우리의 삶 속에 넘치는 것처럼, 그리스도를 통하여 받는 우리의 위로도 넘치도록 풍성합니다."(고후 1:5)

208 | 프로와 아마추어

삶과 인생
(♪ 323장, 332장)

'프로'는 직업이고 '아마추어'는 좋아서 하는 것입니다.
'아모르'는 '사랑'인데 '좋아한다'라는 뜻입니다.
프로의 세계는 살벌해도 아마추어는 즐겁습니다.
인생을 즐기고 살면 마음의 여유가 옵니다.

운동 경기에서 돈 받고 뛰면 프로 선수이고 그냥 좋아서 하면 아마추어입니다. 직업적인 것과는 달리 좋아서 즐기는 것입니다.

'아마추어(amateur)'는 라틴어 '아모르(amour)'에서 나온 말입니다. 운동이나 일을 신나게 하지만 대가를 바라지 않습니다. 프로와는 다른 순수성이 있습니다. 그만둘 수도 있고 자기 뜻대로 계속할 수도 있습니다. 야구를 좋아해서 친구들과 어울려 야구를 하면 아마추어입니다.

그러나 프로의 세계는 살벌합니다. 자신의 직업이고 돈벌이라서 목숨을 걸고 열심히 합니다. 지면 안 되고 반드시 이기는 경기를 해야 합니다. 그것이 프로입니다.

우리의 삶에는 두 가지 정신이 다 필요합니다. 아마추어같이 순수하게 즐기면서도 프로답게 전문적인 분야를 지켜나가야 살아남습니다.

"내가 너희를 보내는 것이, 양을 이리 떼 가운데로 보내는 것과 같다. 그러므로 너희는 뱀같이 슬기롭게 처신하고, 비둘기같이 순결하게 행동하라."(마 10:16)

209 | 독립 생활

독립과 자립
(♪ 347장, 332장)

조지 워싱턴(1732~1799) 미국의 초대 대통령

> 미국 청년들은 21세부터 자립합니다.
> 방학 때마다 아르바이트로 학비를 법니다.
> 조지 워싱턴도 독립 생활을 했습니다.
> 가는 곳마다 기도를 잊지 않았습니다.

미국의 초대 대통령 조지 워싱턴은 21세에 독립 생활을 시작했습니다. 군 복무를 위해 집을 떠나 펜실베이니아로 갈 때, 그의 어머니는 어디 가든 혼자 기도하라고 당부했습니다. 조지는 어머니의 가르침대로 그렇게 살았습니다.

미국 청년들에게는 21세의 자립 정신이 있습니다. 성인이 되면 부모에게 의존하지 않는다는 독립 생활이자 자립 정신입니다. 미국 대학생들은 방학 때마다 아르바이트로 학비를 벌고 있습니다. 부잣집 자녀들도 이렇게 학비를 법니다.

우리의 현실은 30대가 되어도 부모와 함께합니다. 부모가 부자라면 놀고먹는 청년이나 장년까지 있는 가정도 많습니다. 대학을 졸업하고도 취직이 안 되어 부모 그늘에서 사는 이가 많은 것은 국가의 손실입니다.

직장을 구하기 어려워 놀고먹는 이도 있지만, 아예 직장을 찾으려 하지도 않습니다. 우리도 정신 무장의 독립 생활을 해야 합니다. 생활 전선에서 독립 정신을 길러야 합니다.

"자기가 맡은 일에 전념하는 가운데, 자기 손으로 직접 일하면서 살도록 하십시오."(살전 4:11)

210 | 로버트 아몬

서원과 사명
(♪329장, 459장)

대학생 때 목사 되기로 서원한 로버트 아몬은
부모가 원하는 대로 의사가 되었습니다.
20년이 지나 주일 예배 때 결심한 그는
신학교를 졸업하고 목회자가 되었습니다.

프린스턴 신학교

뉴저지주 프린스턴의 이비인후과 명의 로버트 아몬은 대학생 때 목사가 되기로 서원하고 결심했습니다. 그러나 부모는 의사가 되어 하나님의 일을 하면 더 좋은 일을 할 수 있다고 설득했습니다.

그는 부모의 뜻에 따라 하는 수 없이 의과를 선택했습니다. 부모가 원하여 의사가 되었지만 늘 마음의 빚을 갚고 싶었습니다.

어느 주일 예배 때 그는 20년 전의 약속을 지켜야겠다고 결심했습니다. 목사가 되기 위해 늦은 나이에 프린스턴 신학교에 입학했습니다. 늙은 학생이었지만 열심히 공부하여 드디어 목사가 되었습니다.

목사가 된 후 그는 더 크게 하나님의 일을 했습니다. 위대한 설교가와 부흥사로 활약했습니다. 오세올라 교회의 목사인 그는 딸 6명을 키우느라 많은 돈이 필요했습니다.

그러나 최소한의 생활비만을 남기고 대부분의 수입을 교회에 바쳤습니다. 그는 약속한 대로 사명자의 길을 걸었습니다.

"감사의 노래를 부르면서 주님께 희생 제물을 바치고, 주께 맹세한 나의 모든 약속을 성실히 지키겠습니다."(욘 2:9)

211 | 가룟 유다의 얼굴

부자와 탐욕
(♪513장, 522장)

레오나르도 다빈치 성화 '배신자' 가룟

레오나르도 다빈치는 「최후의 만찬」을 그리기 위해 예수와 열두 제자의 모델을 찾았지만 없었습니다. 어느 날 그림을 부탁한 수도원 운영자의 악착같은 모습에서 가룟 유다를 보았습니다.

레오나르도 다빈치는 어느 대수도원 운영자의 부탁으로 그림을 그리게 되었습니다. 그것은 예수와 열두 제자를 그리는 것이었습니다.

그림을 그리기 위해서 그는 열세 사람의 모델을 찾아 나섰습니다. 예수와 가룟 유다의 얼굴을 그리려고 모델을 찾아 나섰지만 끝내 찾지 못하여 몹시 안타까웠습니다. 그렇다고 아무나 그릴 수도 없어서 시간이 오래 걸렸습니다.

하루는 운영자인 그 부자의 얼굴을 유심히 살펴본 다빈치가 그토록 찾던 모델이라는 것을 뒤늦게 알았습니다. 화가가 충분히 구상하도록 시간을 주지 않고, 언제 완성하느냐며 날마다 달달 볶는 그가 바로 가룟 유다 같았기 때문입니다. 물론 그 부자는 몰랐습니다.

이것이 바로 고난 주간의 정신을 담아 그린 불후의 명작 「최후의 만찬」입니다.

"부자가 되기를 갈망하는 사람들은, 여러 가지 유혹과 덫에 걸려 어리석은 일을 저지르고, 결국 스스로 파멸의 구렁텅이에 빠지곤 합니다."(딤전 6:9)

212 | 몰트 마이어슨의 가훈 | 감사와 축복 (♪587장, 594장)

소련에서 미국으로 밀입국한 유대인 할아버지는 옷 수선을 했고 아버지도 양복점을 했습니다. 유대인 전통인 신명기 말씀을 가훈으로 삼아 몰트 마이어슨은 미국 40대 재벌이 되었습니다.

몰트 마이어슨은 미국의 40대 재벌 그룹 회장입니다. 그의 할아버지는 소련에서 미국으로 밀입국했습니다. 할아버지는 뉴욕 브루클린의 한 지붕 밑 골방에서 옷 수선을 했습니다. 몰트의 아버지도 양복점을 경영했습니다.

할아버지는 유대인으로서 인종 차별을 당했지만, 전통에 따라 자식에게 수천 년 전부터 내려오는 말씀을 가르쳤습니다. 그는 할아버지가 가르쳐 주신 신명기 8장 11-20절 말씀을 가훈처럼 여기며 살아왔습니다.

"하나님을 잊지 마라. 감사하는 자는 복이 온다."

그는 귀에 못이 박이도록 들은 그 말씀이 큰 힘이 되었습니다. 고달픈 나날을 이 말씀으로 위로받으며 열심히 살았습니다. 마침내 큰돈을 벌어 재벌이 되었습니다.

"주께서 여러분의 조상들에게 약속하신 것을 지키기 위하여 여러분에게 능력을 주고 힘을 주셨다는 것을 깨달아야 합니다."(신 8:18)

213 | 케추아 부족의 성경

성경과 선교
(♪200장, 203장)

케추아족(Quechuas)

미국 인디언 케추아 부족 성경 번역 때 '큰 긍휼을 몸으로 드러낸다'라는 십자가 사랑을 '쿠야파야리 이쿠스나이치크파이'로 번역했습니다. 성경 번역이 첫 과제였고 우리나라도 그랬습니다.

미국 인디언 가운데 케추아 부족이 있습니다. 이 부족을 위한 성경 번역본을 만들 때였습니다. 예수가 십자가에서 보여주신 '사랑'이란 말 번역 때 많은 시간이 필요했습니다.

결국 '큰 긍휼을 몸으로 드러낸다'라는 케추어 부족의 언어인 '쿠야파야리 이쿠스나이치크파이'라는 긴 말을 만들어서 번역했습니다. 예수 그리스도의 십자가 사랑을 표현한 것입니다.

케추어 부족의 성경을 시작으로 미국 인디언들도 자기 부족의 언어로 성경을 읽게 되었습니다. 성경 없이는 기독교를 전파하고, 또 기독교 기본 교리를 받아들이기 어려워 각 나라와 부족의 언어로 성경을 번역하는 것입니다.

그래서 오늘날 전 세계 모든 종족의 언어로 성경이 번역되어 보급되고 있습니다. 네팔의 소수 산악인의 성경도 한국인 학자들이 현지에서 번역했습니다.

성경 없이는 참다운 선교가 어렵습니다. 우리나라도 미국 선교사가 오기 전, 한글 성경이 몰래 보급되어 빨리 포교할 수 있었습니다.

"성경의 모든 책은 하나님의 영감을 받아 기록된 것으로, 참된 진리가 무엇인지 가르치고… 또 의로써 훈련시키기에 아주 유익한 책입니다."(딤후 3:16)

214 | 십자가와 내리막길

낮음과 십자가
(♪461장, 467장)

한 신학 교수가 정신병원 직원으로 가자
사람들이 이유를 물었습니다.
"내리막길을 살아봐야 한다."
십자가도 예수의 내리막길이라고 했습니다.

에루살렘을 바라보시는 예수님

몇 년 전 하버드 대학교 신학 교수인 헨리 나우웬 박사가 교수직을 사직하고, 매사추세츠주의 한 정신병원 직원으로 갔다는 소식이 있었습니다.

훌륭한 교수이며 출중한 신학자인 그가 월급도 적고 누가 알아주지도 않는 곳으로 갔을 때, 모두 왜 그러느냐며 의아해했습니다. 사람들에게서 이런 질문을 많이 받던 그는 『예수 이름으로』라는 책까지 냈습니다.

"내리막길을 살아봐야 한다."

그래야 예수를 안다고 답을 보낸 것입니다. 사람들은 위만 쳐다보고 올라갑니다. 그러나 아래로 내려가는 인생길을 가 봐야 알 수 있는 것이 많습니다.

예수를 제대로 알려면, 고귀하신 하나님의 아들이 높고 높은 하늘 보좌를 떠나 낮고 낮은 지상의 십자가에까지 내려오신 것을 알아야 합니다. 예수를 따라가는 길은 내려가는 길이라고 했습니다. 낮은 데로 내려가는 내리막길입니다.

"그리스도께서는 본래 하나님과 똑같은 분이면서도 하나님과 똑같은 자리에 있지 않으시고… 우리와 똑같은 사람이 되셨습니다."(빌 2:6-7)

215 | 두려워 말라

두려움과 말씀
(♪344장, 342장)

공산주의에 대항했던 리처드 범브란트

> 지구상에서 이슬람 국가와 공산권 국가는 기독교를 적대시하여 선교가 정말 힘듭니다. 리처드 범브란트 목사는 순교할 각오로 루마니아에서 40년 옥살이하며 선교했습니다.

공산권 선교는 그야말로 어렵습니다. 목숨 걸고 견디며 싸워야 하거나 순교하기도 합니다. 지구상에서 이슬람 국가와 공산권 국가, 이 두 곳에서는 기독교를 정면으로 적대시하여 선교가 정말 어렵습니다. 사회주의 국가인 중국은 반기독교를 공공연하게 표방하는 것도 실상입니다.

리처드 범브란트 목사는 공산주의 국가에서 선교에 목숨을 걸고 평생을 바쳤습니다. 루마니아에서는 40년의 옥살이도 했습니다. 생명의 위협도 숱하게 받았습니다.

"두려워하지 말라."(창 15:1)

그럴 때마다 그는 이러한 성경 구절을 기억했습니다. 성경에서 이런 구절 365개에 밑줄을 치며 읽고 또 읽었습니다. 이 말씀으로 용기를 얻으며 위기 때마다 잘 견뎌냈습니다.

날마다 이 성경 구절을 소리 내어 읽고 그 말씀을 새기며 용기를 얻었습니다. 그의 믿음은 복음을 적대시하는 나라 선교에 큰 힘이 되었습니다.

"너는 두려워 마라. 내가 항상 너와 함께하겠다."(사 43:5)

216 | 파스칼의 인간학

하나님과 인간
(♪310장, 547장)

수학자, 물리학자, 철학자, 신학자인 파스칼은 『팡세』에서 인간을 두 가지로 묘사했습니다. 약하고 쉽게 부러져도 이성적인 '생각하는 갈대'와 바람의 힘과 연주자의 기술인 '아름다운 풍금'입니다.

블레즈 파스칼(1623~1662)

17세기 프랑스의 파스칼은 저명한 수학자, 물리학자, 종교 철학자, 신학자였습니다. 그가 쓴 『팡세』는 독서계를 주름잡았는데, 그 책에서 그는 인간을 두 가지로 평가했습니다.

하나는 '생각하는 갈대'로 묘사했습니다. 이 시적인 표현에서 인간은 무척 약하고 부러지기 쉽지만, 이성을 가진 존재로 표현했습니다.

인간의 육체는 갈대처럼 허약합니다. 그러나 이성을 지닌 생각하는 존재이기 때문에 피조물 가운데서 가장 강한 존재이기도 합니다.

그는 또한 인간을 '아름다운 풍금'이라고 했습니다. 풍금은 바람의 힘과 연주자의 기술로 아름다운 소리를 냅니다. 말하자면 하나님과 사람의 하모니로 아름다운 소리를 냅니다. 하나님의 능력과 사람의 믿음이 합하여 아름다운 인생을 연주할 수 있는 것입니다.

"그리스도 예수를 위해 연약해지고, 모욕당하고, 궁핍을 겪고, 핍박당하고, 고통 받는 것을 도리어 기뻐합니다. …실제로는 내가 강하기 때문입니다."(고후 12:10)

217 | 얼어붙은 눈물

고통과 영광
(♪342장, 346장)

굴 속에 모래가 들어가면 아파서 나카를 분비하여 모래를 감싸고 또 감쌉니다. 진주조개는 한없는 눈물로 생성되는 것입니다. 유럽에서는 진주를 '얼어붙은 눈물'이라고 합니다.

진주는 육지에서 얻을 수 없는 유일한 보석입니다. 바다에서 나는 진주의 생성 과정을 보면 흥미롭습니다. 진주는 '아비큘리데'라는 굴 속에서 생깁니다.

굴 속에 모래가 들어오면 그 모래를 온몸으로 감쌉니다. 굴의 몸에서 '나카'라는 물질이 나와 모래알을 감싸고 또 감싸 마침내 진주가 자라게 됩니다. 굴은 모래 때문에 너무나 큰 고통과 아픔을 겪습니다. 그래서 나카를 분비하여 감싸고 고통을 이기는 것입니다. 그것이 진주입니다.

나카가 자꾸 덮이면 진주가 천천히 커집니다. 굴이 나카를 생산하여 모래알을 계속 코팅하면서 진주가 자랍니다. 나카로 모래알을 감싸지 않으면 진주조개인 굴은 죽고 맙니다.

유럽인들은 진주를 '얼어붙은 눈물'이라고 합니다. 그래서 시집가는 딸에게 진주를 줍니다. 시집가서 흘릴 눈물을 생각하여 주는 선물입니다. 진주는 얼어붙은 눈물인 고통의 생산품입니다. 진주조개 안에 모래가 들어와 상처가 생긴 굴을 아물게 하느라고 진주가 만들어지는 것입니다.

"그 승리의 월계관을 나에게 씌워 주실 것인데, 나에게뿐만이 아니라 주의 재림을 간절히 기다려 온 모든 믿는 자들에게도 역시 그리하실 것입니다."(딤후 4:8)

218 | 세계적인 잡지 발간

아버지와 아들
(♪344장, 301장)

선교사 아버지가 은퇴 후 시골에서 사는데
3년 만에 아들 헨리 루스의 편지가 왔습니다.
잡지를 만들겠다며 돈을 보내 달라는 소식에
있는 돈 다 털어 보냈더니 『타임』을 발간했습니다.

세계 각지에 예배당 세운 잡지왕

　헨리 루스의 아버지는 선교사로 일생을 보내고 은퇴 후 농촌에서 조용히 쉬고 있었습니다. 아들은 3년 동안 아무 소식이 없다가 어느 날 갑자기 돈을 보내 달라는 편지를 보내 왔습니다. 아버지는 소식이 와서 반가웠으나 어처구니가 없었습니다.

　은퇴한 선교사에게 무슨 돈이 있겠습니까? 그래도 그는 아들의 신념을 믿었습니다. 잡지를 내고 싶다고 해서 있는 돈 전부를 털어 600달러를 보냈습니다. 이것이 원동력이 되었습니다.

　오늘날 정치, 사회, 경제, 종교, 문화 등을 다루는 『타임』은 이렇게 시작된 주간지입니다. 이렇게 세계적인 잡지로 성장한 것은 아들의 신념을 믿은 선교사 아버지의 작은 도움이 큰 발판이 된 것입니다.

　하나님을 믿고 신념이 있는 헨리 루스는 잡지를 내면서 최선을 다했습니다. 사진 잡지 『라이프』와 『포춘』도 간행했습니다.

"주를 경외하는 사람은 견고한 요새를 가진 셈이어서, 자기 자식들에게 안전한 피난처를 제공해 준다."(잠 14:26)

219 | 소매치기

순수함과 회개
(♪287장, 290장)

O. Henry (1862~1910) 미국 단편 소설 작가

오 헨리가 쓴 단편 「소매치기」는 인간성 회복을 다룬 작품입니다. 길에서 한 여인의 지갑을 훔쳤는데 그녀는 초등학교 짝꿍이었습니다.

　미국 작가 오 헨리는 유명한 단편 작가로 「마지막 잎새」, 「크리스마스 선물」 등의 훌륭한 작품을 남겼습니다. 그가 쓴 단편 소설 「소매치기」는 인간성 회복을 다룬 작품입니다.

　한 소매치기가 성공하여 부자가 되었습니다. 그런데 그는 거리를 활보하다가 한 여자의 지갑을 슬쩍했습니다. 지난날의 버릇을 버리지 못한 것입니다.

　그런데 돌아서며 흘낏 본 그 여인은 낯이 익었습니다. 초등학교 때의 짝꿍이었습니다. 섬뜩해진 그는 순진하던 때의 자신을, 순수하던 어린 시절의 모습을 돌이켜 보았습니다. 그렇게 그는 어릴 때의 짝을 만나면서 회개했습니다.

　알고 보니 자신의 행복, 만족, 성공, 기쁨은 모두 거짓이고 위선이었습니다. 그는 비로소 자신이 형편없는 죄인임을 깨닫고 새 출발하게 되었습니다.

"너희가 죄에서 돌이켜 어린아이와 같이 되지 않으면, 결코 하늘나라에 들어가지 못할 것이다."(마 18:3)

220 | 테레사의 전도

믿음과 행함
(♪ 215장, 459장)

영국의 저명한 언론인 맬컴 머거리지는
기사를 쓸 때마다 교회를 비방했습니다.
인도 캘커타에서 테레사 수녀를 취재한 후
무신론자인 그는 기독교 신자가 되었습니다.

'위대한 성녀' 마더 테레사 수녀

    맬컴 머거리지는 영국의 저명한 언론인이며 무신론자입니다. 그가 기사를 쓸 때는 개인적인 대화에서도 교회를 욕하고 기독교의 단점을 들쑤셨습니다.

    그러던 그가 테레사 수녀와 같이 지내다가 완전히 기독교인으로 돌아섰습니다. 인도 캘커타에서 3일 동안 테레사 수녀를 취재한 후였습니다. 테레사의 삶은 철벽같은 무신론자의 장막을 무너뜨린 놀라운 전도였습니다.

    그는 취재 후에 이렇게 고백했습니다.

    "아직도 기독교 신앙의 깊이를 잘 모르지만, 무엇이 한 인간의 생애를 온전히 헌신케 하는가? 자기를 버리고 이토록 헌신하게 하는 그 무엇이 있다는 것을 이제야 알았다."

    테레사 수녀의 헌신이 자연스럽게 한 무신론자를 감동하게 한 것입니다. 기독교 국가에서의 무신론자의 회개는 정말 어려운데 그녀가 자신의 삶으로 전도한 것입니다.

    그는 말이 아니라 행동으로 봉사하는 테레사 수녀의 생활 태도에 감동한 것입니다.

"당신에게는 믿음이 있지만 나에게는 행함이 있소. …그러면 나는 행함으로 나의 믿음을 당신에게 보여주겠소."(약 2:18)

221 | 시스틴 채플

재능과 은사
(♪ 211장, 215장)

미켈란젤로의 걸작품 시스틴 채플 내의 벽화

로마 바티칸 대성전 시스틴 채플은 건물 자체가 모두 예술입니다. 미켈란젤로가 그린 「천지 창조」와 예언자들 그림은 최고의 예술입니다.

로마 바티칸 대성전 시스틴 채플은 건물 자체가 하나의 예술 작품입니다. 높고 둥근 천장에는 미켈란젤로가 1508~1512년까지 그린 「천지 창조」와 예언자들의 그림이 있습니다.

이 작품들은 500년이 지난 오늘날에도 보는 이마다 감탄을 연발하게 합니다. 누워서 위를 보고 그린 천장 벽화의 구도나 설정 또한 예술입니다. 하나님으로 묘사된 백발의 건강한 남성은 마치 살아 있는 것처럼 느껴집니다.

이곳을 찾는 사람들은 그의 걸작인 사실적·신앙적인 성서 그림에서 큰 은혜를 받습니다.

"건강도 안 좋은데 왜 그 힘든 일을 맡았습니까?"

미켈란젤로가 허리가 안 좋다는 것을 아는 한 제자의 물음에 그는 이렇게 대답했습니다.

"이것은 내 작품이 아닐세. 하나님께 영광을 돌리는 일일세. 돈보다 하나님의 필요가 중요하다네. 그러니 어찌 내 몸만 생각하겠는가?"

"유다 지파인 우리의 아들 브살렐을 가려 뽑았다. …그가 정교하게 보석을 다듬고, 나무를 잘 다듬고, 여러 면에서 온갖 솜씨를 다 발휘할 것이다."(출 31:2-5)

222 | 벨그라브 목사

포용과 용서
(♪ 218장, 220장)

나치 군복을 입은 퀴즐린이 총을 들고 들어와 유격 대원들이 여기 숨은 걸 다 알고 있으니 내놓지 않으면 몰살하겠다고 소리쳤습니다. 벨그라브 목사는 훗날 재판에서 그를 변호했습니다.

노르웨이 루터교회

독일군이 노르웨이를 점령할 때 루터파 교회에서 일어난 일입니다. 벨그라브 목사가 시무하는 교회에서 예배가 한창 진행되는데, 독일군 복장의 퀴즐린이 총대를 들이댔습니다. 그는 한때 그 교회의 교인이었습니다.

"유격 대원들이 이곳에 숨은 것을 알고 왔다. 가르쳐 주지 않으면 몰살하겠다!"

그 위협에 벨그라브 목사가 나섰습니다.

"우리는 아무것도 모르오. 죽이려면 대표로 나를 죽이시오!"

목사는 팔을 벌리고 기도했습니다. 예배는 계속 진행되었습니다. 독일군에 협력하던 퀴즐린도 그냥 물러갔습니다.

전쟁이 끝나고, 퀴즐린은 재판을 받게 되었습니다. 벨그라브 목사가 법정에 나와 그를 변호했습니다.

"퀴즐린은 겁이 많아 독일군에 부역했소. 그는 착한 우리 교인이오."

나치군이 노르웨이를 점령할 때 청년들이 유격대를 만들어 독일군을 공격했습니다. 퀴즐린은 독일군에게 붙어 못된 짓을 하고 다녔습니다. 벨그라브 목사는 그걸 알면서도 법정에서 그가 반역자로 처형되지 않도록 변호했습니다. 아량과 용서, 용기와 믿음이 돋보이는 광경입니다.

"일곱 번뿐 아니라 일흔 번씩 일곱 번까지라도 용서해 주어라."(마 18:22)

223 | 성경과 석유

말씀과 형통
(♪201장, 206장)

스탠더드 오일 정유소(1899년)

미국인 스탠더드는 출애굽기를 읽고 있었습니다. 아기 모세를 갈대 바구니에 담아 강물에 띄울 때 역청을 발랐다는 것을 읽고는 이집트로 달려가 나일강변 석유 탐사에 성공했습니다.

미국의 스탠더드는 석유 재벌 회사입니다. 그렇게 되기까지 사장은 성경을 열심히 읽었습니다. 그리고 성경을 통해 석유를 발견한 것입니다.

어느 날 그는 사무실에서 출애굽기를 읽고 있었습니다. 모세의 어머니가 아기 모세를 나일 강에 띄워 보낼 때, 갈대 바구니에 역청을 발라 물이 스며들지 않게 했다는 2장 3절을 읽게 되었습니다.

그때 그는 벌떡 일어나 이집트로 달려갔습니다. 성경 말씀에 힌트를 얻어 나일강 주변에서 시추했더니, 예상대로 석유가 펑펑 쏟아져 나왔습니다. 새롭고 놀라운 발견이었습니다.

이집트 땅에 석유가 날 것을 어찌 알았을까요? 그는 성경을 읽다가 유전을 발견한 것입니다. 역청이 있는 곳에는 석유가 납니다. 이 회사는 그 유전에서 큰돈을 벌었고, 그 돈으로 교회를 열심히 섬겼습니다. 수천 년 전의 성경 기록에서도 현대적 가치가 있었던 것입니다.

"너는 온 마음을 다하여 오직 주를 신뢰하고… 주님을 인정하여라. 그리하면 주께서 너를 인도하셔서 네게 바른길을 알려주실 것이다."(잠 3:5-6)

224 | 메리 밀러 할머니

모금과 연보
(♪50장, 211장)

크라이슬러 자동차 회사 아이어코카 사장이 자유의 여신상 보수비를 모금할 때였습니다. 메리 밀러 할머니가 네 차례나 성금을 보내자 감사장도 보내고 식사하자고 해도 거절했습니다.

美 자동차업계 전설 아이어코카

크라이슬러 자동차 회사 아이어코카 사장은 뉴욕항 자유의 여신상 보수비를 모금할 때 이야기를 자서전에 담았습니다. 뉴저지주에 사는 메리 밀러 할머니 이야기입니다.

처음에 그녀가 1천 달러를 보내자 사장은 감사장을 보냈습니다. 두 번째로 그녀는 2만 5천 달러를 보냈습니다. 다시 감사장을 보냈더니 이번에는 10만 달러였습니다. 또 감사장을 보냈습니다. 그랬더니 이번에는 7만 5천 달러였습니다.

아이어코카 사장은 너무나 감사하여 전화로 점심을 대접하겠다고 했습니다.

"미쳤다고 점심 사먹어? 지금 빨래하느라 바쁘다."

할머니는 자유의 여신상을 속히 수리하여 많은 사람에게 보여주어야 한다고 생각하여 자신의 전 재산을 보내다시피 한 것입니다. 그래서 점심을 사겠다고 해도 꾸짖은 것입니다.

아이어코카 사장은 의미 있게 돈을 쓸 줄 아는 할머니에게 감동했습니다. 그의 감사장과 점심 초대 등은 작은 일 같지만 소중한 인간 관리의 한 토막입니다. 덕분에 자유의 여신상은 깨끗이 단장하고 새로운 관광객들을 맞게 되었습니다.

"모진 시련 가운데서도 기쁨이 넘쳤고, 또한 그들 스스로는 극심한 가난에 쪼들리면서도 넉넉한 마음으로 헌금을 많이 했습니다."(고후 8:2)

225 | 일레인 차오

목표와 성공
(♪354장, 491장)

트럼프 행정부의 교통장관을 지낸 일레인 차오

> 딸을 잘 키우려고 대만에서 이민 온 아버지는 고등학생이 된 딸이 변호사 사무실 첫 출근 때 돈벌이보다 배움이 중요하다고 말했습니다. 훗날 그 딸은 교통부 차관까지 지냈습니다.

뉴욕 차이나타운에 자리 잡은 한 가정이 있었습니다. 보잘것없는 직업인데도 8세의 딸 일레인 차오를 잘 키우려고 대만에서 이민 온 가정입니다.

일레인 차오는 고 1인 10학년 때 아르바이트를 했습니다. 맨해튼의 법률 사무소 도서실이었습니다. 첫 출근 때 아버지가 딸을 데려다주며 말했습니다. 그녀는 이 말을 대학 졸업 때까지는 물론 평생을 간직했습니다.

"돈벌이보다 배움이 중요하다. 직장에서 여러 사람에게 많이 배워라. 마음을 바르게 하고 악에 물들지 마라."

『리더스 다이제스트』에 소개된 일레인 차오 이야기는 많은 이민 사회인들의 귀감이 되었습니다. 그녀는 동양인 이민 1세 중에서 최고로 출세했습니다.

구호 단체인 유나이티드웨이 총재, 평화봉사단 총재, 교통부 차관까지 지낸 고위 인사가 되었습니다. 푯대를 정하고 열심히 달려가면 성공할 수 있다는 자신감을 심어주는 입지전적인 이야기입니다.

> "나는 그것을 아직 붙잡았다고는 생각하지 않습니다. 다만 나는 뒤에 있는 것은 다 잊어버리고… 푯대를 향해 날마다 달려갈 뿐입니다."(빌 3:13-14)

226 | 하나님의 복을 빕니다

믿음과 소망
(♪344장, 488장)

월맹군은 월남전 때 포로가 된 짐 스턱데일 부제독을
뙤약볕에 사흘간 광장에 매달아 놓고는 때렸습니다.
미군 포로들은 하나님의 복을 빈다고 격려했고
그는 하나님의 손길이 자신들 돕는다고 믿었습니다.

스턱데일 패러독스 (Stockdale Paradox)

월남전 때 월맹군의 포로 이야기는 처절한 생명의 투쟁이었습니다. 그 속에서 하나님의 임재를 믿는 그들은 극심한 고문에도 살아남았습니다.

7월의 혹독한 더위 속에서 월남의 살인적인 햇볕이 강하게 내리쬐는 어느 날이었습니다. 월맹군은 포로인 짐 스턱데일 부제독을 광장에 매달아 놓았습니다. 모두가 보는 데서 사흘 동안 잠들지 못하게 하고 때렸습니다. 손을 뒤로 묶고 쇠망치로 다리를 후려쳤습니다.

다른 미군 포로들이 수건을 흔들며 격려했습니다. 그들은 고함을 지르며 머리글자인 "GBU, JS!"라고 부르며 격려를 보냈습니다. 그 뜻은 다음과 같습니다.

"짐(J) 스턱데일(S) 부제독님, 하나님의 복을 빕니다(God Bless U)!"

죽음의 수용소에서 살아남을 수 있었던 것은 신념과 믿음 때문이었습니다. 다른 포로들도 이와 같았습니다. 하나님의 손길이 자신을 돕는다는 믿음이 혹독한 고문을 이기고 끝까지 살아남을 수 있게 했습니다. 미군 포로들 대부분이 그런 시련과 위기 때는 기도에 매달렸습니다.

"저 원수들의 손아귀에서 나를 구해 주소서. 나를 치려고 일어선 자들에게서 나를 지켜주소서."(시 59:1)

227 | 노예 잡기

사탄과 올무
(♪343장, 348장)

18세기 노예선

노예 상인들이 아프리카 해변에 음식을 차려놓습니다. 고기 굽는 냄새가 진동하면 흑인들이 모여듭니다. 남자와 여자는 물론 아이들 등 100여 명이 넘으면 순식간에 모조리 노예선에 태워 팔아먹었습니다.

　노예를 잡으려는 노예 상인들은 아프리카 해안의 백사장에 천막을 칩니다. 천으로 된 붉은 깃발을 높이 달아 놓고, 그 아래에는 맛있는 음식을 차려놓고 냄새를 피웁니다. 그런 후 나팔을 불어 흑인들을 모으는 것입니다.

　흑인들은 멀리서 붉은 깃발이 펄럭이는 것을 보고 슬금슬금 가까이 옵니다. 그들이 다가오면 남자와 여자, 아이들에게 맛있는 음식을 줍니다.

　그렇게 해서 100여 명이 넘으면 순식간에 모조리 붙잡습니다. 마치 짐승을 사냥하듯 흑인들을 가차 없이 붙잡아가는 것입니다. 그렇게 붙잡은 흑인들을 노예선에 태워 바다로 나가면 더는 도망칠 수가 없습니다.

　백인 노예 상인들은 이렇게 하여 부자가 되었습니다. 노예 잡기는 속임수였습니다. 굶주린 사자와 같은 사탄도 미끼를 이용하여 교활한 속임수로 믿는 자들을 사냥하려고 합니다. 우리 모두 정신 바짝 차리고 근신해야 합니다.

"정신을 바짝 차리고 항상 깨어 있으십시오. …믿음의 반석 위에 굳게 서서, 마귀와 맞서 당당하게 싸우십시오."(벧전 5:8-9)

228 | 우편배달부

복음의 향기
(♪ 496장, 508장)

존 핸드는 그가 담당하는 황무지 구역에 꽃씨를 모아 날마다 한 줌씩 뿌렸습니다. 그곳은 몇 년 후 향기로운 꽃동산이 되어 미국 여러 곳에서 관광객이 몰려왔습니다.

캘리포니아, 칼스 배드의 꽃 농장

존 핸드는 미국 캘리포니아주 로스 알토스 힐 우편배달부였습니다. 그가 맡은 구역은 황량한 건조지가 많은 아주 너른 지역이었습니다.

어느 날 그는 그 지역을 지나가면서 한 가지 생각을 했습니다. 삭막한 황무지에 꽃을 피우려고 하나둘 들꽃 씨앗을 모았습니다. 우편물을 배달하려고 운전하다가 중간에 내려 하루 한 줌씩 그곳에 뿌렸습니다.

그렇게 3, 4년을 계속하자 큰 변화가 일어났습니다. 황량하던 대지가 꽃동산이 되어 그 지역을 지나가는 사람들이 꽃을 구경하게 되었습니다. 200여 리에 가까운 지역이 향기로운 꽃밭으로 변해 미국 여러 곳에서 관광객들이 찾는 아름다운 화원이 되었습니다.

한 사람의 생각과 노력으로 황량한 벌판이 꽃밭으로 변하게 되었으니 자신은 물론 보는 이들도 얼마나 아름다운 일입니까? 척박한 인간 광야에 영혼의 꽃씨를 심는 사람의 노동이 있다면, 메마른 인간 영혼에 복음의 꽃씨를 심는 사람이 있다면 이 또한 얼마나 향기로운 일입니까?

"평화와 구원의 기쁜 소식을 가지고 산을 넘어 힘차게 달려오고 있는 저 발걸음은 어찌 그리도 아름다운가?"(사 52:7)

229 | 미국인 메이슨

인생의 의미
(♪ 322장, 513장)

베네수엘라 카라카스

돈 버는 재미로 살던 메이슨은 그날 번 돈을 세다가 큰 금고 문이 닫히는 바람에 이틀을 갇혀 지냈습니다. 출근한 직원들이 발견하여 구출된 그는 전과는 달리 결혼도 하고 직원들에게 휴가도 주었습니다.

   미국인 메이슨은 남미의 베네수엘라 카라카스에 가서 큰 가게를 운영했습니다. 그는 돈 버는 데만 재미를 붙이고 살았습니다. 돈 쓰기가 너무 아까워 결혼도 하지 않고 살았습니다.

   그의 유일한 낙은 저녁때 돈을 큰 금고에 넣고 바라보는 것이었습니다. 직원들의 월급도 최소한으로 주고 휴가도 거의 주지 않았습니다.

   어느 해 크리스마스 이브에는 매상이 아주 많이 올랐습니다. 성탄절을 앞두고 특별히 매상이 많았던 것입니다. 메이슨은 그날 벌어들인 큰돈을 품에 안고, 사람이 걸어 들어갈 만큼 큰 금고 안으로 들어가 돈을 세며 좋아했습니다.

   그가 한참 넋을 잃고 돈을 세고 있을 때 그만 금고문이 닫혀 버렸습니다. 그는 금고 안에서 이틀을 굶고 지내다가 직원들이 출근하는 날 어렵게 밖으로 나올 수 있었습니다.

   삶은 무엇일까요? 사람은 무엇일까요? 삶의 재미는 무엇일까요? 그 후로 그는 크게 변하여 결혼도 하고 사람답게 살기로 작정했습니다. 직원들에게 휴가도 주고 월급도 올려주었습니다. 믿고 사는 법을 깨달은 것입니다. 그는 금고 안에 갇혀서 비로소 인생을 공부한 것입니다.

"어찌 내일 일어날 일을 알 수 있단 말입니까? …생명이 무엇입니까? 사실 여러분의 생명은 잠깐 나타났다가 어느새 사라져 버리는 안개일 뿐입니다."(약 4:14)

230 | 링컨의 수염

조언과 수용
(♪454장, 467장)

대통령에 출마한 링컨은 시골뜨기 같으니 수염을 기르면 좋겠다는 한 소녀의 편지를 받고 여태까지의 이미지를 싹 바꾸었습니다. 당선한 그는 소녀와 가족을 백악관에 초청했습니다.

링컨 대통령이 수염을 기른 것은 불과 4년

링컨의 일화집에 수록된 내용입니다. 그가 대통령 출마를 선언했을 때, 한 8세 소녀의 편지가 그의 이미지를 완전히 바꾸어 놓았습니다. 그 소녀의 진실한 충고가 큰 도움을 주었던 것입니다.

"아저씨 얼굴은 시골뜨기 같아요. 그러니 수염을 기르면 어떨까요?"

링컨은 그날부터 수염을 길렀습니다. 지방 유세를 다니던 그는 어느 날 선거 운동 캠페인 기차를 세웠습니다. 소녀의 편지를 들고 내린 그는 그 집에 잠시 머물렀습니다.

소녀의 아버지는 공화당원으로 링컨을 위해 활약한 지방 인사였습니다. 링컨은 그 집에 손님으로 찾아간 것입니다.

링컨은 당선된 후 소녀를 부모와 함께 백악관에 초청했습니다. 함께 식사하고 소녀에게 감사의 선물도 주었습니다. 작은 소녀의 건의에도 귀를 기울여 자신의 이미지를 바꾼 링컨의 자세가 참으로 배울 만합니다.

"일전에 아람이… 이스라엘을 공격할 당시, 이스라엘에서 한 소녀를 포로로 붙잡아 왔는데, 나아만은 그 소녀에게 자기 아내의 시중을 들게 했다."(왕하 5:2)

231 | 마리 스티븐스의 양장점 | 도움과 배려 (♪220장, 218장)

모자 하나로 큰돈을 번 양장점이 있습니다. 암에 걸려 머리카락이 모두 빠진 금발의 소녀가 모자나 스카프로 머릿수건을 만들어 썼는데 그 두 개를 합친 특수 모자를 원했던 것입니다.

『리더스 다이제스트』에 소개되어 많이 알려진 이야기입니다. 미국 뉴저지주 무어스타운에는 큰돈을 번 양장점이 있었습니다.

금발의 소녀를 돕기 위해 만든 모자가 대박이 날 줄은 상상도 하지 못한 일이었습니다. 남을 도우려는 따뜻한 마음이 빛을 본 것입니다.

어느 날 마리 스티븐스가 운영하는 작은 양장점에 암에 걸려 머리카락이 다 빠진 금발의 소녀 바바라 베셋이 놀러 왔습니다. 소녀는 늘 모자를 쓰거나 스카프로 머릿수건을 만들어 써야 했습니다. 그날 양장점에 놀러 온 소녀가 말했습니다.

"종일 모자를 쓰려니 답답하고 무겁고 힘들어요. 머리를 가릴 수 있는 멋진 모자와 스카프를 합친 게 있었으면 좋겠어요."

마리 스티븐스는 고민을 거듭하다가 특수 모자인 '가리고 멋내기'를 만들어 주었습니다. 소녀는 동네에 이 모자를 자랑하고 다녔습니다. 그러자 주문이 쇄도하여 양장점은 대박이 났습니다.

바바라 베셋은 1994년에 죽었지만 마리 스티븐스는 큰돈을 벌어 암 환자들을 도왔습니다.

"우리는 저마다 이웃을 기쁘게 하고, 이웃의 유익을 위해 살아야 하며, 이웃에게 덕을 세우도록 해야 합니다."(롬 15:2)

232 | 미국의 성조기

신념과 정신
(♪344장, 586장)

존 애덤스 목사는 국회에서 국기 설명회를 열었습니다.
흰 줄은 청교도 정신, 붉은 줄은 용기, 열정, 신앙이며
13개의 붉고 흰 줄은 13주를 나타냅니다.
오늘날은 50개인 13개의 별은 13주였습니다.

나라마다 건국 정신이 깃들어 있고 나라의 가치와 신념이 내포된 국기가 있습니다. 유럽의 국기에는 십자가를 넣은 나라도 있습니다. 일본 국기는 태양 하나만 둥글게 그렸습니다. 태양은 신라 초기의 상징인데 일본이 도용한 것입니다.

미국의 세 가문이 된 애덤스, 에드워드, 케네디 집안은 미국을 이끈 가문입니다. 존 애덤스는 신앙과 신념으로 애국자가 되었습니다. 미국의 정치적 안정과 국가적 기반을 마련한 그는 1777년 6월 14일 미국 국회에서 설명회를 열었습니다. 국기인 성조기를 만들고 거기에 담긴 뜻을 설명했습니다.

미국을 대표하는 청교도 정신은 성조기의 흰 줄에 담았습니다. 그것은 청교도 정신으로 정결하고 거룩함을 나타냅니다. 붉은 줄은 용기, 열정, 신앙의 상징입니다. 푸른 네모 바탕은 정의를 가리킵니다.

13개의 붉고 흰 줄은 13개 주로 각 주의 독립을 기념합니다.

그 당시의 별 13개는 13개 주를 대표하는 숫자였습니다. 현재는 더 많은 주가 추가되었습니다. 하와이와 알래스카까지 포함하여 모두 50개로 늘어나서 별도 50개가 되었습니다.

"정녕 하나님께서 우리에게 복을 내려주시리니, 땅 끝까지 온 누리의 모든 백성이 하나님을 경외하며 살 것입니다."(시 67:7)

233 | 토머스 제퍼슨의 말

말씀과 순종
(♪516장, 460장)

토머스 제퍼슨(1743~1826) 미국 3번째 대통령

훗날 미국 대통령이 된 토머스 제퍼슨은
독립 선언문을 만들었습니다.
성경을 바탕으로 신앙 고백 같은 이 선언문은
미국의 정신을 표현한 것입니다.

토머스 제퍼슨은 조지 워싱턴과 함께 미국 독립을 이룩한 애국자입니다. 그가 작성한 미국 독립 선언문에는 신앙 고백서 같은 내용이 담겨 있습니다.

후일 대통령이 된 토머스 제퍼슨은 자신의 『버지니아 노트』에 이런 말을 썼습니다. 그의 신앙 고백이 드러나는 글입니다.

"하나님은 인간의 마음속에 양심이라는 것을 저금해 놓으셨는데, 누가 하나님의 사람인지 아닌지는 그 양심이 얼마나 있는지 살펴보면 알 수 있다."

"폭군에게 저항하는 것은 하나님께 순종하는 믿음이며 참사랑이다. 양심을 따르는 것은 하나님의 음성을 듣는 것이다."

그는 재킷 안에 그의 됨됨이를 보여주는 이런 글귀를 새긴 천들을 붙이고 다녔습니다.

늘 하나님을 생각하고 하나님 앞에서 살아갔습니다. 초지일관 양심으로 사는 정직한 삶이 그의 생활 철학이었습니다. 그것은 성경을 바탕으로 합니다.

"여러분에게 명하는 주님의 말씀을 항상 마음에 품고 사십시오."(신 6:6)

234 | 조지 워싱턴의 새벽

애국과 신앙
(♪206장, 585장)

날마다 새벽 4시에 서재에 간 조지 워싱턴은 성경을 읽고 기도하기를 게을리하지 않았습니다. 왜 그러느냐고 비서가 묻자 시험에 들지 않도록 하나님 말씀과 가까이 지내야 한다고 했습니다.

밸리포지 전투 당시 기도하는 조지 워싱턴 장군의 상상화

미국의 초대 대통령 조지 워싱턴은 믿음이 돈독한 사람이었습니다. 그는 신앙의 바탕 위에 국가를 운영하였습니다. 그것은 미국의 자랑입니다. 어느 나라든 부자 나라나 강한 나라는 될 수 있지만, 철저한 하나님 신앙의 나라로 건국하기는 정말 어렵습니다.

그는 날마다 새벽 4시에 서재로 갔습니다. 작은 책상에는 항상 성경책이 있었습니다. 그는 성경을 읽고 기도로 하루를 시작했습니다.

"날마다 그럴 필요가 있습니까?"

어느 날 비서 루이스가 묻는 말에 그는 이렇게 대답했습니다.

"시험에 들지 말고 바른 판단을 하려면 하나님의 말씀과 늘 가깝게 지내야 하네."

그가 장군으로서 미국 독립전쟁을 할 때, 가장 힘든 전쟁은 필라델피아 교외의 밸리포지 전투였습니다. 거기에는 '워싱턴 기념 교회'가 있습니다. 그 교회의 벽에 그의 기도문이 새겨져 있습니다.

"주님, 미국을 지켜주실 분은 오직 하나님뿐입니다. 지도자들이 무엇보다도 하나님을 사랑하고, 말씀에 순종하고, 정직하게 살며, 국민을 섬길 수 있게 도와주소서."

"주님의 말씀은 내 발을 인도하는 등불이요, 내 길을 비춰 주는 빛입니다."(시 119:105)

235 | 브라질에서 온 소년들 | 욕심과 탐욕
(♪322장, 516장)

히틀러를 1만 명이 복제하여 세계를 점령하고 하루에 소를 100마리 복제하여 메뚜기값이 되는 공상 과학 소설처럼 실제로 그런 일이 생깁니다. 인간 상실의 최후는 바벨탑의 비극 같을 것입니다.

일본 작가 다카쿠라 다이스케의 복제인간

아이라 레빈이 쓴 『브라질에서 온 소년들』은 1978년에 발표된 공상 과학 소설입니다. 소설의 일부는 현실에서 실제로 그와 같은 사건이 생기기도 합니다.

이 소설에서 독일 나치당은 히틀러를 1만 명이나 복제합니다. 이들이 전 세계에 흩어져서 모든 나라와 민족을 정복하는 끔찍한 이야기입니다.

지금은 유전 공학이 급속하게 발달하여 언제 무슨 일이 생길지 모릅니다. 양의 복제는 일반화되었는데 같은 포유동물인 인간은 왜 안 될까요?

소를 하루에 100만 마리 복제하여 1년만 키워 시장에 내다 팔면, 소 한 마리 값은 메뚜기값이 될 것입니다. 공상 소설이라지만 앞날이 걱정입니다.

천재를 복제하여 각종 연구를 진행하게 하고, 미스 유니버스를 복제하여 온 세상에 퍼뜨리면 미녀가 넘쳐나는 세상이 될까요? 그러나 오히려 큰 비극이 시작될 것입니다.

인간 상실의 마지막은 인간 복제 세상이 될 것입니다. 창조주 하나님의 뜻에 어긋나는 인간의 욕심과 탐욕은 바벨탑의 비극으로 마무리될 것입니다.

"내 마음이 온전히 주의 말씀으로만 향하게 하시고… 오직 주의 말씀에 따라 사는 일에 몰두하게 하소서."(시 119:36-37)

236 | 당근 대가리

인내와 끈기
(♪367장, 344장)

윈스턴 처칠의 고교 때 별명은 당근 대가리였습니다.
담임은 상급 학교 진학은 꿈도 꾸지 말라고 했지만
그는 밤마다 성경을 읽고 장래를 생각했습니다.
황소고집의 그 강한 결단력이 위인을 만들었습니다.

사관학교 시절의 처칠

    영국의 한 고등학교에 '당근 대가리'라는 별명의 학생이 있었습니다. 학교 성적은 꼴찌에서 세 번째였는데 영어나 역사 말고는 모두 낙제였습니다.

    거기다 그는 대단한 고집불통이었습니다. 잘못되었다고 판단되면 누구의 말도 듣지 않았습니다. 잦은 체벌을 하던 담임은 상급 학교 진학은 꿈도 꾸지 말라며 나무랐습니다.

    그 학생의 이름은 윈스턴 처칠이었습니다. 성적도 안 좋고 미련할 정도로 고집이 세었습니다. 어느 구석 좋은 점이라고는 눈을 부릅뜨고 찾아볼 수 없는 문제아였습니다.

    그런 그가 나중에 위대한 인물이 된 것은, 꾸준하게 참고 앞으로 미련스럽게 나간 인내와 용기 때문이었습니다. 특히 밤마다 성경 한두 구절을 읽으며 앞을 내다보고 설계하는 습관 때문이었습니다.

    윈스턴 처칠을 두고 고교생 때 '당근 대가리'라고 했던 것은 꽉 막힌 그의 의식 구조 때문이었습니다. 그러나 달리 생각하면, 남이 뭐라고 하든 흔들림 없이 목표대로 꾸준히 밀고 나가는 투철한 결단력이기도 합니다. 그런 강력한 결단력이 그를 위대한 인물로 이끈 것은 아닐까요?

"인내는 여러분을 온전히 성숙하게 만들어 주어 여러분으로 하여금 모든 일에 조금도 부족함이 없는 사람이 되게 할 것입니다."(약 1:4)

237 | 거짓말 열전

진리와 거짓
(♪516장, 344장)

이브에게 선악과를 먹으라고 하는 뱀

에덴동산에서의 뱀, 하와를 유혹한 사탄, 동생을 죽인 가인, 믿음의 조상 아브라함, 요셉을 팔아먹은 형들 등 성경에는 수많은 거짓말이 등장합니다.

성경에 등장하는 인물들은 자주 거짓말을 합니다. 수없이 많은 거짓말이 기록되어 있습니다. 거짓말이 많은 것은 인간 타락의 청사진입니다.

맨 처음은 에덴동산에서 뱀이 한 거짓말입니다. 하와를 유혹한 사탄의 말은 거짓투성이였습니다. 동생을 죽인 가인은 하나님께 거짓말했습니다. 믿음의 조상 아브라함도 아내를 여동생이라고 거짓말했습니다. 형들은 동생 요셉을 팔아먹은 후에 들짐승의 밥이 되었다고 아버지 야곱에게 거짓말했습니다.

거짓말은 곳곳에 수두룩합니다. 죽음이 두려워서, 손해를 볼까 봐, 이익을 챙기려고, 현재의 위기를 모면하려고 임기응변으로 거짓말합니다. 인간은 타락하고 부패한 존재입니다. 성경에 인간이 등장하면서부터 거짓말이 술술 쏟아져 나왔습니다. 거짓말은 악의 뿌리입니다. 하지만 인간들의 거짓말 열전인 성경에서 우리는 은혜를 받고 지혜와 깨달음을 얻습니다.

그러한 거짓말보다 더 위대한 하나님의 진리가 늘 승리하기 때문입니다. 그것은 거짓과 죄악이 많은 곳에 하나님의 은혜가 흘러넘치기 때문입니다. 믿음은 모든 거짓말을 딛고 일어서는 영적인 힘입니다. 우리는 성경을 통해 그런 믿음을 길러야 합니다.

"교만한 자들이 온갖 거짓말로 나를 괴롭히며 해치려 하지만, 나는 온 마음 다해 주의 교훈을 지키렵니다."(시 119:69)

238 | 워너메이커의 투자

성경의 가치
(♪200장, 202장)

12세 때 2달러 50센트로 성경을 산 것이
최고의 투자였다고 워너메이커는 말했습니다.
그 성경을 읽고 꿈을 키운 그는 후일
체신부 장관을 지내고 '백화점 왕'이 되었습니다.

존 워너메이커 "손님은 왕이다" 백화점의 왕

미국의 실업가로서 체신부 장관을 지낸 존 워너메이커는 '백화점 왕'으로 불립니다. 그는 미래를 예측하는 탁월한 판단력과 정확한 경영 능력의 소유자였습니다. 그가 투자하여 산 물건들은 매번 엄청난 이윤을 남겼습니다. 항상 최고의 가치를 창출했습니다.

어느 날 한 신문기자가 그에게 물었습니다.

"지금까지 투자한 것 중에서 가장 성공적인 것은 무엇이었습니까?"

이 질문에 그는 분명한 어조로 답변했습니다.

"내 나이 열두 살 때 최고의 투자를 한 적이 있지요. 그때 나는 2달러 50센트를 주고 성경 한 권을 샀습니다. 이것이 나의 가장 위대한 투자였습니다. 그 성경이 바로 오늘의 나를 만들었으니까요."

그는 가난한 소년 시절에 성경을 읽고 꿈을 키웠습니다. 그리고 성경의 가르침대로 행동하여 훌륭한 인물이 될 수 있었습니다.

"성경의 모든 책은 하나님의 영감을 받아 기록된 것으로… 세상에서 모든 선한 일을 할 수 있도록 온전히 준비시켜 줍니다."(딤후 3:16–17)

239 | 메가케로스의 뿔

권세와 영광
(♪ 513장, 522장)

아주 옛날 메가케로스라는 학명의 사슴은 큰 뿔 때문에 지구상에서 멸종했습니다. 영광, 교만 권세, 물질, 감투 등의 상징인 인간 세상에서의 뿔도 지나치면 안 됩니다.

키는 3~4m, 몸무게는 400~500kg에 이르렀을 것으로 추정.

아주 옛날 메가케로스라는 학명의 거대한 사슴이 살았다고 합니다. 뿔이 너무 큰 이 사슴은 뿔이 자라면 그 무게를 감당할 수가 없었다고 합니다. 거대한 뿔 때문에 생존하지 못하고 지구상에서 멸종한 짐승입니다.

뿔이 자라는 초기에는 힘도 세고 덩치도 커서 다른 짐승들을 이겼지만, 뿔이 계속 자라면 너무 거대해져 뿔의 무게를 못 이겨 죽고 맙니다.

세상에는 인간 메가케로스도 있습니다. 여기서 뿔은 영광, 교만, 권세, 물질, 감투 등을 상징한다고 볼 수 있습니다. 그것을 적당히 누리는 게 아니라 분수 넘치게 취하면 감당할 수 없어서 자멸하고 맙니다. 지나치게 벅찬 그 뿔 때문에 망하는 것입니다.

사람에게는 자신에게 어울리는 뿔이 있습니다. 그러나 교만하거나 탐욕을 부려 지나치게 무거운 감투를 쓰게 되면 메가케로스 꼴이 됩니다. 자신에게 어울리는 감투는 복되지만 지나치면 재앙을 몰고 옵니다.

"교만은 멸망으로 이끄는 앞잡이요, 거만한 마음은 몰락으로 향하는 지름길이다."(잠 16:18)

240 | 벤디빌트의 임종 고백

심령과 영혼
(♪96장, 427장)

미국 테네시주 내슈빌에 벤디빌트 대학이 있습니다.
아름다운 이 캠퍼스에는 우거진 숲과 언덕도 있습니다.
이 대학 설립자인 벤디빌트는 임종 때
자신은 영적으로 가난하고 비천하다고 했습니다.

밴디빌트대학교 Vanderbilt University

    미국 테네시주 내슈빌에는 사립 벤디빌트 대학이 있습니다. 그 대학의 아름다운 캠퍼스에는 우거진 숲과 언덕도 있습니다. 한국 학생들도 유학하는 곳입니다. 감리교회 총회 교육부가 있으며 『다락방』을 발행하는 곳입니다.

    그 대학의 설립자인 벤디빌트는 엄청난 부자였습니다. 그가 병들어 죽어갈 때 흑인 하인이 곁에서 「예수 누구신고 하니」라는 찬송을 불렀습니다.

    "없는 자의 풍성함, 천한 자의 높음, 약한 자의 강함, 죽은 자의 생명…."

    가만히 듣고 있던 벤디빌트의 입술이 움직였습니다. 그는 이렇게 고백했습니다.

    "나는 가난하고 비천합니다."

    그는 많은 재산을 바쳐 대학을 세워 물질적으로는 엄청난 부자였지만, 하나님 앞에서는 영적으로 가난하고 비천하다고 고백한 것입니다. 주님의 심판대 앞에 서기 전, 우리도 가난한 심령과 비천한 마음을 가져야겠습니다.

"복됩니다! 마음이 가난한 사람들이여, 하늘나라가 그들의 것입니다."(마 5:3)

241 | 미국의 달러

돈과 신앙
(♪94장, 50장)

"하나님 안에서 우리는 믿는다."
1달러에서 1천 달러까지에 들어 있는
이 구절은 미국 초기 개척자들의 정신입니다.
그 가치와 신뢰를 하나님께 맹세한다는 뜻입니다.

미국의 달러는 지폐마다 다음과 같은 글귀가 있습니다.

"하나님 안에서 우리는 믿는다(In Ggod We Trust)."

달러에서 1천 달러까지 모든 지폐에 새겨져 있는 문구입니다. 이것은 미국 돈의 가치와 신뢰를 하나님께 맹세한다는 뜻입니다.

미국 돈에는 초기 개척자들의 혼이 들어 있다고 할 것입니다. 그들의 신앙을 나타내는 기본 정신은 바로 "하나님 안에서(In God)"에 있습니다.

사회가 아무리 타락하거나 물질 위주라고 해도, 미국 돈인 달러에 이 글귀가 있는 한 그 가치는 하나님 안에서 의미가 있습니다. 하나님 밖에서는 그 돈을 믿을 수 없습니다.

하나님(God) 대신에 황금(gold) 안에서 우리가 믿는다고 하면 그건 잘못된 것입니다. 하지만 요즘의 세상 풍조를 보면 하나님이 황금으로 바뀌고 있습니다. 심히 걱정스러운 일입니다.

"돈을 사랑하는 것은 정녕 온갖 악의 뿌리입니다. 그래서 어떤 이들은 돈을 좇다가… 스스로 많은 괴로움을 겪기도 합니다."(딤전 6:10)

242 | 마가렛 변호사

섬김과 봉사
(♪49장, 212장)

한 농촌 감리교회에 흑인 장애인이 있었습니다. 소아마비로 보행이 불편한 여성 변호사 마가렛은 눈이 많이 내린 어느 날 목사 아들이 눈을 치우자 용돈을 주면서 십일조를 내라고 했습니다.

미국 웨스트버지니아주에 한 감리교회가 있었습니다. 흑인 여성 변호사 마가렛이 섬기는 농촌 교회였습니다. 언젠가 감리교회 주간지 『인터프리터스』에 마가렛 변호사 이야기가 소개된 적이 있습니다.

마가렛은 소아마비로 보행이 어려웠지만 열심히 공부하여 변호사가 되었습니다. 고향을 지키며 교회를 잘 섬겼습니다. 장애인, 흑인, 여성의 몸이었지만, 자신의 농촌 교회를 정성껏 섬기면서 해마다 교회 운영 자금과 경비를 거의 혼자서 부담했습니다.

눈이 많이 내린 어느 날, 눈을 치우고 있던 목사의 아들에게 용돈을 주며 그녀가 말했습니다.

"이것은 네 수입이니 꼭 십일조를 내라."

그 목사의 아들은 자라서 나중에 감리교 연회 감독이 되었습니다.

"형제처럼 서로 따뜻하게 사랑하고, 서로 먼저 존경하는 마음을 가지십시오. …영적인 열정을 갖고 힘껏 주님을 섬기십시오."(롬 12:10-11)

243 | 어린 루터의 신앙

어린이와 신앙
(♪565장, 568장)

비텐베르크시의 한 성당 정문에 '95개 논제'를 붙이는 루

교회 성가대 연습 시간에 창문 밖에서 어린 루터가 찬송가를 열심히 불렀습니다. 지휘자가 어른들뿐이라서 안 된다고 했으나 루터는 원하던 대로 성가대 대원이 되었습니다.

독일 아이스레밴 교회 성가대원들이 한창 연습을 하고 있었습니다. 그런데 교회 창문 밖에서 한 아이가 혼자서 열심히 노래를 부르는 것이었습니다. 성가대 지휘자가 문을 열고 그 아이에게 물었습니다.

"거기서 뭘 하는 거냐?"
"성가대 대원이 되고 싶은데 지휘자 선생님이 들어주셨으면 하고 노래를 부르고 있었어요."
"우리 성가대는 모두 어른들뿐인데 너 같은 아이가 들어올 수 있다고 생각하니?"
"예수님이 써주시면 아무리 어려도 할 수 있다고 배웠어요."
"이름이 뭐냐?"
"제 이름은 마르틴 루터입니다."

아이는 그 교회 성가대원이 되었으며, 자라서 신학교를 졸업한 후 종교개혁을 했습니다.

"될성부른 나무는 떡잎부터 알아본다."

우리나라의 이 속담은 어린 루터에게 딱 맞는 말이었습니다. 하나님의 일, 교회의 일, 예수님의 일은 세상의 일, 인간의 일과는 다른 것이었습니다. 누구든지 예수님이 써주시면 어떤 일이든 할 수 있습니다.

"어린아이들이 내게 오는 것을 허락하고 그들을 막지 말라. 하늘나라는 바로 이런 어린아이들의 것이다."(마 19:14)

244 | 고독한 사람

고독과 사색
(♪ 363장, 361장)

문학, 미술, 음악 등의 창작은 고독에서 나옵니다.
혼자만의 감성이 활발해야 명곡이 나옵니다.
바흐가 모두 잠든 밤에 명곡을 만들었듯이
창작은 외로움에서 생산되는 것입니다.

요한 제바스티안 바흐

문학, 미술, 음악 등을 창작하는 사람들은 혼자만의 고독한 시간 속에서 작품을 만들어냅니다. 창작은 자신과의 치열한 싸움입니다. 외롭고 고독할 때 감성이 활발하게 작용하여 작품으로 탄생하게 됩니다.

음악가 바흐는 가족이 모두 잠든 깊은 밤에 창작의 샘물을 길어 올렸습니다. 숲과 언덕을 오르며 혼자만의 별빛 찬란한 밤을 가지면서 명곡을 만들었습니다. 그의 이웃들은 바흐를 가리켜 '고독한 사람'이라고 불렀습니다.

예술가들은 무리에 섞여 있을 때보다는 외로이 혼자 있을 때 뛰어난 작품을 만듭니다. 고독 속에서 깊이 사색하다 보면 불후의 명작이 탄생합니다.

신앙의 세계도 비슷합니다. 신앙인은 부산스럽고 떠들썩할 때보다는 외롭고, 조용하고, 고독할 때 깊은 묵상과 기도를 통해 하나님과 더욱 친밀하게 교제할 수 있습니다.

고독은 불행이 아니라 어떤 면에서는 행복한 것입니다. 그러나 그 고독의 시간을 생산적으로 잘 활용해야 합니다.

"그 후 예수께서는 제자들을 재촉하여 배를 타고 먼저 갈릴리 호수 건너편으로 건너가게 하신 다음… 기도를 드리려고 홀로 산으로 올라가셨다."(마 14:22-23)

245 | 피아노 이야기

긴장과 기도
(♪ 365장, 337장)

4만 파운드의 힘으로 틀에 매어져 있는 피아노에서 아름다운 소리가 나는 것은 연주자가 건반을 누를 때 팽팽하게 긴장한 240개의 쇠줄에서 나오는 것입니다. 쇠줄을 망치로 때리는 소리의 균형이 연주의 생명입니다.

피아노가 아름다운 소리를 내는 것은 240개 쇠줄의 팽팽한 긴장 때문에 그렇습니다. 이 팽팽한 긴장은 대단합니다. 강하게 긴장할수록 높고 아름다운 소리가 울립니다.

강하게 당기는 쇠줄을 나무망치가 때릴 때 피아노 소리가 퍼져 나갑니다. 피아노를 통한 긴장이 아름다운 음률이 되어 튕겨 나갑니다. 소리에 장단을 싣고 옵니다.

피아노 한 대는 4만 파운드의 힘으로 틀에 매어져 있지만, 이렇게 강한 긴장이 있다는 것은 참으로 놀랍습니다. 연주자는 가볍게 피아노 건반을 누르지만, 팽팽한 쇠줄을 망치로 때리는 소리의 균형을 얼마나 조화롭게 하느냐가 연주의 생명입니다.

피아노는 이같이 고통이나 불안이나 긴장을 풀어줍니다. 우리도 매일매일 삶의 탱탱한 긴장 속에서 기도의 음반을 눌러 아름다운 생을 연주해야 할 것입니다.

"고난이 홍수처럼 밀어닥칠지라도, 그들에게는 미치지 못할 것입니다."(시 32:6)

246 | 선한 사마리아인

이웃과 섬김
(♪218장, 517장)

험한 산을 오르다가 벼랑에서 추락한 오베르랑은
그곳을 지나던 한 농부의 구조로 살아났습니다.
너무나 고마워서 이름과 주소를 물었더니
선한 사마리아인 이름을 아느냐고 되물었습니다.

선한 사마리아인

프랑스 작가이며 신부인 오베르랑은 취미로 자주 등산을 했습니다. 한 번은 험한 산에 오르다가 벼랑에서 떨어져 의식을 잃었습니다.

다행스럽게도 때마침 그 지역의 농부가 지나가다가 다친 오베르랑을 그를 발견했습니다. 농부는 그를 업고 자기 집으로 데려와서 응급 처치 후 병원으로 데려갔습니다.

며칠 후 퇴원한 오베르랑은 너무나 고마워했습니다. 그 지역을 떠날 때 그 농부의 이름과 주소를 물었습니다. 그러자 그 농부는 선한 미소를 지으며 말했습니다.

"선생님은 성경에 나오는 선한 사마리아인의 이름과 주소를 아십니까?"

그렇습니다. 성경에 나오는 선한 사마리아인의 이름과 주소는 아무도 모릅니다. 그는 최선의 선행을 베푼 것입니다.

오베르랑은 이름 없이, 빛도 없이 사람을 살리고 돌보는 아름다운 사마리아인들이 이 세상에 많다는 것을 깨달았습니다. 그들은 비록 알려지지 않더라도 하나님의 사람들은 하나님 앞에서 최선의 섬김과 봉사로 살아갑니다.

"당신도 가서 그와 같이 행하시오."(눅 10:37)

247 | 동물의 본능

자연과 동물
(♪69장, 79장)

동물들은 지진과 폭풍 등 자연 재해가 닥칠 때면 본능적으로 미리 알고 대피한다고 합니다. 그것은 저기압이 발산하는 가스와 냄새가 동물들을 자극하기 때문이라고 합니다.

노아를 구원하시다

  태풍이나 지진이 닥칠 때면 동물들이 미리 알고 대피한다는 연구가 나왔습니다. 물고기는 난폭해지고, 새들은 싸우며 거칠어진다고 합니다. 저기압이 발산하는 가스와 어떤 냄새가 동물들을 자극한다는 것입니다.

  노아의 홍수 때도 동물들이 곧 닥칠 큰 자연 재해를 미리 알고 방주로 오는 것을 볼 수 있습니다. 이런 현상은 자연 만물을 다스리는 하나님이 동물들에게 본능적으로 생존의 법칙을 심어 주셨기 때문에 가능한 것입니다.

  본능적으로 감지하는 태풍과 지진은 재해 가운데서도 스스로 살아남기를 준비하는 것이라고 볼 수 있습니다. 인간에게도 그런 본능이 있지만 동물보다는 덜 민감합니다. 요즈음은 기상청의 기계를 통해 뒤늦게야 감지하게 됩니다.

  메마른 마당에 갑자기 개구리들이 올라오면 그날 밤에 홍수가 나는 것을 본 적이 있습니다. 태풍과 지진, 화산 폭발과 쓰나미 등의 자연 재해로 동물들은 많은 희생을 당합니다. 그래서 이를 미리 아는 본능이 동물들을 지켜 주고 있습니다. 하나님이 만드신 자연의 섭리는 놀랍습니다.

"사람의 마음속에 지혜를 준 이가 누구냐? 사람의 머릿속에 지각을 준 이가 누구냐?"(욥 38:36)

248 | 어머니의 초상

어머니의 사랑
(♪576장, 578장)

펄 벅의 어머니는 중국 선교사 남편을 따라 중국 생활에 적응하며 7명의 자녀를 길렀습니다. 네 아이가 병으로 죽자 남은 셋을 잘 키웠습니다. 굶주림과 아픔도 이기고 키운 뜨거운 모성애였습니다.

노벨문학상을 받은 펄 벅(Pearl S.)

펄 벅은 소설 『대지』로 노벨 문학상을 받은 중국통의 미국 작가입니다. 그녀의 아버지도 남편도 중국 선교사였습니다. 소설 『어머니의 초상』은 자신의 어머니를 닮은 눈물겨운 한 여성의 이야기로 가득합니다. 어머니의 삶을 그대로 표출하여 독자들의 심금을 울렸습니다.

22세에 결혼한 어머니는 중국 선교사의 아내가 되어 미지의 세계로 들어갔습니다. 문화 혜택이나 의료 기관이 없는 시골에서 굶주림과 외로움을 겪었지만, 거기에 굴하지 않고 잘 견뎌냈습니다.

어머니는 헌신적으로 자녀들을 키웠습니다. 온갖 정성으로 길렀습니다. 어려움도 고난도 결코 자녀들한테 물려주지 않고, 자신이 모두 끌어안고 마무리했습니다. 7명의 자녀 중 넷은 병으로 죽고, 남은 세 아이를 잘 키웠습니다. 아이들은 큰 어려움 없이 잘 자라 나중에 훌륭한 인물들이 되었습니다.

펄 벅은 어른이 되어서야 어머니의 굶주림과 아픔을 알았습니다. 어머니에게서 받은 아가페적인 큰 사랑을 깨닫고 눈물 흘렸습니다.

"어머니가 아이를 어르고 달래듯이 나도 너희를 어르고 달래주리니, 정녕 너희가 예루살렘의 품안에서 위로를 받게 될 것이다."(사 66:13)

249 | 상처를 별로 만들어라

역경의 극복
(♪346장, 342장)

만테냐(Andrea Mantegna 1431-1506)가 그린 "책형"

해리 플랫은 입버릇처럼 말했습니다.
"상처를 별로 만들어라."
약점과 장애를 이기려고 노력한 그는
고통과 절망도 이긴 별이 되었습니다.

영국 현대 성형 수술의 아버지로 불리는 해리 플랫은 태어날 때부터 뼈와 관절 질환으로 평생을 고생했습니다. 그의 아버지는 골고다에서 십자가에 달리신 예수의 죽음, 피 흘린 상처의 역사를 이야기해 주었습니다.

그리고 그에게 늘 이렇게 말했습니다.

"상처를 별로 만들어라."

해리 플랫은 비록 장애가 있었지만 상처와 아픔을 이긴 승리자로서 성형 수술의 선구자가 되었습니다. 영국 외과학회 회장도 역임했습니다. 상처를 극복하고 그 분야의 별이 된 것입니다.

고통과 절망을 이기면 별이 됩니다. 아픔이 있더라도 최후의 승자가 되면 별이 될 수 있습니다. 커다란 별이 되어 역사에 반짝거릴 수 있습니다.

장애를 극복한 이야기, 상처를 별로 만든 이야기는 언제든 많은 사람을 감동하게 합니다. 상처와 약점과 장애를 이기기 위해 피나는 노력을 한 사람은 별처럼 빛나는 사람이 됩니다.

"주를 경외하는 자들을 주께서는 세심하게 지켜보시고, 주를 신실히 믿는 자들을 주께서는 안전하게 보살펴 주신다."(시 33:18)

250 | 폴 뉴먼   열정과 최선 (♪330장, 332장)

영화배우 폴 뉴먼은 많은 영화의 주연을 맡았습니다. 그는 한 번도 정해진 시간을 어긴 적이 없었으며 언제나 최선을 다하는 사람으로 존경받았습니다. 큰돈을 벌어 사회 복지와 교육 기관에 헌납했습니다.

폴 레너드 뉴먼(Paul Leonard Newman, 1925~2008)

미국 영화배우 폴 뉴먼의 70세 생일이었습니다. 친지뿐만 아니라 전 세계가 축하하는 모임이었습니다.

폴 뉴먼이 주연을 맡은 영화는 「상처뿐인 영광」, 「뜨거운 양철 지붕 위의 고양이」, 「내일을 향해 쏴라」, 「스팅」 등 많이 있습니다. 그의 인기는 높고 칭찬이 자자했습니다.

그는 어떤 배역을 맡아도 몰입하고 매진하는 스타일이었습니다. 약속 시간을 한 번도 어긴 적이 없었습니다. 촬영 때는 감독보다 항상 먼저 현장에 왔습니다. 주연이 아니라도 자기가 맡은 배역은 정성을 다했습니다.

영화뿐만 아니라 자기 삶에 최선을 다했습니다. 놀거나 적당히 하는 것이 아닌, 모든 일에 최선을 다했습니다. 진실과 열정, 성실과 헌신의 삶이었습니다. 그것이 그를 존경받게 한 것입니다. 항상 진지하게 생각하고 행동하여 주변 사람들을 감동하게 했습니다.

그는 사업에도 성공하여 큰돈을 벌었습니다. 수입 중 거의 모두를 사회 복지 사업이나 교육 기관에 헌납하여 칭송이 끊이지 않았습니다. 그의 열정과 최선의 삶은 본받을 만합니다.

"맡은 일을 게을리하지 말고, 영적인 열정을 갖고 힘껏 주님을 섬기십시오."(롬 12:11)

251 | 장애를 극복하라   장애의 극복 (♪341장, 354장)

존 밀턴 (John Milton, 1608~1674)

호머와 존 밀턴은 맹인, 베토벤과 에디슨은 귀머거리, 넬슨 제독, 나폴레옹, 셰익스피어는 절름발이였습니다. 존 버니언은 감옥에서 『천로역정』을 썼습니다. 조지 워싱턴, 루스벨트, 링컨은 대통령이 되었습니다.

대문호 호머와 존 밀턴은 맹인입니다. 그러나 눈은 멀어도 마음은 천리를 내다보았습니다. 귀머거리 베토벤은 최고의 명작을 작곡했습니다.

바다의 정복자 넬슨 제독, 프랑스의 통치자 나폴레옹, 영국의 문호 셰익스피어는 절름발이였습니다. 존 버니언은 감옥에서 『천로역정』을 집필했습니다.

눈보라 속 강추위에도 조지 워싱턴은 벨리포지 전투에서 승리했습니다. 추위나 날씨를 탓하지 않고 의지를 굳게 다져 승리를 거두었습니다.

통나무집에서 살던 링컨은 미국의 위대한 대통령이 되었습니다. 루스벨트는 휠체어에 앉은 장애인이었지만 미국을 다스리며 세계를 호령했습니다.

귀가 먼 에디슨은 발명왕으로 우뚝 일어섰습니다. 그는 평소에 이렇게 말했습니다.

"네 약함을 자랑하고 장애를 극복하라. 하나님이 축복하신다."

장애를 딛고 성공한 경우는 이 외에도 부지기수입니다. 사도 바울은 몸에 '찔리는 가시'를 가지고도 아시아와 유럽을 복음화했으며, 신약 성서의 거의 절반을 기록한 대사도가 되었습니다.

"그리스도 예수를 위해… 핍박당하고, 고통받는 것을 도리어 기뻐합니다. 그것은 내가 약할 그때에 실제로는 내가 강하기 때문입니다."(고후 12:10)

252 | 교회의 적

핍박과 부흥
(♪336장, 338장)

콘스탄티누스 황제가 기독교를 국교로 정했으나 박해가 사라진 뒤 교회는 점차 허약해졌습니다. 한국의 선교 역사 120년에 유례없이 부흥한 것은 압박을 가하는 적들이 많았던 탓이라고 합니다.

313년 콘스탄티누스 황제가 기독교를

로마 제국의 콘스탄티누스 황제는 기독교를 국교로 정했습니다. 그러나 박해가 사라진 뒤 교회는 점차 허약해지고, 오늘날 교회는 대부분 문을 닫고 말았습니다. 그렇게 되기까지 1,700여 년이 걸렸습니다.

선교 역사 120여 년의 한국 교회는 세계에서 유례없는 대부흥을 이룩했습니다. 그 까닭은 적이 하도 많은 탓이었다는 설도 있습니다. 일본의 극심한 박해에 수많은 순교자를 냈습니다. 적이 많고 또 압박이 강해지자 오히려 교회는 부흥했습니다.

어머니들은 남편의 박해를 견디며 교인이 되었습니다. 며느리들은 시부모로부터 매 맞고 머리를 뜯기면서도 교회에 다니며 눈물로 기도했습니다.

교회의 적이 사라진 20세기 후반에는 교회도 죽어갔습니다. 현재 유럽에는 텅 빈 채 문화재로만 남은 성당과 교회들이 늘어납니다. 돌이켜 보면 교회의 적은 교회를 부흥시켜 주는 힘이었습니다.

서구 교회가 퇴조한 원인은 '적이 없어진 것'이라고 합니다. 초대 교회의 각종 이단, 로마 황제들의 핍박, 유대교와의 치열한 싸움, 대중의 조롱과 박해 등 많은 적으로 크게 부흥했습니다.

"형제들이여, 내게 닥친 여러 가지 역경이 도리어 복음을 더욱 널리 전파하는 데 큰 도움이 되었다는 사실을 알아주시기 바랍니다."(빌 1:12)

253 | 류터 목사의 아버지

새로운 삶
(♪ 284장, 289장)

주정뱅이에 노름꾼인 빌리 류터의 아버지가 노름빚으로 감옥에 있다가 나와 자살하려 할 때 어머니가 눈물로 호소하며 말렸습니다. 아버지는 교회에 다니며 새로운 사람이 되었습니다.

미국 플로리다주 감리교회 목사로 존경을 한몸에 받던 빌리 류터는 『다락방』이라는 잡지에서 자신의 아버지 이야기를 했습니다.

1930년대 미국을 휩쓴 대공황 때의 일이었습니다. 회개하기 전 그의 아버지는 쓰레기 같은 인생이었습니다. 주정뱅이이며 노름꾼으로 밑바닥에 처박힌 구차한 삶이었습니다.

6세의 빌리 류터와 두 동생이 있었지만, 아버지는 노름빚 때문에 감옥에 갇히는 신세가 되고 말았습니다. 겨우 감옥에서 나온 아버지는 자살하려고 했습니다. 그 현장에 어머니가 들어가 눈물로 호소하며 말렸습니다.

어머니의 기도로 아버지는 교회에 다니면서 전혀 다른 사람이 되었습니다. 그 이후에는 술도 마시지 않고 노름도 하지 않았습니다.

복음은 인생을 바꾸는 가장 강력한 힘입니다. 초등학교 2학년을 중퇴한 아버지는 성경 500여 구절을 암송했습니다. 교도소와 병원으로 다니며 전도하여 큰아들인 빌리 류터를 감리교회 목사로 세웠습니다. 빌리 류터 목사는 아버지가 자기를 목사로 만들었다고 말하곤 했습니다.

"누구든지 그리스도 안에서 있으면 그는 새로운 사람입니다. 옛것은 지나갔고… 이제 새것이 되었습니다."(고후 5:17)

254 | 개미구멍

유비무환
(♪463장, 332장)

중국 위나라 재상 백규는 치수에 능하여
개미구멍, 쥐구멍도 철저히 막아 둑을 지켰습니다.
채나라 환공은 피부에 안 좋을 때 고치라 했습니다.
이처럼 작다고 무시하면 크게 무너지고 맙니다.

제궤의혈(堤潰蟻穴) : 개미구멍으로 말미암아 마침내 큰 둑이 무너진다는 뜻

    중국 위나라의 재상 백규白圭는 치수에 능했습니다. 그는 제방을 만들고 수시로 순찰하면서, 작은 개미구멍이라도 보이면 어김없이 막아서 나라를 지켰습니다.

    춘추전국시대 명의 편작이 채나라 환공을 만났는데, 그가 병든 것을 보고 병이 피부에 있을 때 고치라고 했습니다. 여러 번 찾아가서 말했지만 환공은 듣지 않다가 결국 불치의 병에 걸려 죽고 말았습니다.

    백규는 제방을 쌓고 작은 쥐구멍도 막아 무너짐이 없었습니다. 대개 큰 방축도 작은 쥐구멍이나 개미구멍이 점점 커져 전부가 무너지고 맙니다. 불치의 병도 처음에는 아주 작은 증세이지만 나중에는 생명을 앗아갑니다.

    그러니 작다고 무시하거나 방심하지 말아야 합니다. 천길 높은 둑도 작은 구멍 때문에 무너지고, 철옹성같이 튼튼하던 목숨도 지극히 작은 질병으로 인해 잃고 맙니다.

    편작의 말대로 질병도 피부에 보일 때 처방하고 치료해야 합니다. 환공처럼 괜찮다고 우기면 불치의 병이 되어 죽습니다. 작은 것이 화근이므로 작을 때 막아야 합니다. 일이 커지면 막기 힘듭니다.

"지극히 작은 일에 성실한 사람은 큰일에도 역시 성실하다. 그러나 지극히 작은 일에 정직하지 못한 사람은 큰일에도 역시 정직하지 못하다."(눅 16:10)

255 | 하이든의 골방

고통과 기도
(♪363장, 365장)

프란츠 요제프 하이든 (1732~1809)

하이든은 예술인 모임에서 고통의 문제를 논할 때 골방에서 기도하여 그 어려움을 이긴다고 했습니다. 어떤 이는 독한 술과 친구에게 털어놓는다고 하지만 신비로운 힘이 있는 기도로 달랜다고 고백했습니다.

독일의 음악가 하이든은 독실한 신자였습니다. 어느 날 예술가들이 모여 고통 문제를 놓고 이야기했습니다.

"인간에 대한 증오, 경제적 궁핍, 창작 활동에 대한 무력감을 느낄 때 어떤 방법으로 이를 극복하는가?"

사람들은 나름의 비법을 공개했습니다. 독한 술을 마시거나 친구에게 고통을 호소한다는 의견이 지배적이었습니다. 증오와 고통을 그대로 분출한다는 의견도 있었습니다.

그런데 하이든의 고통 퇴치법은 독특했습니다.

"우리 집에는 작은 골방이 하나 있는데 이곳이 나의 기도실입니다. 고통이나 어려움이 닥치면 조용히 골방에 들어가 하나님께 도움을 구합니다. 그런 후 내가 골방에서 나올 때는 항상 희망의 빛을 발견합니다."

기도는 신비로운 힘이 있습니다. 어둠을 내쫓고 고통의 주름살을 제거합니다.

"내가 주를 찾아 그분께 간구하였더니 주께서 내 기도를 들어 주셨네. 주께서 두려워 떨고 있는 나를 건져 주셨네."(시 34:4)

256 | 쿤타 킨테

믿음의 형제
(♪220장, 221장)

아프리카에서 끌려온 흑인 노예 쿤타 킨테는
익숙한 하모니카 선율을 따라갔습니다.
가냘픈 그 선율은 허름한 오두막에서 나왔는데
노예로 팔려온 그들은 얼싸안고 울었습니다.

〈뿌리〉라는 오래된 소설을 극으로 만든 미국 드라마

알렉스 헤일리의 소설 『뿌리』를 보면 흑인 노예 쿤타 킨테가 등장합니다. 아프리카에서 사로잡혀 노예로 끌려온 그는 어느 날 주인을 따라 무도회장으로 갑니다. 밖에서 마차를 지키던 그는 무도회장에서 들려오는 요란한 음악 소리에 전혀 감흥을 느끼지 못합니다.

그런데 어디선가 가냘픈 하모니카 소리가 들려와서 귀가 번쩍 뜨였습니다. 귀에 익은 선율이었습니다. 그는 하모니카 소리가 나는 곳을 찾아 나섭니다.

그 가냘픈 하모니카 선율은 자신처럼 아프리카에서 노예로 팔려온 흑인들이 사는 허름한 오두막에서 흘러나오고 있었습니다. 그들은 반가움에 얼싸안으며 뜨거운 눈물을 흘립니다. 고향의 언어로 서로를 위로하면서 한 형제임을 확인합니다.

믿는 자들은 세속의 무도회장에서 흘러나오는 쾌락의 음악을 기뻐하지 않습니다. 성경을 통해 신앙의 뿌리를 서로 확인하고, 하늘 고향의 언어로 시온의 노래를 부릅니다.

"시온을 그리워하며 슬피 울었도다. 그러나 우리가 어찌 이방 땅에서 주님의 노래를 부를 수 있으랴."(시 137:1, 4)

257 | 미운 것

사람의 도리
(♪454장, 455장)

공자성적도 '聖門四科'

남의 허물을 말하는 자, 윗사람을 비방하는 자,
용맹하지만 예의 없는 자, 도리가 통하지 않는 자,
남의 비밀을 들추며 정직한 체하는 자 등은
답이 없다고 공자와 자공이 말했습니다.

자공子貢이 공자에게 물었습니다.

"군자도 미운 것이 있습니까?"

"남의 허물을 들추어 말하는 놈이 밉고, 신하가 윗사람을 비방하는 것이 밉고, 용맹하지만 예의 없는 놈이 밉다. 과감하나 도리가 통하지 않는 자가 정말 밉다. 너도 미운 것이 있느냐?"

"짐작으로 안다고 고집하는 자가 밉습니다. 불손하면서 용맹이라 믿는 자가 밉고, 남의 비밀을 들추어내면서 무척이나 정직한 체하는 자가 밉습니다."

『논어』 중 「양화」 24에 나오는 말씀입니다. 공자와 자공이 미워하는 것은 거짓과 위선과 남을 괴롭히는 것입니다. 인격의 무게가 천박하면서도 잘난 체하니 어찌 밉지 않겠느냐는 말씀입니다.

공자는 윤리적인 안목에서 미운 사람이 되지 말아야 할 것을 강조합니다. 공자의 말처럼 사람은 기본적으로 남에게 미움받지 않는 인격을 지녀야 하지 않을까요?

"분별력이 너를 보호해 줄 것이고, 깨달음이 너를 지켜줄 것이다. 정녕 지혜가… 거짓 말하는 자들에게서 너를 건질 것이다."(잠 2:11-12)

258 | 우물 안 개구리

앎과 지식
(♪63장, 212장)

바다가 더 넓고 더 깊다는 거북이의 말에
개구리는 거짓말이라고 했습니다.
누구든 아는 만큼만 말하는 것입니다.
인간이 하나님을 부인하는 것도 그렇습니다.

『장자莊子』에는 이런 우화가 있습니다. 한 개구리가 평생 우물 안에서만 살았습니다. 어느 날 거북이가 우물가를 지나가는데, 개구리가 어디서 왔냐고 묻자 바다에서 왔다고 대답했습니다. 개구리는 어깨에 힘을 주며 우물 안을 한 바퀴 돌고 와서 거북이에게 말했습니다.

"바다가 이보다 더 크냐?"

"당연히 이보다도 더 크다."

이번에는 우물 바닥까지 갔다가 올라와서 물었습니다.

"이보다 더 깊으냐?"

"엄청 더 깊다."

"무슨 말이든 이 우물보다 더 크고 더 깊다고만 하느냐?"

우물 안 개구리는 바다를 모르기 때문에 거북이의 말이 전부 거짓말인 줄 알고 벌컥 화를 냈습니다. 이 우화는 개구리의 편견을 꼬집는 이야기입니다. 뭐든지 아는 것만큼만 말하고, 경험한 것만을 전부로 안다는 것을 '우물 안 개구리'라고 하는 것입니다.

우리도 하나님의 전지전능하심을 부인하는 우물 안 개구리가 되어서는 안 됩니다.

"주여, 이제 저는 확실히 깨달았습니다. 주께서는… 모든 일을 다 하실 수 있고, 또 주께서 계획하신 일들은 어김없이 다 이루어집니다."(욥 42:2-3)

259 | 양심에 대하여

사람의 양심
(♪ 218장, 454장)

양심은 좋은 마음이며 늘 함께한다는 뜻입니다. 하나님은 인간 창조 때 하나님의 형상대로 만들고 하나님이 함께하신다는 뜻으로 양심을 넣으셨습니다. 목사는 교인, 정치가는 국민, 사장은 사원들과 함께합니다.

'양심良心'은 한문으로 '좋은 마음'이란 뜻입니다. 영어 '컨시언스(conscience)'는 라틴어 '콘시엔티아(consientia)'에서 파생되었습니다. 풀이하면 '함께한다'는 뜻입니다.

하나님이 인간을 창조하실 때 겉모양도 하나님의 형상과 모양대로 지으시고, 속마음도 하나님이 함께하신다는 뜻으로 양심을 넣으신 것입니다.

그런데 인간은 타락하여 하나님을 떠납니다. 누구도 함께하지 못하는 고독한 존재, 절망과 비극의 주인공이 되었습니다.

양심을 회복해야 하나님이 우리와 함께하실 수 있습니다. 양심은 인간의 본심입니다. 이웃과 함께하는 마음, 사랑하는 사람과 함께하는 마음입니다.

목사는 교인과 함께하고, 정치가는 국민과 함께하고, 사장은 사원들과 함께하는 마음가짐이 양심을 지키는 것입니다. 이처럼 함께하는 마음이 있을 때 양심을 잃지 않습니다.

"주께서 이 몸을 낱낱이 시험해 보시고 살펴보소서. 나의 속마음과 생각까지도 다 헤아려 보소서."(시 26:2)

260 | 쓰레기를 종이로

새 생명과 중생
(♪310장, 289장)

영국 빅토리아 여왕이 쓰레기 처리 공장을 시찰했는데
먼지와 냄새가 심한 쓰레기를 종이로 만들어 놀랐습니다.
그 후 왕실의 문장이 찍힌 편지지도 받았습니다.
교회는 쓰레기 같은 인간을 오네시모처럼 만듭니다.

오네시모와 빌레몬

영국의 빅토리아 여왕은 어느 날 쓰레기 처리 공장을 시찰했습니다. 먼지와 냄새가 무척 심했으나, 쓰레기를 불에 태우지 않고 그것으로 종이를 만든다는 말을 듣고 의아해했습니다.

얼마 뒤 여왕 앞으로 종이 뭉치 선물이 왔습니다. 흰 편지지에 왕실의 문장까지 인쇄되어 있었습니다. 여왕은 신기하고 고마워서 궁 안의 사람들에게 종이가 재생산되도록 협조하라고 말했습니다. 이런 종이야말로 나라의 귀한 재산이었습니다.

그 시대는 가난하고 어려웠습니다. 술주정뱅이, 노름꾼, 게으름뱅이, 싸움꾼으로 쓰레기장처럼 형편없었습니다. 그러나 일부 영국 국교회 지도자들이 사회를 위해 헌신하고, 아프리카 쪽으로 진출한 것은 영국이 거듭나기 시작한 시기였습니다.

하나님은 무엇이나 붙잡아 다시 쓰십니다. 그리고 유용하게 다시 만드십니다. 우리 죄인도 하나님 앞에 나오면 아름답고 보배로운 새 생명으로 재탄생하게 됩니다.

쓰레기를 귀한 종이로 만드는 처리장처럼 하나님의 교회는 쓸모없는 사람을 유용한 사람으로 재생시키는 일을 합니다. 빌레몬서의 오네시모가 그런 사람 중의 하나입니다.

"누구든지 그리스도 안에서 있으면 그는 새로운 사람입니다. 옛것은 지나갔고 … 이제 새것이 되었습니다."(고후 5:17)

261 | 어리석은 부자

때와 기회
(♪330장, 322장)

사랑했던 강아지 듀이와 함께 있는 헤티

남편이 죽은 후 재산을 물려받은 해티 그린은 자선 사업, 교육 사업 투자 권고도 미루었습니다. 부동산과 금융 투자 등으로 연소득 700만 불의 억만 장자가 되었지만 심장마비로 죽었습니다.

모든 것은 때가 있습니다. 어리석은 사람은 때를 알지 못해 기회를 놓치고 맙니다. 재산은 모으기도 어렵지만 관리는 더 어렵습니다. 사람은 천년 만년 사는 것이 아닙니다. 하나님이 오라고 하시면 언제든지 모든 것을 놓아두고 가야 합니다.

미국 뉴욕의 억만장자 해티 그린은 남편이 죽자 자녀도 없어서 엄청난 재산을 상속받았습니다. 1900년 그녀의 연소득은 700만 불이나 되었습니다. 당시 소득이 많은 사람이 연 6천 불이니, 그녀가 얼마나 큰 부자인가를 알 수 있습니다.

그 소득은 부동산, 금융 투자 등에서 나왔습니다. 그녀는 엄청난 재산을 어떻게 관리할 줄 몰랐습니다. 그런데 누군가가 그 돈을 그녀의 이름을 딴 자선 사업이나 교육 사업에 투자하라고 했습니다.

그녀는 때가 되면 깜짝 놀랄 일을 하겠다고 입버릇처럼 대답하더니, 어느 날 심장마비로 갑자기 죽고 말았습니다.

이 어리석은 부자 이야기가 신문에 났습니다. 그녀는 살아생전에 천문학적인 재산이 있었지만, 죽은 후 그녀를 기리는 기념 사업 하나 없었습니다. 이 얼마나 어리석은 일입니까? 해야 할 일은 미루지 말고 제때 해야 합니다.

"무릇 모든 일에는 다 정한 때와 기한이 있다. 하늘 아래 세상에서 일어나는 모든 일에는 다 알맞은 때가 있다."(전 3:1)

262 | 무디의 인생 철학

하나님 우선
(♪94장, 450장)

가난한 집 여섯째 아들로 태어난 무디는 17세 때 보스턴 한 구둣방에 취직했습니다. 어느 날 간절한 기도 중에 큰 은혜를 받고 하나님의 일을 하는 전도자가 되었습니다.

드와이트 라이먼 무디(1837~1899)

1837년 2월 5일, 미국 매사추세츠주 노드필드에서 가난한 가정의 여섯째 아들로 태어난 인물이 있습니다. 아버지는 공사장에서 사고로 10명의 가족을 남기고 일찍 사망했습니다. 남은 가족들은 한 끼를 해결하면 다음 끼니를 걱정할 정도였습니다.

소년은 초등학교를 겨우 졸업하고 17세 때 보스턴의 구둣방에 취직했습니다. 어느 날 구둣방 뒷방에서 간절한 기도를 드리다가 큰 은혜를 체험했습니다. 그날부터 낮에는 일하고 밤에는 거리에 나가 전도하기 시작했습니다.

소년은 어릴 적 어머니에게서 배운 인생 철학을 그대로 실천했습니다.

"하나님의 일을 가장 먼저, 그리고 나의 일은 나중에!"

소년은 나중에 유명한 전도자가 되었습니다. 불을 뿜는 듯한 그의 설교를 듣고 수많은 사람이 회개했습니다. 이 사람의 이름은 드와이트 무디입니다.

하나님 우선이라는 어머니의 가르침이 그를 세계적인 전도자로 만들었습니다. 크리스천은 하나님의 일을 가장 먼저 해야 합니다.

"여러분은 무엇보다 먼저 하나님의 나라와 하나님의 의를 추구하십시오. 그리하면 이 모든 것들 여러분에게 덤으로 더해 주실 것입니다."(마 6:33)

263 | 영아기의 3대 두려움

삶과 두려움
(♪409장, 416장)

영아기에는 이 세 가지 공포가 작용한다고 합니다.
이별, 실패, 사고, 화재 등 떨어지는 것에 대한 두려움
비판과 폭력 등 큰 소리에 대한 두려움과 함께
고독, 불안 등 버림받은 것에 대한 두려움입니다.

인간에게는 여러 가지 두려움이 존재합니다. 이별이라는 막연한 두려움과 닥쳐올 미래에 대한 두려움도 있습니다. 죽음에 대한 두려움도 인간의 마음속에 검은 그림자로 자리합니다. 이는 심리학적 분석과 정신의학적 연구의 결과입니다.

두려움 때문에 아무것도 하지 못하고 떨고 있는 모습은 간혹 성인에게도 닥칩니다. 정신의학자 휴 미실딘 박사의 두려움에 관한 연구로 영아기에 경험한 3대 두려움이 일생을 지배한다고 했습니다.

첫째, 떨어지는 것에 대한 두려움입니다. 이별, 실패, 뜻밖의 사고, 화재 등을 말합니다.

둘째, 큰 소리에 대한 두려움입니다. 비판과 폭력 등에 대한 공포입니다.

셋째, 버림받은 것에 대한 두려움입니다. 고독, 불안 등 내면적인 공포감입니다.

이 세 가지가 강렬하게 작용한다고 합니다. 이 두려움의 뿌리가 생을 지배하고 공포에 떨게 합니다. 그러나 믿는 자들은 이 모든 두려움을 하나님께 대한 의지나 신뢰로 극복할 수 있습니다.

"깊숙한 골짜기를 지난다 해도 내게는 아무 두려움이 없으니, 주께서 항상 내 곁에 계셔서 권능의 지팡이와 막대기로 나를 잘 보살펴 주시기 때문입니다."(시 23:4)

264 | 이민 소년의 결심

결심과 실천
(♪344장, 354장)

스웨덴의 휴 애런슨은 18세 때 미국에 이민했습니다. 서부행 기차 화물칸에 탔지만 승무원에게 쫓겨난 그는 죽으려다가 피나게 일하여 몬타나 주지사에 당선했습니다. 결심대로 실천하는 것이 중요함을 깨달았습니다.

카라바조,'나르키소스', 1599~1600년

　18세 소년 휴 애런슨은 고국 스웨덴을 떠나 혼자 미국에 이민했습니다. 반기는 사람도 없고 아는 사람도 없는 그곳에서 일자리 하나 못 찾고 계속 헤맸습니다. 그러다가 무작정 서부로 가는 기차 화물칸에 올랐지만, 승무원에게 들켜 매를 맞고 쫓겨났습니다.

　이렇게 암담하게 살아서 뭐하나 싶었던 그는 죽으려고 강가로 갔습니다. 그러나 강물에 비친 자신의 얼굴을 보고는 화들짝 놀랐습니다.

　그는 달리기로 마음먹었습니다. 두 주먹을 불끈 쥐고 일어섰습니다. 뭐든지 하자며 비장한 결심을 했습니다. 죽으려던 마음을 바꾸어 닥치는 대로 열심히 일했습니다.

　마침내 그는 이민 30년 만에 몬타나 주지사에 당선했습니다. 자랑스러운 자기 모습을 다시 만났습니다. 그의 굳은 결심이 날마다 채찍이 되어 주저앉으려던 그를 일으켜 세운 것입니다. 결심대로 실천하는 것은 정말 소중합니다.

"지금껏 나는 선한 싸움을 다 싸웠고, 달려갈 길을 다 끝냈으며, 나의 믿음을 굳게 지켰습니다. …의의 월계관이 나를 기다리고 있습니다."(딤후 4:7-8)

265 | 어느 차량 강도

정직한 삶
(♪516장, 522장)

70km 밖 한 소년이 죽어가니 급히 와달라 하여 뇌출혈 전문의가 차를 몰고 갈 때였습니다. 강도에게 차를 뺏기고 버스와 택시로 달려갔더니 소년은 2분 전에 죽었고 아버지는 그 강도였습니다.

뇌출혈 전문의가 급한 전화를 받았습니다. 70km 떨어진 곳에서 한 소년이 뇌출혈로 죽어가니 빨리 와달라는 전화였습니다. 그는 급히 차를 몰고 사고 현장으로 향했습니다.

그러나 교통 신호에 막혀 잠깐 멈추었을 때, 강도가 권총을 들이밀며 차에서 내리라고 협박했습니다. 중년에 가까운 강도는 회색 모자에 누런 가죽 점퍼를 걸친 사내였습니다. 그는 할 수 없이 차에서 내려 택시와 버스를 번갈아 타고 갈 수밖에 없었습니다. 최대한 급히 갔으나 소년은 2분 전에 숨을 거두고 말았습니다.

의사는 죽은 소년을 살펴보다가 곁에 와 있는 보호자를 보고 깜짝 놀랐습니다. 그 사람은 바로 회색 모자와 가죽점퍼 차림의 차량 강도였습니다.

이런 기막힌 사연이 어디 있습니까? 죽은 소년의 아버지는 아들의 사고 소식을 듣고, 하필이면 아들을 살리러 가는 의사의 차를 훔친 것입니다. 그 때문에 그의 아들은 죽고 말았습니다. 차라리 사정하여 함께 타고 왔더라면 아들을 살릴 수 있었을 텐데 말입니다.

우리는 어떤 경우라도 정직한 삶을 사는 것을 포기해서는 안 됩니다.

"올바르게 사는 의인들은 장차 그분의 얼굴을 뵙게 될 것이다."(시 11:7)

266 | 추장의 아들

명예와 자존감
(♪460장, 349장)

비 오는 날 팔려가 레이니로 불린 노예가 있습니다.
추장의 아들인 그를 노예들은 왕자라고 불렀습니다.
노예 상인들이 아무리 비인간적으로 대해도
가슴을 쭉 펴고 왕자답게 처신했습니다.

청년 노예 레이니 이야기는 소중한 교훈을 줍니다. 샌 버나디노의 책『이것이 삶이다』에는 비 오는 날에 팔려가 레이니(Rainy)라는 이름을 얻은 한 노예 이야기가 나옵니다.

아프리카의 한 촌락에서 붙잡힌 레이니는 추장의 아들입니다. 마을에서 함께 잡혀온 노예들은 그를 왕자라고 불렀습니다.

레이니는 항상 목에 힘을 주고 다녔습니다. 고개를 빳빳이 들고 가슴을 펴고 다녔습니다. 남들이 비웃고 채찍질해도 조금도 개의치 않았습니다.

그러자 한 노예 상인이 물었습니다.
"저 노예는 대체 뭐냐? 노예 주제에 가슴을 펴고, 고개를 쳐들고, 왜 눈을 치뜨는 거야?"
그러자 다른 노예들이 말했습니다.
"그는 왕자입니다."

건강하고 강인한 레이니는 비싸게 팔려갔습니다. 노예 상인들이 비인간적으로 대해도 언제나 가슴을 펴고 살았습니다. 자신이 추장의 아들임을 잊지 않고 왕자답게 살려고 했습니다.

우리 믿는 자들도 이 세상에서 누가 알아주지 않더라도 하나님의 귀한 자녀요, 왕 같은 제사장임을 잊지 말아야 합니다. 가슴을 펴고 떳떳하게 살아가야 합니다.

"…여러분은 하나님께서 택하신 족속이요, 왕 같은 제사장이요, 거룩한 나라요, 하나님의 소유된 백성들입니다."(벧전 2:9)

267 | 엄마의 심장 소리

엄마와 아가
(♪576장, 579장)

아기에게 엄마의 심장 소리는 우주의 고향입니다.
가장 평화로운 자장가이며 행복한 리듬입니다.
이것을 녹음하여 아기에게 들려주면 곧 잠이 듭니다.
모태에서부터 그 소리를 들으며 태어났기 때문입니다.

아기에게는 엄마가 우주이며 고향입니다. 엄마의 심장 박동 소리야말로 편안히 잠들 수 있게 합니다. 세상에서 가장 평화로운 자장가요, 행복한 리듬입니다. 엄마는 사랑의 보금자리이기 때문입니다.

병원 신생아실에서는 한 아기가 울면 다른 아기들이 따라 웁니다. 그러면 아기들을 빨리, 편안하게 재우는 좋은 방법이 없을까요?

바로 엄마의 심장 소리를 녹음하여 아기 귀에 가까이 들려주는 것입니다. 그렇게 하면 울던 아기가 울음을 뚝 그치고 금방 잠이 듭니다.

갓난아기에게 엄마의 심장 소리는 자신을 기억하고 인정하게 합니다. 모태에서 듣던 엄마의 심장 소리야말로 세상에서 가장 편안하고 행복한 리듬이요, 영원한 마음의 고향입니다.

아기가 자라면서 말소리와 손짓 등 엄마의 모든 행동이 아기에게는 편안함을 느낄 수 있는 조건이 된다는 연구도 있습니다.

"어머니가 어찌 젖먹이 자식을 잊어버릴 수 있겠으며, 어찌 자기 뱃속에서 낳은 자식을 불쌍히 여기지 않겠느냐?"(사 49:15)

268 | 순교자들

신앙과 순교
(♪336장, 341장)

로마 제국 때 순교자들의 공통점이 있었습니다. 이름은 그리스도인이고 국적은 천국이었습니다. 예수 그리스도만 경배하고 황제의 경배는 거부하며 자랑스럽게 순교하면서도 감사 기도를 했습니다.

세 개의 계급과 천사

로마 제국에서 콘스탄티우스 황제가 기독교를 국교로 선포한 313년 이전까지는, 기독교인들에 대한 무자비한 박해로 수많은 순교자가 있었습니다. 이 같은 순교의 역사 위에 기독교 국가와 사회가 이루어진 것입니다.

기독교 핍박 시절, 로마 제국에서 기독교도들을 죽일 때 하나의 절차로 그들의 국적을 물었습니다. 그때 기독교인들은 하나같이 똑같은 대답을 했습니다. 이름은 그리스도인, 국적은 천국이었습니다. 오직 예수 그리스도만 경배한다고 고백했습니다.

어떤 대가를 치르더라도 황제에게는 경배할 수 없고, 죽으나 사나 오직 예수 그리스도만 경배한다고 당당하게 말했습니다. 고향이 하늘나라 천국이니, 세상의 그 어떤 권세나 부귀와도 타협하지 않고 어울리지 않겠다는 신앙적인 결단이었습니다.

자신들은 그리스도인이요, 천국의 시민임을 자랑스럽게 믿고, 초기 기독교인들은 위대한 순교의 길을 택한 것입니다.

"우리의 시민권은 하늘에 있습니다. 우리는 거기 하늘로부터 장차 오실 우리의 구원자, 곧 주 예수 그리스도를 간절히 기다리고 있습니다."(빌 3:20)

269 | 무거운 짐

멍에와 죄 짐
(♪369장, 536장)

미국인 선교사 워킹턴은 시에라리온 여인들이 머리에 무거운 짐을 이고 다니는 것을 보고 인간의 죄 짐을 지고 가신 예수 그리스도의 속죄를 그녀들의 관습에 맞게 설명하며 전도했습니다.

한 여자가 2마일이나 되는 먼 길을 갔습니다. 머리에는 75파운드나 되는 기계 부품을 이고 갔습니다. 혼자서는 내릴 수도 없을 만큼 무거워. 누군가가 도와주어야 했습니다.

목적지인 창고에 갔으나 거기에는 아무도 없었습니다. 머리에 계속 짐을 인 채 10여 분을 기다렸지만 아무도 나타나지 않았습니다. 하는 수 없이 그녀는 혼자서 짐을 내리다가 그만 목이 삐끗하고 말았습니다.

짐이 너무 무거우면 혼자서는 들 수도 내릴 수도 없습니다. 미국 선교사 워킹턴은 머리에 무거운 짐을 이고 다니는 시에라리온 여자들의 관습에 맞게 전도했습니다. 목이 삔 그녀를 치유하면서 죄 짐을 벗는 기독교 복음에 대해 설교했습니다.

"예수 그리스도는 우리 인간의 죄 짐을 직접 맡아 주셨으니, 누구든지 예수를 믿고 회개하면 인간으로서는 도무지 내릴 수 없는 죄 짐을 그분께서 쉽게 내려주십니다."

"수고하고 무거운 짐을 진 자들이여. 다 내게로 오십시오. 내가 여러분을 편히 쉬게 하겠습니다."(마 11:28)

270 | 한 마라토너의 미담

재능과 봉사
(♪ 215장, 218장)

영국인 마라토너 스튜어트는 40대인 1991년 슬로베니아의 마라톤 대회에 참가하러 갔습니다. 그는 내란으로 교통이 마비되자 영국에 가지 않고 그곳에 남아 시골로 약품을 운반했습니다.

영국인 마라토너 스튜어트는 마라톤 대회에 여러 번 입상한 뛰어난 마라토너였습니다. 그는 40대인 1991년 가을, 마라톤 대회에 참가하려고 슬로베니아에 갔습니다.

그런데 그 나라에 마침 내전이 터져 교통이 마비되고 여기저기서 사상자들이 생겼습니다. 서방 여러 나라에서 의약품이 왔으나 시골 부상자들에게는 전달되지 않았습니다.

그는 영국으로 돌아가지 않고 의약품을 배달했습니다. 기독교도인 그는 내전에서 부상한 사람들을 위해 곳곳을 뛰었습니다. 산간 벽촌까지 약품이 필요한 곳으로 달려가서 전달하는 마라톤 봉사를 한 것입니다.

그가 약품을 짊어지고 뛴 덕분에 치료받아 살아난 이가 많았습니다. 대혼란에 빠진 나라에서 이런 봉사를 했으니 얼마나 고마운 스포츠 정신입니까?

내전이 끝나자 슬로베니아는 그에게 감사 메달을 주었습니다. 기독교인들은 재능을 기부하여 이웃에 도움이 되는 선한 일을 마다하지 말아야 합니다.

"그리스도께서는 우리를 위해 자기 몸을 아낌없이 내어주셨는데, 그것은 모든 악에서 우리를 건져내어 깨끗하게 하신 후…"(딛 2:14)

271 | 얼민 이야기

죄악을 멀리함
(♪426장, 423장)

얼민의 고운 털은 고급 옷을 장식하는 데 씁니다. 사냥꾼은 여러 개 입구를 오물로 막고 한 군데만 사냥개가 지키게 하는데 얼민은 깨끗한 입구로 가다가 잡혀 버립니다.

애완동물 흰족제비 흰담비 얼민(Ermine)

족제비 종류인 얼민이 있습니다. 이 동물은 털이 더러워지는 것을 아주 싫어합니다. 순백색 털은 고급 옷을 장식하는 데 사용하여 값이 매우 비쌉니다.

사냥꾼들은 여러 개인 얼민의 출입구를 한 군데만 남기고, 다른 입구에는 오물로 더럽혀 둡니다. 그리고 깨끗한 입구에는 사냥개가 기다리게 합니다.

얼민은 사나운 사냥개에게 잡힐 것을 알면서도 깨끗한 입구로만 달려갑니다. 하얀 털이 더러워질까 봐 오물을 묻힌 굴에는 접근하지 않습니다.

몸에 더러운 것이 묻으면 그것을 닦아내려고 물속에 몇 번이고 들어가곤 합니다. 그 깔끔함은 사람보다 더합니다. 우리 믿는 자들이 얼민을 본받는다면, 오물처럼 더러운 죄에는 아예 접근조차 하지 않겠다는 순교자 같은 의지를 배울 수 있을 것입니다.

"온갖 음란함이나 부도덕이나 탐욕은 그 이름조차도 입에 담지 마십시오. 그렇게 하는 것이 성도에게 합당한 삶입니다."(엡 5:3)

272 | 헬렌 켈러의 전조등

믿음과 빛
(♪ 381장, 344장)

미국의 헬렌 켈러는 2세 때 성홍열을 앓아
못 보고 못 듣고 말도 하지 못했습니다.
앤 설리번의 교육으로 장애를 극복한 그녀는
마음속 강한 전조등이 길을 비춘다고 했습니다.

11살 소녀 헬렌 켈러(Helen Adams Keller)

미국의 헬렌 켈러는 2세 때 성홍열을 앓아 앞을 볼 수 없었습니다. 귀로 들을 수도 없었습니다. 입으로도 말할 수 없게 되었습니다. 소경, 귀머거리, 벙어리가 된 것입니다.

그러나 그녀는 앤 설리번 선생에게서 언어 교육을 받으며 대학까지 졸업했습니다. 온갖 장애를 극복하고 저명한 여류 문필가이며 사회 사업가로 성공했습니다.

그녀는 평소에 이런 말을 자주 했습니다.

"사람들은 나의 장애를 보고는 나의 삶이 어둡고, 나의 길이 캄캄하다고 생각합니다. 그러나 전혀 그렇지 않습니다. 나의 삶과 나의 길은 무척 빛나고 밝습니다. 왜냐하면 나의 마음속에는 나의 삶과 길을 비춰 주는 강한 전조등이 있기 때문입니다. 그것은 바로 믿음입니다."

"사람을 살리는 생명의 샘물이 주께 있으니, 우리가 주의 환한 빛 가운데서 광명을 봅니다."(시 36:9)

273 | 지옥문에서 돌아서다

성경과 부흥
(♪203장, 201장)

제2차 세계대전 때 독일에 패한 덴마크가 곡창 지대도 뺏기고 은행 파산과 경제 파탄일 때 그룬트비히 목사는 지옥문에서 돌아서자고 했습니다. 기숙 학교의 성경 교육, 기술 농업, 낙농업을 육성했습니다.

니콜라이 프레데리크 세베린 그룬트비히(1783~1872)

덴마크는 제2차 세계대전 때 독일과의 전쟁에서 승산이 없었습니다. 전쟁에 패한 덴마크는 막대한 배상금을 물어야 했습니다. 슬레스 벅 홀스타인이라는 중요한 곡창 지대도 빼앗겼습니다. 은행도 파산하고 경제는 파탄에 빠졌습니다.

그룬트비히 목사는 실의에 빠진 국민에게 외쳤습니다.

"지옥문에서 돌아서자!"

그는 국민고등학교를 설립하자고 제안했습니다. 덴마크를 살리는 원동력은 이 학교에 있었습니다. 이곳은 교사와 함께 살면서 공부하는 기숙 학교였습니다. 17, 18세 청소년들의 산 교육장이었습니다. 교과 과정 중 50%는 성경으로 신앙 교육을 가르쳤습니다.

덴마크의 소생은 철저한 성경 교육과 믿음에서 비롯되었습니다. 기독교 교육의 바탕에서 기술 농업, 낙농업을 육성하여 나라를 회복시켰습니다. 그리하여 유럽 제일의 낙농 국가가 된 것입니다.

"성경의 모든 책은 하나님의 영감을 받아 기록된 것으로… 세상에서 모든 선한 일을 할 수 있도록 온전히 준비시켜 줍니다."(딤후 3:16-17)

274 | 크고 넓은 골리앗

믿음과 진취성
(♪349장, 352장)

유대인 어린이 교과서에 블레셋의 골리앗 장군과 소년 다윗의 이야기가 있습니다.
골리앗은 키와 몸집이 커서 빗나갈 걱정이 없다며 물맷돌로 자신 있게 맞추었다고 합니다.

성서에 기록된 거인 골리앗과 다윗의 전투를 묘사한 그림

    나라마다 교과서는 국민정신을 배양하는 안내서입니다. 유대인의 어린이 교과서에는 골리앗과 다윗 이야기가 있습니다. 구약 성서 내용을 발췌해서 재정리한 것입니다.

    블레셋 군대의 골리앗 장군이 거대한 몸집으로 이스라엘 군대 앞에 나타납니다. 이스라엘 군대가 이기기 벅찬 거인이었습니다. 불가항력 같은 골리앗 장군을 보고 이스라엘 군사들은 벌벌 떨었습니다.

    그때 물맷돌을 손에 쥔 소년 다윗이 앞으로 나오면서 자신 있게 말했습니다.

    "골리앗은 키와 몸집이 커서 맞추기에 아주 좋습니다. 전혀 빗나갈 걱정이 없습니다."

    똑같은 골리앗을 두고 이렇게 정반대의 시각으로 봅니다. 골리앗의 크고 넓은 것이 물맷돌로 맞추기에 더욱 좋다는 말이었습니다.

    소년 다윗이 크고 넓은 골리앗을 상대하기가 더 좋다며 물맷돌을 들고 앞으로 나설 때, 그런 모습을 본 유대인 어린이들은 무엇을 생각할까요? 과녁이 크고 넓어서 맞추기 좋겠다는 소년 다윗의 자신감, 용감성, 판단력, 적극성이 유대인 어린이들을 자극한 것입니다.

"단창을 들고 내 앞에 나왔지만 나는 전능하신 주, 곧 네가 모욕한 이스라엘 군대의 하나님을 의지하여 그 이름으로 네게 나간다."(삼상 17:45)

275 | 보스턴의 케이크 천사 | 헌신과 봉사 (♪ 218장, 332장)

보스턴 크림파이

프랭크 굿윈은 해양 경비대에서 근무한 노인인데 퇴임 후 케이크를 구우며 9명의 문제아를 데려와 1년을 공부시켜 그들은 모범생이 되었습니다. 보스턴의 케이크 천사는 그들을 대학까지 보냈습니다.

보스턴의 프랭크 굿윈은 해양 경비대에서 근무한 노인이었습니다. 그는 정년퇴임 후 고향에 돌아와서 케이크를 구워 팔며 생활했습니다.

그는 돈을 벌어 9명의 아이를 데려와서 키웠습니다. 거리의 문제아들을 자신의 집으로 데려와 먹이고 키우고 공부시킨 것입니다.

그 마을 알반즈 학교의 맥퀸 교장은 말했습니다.

"우리 학교 문제아들은 성적이 D와 F라서 전혀 가망이 없었는데, 굿윈이 데려가서 돌본 결과 1년 만에 모범생이 되었습니다."

그는 문제아일지라도 모두 고귀한 생명이요, 하나님의 귀한 일꾼으로 보고 보살폈습니다. 그렇게 하여 사람을 변화시키는 그는 보스턴의 케이크 천사요, 하나님의 사역자였습니다.

한 사람의 봉사는 9명의 문제아를 천사로 만들었습니다. 그들을 모두 대학까지 보내 훌륭한 일꾼으로 길렀습니다.

"억압받는 자들을 성심껏 도와주고, 고아를 위해 열심히 변호해 주며, 과부를 도와 그들의 송사를 적극적으로 변론해 주어라."(사 1:17)

276 | 공자의 꾸지람

가르침과 책망
(♪322장, 522장)

공자는 그럴 만한 가치가 있을 때만 꾸짖었습니다. 길가에서 소변을 보면 개만도 못한 놈이라고 했고 길 가운데서 소변을 보면 그냥 지나가 버렸습니다. 가르쳐도 안 될 놈은 그럴 필요가 없었다는 겁니다.

공자가 어느 날 제자들과 큰길을 걷고 있을 때, 한쪽 길가에서 소변을 보는 한 젊은이를 보았습니다.

"저 개만도 못한 녀석!"

공자는 화가 나서 호통을 치며 올바르지 못한 행동을 크게 꾸짖었습니다.

공자가 계속 길을 걸어가는데, 이번에는 길 한가운데에 떡 버티고 서서 소변을 보는 사람을 보았습니다. 제자들은 큰 욕을 당하려니 하고 지켜보는데 공자는 그냥 지나쳤습니다. 왜 그러느냐고 묻는 제자들에게 공자가 말했습니다.

"아까 한쪽 길가에서 소변을 보는 사람은 조금만 가르치면 쓸 만했기에 올바로 살도록 야단을 친 것이다. 그러나 이번에 본 저 사람은 소용없다. 가르칠 만한 가치도 없는 짐승 같은 사람이다. 그런 사람을 굳이 야단칠 필요가 있느냐?"

공자의 꾸지람은 그럴만한 가치가 있는 사람에게만 한다는 것입니다. 가능성을 보는 것입니다. 너무 비뚤어져서 고칠 가능성이 보이지 않는 사람은 꾸짖을 가치조차 없습니다.

"거룩한 것을 개에게 주지 말고, 진주를 돼지에게 던지지 마십시오. 돼지는 발로 진주를 짓밟고, 돌아서서 여러분을 물어뜯을지 모릅니다."(마 7:6)

277 | 가수 코텔리아 클락

죄인의 친구
(♪ 369장, 83장)

코텔리아 클락은 그래미상을 탄 가수지만 길에서 모자에 동전을 받으며 노래했습니다. 민중의 슬픔과 고통을 실감나게 표현하여 모두의 가슴을 감동으로 뭉클하게 했습니다.

코텔리아 클락은 미국 테네시주 내슈빌이 낳은 위대한 가수입니다. 그래미상을 받은 최고의 가수입니다.

그런데도 그녀는 길거리에서 모자를 놓고 노래를 부릅니다. 모자에 동전을 받으며 노래하는 방랑 가수입니다. 그녀는 흑인이요, 맹인입니다.

그녀는 길거리에서 처음 노래를 시작했습니다. 유명하게 되어 돈도 많이 벌었지만 고향이요, 어머니 같은 길바닥에서 밑바닥 인생들과 어울리며 호흡을 함께했습니다.

기교나 창법을 따질 수가 없습니다. 그녀의 노래는 민중의 슬픔과 고통을 실감나게 표현합니다. 인간으로서의 공감대를 자아내게 합니다. 사람들의 가슴을 울리며 뜨겁게 감동하게 합니다.

외롭고 가난한 자들의 한을 노래로 풀어줍니다. 그녀의 노래는 낮은 데로 내려와서 죄인들과 어울리신 예수님의 마음을 조금이라도 실천하려는 의지에서 비롯되었습니다.

"지혜는 그 행한 일로 옳다는 것을 스스로 입증하는 법입니다." (마 11:19)

278 | 세 거두의 사인 — 희소성과 가치 (♪94장, 80장)

1945년 얄타회담 때 루스벨트 보좌관 해리 홉킨스는 루스벨트, 처칠, 스탈린의 사인을 받았습니다. 30년 뒤 이 종이 한 장은 4만 2천 불에 팔렸습니다. 그 사인 종이가 금값이 될 줄 몰랐던 것입니다.

1943년 테헤란 회담에 참석한 스탈린과 루스벨트, 처칠

1945년 얄타회담 때였습니다. 그 회담의 내용대로 일본이 항복하고, 제2차 세계대전이 끝나 세계가 변한 것입니다.

미국의 루스벨트 대통령을 보좌하던 해리 홉킨스는 회담 장소에서 영국의 처칠, 소련의 스탈린도 만났습니다. 해리 홉킨스는 수첩을 한 장 찢어 그 세 사람의 사인을 받았습니다. 비록 작은 종이지만, 거기에는 당시 세계를 주름잡던 세 거두의 사인이 담겼습니다.

그로부터 30년 뒤, 아주 희귀한 사인 종이 한 장이 엄청난 값으로 경매된 사실은 무척 놀라웠습니다. 1987년 어느 경매장에서 작은 수첩을 찢은 사인 종이가 4만 2천 불에 팔렸다니, 참으로 놀랄 일이 아닐 수 없습니다.

해리 홉킨스는 나중에 그 종이가 금값이 될 줄은 정말 몰랐습니다. 역사적인 위대한 인물의 사인은 그 희소성의 가치가 매우 컸던 것입니다.

"나는 내 몸에 예수의 흔적을 가졌습니다."(갈 6:17)

279 | 교도소 개선위원회

변화와 개선
(♪274장, 289장)

미국 교도소 개선위원회 조직위원장 토마스 오즈번은 인권 유린, 폭행, 살인 등의 개선을 위해 오번 교도소에 톰 브라운이라는 가명으로 죄수가 되어 들어갔습니다. 그의 헌신적인 노력으로 전혀 다른 교도소를 만들었습니다.

영화 씽씽교도소에서의 2만년(1932)년 장면

1940년대 미국 교도소들은 인권 유린, 폭행, 살인 등 혼란과 불법이 넘치던 때였습니다. 그래서 뉴욕주는 교도소 개선위원회를 조직했습니다.

위원장에 선임된 토머스 오즈번은 톰 브라운이란 가명으로 오번 교도소에 죄수로 들어갔습니다. 거기서 2주간을 지내며 경험한 것을 바탕으로 교도소를 개선했습니다.

교도소는 그야말로 지옥과도 같았습니다. 형무관들은 복역수들은 안중에도 없었고, 복역수들은 모두 살기와 증오로 가득 차 있었습니다.

그러나 개선위원회의 헌신적인 노력으로 오늘날 그곳은 세계에서 가장 모범적인 교도소가 되었습니다. 토마스 오즈번의 헌신적인 노력으로 전혀 다른 교도소가 될 수 있었습니다.

오즈번이 자발적으로 수감된 곳은 지금은 '씽씽 교도소'로 개명하여 모범시설이 되었습니다. 그는 그 지옥 같은 현장에 몸을 던져 생생하게 실상을 경험한 후 대책을 세운 것입니다. 개선하고자 하는 의지가 굳건하면, 아무리 여건이 어려워도 반드시 고칠 수 있다는 사실을 보여주었습니다.

"너희를 새롭게 하여 새 마음과 새 영을 가져라. 이스라엘 족속아. 너희가 어찌하여 죄악 가운데서 그대로 죽으려 하느냐?"(겔 18:31)

280 | 선한 사냥꾼

희생과 헌신
(♪ 305장, 294장)

곰을 사냥하려면 바짝 약을 올려야 합니다.
약 오른 곰이 앞발을 들고 만세를 할 때
화살과 창을 던져 급소를 맞힙니다.
죽이지 못하면 약 올리던 사냥꾼이 희생됩니다.

옛날 알래스카에는 곰 사냥에 선한 사냥꾼의 희생이 참 많았다고 합니다. 알래스카 인디언들의 백곰 사냥에는 반드시 그들이 필요했습니다.

그들의 역할은 곰에게 최대한 가까이 다가가서 약을 올리는 것입니다. 그러면 화가 잔뜩 난 곰이 앞발을 번쩍 들고 일어설 때를 노려 급소를 공격합니다. 만약 실패하면 곰을 약 올리던 선한 사냥꾼이 희생됩니다.

곰을 약 올리면 두 다리로 일어나 앞발로 만세를 합니다. 그때 곰의 급소에 화살과 창을 던집니다. 단번에 급소를 맞히면 다행히 살아남지만, 때때로 분노한 백곰의 앞발에 짓밟혀 죽기도 합니다.

처음 알래스카로 간 선교사들은 이런 사연을 잘 알았습니다. 자신을 희생한 선한 사냥꾼처럼 예수님도 우리를 위한 선한 사냥꾼이라고 비유했습니다. 초기 선교사들은 이런 비유로 인디언들을 쉽게 이해시켰습니다.

우리를 위해 희생하신 예수님과 그 십자가 죽음을 선한 사냥꾼의 죽음에 비유했습니다. 마귀를 이기기 위한 희생양으로 설명한 것입니다.

"이처럼 사람의 모습으로 이 땅에 오신 그리스도께서는 자기를 온전히 낮추셔서… 하나님께 순종하셨으니, 곧 십자가에 달려 죽으신 것입니다."(빌 2:8)

281 | 시요 학원

섬김과 봉사
(♪218장, 215장)

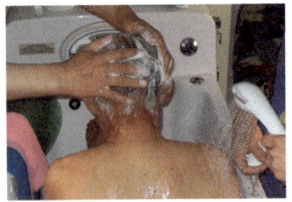

지적 장애인 수용 시설인 시요 학원에서 제일 어려운 일은 환자 목욕입니다. 말 안 듣고 폭언이나 폭행, 거절 때문인데 예수님을 섬기듯 매일 다섯 명을 목욕시킵니다.

　일본의 지적 장애인 수용 시설인 시요 학원은 후쿠이다 초우가 경영하는 곳입니다. 그가 직원들에게 가장 힘든 일이 뭐냐고 물었을 때, 그들은 환자들을 목욕시키는 일이라고 대답했습니다.

　밥 먹이는 것, 운동시키는 것 등 모든 게 힘들지만, 그중에서도 목욕을 시키는 게 제일 힘들다고 했습니다. 환자가 말을 잘 안 듣기 때문입니다.

　직원들은 각자 매일 약 다섯 명을 목욕시키는데 폭언, 폭행, 말 안 듣기가 다반사입니다. 그러나 노련한 실무자는 환자와 재미있는 대화를 주고받으며 목욕을 시킵니다.

　지적 장애인들과 친구가 되는 건 무척 어렵습니다. 하지만 그들도 누군가 자기를 사랑해 준다는 것을 느끼면 한층 부드러워져서 수월해집니다.

　후쿠이다 초우는 사랑과 인내로 꾸준히 돌보면서 '오늘 만난 예수님'으로 환자를 섬기면, 아무리 힘든 일도 즐겁게 할 수 있다고 직원들을 격려하곤 합니다.

"너희가 여기 있는 내 형제들 가운데 가장 보잘것없는 사람 하나에게 해준 것이 곧 내게 해준 것이다."(마 25:40)

282 | 칸트의 행복론

행복한 삶
(♪496장, 354장)

칸트가 말하는 행복론은 일, 사랑, 희망입니다.
일함으로써 건강해지고 식사도 잘하고 잠도 잘 잡니다.
사랑하는 사람을 찾아 사랑을 주고받으면 행복합니다.
희망은 내일을 꿈꾸며 살아가게 하는 활력소입니다.

임마누엘 칸트(1724~1804)

임마누엘 칸트는 독일 철학을 새롭게 일으킨 대철학자입니다. 냉철하면서도 위대한 철학자 칸트는 순수 이성 강조로 인간의 정신세계를 새롭게 인식하게 했습니다.

그가 말한 행복론은 세 가지입니다. 일, 사랑, 희망이 사람을 행복으로 인도한다는 주장입니다. 이것만 있으면 행복한 존재가 된다고 합니다.

행복하려면 누구든 일이 있어야 합니다. 일이 없는 사람은 참으로 불행합니다. 일함으로써 건강해지고 식사도 잘하고 잠도 잘 자게 됩니다. 사람은 일하면서 꿈을 이루고 생존의 의미를 깨닫게 됩니다.

행복하려면 희망이 있어야 합니다. 희망을 잃은 사람은 절망을 견딜 인내가 없습니다. 어떠한 처지이든 희망이 있으면 내일을 꿈꾸면서 희망찬 삶을 영위할 수 있습니다.

행복하려면 사랑이 있어야 합니다. 사랑받아야 하고 사랑해야 합니다. 특히 사랑할 사람이 있어야 합니다. 사랑할 사람이 없는 사람은, 사랑할 사람을 찾고 만들어야 행복을 누릴 수 있습니다.

"그런즉 믿음, 소망, 사랑 이 세 가지는 항상 있을 것인데, 그 중의 제일은 사랑이라."(고전 13:13)

283 | 평화의 아기

평화와 화해
(♪ 294장, 304장)

오래전 인도네시아 자바 섬에 사는 식인종 부족들은 생후 1년 미만의 아기를 잡아먹고 화해했습니다. 하나님이 보낸 평화의 아기는 예수님이라고 하며 선교사가 자신의 아기를 높이 들자 예수를 믿었습니다.

선교사 돈 리처드슨이 쓴 화해의 아이 (peace child)

오래전 인도네시아 자바 섬에는 식인종이 있었는데 부족끼리 싸움이 계속되었습니다. 하지만 그들은 '평화의 아기'를 주고 받음으로 잠시 싸움을 멈추고 화해했습니다.

생후 1년이 안 된 아기를 상대 부족에게 넘겨주면 되는 것이었습니다. 평화의 아기는 휴전을 위한 희생 제물로 바쳐졌습니다. 아기를 받은 부족은 그 아기를 잡아먹고 전쟁 대신 화해를 받아들이는 것입니다.

선교의 문이 닫혀 있던 그곳에 미국 선교사 리처드슨이 들어갔습니다. 두 부족이 한창 싸울 때, 선교사가 언덕에서 아기를 번쩍 어깨 위로 쳐들고는 크게 외쳤습니다.

"예수님은 하나님께서 여러분에게 보낸 평화의 아기입니다!"

그 아기는 바로 선교사의 아들이었습니다. 싸우던 두 부족에게서 기쁨의 함성이 터져 나왔습니다. 두 부족은 제물을 죽이지 말고 살리자고 약속했습니다. 선교에 성공한 것입니다.

그 후 그 섬에는 희생 제물인 평화의 아기는 사라지고 식인종도 달라졌습니다. 희생 제물이 있어야 화해하던 것을 이제는 믿음으로 해결할 수 있게 되었습니다.

"그리스도께서는 우리의 죄를 대속하기 위해 하나님께 화목 제물로 바쳐졌는데… 온 세상 모든 사람의 죄를 위해서도 그리되셨습니다."(요일 2:2)

284 | 희망을 팝니다

희망과 믿음
(♪488장, 344장)

나치군 점령 때 폴란드의 한 시장에서
빈 목판을 놓고 외치는 노인이 있었습니다.
"희망을 팝니다! 믿음을 팝니다!"
그는 유대인에게 희망과 믿음을 전파했습니다.

독일 나치군이 유대인들을 학대하고 죽이던 때였습니다. 폴란드의 어느 시장에서 아무것도 없는 목판을 놓고 외치는 노인이 있었습니다.

"희망을 팝니다! 믿음을 팝니다!"

이렇게 외치는 노인은 사람들에게 업신여김을 받는 거지였습니다. 빈 목판을 앞에 놓고 외치는 그 비장한 목소리는 절규에 가까웠습니다.

그는 살벌한 나치군 시대의 폴란드 유대인들에게 진정한 희망과 믿음을 전파하고 있었습니다. 한두 사람씩 그 노인 앞에 다가섰습니다.

노인은 가끔 성경 구절을 섞어 가며 말했습니다. 사람들은 희망과 믿음을 산다는 의미로 노인의 목판에 동전을 던졌고, 노인은 더 큰 목소리로 외쳤습니다.

"희망을 팝니다! 믿음을 팝니다!"

세상에 유대인 거지는 없습니다. 그러나 이 노인은 일부러 거지 노릇을 하면서 용기를 불어넣었습니다. 그는 나치 점령 때 폴란드에서 겁에 질려 떨던 유대인들에게 희망과 믿음을 전하는 무명의 랍비였습니다. 숄럼 에이휘의 『그 이름의 거룩함』이란 책에 이 이야기가 있습니다.

"내 소망이 오직 그분에게서만 나오는구나."(시 62:5)

285 | 외줄타기

교만과 겸손
(♪454장, 343장)

와렌다는 15세부터 60년간 외줄타기를 했습니다. 20층 높이에서 그물을 치지 않고 외줄타기를 하는데 중간쯤에 열광적인 박수와 환호성이 이는가 했더니 갑자기 강풍이 불어 떨어져 즉사하고 말았습니다.

인간은 신이 아니라서 실수할 수도 있습니다. 언제든 의외의 변수가 있을 수 있습니다. 그런 사실을 인정하고 항상 겸손해야 합니다. 자신을 너무 믿고 과시하는 것은 교만입니다. 교만은 죽음의 앞잡이입니다. 계획에 없는 천재지변도 예상해야 합니다.

와렌다는 외줄타기 선수였습니다. 15세부터 60년 동안 평생을 외줄타기로 살아온 그 분야의 베테랑입니다. 그는 포트리코의 한 건물 20층 높이에서 외줄타기를 했습니다. 외줄 밑에 그물을 치자고 했지만, 자신만만한 표정으로 거절했습니다. 자신의 경험과 실력을 믿은 것입니다.

그동안 한 번도 실수가 없었던 그는 외줄로 들어섰습니다. 그가 중간쯤에 이르렀을 때 관중의 열정적인 박수와 환호성이 터져 나왔습니다.

그러나 그 순간 갑자기 강풍이 휩쓸고 지나가자 그는 돌멩이처럼 땅으로 떨어지고 말았습니다.

원숭이도 나무에서 떨어질 때가 있고, 물고기도 물에서 뭍으로 떨어질 때가 있습니다. 그는 75세에 외줄타기를 하다가 떨어져 즉사했습니다.

"교만은 멸망으로 이끄는 앞잡이요, 거만한 마음은 몰락으로 향하는 지름길이다."(잠 16:18)

286 | 교회의 색유리

용서의 힘
(♪464장, 468장)

오션게이트 교회에는 교인이 별로 없었습니다. 어느 날 밤 100여 년 전 예술품인 색유리가 깨져 범인을 잡으니 그 마을 10대 소년 9명이었는데 목사가 용서하자 각 집에 가서 전도했습니다.

　미국 캘리포니아주 오션게이트 교회는 역사는 깊어도 교인들이 별로 없었습니다. 어느 날 밤 존재감이 별로 없던 이 교회의 색유리 73장이 모조리 깨져 버렸습니다. 그것은 100여 년 전의 예술품이었습니다.

　교회 유리창을 깬 범인을 잡고 보니, 그 동네의 10대 소년 아홉 명이었습니다. 담임목사 저스틴 웰스는 그들을 용서해 달라며 법원에 탄원서를 냈습니다. 가석방된 소년들은 용서에 화답했습니다. 그들은 각 집을 찾아가서 이렇게 부탁했습니다.

　"우리는 교회 유리를 몽땅 깬 나쁜 아이들입니다. 그러나 웰스 목사님이 우리를 용서하셨으니, 다음 주일에 교회로 오셔서 목사님을 꼭 만나 주십시오."

　그러자 다음 주일부터 사람들이 교회에 나왔습니다. 담임목사의 용서하는 마음이 교회를 다시 일으켜 세웠습니다. 물론 백 년의 역사를 지닌 색유리를 잃었지만, 그 덕분에 교회가 크게 부흥했습니다.

　6개월 후 오션게이트 마을의 많은 주민이 교회에 등록했습니다. 사람들의 관심과 호의를 받는 교회로 변했습니다. 그리고 색유리도 더 좋은 것으로 바꾸었습니다. 용서가 가져온 아름다운 결과입니다.

"친절히 대하고, 서로를 불쌍히 여기며, 하나님께서 그리스도 안에서 여러분을 용서하신 것과 같이 서로가 서로에게 먼저 용서를 베푸십시오."(엡 4:32)

287 | 슈바이처와 짐 존스

하나님 중심
(♪469장, 452장)

앨버트 슈바이처는 '아프리카의 성자'로 유명하고 가이아나의 짐 존스는 '사이비 교주'로 불렸습니다. 진심으로 하나님을 마음에 모시면 성자가 되지만 하나님을 이용하면 추종자들을 자살하게 만듭니다.

제임스 워런 "짐" 존스(인민사원의 교주이자, 범죄인)

많은 공통점을 지닌 두 사람이 있었습니다. 그들은 강력한 지도력으로 사람들의 마음을 사로잡았습니다. 열렬한 음악광으로 인생의 황금기를 적도 부근에서 보냈습니다.

두 사람은 거의 비슷한 시기에 세계인들의 이목을 끌었습니다. 한 사람은 '아프리카의 성자'로 불린 랑바레네 병원의 앨버트 슈바이처이고, 다른 한 사람은 '사이비 교주'로 불린 가이아나의 짐 존스였습니다.

슈바이처는 사랑을 실천한 성자로 남아 있지만, 짐 존스는 추종자들을 집단 자살로 몰아넣었습니다. 인생의 출발과 과정은 비슷해도 결과는 확연히 달랐습니다.

차이점은 단 하나였습니다. 슈바이처는 하나님을 마음의 중심에 모시고 살았습니다. 짐 존스는 마음의 중심에 자신을 놓고 자신을 위해 하나님을 이용하며 이기적으로 살았습니다.

다른 것이 자리 잡으면 하나님은 우리 마음의 중심에 자리 잡을 수 없습니다. 먼저 그것을 제거하고 그 자리에 하나님을 모셔야 합니다.

"내 속에 정결한 마음을 창조하여 주시고, 내 안에 정직한 심령을 새롭게 하소서."(시 51:10)

288 | 헤밍웨이의 문장력

글과 진실
(♪454장, 463장)

헤밍웨이가 작가의 꿈을 안고 파리에서 공부할 때
가르치는 사람도 배우는 그도 영 자신이 없었습니다.
진실한 게 가장 좋은 글이며 사람에게 감동을 준다는
영어 선생의 말이 떠올라 그대로 하자 글이 달라졌습니다.

'노인과 바다'로 노벨 문학상, 어니스트 헤밍웨이

헤밍웨이가 문학가의 꿈을 안고 파리에서 공부할 때, 가르치는 사람도 배우는 자신도 문장에 대해 불만이 컸습니다. 문장력 없이는 글을 제대로 쓸 수 없다고 생각했습니다.

"이것도 글이라고 썼느냐?"

이렇게 주눅 들게 하던 말들이 어니스트 헤밍웨이를 위대한 작가로 키웠습니다. 그는 어떻게 하면 문장력을 기를까 무척 고심했습니다. 선생의 가르침대로 남의 글을 많이 읽고 밤을 새워 이런저런 글들을 썼지만 별로였습니다.

어느 날 밤 그는 늦게까지 글쓰기에 골몰하다가 불현듯 고교 시절을 생각하게 되었습니다. 영어 선생의 말이 뇌리에 떠올랐습니다.

"진실한 게 가장 좋은 글이며 사람에게 감동과 평화를 준다."

그 말을 떠올린 그는 진실한 글을 쓰려고 애썼습니다. 그러자 모래처럼 무미건조하여 재미없던 글이 달라졌습니다. 문장력도 달라졌습니다. 진실한 글쓰기가 헤밍웨이를 만든 것입니다.

『노인과 바다』로 노벨 문학상을 받은 그의 글들이 큰 감동을 주는 것은 인생의 진실을 담았기 때문입니다. 진실보다 더 아름다운 문장은 없고, 진실보다 더 위대한 감동도 없습니다.

"주께서는 마음이 진실한 것을 기뻐하시니, 내 마음속 깊은 곳을 주의 지혜로 가득 채우소서."(시 51:6)

289 | 가장 행복한 사람

행복과 보람
(♪ 427장, 431장)

1위는 모래성을 막 완성한 어린이이고
2위는 아기 목욕을 끝낸 엄마였습니다.
3위는 공예품 장을 짠 목공이었으며
4위는 어려운 수술을 끝낸 의사였습니다.

누가 가장 행복한 사람일까요? 누가 참으로 깊이 있는 행복을 누릴까요? 질문 자체가 어리석을지도 모릅니다. 그러나 이런 질문을 던지고, 그 해답을 구하는 일은 나름대로 의미 있는 일입니다.

행복에 대한 정의는 무엇일까요? 최고의 행복은 황제도 귀족도 재벌도 아니었습니다. 작고 보람된 일에 만족하는 서민이 최고의 행복을 누리는 것으로 조사되었습니다. 영국의 일간지 『런던 타임스』가 '가장 행복한 사람'이라는 주제로 현상 모집을 했는데, 당선된 내용은 뜻밖이었습니다.

1위는 모래성을 막 완성한 아이였습니다. 바닷가에서 모래성을 다 쌓은 후 손뼉치고 춤추며 보람을 만끽하는 어린이가 가장 행복한 사람으로 뽑혔습니다.

2위는 아기 목욕을 막 끝낸 엄마였습니다. 깨끗해진 토실토실한 아기 몸을 만지며 흐뭇해하는 엄마의 행복감이었습니다.

3위는 공예품 장을 짠 목공이었습니다. 심혈을 기울여 장인의 숨결이 깃든 작품을 완성한 보람이 행복감을 느끼게 만든 것입니다.

4위는 어려운 수술을 잘 끝내고 한 생명을 구한 의사의 만족한 미소였습니다.

"주님의 그칠 줄 모르는 사랑으로 아침마다 우리를 흡족히 채워 주셔서, 우리로 한평생 기뻐하고 즐거워하게 해주소서."(시 90:14)

290 | 후계자 정하기

목표와 목적
(♪354장, 491장)

세 아들을 사냥에 데리고 간 추장이 물어봅니다.
맏아들은 하늘과 나무, 둘째는 큰 나무와 독수리,
셋째는 독수리, 두 날개, 가슴을 보았다고 하자
그 가슴에 활을 쏘라며 후계자를 정했습니다.

인디언 부족에게 전해지는 사냥 이야기에는 후계자를 결정하는 중요한 내용이 들어 있습니다. 추장은 부족과 가족을 책임지는 지혜와 실력을 겸비해야 합니다. 이런 슬기와 용기를 자식들에게 가르치고자 했습니다.

인디언 추장은 세 아들을 데리고 사냥을 나가 그들의 관찰력을 시험했습니다. 추장 자리를 물려줄 후계자를 정하려고 한 것입니다. 추장은 나뭇가지에 앉은 독수리를 보고 아들들에게 물었습니다. 맏아들이 대답했습니다.
"하늘과 나무들이 보입니다."
실망한 추장은 둘째에게 똑같이 물었습니다.
"큰 나무와 가지에 앉은 독수리가 보입니다."

또 실망하여 셋째에게 물었습니다.
"독수리가 보이고, 두 날개가 있고, 날개가 마주치는 곳에는 독수리의 가슴이 보입니다."

추장은 웃으며 셋째에게 말했습니다.
"그 가슴에 활을 쏴라!"
화살이 명중하여 독수리 사냥에 성공했습니다. 추장은 하늘, 나무, 독수리보다 사냥의 성공을 결정하는, 독수리의 가슴을 보는가를 관찰한 것이었습니다.

"나는 그것을 아직 붙잡았다고는 생각하지 않습니다. 다만 나는 뒤에 있는 것은 다 잊어버리고… 푯대를 향해 날마다 달려갈 뿐입니다."(빌 3:13–14)

291 | 작업복의 학장

겸손과 감동
(♪454장, 459장)

신학교 운영자인 코완 박사에게 한 신사가 5만 달러 수표를 주며 돕겠다고 했습니다. 페인트칠까지 하던 학장을 보고 감동하여 매년 장학금을 보낸 것입니다.

미국의 한 소도시에서 작은 신학교를 운영하는 코완 박사는 운영난에 허덕이고 있었습니다. 학교 청소에서부터 학장 일까지 감당해야 할 처지였습니다.

그래도 불평 없이 학교 청소도 하고 학장 일도 해나갔습니다. 여러 군데 협조를 요청하고 장학금을 부탁하기도 했습니다.

어느 날 코완이 학교 밖 벽에 페인트칠할 때 한 신사가 와서 학장실을 물었습니다. 하던 일을 마저 끝내려고 12시쯤이면 학장실에 있을 거라고 대답했습니다.

신사는 12시경에 학장실로 찾아갔습니다. 그런데 학장은 아침에 페인트칠하던 작업복 차림의 그 일꾼이었습니다. 신사는 크게 감동했습니다.

사흘 후 코완에게 우편물이 날아왔습니다. 5만 달러 수표와 함께 매년 돕겠다는 약속도 들어 있었습니다.

"그 겸손함과 솔선수범하는 모습을 보고 감동하여 장학금을 보냅니다."

그 부자는 약속대로 5만 달러를 매년 기증했습니다. 그 장학금은 신학교 운영에 큰 도움을 주었습니다.

"하나님께서는 교만한 자들을 물리치시고, 겸손한 자들에게는 은혜를 베푸신다."(약 4:6)

292 | 거미의 교훈

인내와 용기
(♪367장, 344장)

옛날에는 스코틀랜드와 잉글랜드에 따로 왕이 있었습니다. 잉글랜드 국왕 에드워드 1세는 여섯 번이나 침략했습니다. 스코틀랜드 왕 브루스는 전쟁에 쫓겨 굴속에 숨어 있다가 거미가 집 짓는 것을 보고 용기를 내어 나라를 지켰습니다.

　오래전 스코틀랜드와 잉글랜드는 각기 다른 왕이 다스리고 있었습니다. 잉글랜드의 국왕 에드워드 1세는 여섯 번이나 스코틀랜드에 쳐들어왔습니다.

　스코틀랜드 왕 부르스는 전쟁에 쫓겨 피신한 굴속에서 거미 한 마리가 집 짓는 것을 무심코 바라보다가 용기를 얻었습니다.

　거미는 천정의 이쪽과 저쪽을 연결하려고 몸을 흔들며 뛰었지만, 여섯 번이나 실패하고 바닥에 떨어져 나뒹굴었습니다. 거미도 자신처럼 실패만 하는구나 싶어서 그는 계속 관찰했습니다.

　거미는 바닥에서 다시 벽으로 기어올라 먼저처럼 몸을 흔들며 뛰어 결국 성공했습니다. 그러고는 열심히 거미줄을 쳐서 마침내 자기 집을 마련했습니다.

　스코틀랜드 왕은 용기를 냈습니다. 낙심하지 않고 끝까지 싸워 자신의 나라와 왕좌를 유지했습니다. 포기하지 않고 거미집을 짓는 거미에게서 배운 그는 인내와 용기로 나라를 지킬 수 있었습니다.

"선한 일을 하다가 도중에 낙심하지 마십시오. 포기하지 않고 꾸준히 선한 일을 행하면, 때가 이를 때에 반드시 거둘 것입니다."(갈 6:9)

293 | 산불 이후

회복과 새로움
(♪ 285장, 289장)

산불이 크게 나서 산지와 집 3,000채가 탔습니다. 25명 사망, 150명 부상, 조엘 존스의 그림 500점, 100여 명의 작품, 헝거의 조각도 200여 점 불탔지만 1주년에 '불의 예술'이라는 이색적인 전시를 했습니다.

1991년 10월 20일 미국 캘리포니아주 이스트베이에서 산불이 크게 났습니다. 불길은 강한 바람을 타고 놀라운 속도로 번져 나갔습니다. 산지가 대부분 불타고 집도 3,000채나 사라졌습니다. 상상외로 빨리 번져서 피할 시간이 없었습니다.

미술가들의 마을도 피해가 아주 컸습니다. 사망자 25명, 부상자 150명이 생겼습니다. 조엘 존스가 25년 동안 그린 작품 500여 점, 미술가 100여 명이 그린 그림들, 조각들, 사진 작품들도 불탔습니다. 조각가 헝거가 15년 동안 만든 200여 점의 조각품들도 모두 불탔습니다. 헝거는 크게 낙담하면서도 깊이 묵상했습니다.

"하나님은 불길 속에서도 말씀하셨다. 불탄 누추함을 아름답게 만들어라. 절망을 희망으로 창조하라."

그는 묵상 가운데 하나님의 목소리를 듣고 다시금 다른 미술가들과 함께 창작열을 불태웠습니다. 화재 1주년에 '불의 예술'이라는 이색적인 전시회도 열었습니다. 불탄 자리에 불탄 쇠붙이와 나무들을 모아 새로운 작품을 만들었습니다. 쓸모없어 보이던 것들이 새롭고 놀라운 예술품으로 재탄생하게 되었습니다.

하나님은 누추한 죄인일지라도 새롭고 아름다운 피조물로 재탄생시키십니다.

"누구든지 그리스도 안에서 있으면 그는 새로운 사람입니다. 옛것은 지나갔고… 이제 새것이 되었습니다."(고후 5:17)

294 로렌스 수도사

겸손과 모범
(♪454장, 455장)

나이 많은 브라디 로렌스가 수도원장을 할 때 젊은 수도사들은 그에게 일을 시키고는 놀았습니다. 원장 혼자 일하는 것을 석 달 뒤 감독이 와서 알자 젊은 수도사들은 무릎을 꿇고 용서를 빌었습니다.

수도사 로렌스(Brother Lawrence)

    나이 지긋한 브라디 로렌스는 말썽 많은 한 수도원 원장으로 임명되었습니다. 그가 수도원에 들어서자 젊은 수도사들이 건방을 떨며 접시나 닦으라고 했습니다.

    백발의 수도사는 그렇게 하겠다면서 부엌으로 들어가 접시를 열심히 닦았습니다. 다른 수도사들은 떠들고 노는데 혼자서 부지런히 일했습니다. 불평이나 명령도 하지 않았습니다.

    로렌스 수도원장이 부임한 지 어느덧 석 달이 지났습니다. 그때까지도 그는 멸시와 천대와 구박 속에서 일만 했습니다.

    어느 날 감독이 이 수도원에 왔습니다.

    "원장님은 어디 계시는가?"

    젊은 수도사들은 쩔쩔매며 아직 부임하지 않았다고 했습니다. 그때 로렌스 원장이 나타났습니다.

    "제가 이 수도원 원장입니다만 무슨 일로 오셨습니까?"

    그러자 젊은 수도사들이 놀라 원장 앞에 무릎을 꿇고 용서를 빌었습니다. 겸손하고 경건하며, 부지런하고 솔선수범하면 하나님께 인정을 받고, 언젠가는 사람을 감동하게 합니다.

"내가 그리스도 예수를 본받는 자 된 것처럼 여러분도 나를 본받는 자들이 되십시오."(고전 11:1)

295 | 마부의 출세

현숙한 아내
(♪467장, 465장)

제나라 정승 안자는 말 위에서 허리를 굽히고
마부는 거드름을 피우며 걷고 있었습니다.
"모시는 어른은 겸손한데 당신은 거만하게 걷더군요."
아내의 말에 달라진 마부는 벼슬까지 얻었습니다.

중국 제나라에 인격과 품격이 높은 안자晏子라는 정승이 있었습니다. 그에게는 나라에서 녹을 받는 마부가 있었습니다. 모두 걸어 다니는데 안자는 마부까지 두고 말을 타고 다니는 것이 미안해서 몸을 굽히고 다녔습니다.

어느 날 마부의 아내가 안자의 행차를 보았습니다. 말 위에 앉은 안자는 허리 굽혀 겸손해 보이는데, 자기 남편인 마부는 허리를 곧게 편 채 거드름을 피우며 걷는 것이었습니다.

그날 밤 마부의 아내가 남편에게 말했습니다.

"모시는 어른은 겸손한데 당신은 거만하게 걷더군요. 그러면 되겠어요?"

다음날부터 마부의 태도가 달라졌습니다. 안자가 그 까닭을 물으니 아내의 충고 때문이라고 했습니다. 마부가 그런 현명한 아내를 두었고, 또 아내의 충고를 잘 따르는 사람이니 벼슬을 시켜도 된다고 여겼습니다.

안자가 임금에게 그를 천거하여 대부 자리에 앉게 했습니다. 현숙한 아내로 인해 마부는 출세할 수 있었습니다.

"누가 덕이 있는 현숙한 여인을 찾아, 자기 아내로 맞을 수 있겠느냐? 참으로 그런 여인은 진주보다 더욱 값지다."(잠 31:10)

296 | 엘레나 루스벨트

좋은 아내
(♪558장, 561장)

미국 프랭클린 루스벨트는 유일한 4선 대통령입니다.
39세에 소아마비를 앓아도 왕성하게 활동했습니다.
그는 아내 엘레나 덕분에 열등감도 이겨냈습니다.
아내는 겸손한 신앙으로 남편을 내조했습니다.

"안나 엘리너 루스벨트"(Anna Eleanor Roosevelt)

미국의 프랭클린 루스벨트 대통령은 역대 대통령 가운데 유일무이한 4선 대통령입니다. 그는 아주 왕성한 활동을 했습니다.

그러나 39세에 소아마비에 걸려 두 다리가 불구가 되고 말았습니다. 한창 활동할 시기에 다리를 쇠붙이에 고정하여 휠체어를 타야 하는 처지가 되었으니, 얼마나 좌절했겠습니까?

그런데도 루스벨트 대통령이 왕성하게 활동하여 많은 업적을 남길 수 있었던 것은, 그의 아내 엘레나 루스벨트의 헌신적인 사랑 때문입니다.

비 갠 어느 날 루스벨트의 아내가 남편의 휠체어를 밀고 산책을 나왔습니다. 남편이 장애로 인해 열등의식과 패배감에 사로잡힌 것을 알고는 아내가 말했습니다.

"비 갠 뒤라 하늘이 더 푸르지요?"

"그러나 나는 장애인이오. 당신이 너무 힘들 거요."

"무슨 섭섭한 말씀이에요? 그러면 그동안 나는 당신의 다리만 사랑했단 말이에요?"

그녀는 겸손한 신앙의 소유자였습니다.

"집과 재산은 부모에게서 물려받지만, 슬기로운 아내는 주께로부터 받는다."(잠 19:14)

297 | 나이팅게일의 겸손

겸손과 헌신
(♪212장, 454장)

백의의 천사 나이팅게일

나이팅게일은 크리미아 전쟁 때 자원하여 1만 3천여 명의 콜레라 환자를 살렸습니다. '전쟁터의 천사', '백의의 천사', '빛의 부인'인 그녀의 환영회는 과분하다며 프랑스로 갔습니다.

영국의 간호사 나이팅게일은 크리미아 전쟁 때 부상자들을 헌신적으로 치료해 주었습니다. 간호사로서 최선을 다해 봉사하고 헌신했습니다.

나이팅게일은 간호사들의 모범이요, 본보기가 되었습니다. 그래서 오늘날 세계적으로 큰 공을 세운 간호사에게는 '나이팅게일 기장'을 주어 칭송합니다.

1853년 크리미아 전쟁이 터지자 나이팅게일은 자원하여 총성이 그치지 않는 일선으로 달려갔습니다. 그녀는 1만 3천여 명의 호열자(虎列剌, 콜레라) 환자들을 치료하여 살렸습니다. 수많은 전상자도 정성껏 보살폈습니다.

그 결과 그녀는 군인들로부터 '천사'라 불렸습니다. '전쟁터의 천사', '백의의 천사'로도 불렸습니다. 영국 국민은 '빛의 부인'이라고 했습니다.

전쟁이 끝나고 그녀가 귀국하려 하자 대대적인 환영회를 준비했습니다. 이 소식을 들은 그녀는 일정을 바꾸어 프랑스로 갔습니다. 당연히 해야 할 일을 했는데 환영회는 과분하다고 생각한 것입니다.

영국인들은 실망했으나 나중에 그 까닭을 알고는 그녀를 더욱 존경하게 되었습니다.

"무슨 일을 하든지 이기심이나 허영으로 하지 말고, 오직 겸손한 마음으로 자기보다 다른 사람을 더 낫게 여기십시오."(빌 2:3)

298 | 노벨 화학상 수상자

근면과 성실
(♪ 496장, 330장)

일본은 문학, 과학 분야에서 노벨상 수상자가 10여 명입니다. 2002년 노벨 화학상을 받은 연구원 다나카 고이치는 레이저 발사로 단백질 분사 효과를 내는 연구로 3억 엔에 달하는 다나카 효과를 냈다고 합니다.

샐러리맨 노벨상 수상자 '다나카 고이치'

일본은 노벨상을 받은 이가 10여 명이나 되는데, 문학과 과학 분야에서 수상자들이 나왔습니다.

다나카 고이치가 2002년 노벨 화학상을 탄 것은 놀라운 일이었습니다. 평사원 연구원이 받았기 때문입니다. 그는 시미즈 제작소에서 임원 승진을 사양한 평범한 연구원입니다. 노벨상을 받은 '다나카 효과'는 3억 엔 정도라고 합니다.

그는 일정 주기로 발사되는 레이저를 이용해 단백질 분자를 분사시키는 효과를 내는 연성 레이저 이탈 기법을 개발했습니다. 단백질의 종류와 양을 효과적으로 정밀하게 분석하여 생명 과학과 신약 개발 등 의학 연구에도 큰 도움이 되었습니다. 이 공로로 노벨 화학상을 받은 것입니다.

그에게는 1천만 엔의 보상금과 최고 영예인 펠로가 주어졌습니다. 이런 성공에도 그는 계속 연구를 다짐했습니다. 노벨상 수상의 영광에도 개의치 않고 이전처럼 똑같이 출근하여 부지런히 연구하였습니다. 성공은 결코 하루아침에 이루어지는 것이 아닙니다.

"게으른 사람은 아무리 바라는 것이 있어도 하나도 얻지 못하지만, 부지런한 사람은 자기가 바라는 대로 모든 것을 넉넉하게 얻는다."(잠 13:4)

299 막사이사이의 인격

공의와 정의
(♪ 516장, 460장)

필리핀의 막사이사이는 대장장이의 아들로 태어났습니다. 제2차 세계대전 뒤에는 국방장관이 되었고 46세 때는 대통령이 되어 공무원의 부정부패 도전했습니다. 1957년 비행기 사고로 급서 후 막사이사이상이 제정되었습니다.

필리핀이 그리워하는 지도자 라몬 막사이사이

필리핀 대통령 막사이사이는 전 세계의 존경과 사랑을 받습니다. 제2차 세계대전 뒤 그는 국방장관이 되었고, 46세 때는 대통령이 되었습니다.

"내 직책은 대통령이지만 내 마음은 병사이다."

그런 겸손함이 사랑과 존경을 받았습니다. 위대한 인물은 역경과 불행의 과정을 거치면서 더욱 빛납니다. 평소에 그는 공무원들의 부정부패를 근절해야 필리핀이 살 수 있다고 주장하면서 부정부패를 척결하기 위해 애썼습니다.

루쇼도의 한 대장장이 아들로 태어난 그가 대통령이 되기까지의 과정은 훌륭했습니다. 버스 운전기사 시절, 바르지 못한 동료들을 꾸짖으며 거기에 물들지 않고 성실하게 일했습니다.

오늘날 그는 아시아의 20세기 지도자 가운데 한 사람입니다. 1957년 비행기 추락 사고로 급서한 그의 품격과 공적을 추모하고 기념하기 위하여 '막사이사이상'이라는 국제적인 상이 제정되었습니다. 우리나라에서는 장준하, 김활란, 김용기, 이태영, 장기려 박사 등이 수상했습니다.

"오직 너희는 공의를 물처럼 흘러넘치게 하고, 정의를 마르지 않는 강물처럼 항상 흐르게 하라."(암 5:24)

300 | 카네기의 그림

역경과 소망
(♪488장, 354장)

커다란 나룻배에 노 하나가 모래사장에 덩그러니 있습니다.
"반드시 밀물이 밀려오리라. 그날 나는 바다로 나가리라."
강철왕 카네기의 사무실 벽에 걸린 그림 아래에 적힌 글입니다.
청년 시절에 본 이 글은 시련을 극복하는 원동력이었습니다.

세계적인 부호가 된 강철왕 카네기의 사무실 벽에는 볼품없는 그림 한 폭이 걸려 있었습니다. 커다란 나룻배에 노 하나가 아무렇게나 놓여 있는 그림입니다. 그 배는 썰물에 드러난 황량한 모래사장에 덩그러니 내팽개쳐져 있었습니다.

그는 이 그림을 고가에 사서 회장실에 걸어 놓았습니다. 배고팠던 청년 시절에 감동적으로 만났기 때문입니다. 나룻배 밑에 화가가 적어 놓은 글을 읽고 희망을 품었습니다.

"반드시 밀물이 밀려오리라. 그날 나는 바다로 나가리라."

카네기는 이 글을 읽고 눈을 번쩍 떴습니다. 지금은 고달픈 나날이지만 밀물의 날을 소망했습니다. 그 글귀는 썰물 같은 인생의 시련기를 겪는 동안, 그 시련을 극복하는 원동력이 되었습니다.

같은 환경에서 사람들은 두 부류로 나뉩니다. 한 부류는 썰물에 밀린 황량한 배를 보지만, 또 한 부류는 곧 밀려올 밀물을 바라봅니다. 신앙인들은 하나님 안에서 밀물을 기대해야 합니다. 우리 삶에 밀려올 소망의 밀물을 바라보아야 합니다.

"인내는 우리의 성품을 단련시켜 주며, 그러한 성품은 마침내 소망을 이루는 줄을 우리가 알기 때문입니다."(롬 5:4)

301 | 마쓰시다 회장

굳센 의지
(♪342장, 344장)

마쓰시다 고노스케(1894~1989)

마쓰시다 고노스케 회장은 전기 회사로 성공했습니다. 어느 해 입사 시험을 치른 동경대 최우수생의 이름이 합격자 명단에 없자 그는 자살하고 말았습니다. 최우수자를 따로 발표한다는 것이 누락된 것입니다.

    일본의 마쓰시다 고노스케 회장은 세계적인 대기업 마쓰시다 전기 회사를 세워 성공했습니다.

    어느 해 동경대 졸업반의 한 천재가 이 회사에 입사 시험을 보았습니다. 최우수생인 그 학생이 합격할 것은 아무도 의심치 않았습니다. 그러나 합격자 발표에 이름이 없었습니다. 이에 낙심한 그는 목숨을 끊고 말았습니다.

    그런데 특별히 수석 합격자로 따로 발표한다는 게 사무 착오로 합격자 명단에서 그가 빠진 것을 알았습니다. 그 학생은 최고의 입사 성적을 받았지만 이미 때는 늦었습니다.

    마쓰시다 회장은 속으로 다행이라고 생각했습니다. 입사 시험에 떨어졌다고 해서 자살할 정도로 의지력이 약한 사람은 필요 없다는 뜻이었습니다.

    그 학생의 실력은 최고였지만 정신력과 의지력은 빵점이었습니다. 그런 학생이 수석 합격으로 입사하여 중역이 되면 나중에 큰 문제를 만들 것이 틀림없었습니다. 그는 학력이나 성적보다 인간성, 의지력, 정신력 등을 높이 평가하는 기업가였습니다.

"그러므로 너는 두려워하지 마라. 내가 항상 너와 함께 있다. 너는 겁내지 마라. …내가 나의 의로운 오른팔로 너를 굳세게 붙들어 주겠다."(사 41:10)

302 | 20세기의 3대 발언

말과 영향력
(♪452장, 454장)

브라운스타인의 3대 발언은 다음과 같습니다.
"나에게는 꿈이 있습니다."-마틴 루터 킹 목사
"나라가 무엇을 해주느냐고 묻지 말고…"-케네디
"고르바초프, 이 담을 허시오!"-레이건

1989년 11월 9일 밤, 대중들이 직접 베를린 장벽을 부쉈

『LA 타임스』의 칼럼니스트 브라운스타인은 20세기에 큰 영향을 준 10대 발언을 정리했습니다. 그중에서도 '3대 발언'은 세계를 움직인 대사건입니다.

주로 미국인의 발언을 꼽은 것이 문제이지만, 그 실효성은 과연 세계를 감동하게 하고 세계 역사를 변화시킨 선언이었습니다. 그의 이 선택은 실효성과 역사성에 큰 비중을 두었습니다. 그중에서 3대 발언은 다음과 같습니다.

"나에게는 꿈이 있습니다."

흑인 대통령이 나올 수 있는 길을 연 마틴 루터 킹 목사의 발언입니다. 미국의 흑인 사회를 뒤집어 놓은 획기적인 선언이었습니다. 인권과 흑인 문제를 이 한 마디로 풀어주었습니다.

"나라가 무엇을 해주느냐고 묻지 말고 나라를 위해 무엇을 할 수 있느냐고 물으시오."

케네디 대통령의 취임사로 국가관과 사회 인식의 변화를 말한 명언이었습니다.

"고르바초프, 이 담을 허시오!"

레이건 대통령이 베를린 장벽 앞에서 한 발언입니다. 동서독이 통일되는 기적 같은 사실이 역사 속에서 이루어진 획기적인 발언이었습니다.

"경우에 알맞은 적절한 말은 은쟁반에 담겨 있는 금사과와 같다."(잠 25:11)

303 | 성녀 조안

묵상과 명상
(♪ 366장, 361장)

버나드 쇼 〈성녀 조안〉(Saint Joan)

하나님의 음성을 못 들은 왕이 잔 다르크에게 물었습니다. "그 말소리를 나는 왜 못 듣는가? 나는 왕인데 뭐가 문제야?" "다 들리는데 안 들으시는 겁니다. …묵상해 보세요. 반드시 하늘의 소리가 들릴 거예요."

버나드 쇼의 희곡 『성녀 조안』은 프랑스 영웅 잔 다르크의 이야기를 각색한 내용입니다. 여기에는 찰스 왕과 잔 다르크의 대화가 나옵니다.

"그 말소리를 나는 왜 못 듣는가? 나는 왕인데 도대체 뭐가 문제야?"

찰스 왕은 화가 나서 고함을 쳤습니다. 이때 잔 다르크가 무겁게 입을 열었습니다.

"다 들리는데 안 들으시는 겁니다. 한밤에 들녘에 나가 혼자 계신 적 있으세요? 천사가 종을 쳐도 마음의 문을 닫고 계셨지요? 기도해 보세요. 조용하고 고독한 시간을 가져 보세요. 묵상해 보세요. 반드시 하늘의 소리가 들릴 거예요."

고요함 속에서 하나님의 미세한 음성을 들은 선지자들의 자세를 배워야 한다고 말했습니다.

잔 다르크는 하나님의 음성을 듣기 위해 고요한 장소를 찾아가 홀로 기도하고 묵상하면서 하나님의 응답을 받았습니다. 그러나 찰스 왕은 복잡하고 시끄러운 정치판에서 움직이는 정치가입니다. 그는 그곳에 하나님이 찾아오시기를 바랐습니다. 그런 상황에서는 도저히 하늘의 음성을 들을 수 없었습니다.

"지진이 끝나자 불이 일어났다. …그 소리를 듣자 엘리야는 겉옷으로 얼굴을 가린 다음에 굴에서 나와 동굴 입구에 서 있었다."(왕상 19:12-13)

304 | 대통령의 겸손

겸손과 소박함
(♪467장, 454장)

한 여행자가 프랑스에서 교회 앞 광장에 앉아 있었는데
자전거 타고 가는 한 신사에게 사람들이 박수를 보냈습니다.
누구냐고 물으니 프랑스 대통령이라고 했습니다.
자전거 타고 점심 먹으러 집에 가는 길이라고 했습니다.

레몽 푸앵카레(1860~1934)

한 여행객이 수십 년 전 유럽 여행 중 프랑스에 가서 교회 앞 광장에 앉아 있을 때였습니다. 자전거를 타고 한 신사가 지나가는데, 그를 본 사람들이 일어나 박수를 보냈습니다.

"저분이 누구요?"

"프랑스 대통령입니다. 자전거 타고 집에 점심 먹으러 가는 길입니다."

소르본느 대학을 졸업한 레몽 푸앵카레는 프랑스 제14대 대통령이 되었습니다. 그는 모교의 행사에 참석하여 아무도 모르게 재학생 맨 뒷자리에 앉았습니다. 그날은 라비스 박사 50주년 축하 행사였습니다.

차례가 되어 라비스 박사가 단상에 올라 객석을 둘러보다가 깜짝 놀라 뛰어왔습니다. 비틀대며 대통령이 앉아 있는 데로 가서 단상으로 모시려 했으나 극구 사양했습니다.

"선생님, 저는 지금 대통령 자격이 아니고 제자 중 한 명이니 어서 단상으로 오르셔야 합니다."

사람들에게서 박수가 터져 나왔습니다. 그러자 대통령은 마지못해 단상에 올랐습니다. 축사하는 동안 그는 선생님 앞에 선 제자의 모습으로 겸손했습니다. 그 일로 푸앵카레 대통령의 인기는 더욱 치솟았습니다.

"그러므로 여러분은 하나님의 권능의 손 아래서 자신을 낮춰 스스로 겸손하십시오. 때가 되면 하나님께서 친히 여러분을 높이실 것입니다."(벧전 5:6)

305 | 충성 지침서

충성과 헌신
(♪ 333장, 349장)

한국전쟁 때 미군 포로 세 명 중 한 명이 적군에 협력하자 미군은 군사 훈련용으로 충성 지침서를 만들었습니다.
"애국심, 충성심 교육은 18세 이전에 해야 합니다."
그러나 이스라엘인과 기독교인은 어려서부터 배웁니다.

한국전쟁 때 포로가 된 미군 세 명 중 한 명이 적군에 협력한 사실이 드러났습니다. 당황한 미군 당국이 충성 지침서를 만들어 군사 훈련용으로 사용했습니다.

집필자는 『뉴욕 트리뷴』 편집장 로버트 버드였습니다. 그는 이 교재를 사용한 뒤 그 효과에 대한 질문을 받았습니다.

"애국심, 충성심 교육은 18세 이전에 해야 합니다. 이런 교육은 종교적으로 가능하고, 인생의 확실한 목적이나 희생의 가치가 무엇인가를 스스로 깨닫게 해야 하니 정말 어렵습니다."

정훈 교육이나 애국심 향상은 뚜렷한 국가관이나 인격이 뿌리내린 인생관과도 깊은 연관이 있습니다. 자본주의에서의 애국심 교육은 어렵습니다.

어느 나라 사람이든 자기 조국에 대한 애국심은 기본적으로 있습니다. 그러나 이스라엘은 같은 종교와 신앙, 민족 위에 뿌리내린 애국심이라서 다른 나라들과는 비교할 수 없을 만큼 견고합니다.

그리스도의 군사로서 우리 신앙인들은 우리의 대장 예수님과 하나님께 죽도록 충성해야 합니다.

"마귀가 너를 시험하려고… 그러나 너는 죽기까지 충성하라. 그러면 내가 생명의 면류관을 네게 주겠다."(계 2:10)

306 코카콜라 창업자

자유와 해방
(♪268장, 305장)

미국 감리교회 선교국은 코카콜라 회사에서 내는 십일조로
수많은 선교사 파송을 하고 선교 물자도 공급합니다.
코카콜라 창업자 아사 캔들러는 알코올 중독으로
수용소에도 끌려갔지만 큰 결심으로 기업을 일으켰습니다.

한다면 하는 남자, 아사 캔들러(Asa

코카콜라 회사가 내는 십일조 헌금은 어마어마합니다. 미국 감리교회 선교국은 이 십일조로 수많은 선교사를 외국에 파송합니다.

이 지구를 음료로 완전히 점령한 것은 코카콜라뿐입니다. 세계가 분열되었을 때도 이곳저곳 가리지 않았습니다. 이 엄청난 기업의 창업자는 아사 D. 캔들러였습니다.

술 없이는 하루도 못 견디는 그는 심한 알코올 중독자로 수용소에 끌려갔습니다. 그런 그에게 어느 날 번개 같은 말이 마음속에서 들려왔습니다.

"네 본능적인 욕구를 거절하는 자만이 성공한다."

"네 속의 악한 욕구를 이겨야만 자유인이 된다."

그 순간 그는 깨달았습니다. 그리고 크게 결심했습니다. 술의 노예에서 벗어난 그는 사업을 시작하여 거대한 기업을 일구었습니다. 술 때문에 사람 노릇도 하지 못할 지경이었으나 코카콜라로 세계 제일의 기업을 일구었습니다. 그가 기도한 대로 건강도 사업도 성공했습니다. 그는 십일조를 바치며 날마다 기도했습니다.

"그러면 여러분은 진리를 알게 될 것이고, 진리가 여러분을 자유롭게 할 것입니다."(요 8:32)

307 | 회초리 교육

자녀 교육
(♪576장, 579장)

조선 문신 유몽인의 누이 유씨는 홍천민과 결혼했으나 남편과 사별 후 아비 없는 자식 소리 안 듣게 하려고 아들 서봉을 회초리로 키웠는데 훗날 영의정이 된 그는 엄마가 장롱 속에 회초리를 보관해 둔 걸 보고 울었습니다.

여인에게 회초리를 맞은 홍우원

조선 문신 유몽인의 누이 유씨는 홍천민과 결혼하여 아들 서봉을 낳았습니다. 그러나 남편과 사별하고 아들을 키우면서 가끔 회초리로 때리기도 했습니다. 아비 없는 자식 소리 안 듣고 사람답게 살려면 열심히 공부해야 한다고 엄하게 가르쳤습니다.

아들을 때리는 어미의 가슴은 찢어질 것만 같았습니다. 그녀는 피가 묻은 회초리를 하나도 버리지 않고 장롱 속에 넣어 두었습니다. 그 회초리가 집안의 흥망을 좌우할 것이라고 생각했습니다. 그만큼 엄한 교육으로 자식을 키웠던 것입니다.

그 결과 홍서봉은 훗날 영의정까지 지냈습니다. 뛰어난 문장이며 해박한 식견은 당대 최고의 지식인이었습니다. 어머니의 피나는 교육으로 그런 인물이 된 것입니다.

요즘 엄마들은 맹목적인 자식 사랑이 지나칩니다. 너무 많이 먹여 과체중이 되고, 너무 오냐오냐해서 마마보이로 만들고, 많은 돈을 들여 대학을 졸업시켜도 취직할 생각조차 없이 놀고먹습니다. 분명 잘못된 교육입니다.

올바른 회초리 교육이 필요한 때입니다. 그것은 자식 사랑의 올바른 자세를 의미합니다.

"회초리를 아끼는 사람은 자식을 사랑하지 않는 것이다. 참으로 자식을 사랑하는 사람은 제때에 성실하게 징계한다."(잠 13:24)

308 | 어떤 며느리

사랑과 미움
(♪468장, 220장)

시어머니를 빨리 죽게 하려고 남편에게 협조를 구했더니 100일 동안 달걀 요리를 해서 드리라고 했습니다.
시어머니가 동네에 다니면서 날마다 며느리 자랑을 하자 99일 되는 날 며느리는 생각을 바꾸어 더 잘 모셨습니다.

마음씨 고약한 어떤 며느리가 있었습니다. 이 며느리는 눈엣가시 같은 시어머니를 빨리 죽게 하는 방법을 모색했습니다. 남편이 시어머니께 효도하는 꼴을 못 보는 며느리는 고심 끝에 남편의 협조를 구했습니다.

그러자 곰곰 생각하던 남편이 그녀에게 일러주었습니다. 어머니를 빨리 죽게 하려면 오늘부터 100일 동안 맛있는 달걀 요리를 해드리라고 했습니다. 항상 웃는 얼굴로 밥상을 차려 정성을 다해 모시라고 했습니다. 100일이 끝나면 어머니는 틀림없이 돌아가실 거라고 했습니다.

며느리는 이 말대로만 하면 시어머니가 빨리 죽을 거라는 남편의 말대로 했습니다. 정성껏 상을 차리고 끼니마다 달걀 요리를 해서 바쳤습니다.

드디어 내일이면 99일이 되는 날, 그녀는 갑자기 생각이 달라졌습니다. 그간 어머니는 며느리 자랑을 했습니다. 동네 사람들도 효성스러운 며느리를 칭찬했습니다.

이제 며느리는 시어머니가 좋아졌습니다. 시어머니도 며느리를 사랑하게 되어 집안이 행복해졌습니다. 시어머니를 빨리 죽게 하자던 것이 더 오래 살게 했으며, 아들의 지혜가 못된 며느리를 효부로 만든 것입니다.

"이제 내가 너희에게 새 계명을 준다. 서로 사랑하여라. 내가 너희를 사랑한 것같이 너희도 서로 사랑하여라."(요 13:34)

309 | 클라이머와 카지노

서원과 맹세
(♪450장, 463장)

미국에서 수백 개의 호텔을 운영하던 클라이머 회장은 간부들과 중역들이 카지노 설치를 강력하게 요구하자 하나님께 카지노 운영을 하지 않겠다고 약속했기 때문에 더는 거절하기 힘들어 사임하고 말았습니다.

홀리데이 인(Holiday Inn) : 인터콘티넨털 호텔스 그룹이 전개하는 호텔

   홀리데이 인은 미국의 유수한 호텔 가운데 하나입니다. 클라이머 전 회장은 임기 중 수백 개의 호텔을 운영하면서 한 번도 카지노를 두지 않았습니다.

   간부들은 사세 확장을 위해 뉴저지주의 호텔에 카지노를 설치하자고 제안했습니다. 클라이머 회장은 단호히 거절했지만 중역들도 굽히지 않고 계속 건의했습니다.

   그는 이 문제로 가족들과 상의 후 회장직을 포기했습니다. 은퇴식 때 그는 직원들을 향해 다음과 같이 연설했습니다.

   "저는 제가 운영하는 호텔에는 절대로 카지노를 두지 않기로 하나님과 약속했습니다. 사람들과의 약속도 중요한데 하나님과의 약속은 얼마나 소중합니까? 제가 하나님과의 약속을 지키는 길은 회장직에서 물러나는 것뿐이라는 결론을 내렸습니다. 저는 지금 마음이 무척 평안합니다."

   호텔 직원들은 하나님과의 약속을 지킨 진실한 크리스천을 향해 뜨거운 박수를 보냈습니다.

"번제물을 들고 주의 거룩한 집으로 왔습니다. 주께 약속한 나의 서원을 지키려고 이렇게 주의 성소로 나아왔습니다."(시 66:13)

310 | 황제의 어머니

예수의 십자가
(♪ 439장, 155장)

로마 제국 콘스탄티누스 황제의 어머니 센트 헬레나는
기독교를 국교로 정하는 큰 역사를 이루었습니다.
예수의 십자가를 갈보리에서 땅을 파고 찾았는데
십자가 셋과 죄목이 쓰인 팻말까지 찾아냈습니다.

예수님의 진짜 십자가를 찾는 헬레나, 825년 이탈리아

주후 4세기 로마 제국 콘스탄티우스 황제의 어머니 센트 헬레나는 위대한 일을 했습니다. 기독교를 국교로 정하는 세계 최초의 역사를 남긴 것입니다.

예수의 골고다 죽음 이후, 270여 년이 지난 뒤에도 그분께서 매달린 십자가 나무들이 썩지 않은 것은 건조한 기후 때문일까요?

그녀는 예수가 십자가에 매달려 죽은 골고다에 가고 싶었습니다. 현지에 와 보니 이교도들이 예수가 죽은 지역을 돌과 흙무덤 천지로 만들어 놓은 것을 보고 놀랐습니다.

그녀는 수행원들을 시켜 갈보리를 파보았습니다. 십자가가 셋이 나왔고 죄목이 쓰인 팻말까지 찾아냈습니다. 난치병에 걸린 한 아이를 데려와서 십자가를 만지게 하니 효험이 있었습니다. 그녀는 예수의 십자가를 로마 제국으로 가져왔습니다.

주후 313년 콘스탄티누스 황제는 기독교를 로마 제국의 국교로 선포했습니다. 그토록 박해하던 기독교를 국교로 삼아 로마 제국 전역에 신앙의 자유를 선포하게 되었습니다. 예수의 십자가 덕택이었습니다.

"여러분 가운데서 예수 그리스도, 곧 십자가에 못 박혀 죽으신 그분 외에는 아무것도 생각하지 않기로 작정했기 때문입니다."(고전 2:2)

311 | 가장 아름다운 것

가정의 소중함
(♪559장, 556장)

한 화가가 필생의 대표작을 '가장 아름다운 것'으로 정하고 세상을 두루 다니며 소재를 찾다가 지쳐서 집에 왔습니다. 목사는 믿음, 군인은 평화, 신혼 부부는 사랑이라고 말하지만 가정이 최고였음을 깨닫고 화폭에 담기 시작했습니다.

세상에서 가장 아름다운 것이 무엇일까요? 한 화가는 자신의 야심작으로 아름다운 그림 한 폭을 남기겠다고 결심했습니다. 그는 세상을 이리저리 돌아다니며 그런 소재를 찾았습니다.

목사를 만나 물었더니 확실하게 가장 아름다운 것은 '믿음'이라고 했습니다. 다음에 군인을 만나 물었더니 '평화'라고 했습니다. 그 다음에는 여행 중인 신혼 부부에게 물었습니다. 그들은 꼭 껴안고 키스하면서 '사랑'이라고 했습니다.

세상을 멀리 여행하며 오래 찾아다닌 화가는 고단하고 지친 몸으로 집으로 돌아왔습니다.

"아빠!"
현관에 들어서자 아이들이 반기며 안겼습니다.
"여보!"
거실에 들어서자 아내가 안아주었습니다. 방에 들어서자 아늑하고 평화로웠습니다.

화가는 세상에서 가장 아름다운 것은 바로 가정이라고 했습니다. 가정이야말로 그 무엇과도 비교할 수 없을 만큼 가장 아름다운 것임을 깨달았습니다. 그래서 그는 가정을 화폭에 담았습니다.

"네 집 안방에 있는 네 아내는 열매를 주렁주렁 맺는 탐스런 포도나무 같고, 네 밥상에 빙 둘러앉은 네 자녀들은 어린 올리브나무 같도다."(시 128:3)

312 | 위기 개입

역경과 진보
(♪373장, 342장)

1942년 11월 8일 미국 보스턴시 코코넛 그로브 나이트클럽 대화재로 493명이 사망하고 부상자는 200여 명이었습니다. 매사추세츠 병원 에릭 린드맨은 환자 100명 조사 후 '전화위복'과 같은 '위기 개입'이란 말을 했습니다.

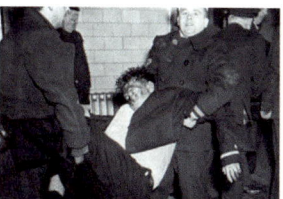

보스턴의 코코넛 그로브 나이트클럽 화재 현장에서 구출되는 생존자

1942년 11월 8일 미국 보스턴시 코코넛그로브 나이트클럽에서 대형 화재가 발생했습니다. 사망자 493명이 발생하고 생존자 중 200여 명이 다친 대참사로 현장은 일시에 지옥이 되었습니다.

에릭 린드맨 박사는 당시 매사추세츠 병원 의사였는데, 연구 목적으로 대화재에서 살아난 이들 중 100명을 조사했습니다. 그중 85%가 새 출발하고 떠났던 종교로 되돌아왔습니다. 이 화재를 계기로 살아남은 자들은 부부 사이가 좋아졌습니다.

이전의 나쁜 습관을 고치고 달라진 것입니다. 화재가 생의 새로운 전기를 마련해 주었다는 사실이 입증되었습니다. 큰 화재에서 살아난 사람들은 주어진 삶에 감사하면서 대부분 이전보다 더 의미 있는 새로운 삶을 살아갔습니다.

그는 이 논문에서 '위기 개입'이라는 용어를 사용했는데, 이후 그 말이 유행했습니다. 위기 개입은 전화위복이란 말과 같은 것입니다. 위기가 닥칠 때 새로운 전기를 마련할 수 있고, 더 나은 데로 도약할 수 있다는 의미입니다.

"형제들이여, 내게 닥친 여러 가지 역경이 도리어 복음을 더욱 널리 전파하는 데 큰 도움이 되었다는 사실을 알아주시기 바랍니다."(빌 1:12)

313 | 링컨의 어머니

어머니의 교육
(♪578장, 579장)

링컨의 어머니 낸시는 귀족의 조카딸이었습니다. 목수 토마스와 결혼한 그녀는 자녀들을 낳았는데 먼 곳 학교까지 누나와 함께 링컨도 보냈습니다. 낸시는 자녀들에게 기도와 성경 읽기를 가르쳤습니다.

링컨의 친어머니 낸시

낸시는 미국 링컨 대통령의 어머니입니다. 귀족의 조카딸로 태어난 그녀는 켄터키주의 목수 토마스와 결혼했습니다. 그들의 둘째아들이 바로 에이브러햄 링컨입니다.

그녀에게 제일 힘든 일은 아이들 교육이었습니다. 그들이 사는 곳은 학교가 없는 산골이었기 때문입니다. 집에서 14㎞나 떨어진 먼 곳에 겨우 읽고 쓰는 것만 가르친다는 학원이 있다는 소식을 들었습니다. 그녀는 남편을 설득하여 누나와 함께 링컨도 그 학원에 다니게 했습니다.

링컨이 9세 때 어머니는 풍토병을 얻어 죽었습니다. 하지만 집안 구석구석에는 어머니의 기도와 체취가 남아 있었습니다. 어머니의 유언은 성경을 배우고 읽으라는 것이었습니다.

링컨은 교회가 멀었지만 한 번도 빠지지 않고 다니며 부지런히 성경을 배웠습니다. 어머니의 그런 영향은 링컨이 대통령이 된 후에도 지대한 영향을 미쳤습니다.

"나는 그대 안에 있는 거짓 없는 믿음을 기억하고 있습니다. …그대도 그 믿음을 그대로 물려받아 지금 그대 안에 있는 줄 확신합니다."(딤후 1:5)

314 테레사의 등불

빛의 삶
(♪366장, 398장)

젊은 테레사 수녀가 인도 빈민촌 환자를 돌볼 때 냄새나고 지저분한 방에 불을 켜주었습니다.
밝은 걸 싫어하는 환자가 램프를 밖으로 던지자 새 등불을 사서 불을 켜주었습니다.

콜카다의 성녀 마더 데레사

테레사 수녀는 젊은 시절 인도 빈민촌에서 혼자 사는 환자를 발견했습니다. 방은 청소도 하지 않아 냄새나고 캄캄했습니다. 테레사 수녀는 방에서 램프를 찾아 불을 켜주었습니다. 그러나 환자는 화를 내며 등불을 꺼버렸습니다.

"나는 어두운 게 좋아. 1년 내내 불을 안 켜고 살았어!"

환자는 밝고 환한 걸 귀찮아하고 싫어했습니다. 그래도 테레사 수녀는 다시 등불을 켜고 나왔습니다.

다음날에도 가서 등불을 켜주자 그 환자는 램프를 창문 밖으로 던져 버렸습니다. 테레사 수녀는 새 램프를 사다가 불을 켠 후 걸어 두었습니다.

그 후 테레사 수녀는 다른 일을 하게 되었습니다. 한참이 지난 후 그녀는 다른 수녀들이 전하는 이야기를 들었습니다. 그 환자는 테레사 수녀가 새로 사다 준 등불을 잘 간직하고, 방뿐만 아니라 생활까지 밝아진 것을 자랑하며 다닌다고 했습니다.

"그 키 작은 수녀님께 전해 주십시오. 당신의 등불이 지금도 내 삶에 환하게 켜져 있다고요."

빛에 대한 공포나 증오가 있는 사람은 늘 어둠 속에 살고 어둠에 익숙합니다. 그러나 깨끗하고 밝은 삶을 찾는 사람은 어둠에서 해방된 사람입니다.

"여러분이 전에는 어둠이었지만 지금은 주 안에서 빛입니다. 그러므로 빛의 자녀답게 사십시오. …선하고 의롭고 진실하게 살아가는 것입니다."(엡 5:8–9)

315 | 서양 문명사

전쟁과 평화
(♪412장, 414장)

밀레(Jean-Francois Millet)의 만종

역사가들은 정복자들이 서양 문명을 이루었다고 하는데 영국 케임브리지 대학의 콜린 렌프루 교수는 농업 이민자들이 땅을 파면서 이루었다고 주장했습니다. 3만 년에서 5천 년 전까지 고생한 보람이라고 합니다.

역사가들은 지금까지 거의 대부분 군대를 이끌고 온 정복자들에 의해 서양 문명이 이루어졌다고 주장했습니다. 영국 케임브리지 대학 교수인 콜린 렌프루는 자신의 저서 『서양 문명사』에서 역사가들의 서양 역사 인식을 확 뒤집었습니다.

서양 문명사는 정복자들이 무력으로 이룩한 게 아니고, 평화로운 농업 이민자들이 잘살기를 바라면서 땅을 가꾼 결과라고 했습니다.

칼과 창을 들고 군대를 이끌고 온 정복자들은 한순간 바람처럼 지나갔지만, 그 땅에 정착해서 오래 참고 문명을 이룬 농부들의 수고가 오늘날의 서양 문명사를 이룬 것입니다.

렌프루 교수의 연구는 전혀 다른 시각을 보여준 새로운 학설이 되었습니다. 그는 곡물 화석이나 언어 연구 등을 통해 이 같은 결론을 얻었다고 주장했습니다.

기원전 3만 년에서 5천 년 전까지 농부들의 수고와 평화에의 추구가 서양 문명사를 이룬 것이라는 그의 주장은, 오늘날 많은 동의를 얻게 되었습니다.

"너희는 보습을 두들겨 칼을 만들고, 낫을 쳐서 창을 만들라."(욜 3:10)

316 | 루터와 악마

죄와 구원
(♪260장, 265장)

중병에 시달리던 마르틴 루터에게 악마가 들어왔습니다. 그의 죄를 빠짐없이 적은 두루마리를 보고 낙심한 루터는 예수 그리스도 십자가의 피가 우리 죄를 깨끗이 했다는 것을 악마에게 큰 소리로 말했습니다.

루터에 대한 공격 - 악마의 화신

    종교 개혁자 마르틴 루터에 관한 이야기입니다. 한때 루터가 중병에 걸렸을 때, 비몽사몽 중에 악마가 자신의 병실로 들어오는 것을 보았습니다. 악마는 득의의 미소를 지으면서 자신이 가지고 있던 큰 두루마리를 루터에게 펼쳐 보였습니다.
    놀랍게도 거기에는 지금까지 루터가 지은 크고 작은 죄의 목록이 일목요연하게 열거되어 있었습니다. 루터는 낙담하지 않을 수 없었습니다.

    '아, 어쩌면 좋단 말인가?'
    그때 루터는 불현듯 거기에 기록되어 있지 않은 한 가지 사실을 깨달았습니다. 그래서 악마를 향해 소리쳤습니다.
    "거기 기록된 모든 것은 사실이다. 그러나 그대가 잊고 있는 것이 한 가지 있다."
    "그것이 무엇이냐?"
    악마는 당황한 듯 되물었습니다.
    "우리 주 예수 그리스도 십자가의 피가 우리를 그 모든 죄에서 깨끗하게 하실 것이라는 사실이다."

    루터는 당당하게 외쳤습니다. 그러자 악마는 탄식하며 두루마리를 둘둘 접은 후 어디론가 사라져 버렸습니다.

"아버지 하나님께서는 우리를 어둠의 세력에서 건져내셔서, 자신이 사랑하시는 아들인 그리스도의 나라로 옮겨 주셨습니다."(골 1:13)

317 | 록펠러와 십일조

십일조 신앙
(♪49장, 50장)

록펠러가 부자가 된 비결은 십일조였습니다. 매주 29센트의 용돈을 주던 어머니가 교회에 꼭 십일조를 바치라고 하여 신문팔이 때도 그랬습니다. 12개 종합 대학과 5천여 개의 교회도 지어 바쳤습니다.

십일조의 비밀을 안 최고의 부자 / 미래

세계 제일의 부호 록펠러는 시카고 대학 등 12개 종합 대학을 건축하여 사회에 바쳤습니다. 12개의 단과대학과 연구소도 지었습니다. 시카고 대학 내에 시카고 교회를 지어 하나님께 봉헌할 때 『트리뷴』 기자가 록펠러에게 물었습니다.

"세계 제일의 부를 누리는 당신의 비결이 무엇입니까?"

"어머니의 말씀 때문입니다. 큰 신앙의 유산을 물려받았지요. 어머니는 제게 매주 29센트의 용돈을 주면서 꼭 십일조를 바치라고 했습니다. 그래서 저는 신문팔이할 때도, 큰 사업을 할 때도 십일조를 바쳤습니다. 어머니는 세계 제일의 부자가 되려면 반드시 교회를 지어 하나님께 바치라고 했습니다. 내 부의 비결은 여기에 있습니다. 어머니의 신앙 유산, 바로 십일조를 바치는 신앙입니다."

수많은 대학을 짓고 수많은 복지 사업을 시행한 록펠러는 무려 5천여 개의 교회를 지어 하나님께 바쳤습니다. 어머니께 물려받은 십일조의 신앙 유산을 잘 지켜 하나님께 큰 복을 받은 것입니다.

"너희 창고에 쌓아 놓을 데가 부족하도록 너희에게 복을 쏟아붓지 아니하는지, 너희가 이 일로 나를 한번 시험해 보아라."(말 3:10)

318 | 나무의 그늘

감사와 비난
(♪429장, 310장)

두 행인이 무더위를 피하려고 큰 나무 밑에서 쉬다가
나무를 보며 꽃도 열매도 없이 못생겼다고 했습니다.
나무 그늘에서 살인적인 햇볕을 피해 쉬면서
왜 고마운 줄 모르느냐고 나무는 반문했습니다.

출처 : 소년한국일보

이솝 우화에 나오는 이야기입니다. 몹시 더운 날 두 행인이 길을 가고 있는데 땀이 뻘뻘 났습니다. 그들은 어디 시원한 그늘이 없을까 하다가 한 그루 큰 나무 아래로 다가갔습니다. 그늘에 앉아 이마의 땀을 닦으며 다리를 쭉 펴고 이야기를 나누었습니다. 그런데 한 사람이 나무를 유심히 쳐다보며 안 좋은 말만 했습니다.

"뭐 이래? 꽃이 없잖아? 꽃만 아니라 열매도 없잖아? 거기다 이렇게 구부러졌으니 아무짝에도 쓸모없잖아?"

그 이야기를 듣던 사람도 그의 말에 동조하면서 나무를 향해 부정적인 말을 했습니다. 그들은 나무의 그늘을 까맣게 잊어버리고 있었습니다. 이때 나무가 그들에게 말했습니다.

"내 그늘에서 살인적인 햇볕을 피해 쉬면서 왜 비난해요? 내가 없었다면 당신들은 어디서 이 무더운 더위를 피하겠소?"

나무는 바른말을 하고 있었습니다. 두 사람은 얼굴이 붉어졌습니다. 이처럼 사람들은 자기에게 고맙게 해주는 나무를 고맙다고 하지 않고, 부정적인 말만 떠벌리니 얼마나 어리석은 일입니까? 비난의 근원은 감사와 고마움을 모르는 데서부터 생깁니다. 비난하기 전에 감사부터 해야 할 것입니다.

"외설스럽고 난잡한 말이나 저속한 농담은 성도 된 여러분에게 결코 어울리지 않습니다. 도리어 여러분은 모든 일에 항상 감사하는 말을 하십시오."(엡 5:4)

| 319 | 조지와 윌리엄 | 진정한 승자
(♪94장, 452장)

영국의 대부호 케어리에게 조지와 윌리엄이 있었는데 옥스퍼드 대학 출신의 두 아들에게 꿈을 물었습니다. 첫째 조지는 재벌, 둘째 윌리엄은 인도 선교사였습니다. 훗날 두 사람 다 『대영백과사전』에 올랐습니다.

영국의 대부호 케어리에게 두 아들이 있었는데 조지와 윌리엄은 명문 옥스퍼드 대학을 졸업했습니다.

어느 날 케어리는 두 아들을 불러 장래 희망을 물었습니다. 큰아들 조지의 대답은 아버지를 기쁘게 했습니다.

"제 희망은 아버지의 대를 이어 대부호가 되는 것입니다."

그러나 작은아들 윌리엄의 대답을 듣고 아버지는 실망했습니다.

"저는 인도 선교사가 되는 것입니다."

세월이 흐른 후 케어리의 두 아들은 장래 희망대로 되었습니다. 큰아들 조지는 대부호요 정치가로서 명성을 얻었고, 윌리엄은 인도 선교사가 되었습니다.

오늘날 『대영백과사전』은 두 사람의 이름을 모두 수록하고 있습니다. 작은아들 윌리엄에 대해서는 두 면을 할애하여 그의 행적을 자세히 소개했습니다. 그러나 대부호인 큰아들 조지에 대해서는 단 한 줄로 소개했습니다.

"윌리엄 케어리의 형."

"그리스도를 위해 모든 것을 버렸고, 심지어 그것들을 쓰레기로 여기게 되었습니다."(빌 3:8)

320 | 희망봉

도전과 희망
(♪ 487장, 488장)

남아프리카의 케이프타운을 희망봉이라 한 것은 포르투갈의 바스쿠 다가마의 항해 성공 후였습니다. 그전에는 '폭풍의 곶'이나 '악마의 곶'으로 부르며 바다의 끝, 풍랑과 폭풍의 자리로 본 것입니다.

남아프리카공화국 케이프타운

사람들은 아프리카 최남단을 '폭풍의 곶'이나 '악마의 곶'으로 불렀습니다. 그곳은 바다의 끝이며 마지막이라고 여겼습니다. 풍랑과 폭풍으로 인해 도저히 앞으로 나아갈 수 없었기 때문입니다. 그래서 죽음과 절망만이 도사린 공포의 바다로만 알았습니다.

남아프리카공화국의 케이프타운을 희망봉으로 부른 것은 16세기 포르투갈의 바스쿠 다가마의 항해 성공 후였습니다. 이 곳만 무사히 지나가면 벅찬 희망이 있었습니다. 그 곳을 성공적으로 통과했기에 희망봉으로 바뀐 것입니다.

죽음과 고통의 곳을 넘어가자 그 뒤에는 아름다운 항구와 해변이 나왔습니다. 희망의 땅이 있었습니다. 풍요가 기다리고 있었습니다. 상실과 고통과 아픔 뒤에 오는 행복과 풍요가 있었습니다.

같은 케이프타운을 지나는데 어떤 이에게는 절망이요 죽음이지만, 어떤 이에게는 희망과 풍요였습니다. 바스쿠 다가마의 도전과 용기로 희망이 넘치게 되었습니다.

"그 산악 지대도 여러분의 것입니다. 여러분의 힘이 미치는 곳까지 개간하여 여러분의 소유로 삼으십시오."(수 17:18)

321 | 저주받은 자

감사와 고마움
(♪594장, 23장)

일본의 성서학자 우치무라 간조가 물었습니다.
"누가 하나님의 저주를 받은 사람인가?"
그것은 병든 자, 가난한 자, 실패자가 아니라
감사를 모르고 불평불만에 찬 사람이라고 했습니다.

우치무라 간조(1861~1930), 일본의 개신교 사상가

"누가 하나님의 저주를 받은 사람인가?"

일본의 성서학자 우치무라 간조의 질문대로 과연 저주받은 사람은 누구일까요? 물질에 빈곤한 자, 건강을 상실한 자, 소외되고 고독한 자 등 여러 각도에서 말할 수 있을 것입니다.

그런데 우치무라의 견해는 병든 자, 가난한 자, 실패자, 절망한 자가 아니라고 했습니다. 바로 감사하지 않는 사람이나 감사할 줄 모르는 자가 저주받은 사람이라고 말했습니다.

감사하지 않거나 감사할 줄 모르면 이미 마음은 지옥과 다를 바 없습니다. 아무리 좋은 일이 생겨도 기쁨이나 만족이 없습니다. 신참 신앙인은 감사하고 고마움을 아는 사람입니다. 성숙한 신앙인은 작은 일에도 감사하는 사람입니다.

가장 큰 저주를 받은 자는 감사할 줄 모르는 심성을 가진 자입니다. 좋은 옷, 좋은 음식, 좋은 환경에 살면서도 전혀 감사하지 않는 사람도 있습니다.

현대인들은 감사와 고마움을 잊고 삽니다. 심성이 각박해지고 살벌해졌습니다. 스스로 저주받은 사람이 되어 살아가는 어리석은 사람들이 얼마나 많은지요? 작은 일에도 감사하고 고마워하는 사람이 진정 복 받은 사람입니다.

"그리스도의 평강이 항상 여러분의 마음에 깃들도록 하십시오. …무엇에나 감사하는 사람이 되십시오."(골 3:15)

322 | 로빈슨 크루소

감사와 만족
(♪547장, 310장)

한 표류자의 무인도 생활 이야기입니다.
배가 난파되어도 살아남은 로빈슨 크루소는
옷이 없어도 날씨가 춥지 않아서 다행이고
열매나 물고기를 먹을 수 있어서 고마웠습니다.

다니엘 디포 장편소설 『로빈슨 크루소』의 영화장면

영국 작가 다니엘 디포의 『로빈슨 크루소』는 세계적인 베스트셀러입니다. 그런데 이 작품이 작가가 60세 때 발표한 처녀작이라면 모두 깜짝 놀랍니다. 늦은 나이에도 무엇인가를 할 수 있다는 용기를 갖게 합니다.

내용은 한 표류자의 무인도 생활 이야기입니다. 주인공 로빈슨 크루소는 배가 난파되어 무인도에 갔습니다. 죽지 않고 살아남은 것만으로도 감사할 뿐이었습니다.

무인도에서 혼자 살아가야 하는 현실은 불행해도 곰곰 생각하니 모든 것이 고마울 뿐이었습니다. 배고플 때는 열매나 물고기가 있었습니다. 옷이 없어도 날씨가 춥지 않아 고마웠습니다. 아무도 없고 아무것도 없는 무인도 생활을 통해 생명의 소중함을 깨닫고 감사한 것입니다.

지금도 이 작품을 다시 읽으면 구절마다 감사함으로 가득 차 있음을 알 수 있습니다. 이 작품을 통해 우리는 감사하고 고마워하는 마음을 지녀야 할 것입니다.

"모든 일에 감사하는 마음을 가지십시오. 이것이 그리스도 예수 안에서 여러분에게 바라시는 하나님의 뜻입니다."(살전 5:18)

323 | 탈무드

지혜의 삶
(♪203장, 204장)

지혜로운 자는 어떤 환경에서도 배울 줄 알아야 하고 큰 부자는 가진 것에 만족할 줄 아는 사람이라는 수천 년 유대인 정신 문화의 원천인『탈무드』에는 랍비들의 지식, 교육, 설교, 명언, 신앙이 들어 있습니다.

탈무드(Talmud)

『탈무드』는 유대인 정신 문화의 원천입니다. 명망 있는 랍비들의 지식, 교육, 설교, 명언 등을 빠뜨리지 않고 수집하고 편집하여 수천 년 동안 잘 간직하고 있습니다.

다양한 편집으로 오늘날까지도 세계 독자들을 사로잡아 성경 다음으로 많이 읽히는 책입니다. 인생 철학과 신앙적인 내용이 가득 담긴 엄청난 지혜 문서의 창고인 이 책에는 이런 말도 있습니다.

"지혜로운 자는 어떤 환경에서도 배울 줄 아는 사람이다."

"가장 큰 부자는 현재 가진 것으로 만족하는 사람이다."

"가장 행복한 자는 감사할 줄 아는 사람이며, 가장 믿음직한 자는 자신을 올바로 아는 사람이다."

기본적으로 구약 성경의 사상이 바탕이 된 책입니다. 하나님의 형상대로 지음을 받은 인간이 자신의 실상을 제대로 깨닫고 하나님 앞에서 올바르게, 정직하게, 겸허하게 생각하고 살아가게 하는 삶의 지침서입니다.

우리는『탈무드』의 내용 중 한 구절이라도 실천하고 본받는 사람이 되어야 할 것입니다.

"지혜가 악한 자들의 길에서 너를 구하고, 거짓말하는 자들에게서 너를 건질 것이다."(잠 2:12)

324 | 상선약수 上善若水

본분과 자연
(♪ 455장, 452장)

노자는 "최상의 선은 물과 같다."라고 했습니다.
낮은 데로 흐르며 더러운 것을 씻어줍니다.
막히면 머물렀다 가고 돌아가기도 합니다.
더러움을 씻고 정화하여 삶의 기본을 알게 합니다.

중국의 고대 학자 노자는 "최상의 선은 물과 같다."라는 말을 했습니다. 무슨 뜻일까요? 물은 높은 데서 낮은 데로 자연스럽게 흐릅니다. 위로 올라가려고 억지로 발버둥치지 않습니다.

상선약수는 물의 성격을 잘 말해 줍니다. 물과 같기를 거부하고 얼음이 되거나 증기가 되거나 하면 물은 물의 본성을 잃고 맙니다.

물은 벼랑을 만나면 주춤거리지 않고 담대히 뛰어내립니다. 더러운 것들은 말끔히 씻어냅니다. 또 가는 길을 막으면 잠시 멈추었다가 천천히 돌아가는 여유를 지니고 있습니다.

인류사를 돌이켜 보면 멸망한 문명은 높아지려고만 하고, 또 자기 외에 다른 것들을 업신여겼던 교만과 독선의 문명이었습니다. 생명의 원천이며 더러운 것을 정화하는 물은 인간 삶의 기본 원칙을 잘 말해 줍니다.

최고로 선한 것은 높아지려고만 하지 않고, 돌아가기도 하고 멈출 줄도 아는 것입니다. 우리는 물을 통해 교훈을 배우고 물의 속성도 바로 알아야겠습니다.

"하나님을 경외하고 그분의 계명을 잘 지켜라. 이것이 사람의 본분으로 누구든지 마땅히 지켜야 할 도리이다."(전 12:13)

| 325 | 노벨의 충격 | 죽음과 삶 (♪450장, 308장) |

다이너마이트를 발명한 알프레드 노벨이 큰돈을 벌어 프랑스를 여행할 때 자신의 사망 기사를 보았습니다. 그의 형이 사망했는데 기자가 잘못 쓴 것이었습니다. 죄인임을 깨달은 그는 노벨상을 제정했습니다.

'노벨상'을 만든 과학자 알프레드 노벨

　다이너마이트를 만들어 세계적인 대부호가 된 알프레드 노벨이 프랑스를 여행할 때, 그는 호텔에 배달된 신문을 보고 깜짝 놀랐습니다. 거기에는 '알프레드 노벨 사망'이라는 제목으로 대문짝만한 기사가 실려 있었습니다.

　물론 그 기사는 오보였습니다. 노벨의 형이 사망했는데, 신문사에서 그 이름을 잘못 쓴 것입니다. 하지만 그 기사를 접한 노벨은 큰 충격을 받았습니다. 그때 그는 삶과 죽음을 깊이 생각했습니다.

　'내가 만약 이대로 숨을 거둔다면…'

　그는 자신이 역사의 죄인임을 깨달았습니다. 인류 평화를 위해 만든 다이너마이트가 살생의 무기로 사용되었기 때문입니다. 세계적인 발명가라는 명예와 엄청난 재물도 한낱 거품에 지나지 않을 것입니다.

　죄의식에 사로잡힌 그는 속죄하는 마음으로 전 재산을 국가에 헌납했습니다. 그 기금으로 만든 것이 바로 노벨상입니다. 만약 지금 숨을 거둔다면 우리는 정말 소중한 것이 무엇인지 깨달을 것입니다.

"모든 사람은 언젠가는 다 죽어. 모두가 똑같이 무덤으로 내려가지 않는가."(전 6:6)

326 | 쉐퍼 부부

부부의 행복
(♪ 427장, 354장)

라브리 공동체를 만든 프란시스 쉐퍼와 에디스 쉐퍼는 대학 때 한 토론 모임에서 만나 결혼했습니다.
그들은 1년 내내 집을 개방하고 행복하게 살았습니다.
한곳을 함께 바라보면 거기에 행복이 있다고 했습니다.

프란시스 쉐퍼와 에디 쉐퍼 Francis & Edite Shaeffer

    스위스에 라브리라는 아름다운 공동체가 있습니다. 이 공동체를 만든 사람은 세계에서 가장 행복한 부부로 알려진 프란시스 쉐퍼와 에디스 쉐퍼입니다.

    두 사람은 대학 시절 한 토론 모임에서 만났습니다. 무신론을 주장하는 학생들 틈에서 둘은 유신론을 확신 있게 주장했습니다. 이때 의식의 주파수와 인생의 목표가 유사하다는 것을 알고는 서로 호감을 갖게 되어 마침내 결혼하기에 이르렀습니다.

    결혼 후 그들 부부는 1년 내내 집을 개방하고 언제나 밝은 표정으로 손님을 맞았습니다. 사람들은 그토록 행복하게 사는 비결이 무엇인지 궁금하여 물었습니다.

    "부부가 행복하게 지내는 비결은 무엇입니까?"

    그러자 쉐퍼 부부는 간단한 행복 공식을 들려주었습니다.

    "한 지점을 함께 바라보아야 합니다. 둘이 시선을 한곳에 모으면 바로 그곳에 행복이 보입니다."

"자기 아내 사랑하기를 자신의 몸을 사랑하듯 하고, 아내도 주께 하듯 자기 남편을 존경하십시오."(엡 5:33)

327 | 미켈란젤로의 꼿꼿이함

최선과 정성
(♪218장, 349장)

미켈란젤로 부오나로티 (1475~1564)

"작은 꽃꽂이함 만드는데 왜 그렇게 정성을 쏟나?"
한 친구가 미켈란젤로에게 이렇게 물었습니다.
나사렛 목수 같은 정신으로 최선을 다한다는 그는
진정 위대한 건축가, 화가, 조각가다운 모습이었습니다.

미켈란젤로는 16세기의 가장 유명한 예술가, 건축가, 화가, 조각가입니다. 어느 날 한 친구가 미켈란젤로를 방문했습니다. 그때 미켈란젤로는 꽃을 꽂기 위해 자그마한 함을 하나 만들고 있었습니다. 그는 많은 시간과 공을 들여 다듬기를 계속하면서 아주 정성껏 만들었습니다.

그 모습을 한참 구경하던 친구가 답답하여 물었습니다.

"작은 꽃꽂이함 만드는데 왜 그렇게 정성을 쏟나?"

그러자 위대한 예술가 미켈란젤로는 정색하며 그 친구에게 대답했습니다.

"나사렛 목수가 만든다면 대충 할 것 같은가? 나도 그런 정신으로 최선을 다해 잘 만들려고 하네."

나에게 주어진 작은 무엇이 있습니까? 그것을 하찮게 여기지 말고 나사렛 목수 같은 정신으로 정성껏 다듬어야 할 것입니다. 그러한 모습을 보신 주님께서는 우리를 믿고 더 큰 것을 맡기실 것입니다.

"지극히 작은 일에 성실한 사람은 큰일에도 역시 성실하다. 그러나 지극히 작은 일에 정직하지 못한 사람은 큰일에도 역시 정직하지 못하다."(눅 16:10)

328 | 두 개의 우산

배려와 베풂
(♪ 215장, 218장)

두 개의 우산을 든 교수가 기숙사 방문을 두드렸습니다.
하나는 학생, 하나는 교수가 쓰고 교회에 갔습니다.
그 학생은 졸업 후 본국인 필리핀으로 가서
목사, 교수가 되어 '두 개의 우산' 설교를 했습니다.

　드류 대학은 미국 감리교의 명문 대학입니다. 특히 드류 신학대학원은 미국에서 최고의 대학원 중 하나로 알려져 있습니다. 언젠가 그 학교에 필리핀의 가난한 학생이 유학 왔습니다.

　첫 주일 아침 비가 내리는 날, 한 교수가 그 학생의 방문을 두드리며 가까운 교회에 함께 가자고 했습니다. 우산을 두 개 준비하여 하나는 자신이 사용하고, 다른 하나는 키 작은 그 학생에게 주었습니다. 그것이 그 학생의 일생을 결정짓게 되었습니다. 공부도 잘한 그 학생은 학부 4년을 마치고 드류 신학대학원에 입학하여 졸업 후에는 목사가 되었습니다.

　그는 본국으로 귀국하여 필리핀 감리교회에서 목회도 하고, 신학 교수도 되고, 나이 들어서는 감리교회 감독이 되었습니다. 그는 감독 취임 때 이런 설교를 했습니다.

　제목은 「두 개의 우산」이었습니다. 살아가면서 언제나 두 개의 우산을 준비해야 한다고 역설했습니다. 하나는 자기 것으로, 또 하나는 예수님의 이름으로 남을 배려하여 준비하라는 것이었습니다. 자신의 신학교 시절 경험을 털어놓아서 그런지 그의 설교는 더욱 감동이 컸습니다.

"각자 자기 일만 돌보지 말고, 다른 사람의 일도 관심을 갖고 돌보아 주십시오."(빌 2:4)

329 | 방관자

이웃 사랑과 자비
(♪465장, 468장)

술집에서 일하던 케서린 제노비스가 퇴근길에 강도를 만나 살해될 때 38명이 창문으로 보았습니다. 나중에 범인이 잡혀 재판이 열렸는데 참고인 심문 때 누군가 도와주겠지 하고 서로 구경만 했다고 합니다.

방관자 효과 키티 제노비스 사건(Murder of Kitty Genovese)

1964년 뉴욕 퀸즈에서 한 여인이 비참하게 죽어간 살인 사건이 있었습니다. 술집에서 일하던 캐서린 제노비스가 귀가길에 강도를 만나 살해당한 것입니다.

그날 밤 그녀가 살해되는 현장을 창문으로 지켜본 사람들은 38명이나 되었습니다. 나중에 범인이 잡혀 재판이 열리고 참고인 심문을 받을 때, 그들은 한결같이 이렇게 말했습니다.

"다른 사람이 도와줄 거라고 생각했어요."

이 말은 여간해서는 희생하려 하지 않는 도시인의 비정한 성품을 잘 보여줍니다. 한 여인이 살해되는 현장을 보면서도 누군가 그녀를 돕겠지 하며 구경만 했다는 것입니다.

이것은 비단 미국 뉴욕만의 현실이 아닙니다. 전 세계 어느 곳에서든 이익과 상관없으면 도움이 필요한 곤란한 지경에 빠진 사람을 보고도 물 건너 불구경일 뿐입니다. 그래서 로드아일랜드 같은 곳에서는 위기를 만난 이를 돕지 않으면 500달러의 벌과금을 부과하는 법까지 만들어 이런 비극을 막으려 하고 있습니다.

자, 그렇다면 당신은 이 세 사람 중에 누가 강도 만난 사람의 이웃이라고 생각하시오? 자비를 베푼 사람입니다. 옳소. 당신도 가서, 그와 같이 행하시오."(마 10:36~37)

330 | 최초의 추수감사절

추수와 감사
(♪587장, 594장)

180톤의 작은 배에 유럽 청교도 146명이 탔습니다.
가축과 농사 도구에 옷, 씨앗 등도 실었습니다.
미국에 도착하여 인디언들에게 씨앗을 주고 농사하여
거둔 곡식으로 하나님께 눈물의 감사 예배를 드렸습니다.

추수감사절(秋收感謝節, Thanksgiving Day)

　1620년 12월 26일 유럽의 청교도들이 대서양을 건너왔습니다. 메이플라워호로 미국 폴리머스항에 도착하기까지는 숱한 역경이 있었습니다. 180톤의 작은 배에 146명이 탔으니 빈틈없는 만선이었습니다. 가축도 있었고 농사일에 필요한 각종 도구, 옷, 씨앗 등도 있었습니다.

　그들은 거칠고 험악한 파도를 만났습니다. 그러나 117일을 항해하며 필사적으로 파도와 싸워 이겼습니다. 강인한 신앙이 아니었으면 견디기 어려웠을 것입니다.

　마침내 미 대륙에 상륙한 사람들은 모래를 하늘로 흩날리며 서로 얼싸안고 감사 기도를 드렸습니다. 처음 겪는 혹독한 겨울에는 추위와 유행병으로 37명이나 죽었습니다. 겨울을 넘기고 봄이 오자 청교도들은 인디언에게 씨앗을 주면서 옥수수, 밀, 보리 등 농사법을 가르쳐 주었습니다. 청교도들의 꿈은 그대로 실현되었습니다. 농사로 안정된 삶은 인디언들과의 갈등도 조금씩 가라앉혀 싸움도 줄었습니다.

　첫 번째 맞는 가을이 되었습니다. 청교도들은 감사 예배에 인디언들을 초청하여 칠면조 고기와 팬케이크를 구워서 대접했습니다. 함께 하나님 앞에서 최초의 추수감사절을 지켰습니다. 그때의 감격을 살려 추수감사절이 정해졌습니다. 최초의 추수감사절이 있은 뒤, 후일 링컨 대통령이 추수감사절을 국정 공휴일로 지정했습니다.

"타작마당에서 곡식을 타작하여 거둬들이고, 또 포도주 틀에서 포도즙을 짜서 저장한 후에, 일주일 동안 초막절을 지키도록 하십시오."(신 16:13)

331 | 칠면조

복 주심과 번영
(♪588장, 464장)

청교도 첫 추수감사절에는 칠면조 네 마리를 잡고 오전 3시간 예배 후 공동 식사 한 그 신앙이 오늘의 미국을 이루었는데 400년 뒤인 요즘은 1천억 마리를 잡고 추수감사절 잔치를 합니다.

청교도의 미주 상륙은 마치 전쟁을 방불케 했습니다. 그들은 치열하게 신앙을 지키려고 했습니다. 가장 먼저 교회를 세우고 생활이 안정되자 자녀 교육과 개척을 서둘렀습니다.

칠면조는 미국 개척자들의 첫 추수감사절 때 겨우 네 마리밖에 잡지 못했습니다. 그만큼 사정이 어려웠습니다. 가난, 추위, 질병, 죽음의 고된 시간을 겪은 1년 뒤였기 때문입니다.

그러나 요즘 추수감사절 때 미국에서는 칠면조를 1천억 마리나 잡는다고 합니다. 첫 추수감사절이 지난 400년 뒤, 그때보다 칠면조 수가 250만 배로 늘었습니다.

초기 청교도들은 주일 오전에 모여 3시간을 예배드린 후 칠면조를 잡아 공동 식사를 했습니다. 오후에는 돌아가 밤늦도록 일했습니다. 그들의 부지런함과 철저한 신앙이 오늘날 추수감사절 때 칠면조를 1천억 마리나 잡을 정도로 미국의 번영을 이룬 것입니다.

피와 땀이 밴 청교도 정신, 하나님께 감사드리는 자들에 대한 하나님의 복 주심이 깃들어 있다고 볼 수 있습니다. 청교도 정신이 미국을 일으키는 바탕이 된 요인이 바로 여기에 있었습니다. 신앙, 개척, 교육이 실천되면서 미국이 성장했습니다.

"이와 같이 사는 백성은 그 얼마나 복되랴. 주님을 자기 하나님으로 모시고 사는 백성은 이 같은 복을 누리리라."(시 144:15)

332 | 아스팔트에서의 낚시질 | 전도와 선교 (♪500장, 502장)

신학자 허브 밀러의 이 책은 사람 낚는 전도를 말합니다.
하지만 전도자는 극히 드뭅니다.
노방에서 사도 바울처럼 '복음에 빚진 자'로 전도하면
성령이 함께하시어 하나님 선교가 이루어질 것입니다.

신학자 허브 밀러의 『아스팔트에서의 낚시질』이란 책이 있습니다. 낚시는 물에서 하는데 어떻게 아스팔트에서 낚시하느냐고 반문할지 모릅니다. 그 말은 사람을 낚는 길거리 전도를 비유한 말입니다.

기독교 신자는 평균적으로 6천 번 설교를 듣는다고 합니다. 8천 번 기도하고 찬송은 모두 2만 번이나 부른다고 합니다.

그러나 전도하는 자는 극히 드물다고 합니다. 특히 길거리 전도인 노방 전도는 아무나 하지 못합니다. 효율성에 대해서는 이견이 많지만, 길거리에서 열정으로 전도하면 단 한 사람이라도 알곡을 거둘 것으로 믿고 하는 것입니다.

전도는 영혼에 대한 불타는 사랑과 열정이 있어야 가능합니다. 사도 바울은 '복음에 빚진 자'라는 자세로 전도했습니다. 우리도 그런 자세로 아스팔트에서 낚시질해야 합니다.

가장 어려운 일이 전도, 가장 쉬운 일이 전도입니다. 가장 밑천이 많이 드는 일이 전도, 공짜로 할 수 있는 일도 전도입니다. 겉으로는 사람이 수고하는 것이지만 실제로는 성령이 하시는 일입니다. 하나님의 선교이고 인간은 단지 도구요, 심부름꾼에 불과합니다.

"그들은 그 자리에서 즉시 그물을 버리고 예수를 따라나섰다."(막 1:18)

333 | 심슨의 위대한 발견

오직 예수
(♪94장, 81장)

심슨 박사는 마취제 클로로포름을 개발했습니다. 이제는 고통 없이 큰 수술도 받게 되었습니다. 가장 위대한 발견이 뭐냐는 한 학생의 질문에 그는 자신에게 구원을 준 예수 그리스도라고 했습니다.

클로로포름을 마취제로 사용하는 무통분만법을 제시한 심프슨

1847년 심슨 박사가 마취제인 클로로포름을 개발한 이후, 이제는 고통 없이 큰 수술도 받게 되었습니다.

심슨 박사가 자신의 모교인 에딘버러 대학에서 강연할 때, 한 학생으로부터 질문을 받았습니다.

"박사님의 생애에서 가장 위대한 발견은 무엇이었습니까?"

물론 그 학생을 비롯하여 강의실의 학생들은 당연히 클로로포름이라는 대답을 기대했습니다. 말하자면 그것은 다음의 질문을 위한 예비 질문이었습니다.

그러나 심슨 박사의 대답은 의외로 학생들의 기대와는 다른 것이었습니다.

"내 생애에서 가장 위대한 발견은 예수 그리스도입니다. 그분으로 인해 나는 죄의 끔찍한 고통에서 편히 해방되었기 때문입니다."

심슨 박사는 자신에게 명예를 준 클로로포름보다 자신에게 구원을 준 예수 그리스도를 가장 소중하게 여긴 것입니다.

"그리스도를 위해 모든 것을 버렸고, 심지어 그것들을 쓰레기로 여기게 되었습니다."(빌 3:8)

334 | 에이즈 보균자

믿음과 감사
(♪343장, 310장)

대학 교수 헬렌 워드는 7년 전 잘못된 수혈로
에이즈 보균자가 되자 자신의 생명을 주께 맡겼습니다.
"썩은 몸, 죽을 인생에 왜 이토록 집착하는지 회개합니다.
앞으로 얼마를 더 살든지 주님의 일을 기쁘게 하겠습니다."

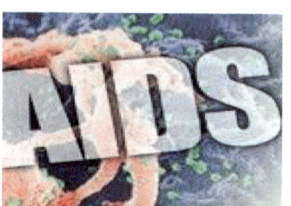

   헬렌 워드는 대학 교수요, 뉴욕 포트빌 감리교회 여선교회 회장입니다. 지역 사회의 대표적 지도자요, 인기 좋은 성경 연구반의 교사였습니다.
   그러나 7년 전에 수혈한 것이 문제였습니다. 잘못된 수혈로 에이즈 균에 감염된 것입니다. 에이즈 보균자가 된 그녀는 자신의 불행을 너무도 억울해 했습니다. 그러나 그 충격을 딛고 자신의 심정을 시로 썼는데 그녀의 고백은 사람들의 가슴을 뭉클하게 했습니다.

   하나님, 왜 하필 나입니까?
   화가 납니다.
   가슴이 찢어지고 우울합니다.
   대학 일, 교회 일, 동네 일, 손자까지 주시지 않았습니까?
   그런데 왜 단번에 모든 걸 뺏으려 하십니까?
   그러나 주여, 이 가시로 인해 회개합니다.
   주님은 구원과 영생을 내게 약속하셨습니다.
   썩은 몸, 죽을 인생에 왜 이토록 집착하는지 회개합니다.
   앞으로 얼마를 더 살든지 주님의 일을 기쁘게 하겠습니다.

   그녀가 이 간증시를 발표하자 독자들은 눈물을 흘렸습니다. 오직 믿음으로 자신의 생명을 주님께 맡기고, 더욱 열심히 주님의 일을 하겠다고 다짐했습니다.

"어떠한 경우에도 부끄러움을 당할 만한 일을 하지 않고, 예전과 같이 언제나 담대한 마음으로…"(빌 1:20)

335 | 오르간 연주자

차별 금지
(♪ 454장, 465장)

행복한 천재음악가 - 펠릭스 멘델스존

유럽의 한 대성당에 파이프오르간을 설치했다는 소문에 허름한 차림의 한 사람이 다가가자 청소원이 막았습니다.
"오르간을 조금 아는 멘델스존입니다."
대성당 안에서는 천상의 음악이 연주되고 있었습니다.

유럽의 한 대성당에 큰돈을 들여 파이프오르간을 설치했습니다. 그 소문에 구경꾼들이 몰려왔습니다. 어느 날 청소원이 바닥을 걸레질할 때였습니다. 허름한 차림의 한 나그네가 들어와 성큼성큼 오르간 앞으로 다가가는 것이었습니다.

"오르간을 건드리지 마세요!"
청소원이 막아서며 소리쳤지만 그는 단호했습니다.
"이 오르간이 너무 유명해서 한 곡 쳐 보려고요."
이때 한 수녀가 와서 그 사람에게 누구냐고 물었습니다.
"오르간을 조금 아는 멘델스존입니다."

수녀는 신부에게 달려가 그 사실을 알렸습니다. 이미 연주는 시작되었습니다. 신부, 수녀, 구경꾼들은 황홀한 천상의 음악에 완전히 도취되었습니다. 연주자에 따라서 그 소리가 달라지는 파이프오르간은 정말 신비한 소리를 냈습니다.

19세기 최고의 오르간 연주자요 작곡가인 펠릭스 멘델스존은 차림새가 허름해 청소원에게 무시를 당했습니다. 그러나 그의 연주가 시작되자 대성당 안은 천상의 음악회로 모두 황홀해했습니다. 우리도 사람을 외모나 차림새로 판단해서는 안 됩니다.

"나의 형제들이여, 여러분은 영광의 우리 주 예수 그리스도를 믿는 신앙인으로서, 사람을 외모로 판단해서 차별해서는 안 됩니다."(약 2:1)

336 헬렌 켈러의 소망

범사에 감사
(♪429장, 427장)

헬렌 켈러는 첫째 날에는 설리번 선생의 얼굴을 보고
산으로 가서 꽃과 풀, 빛나는 노을을 보고
둘째 날에는 동트는 것과 저녁의 별빛을 보고
셋째 날에는 도시의 풍경을 본 후 감사 기도하겠다고 했습니다.

헬렌 켈러(왼쪽)와 설리번 선생

헬렌 켈러가 쓴 『3일 동안만 볼 수 있다면』이라는 글을 보면, 우리가 살아가면서 감사해야 할 것이 얼마나 많은지 알 수 있습니다.

"만약 내가 사흘간 볼 수 있다면, 첫째 날에는 나를 가르쳐 주신 설리번 선생님을 찾아가 그분의 얼굴을 바라보겠습니다. 그리고 산으로 가서 아름다운 꽃과 풀과 빛나는 노을을 보고 싶습니다. 둘째 날에는 새벽에 일찍 일어나 먼동이 터오는 모습을 보고 싶습니다. 저녁에는 영롱하게 빛나는 하늘의 별을 보겠습니다. 셋째 날에는 아침 일찍 큰길로 나가 부지런히 출근하는 사람들의 활기찬 표정을 보고 싶습니다. 점심때는 아름다운 영화를 보고, 저녁에는 화려한 네온사인과 쇼윈도의 상품들을 구경하고, 저녁에 집에 돌아와 사흘간 눈을 뜨게 해주신 하나님께 감사의 기도를 드리고 싶습니다."

헬렌 켈러의 소망은 아주 소박한 것이었습니다. 그 소망은 우리가 매일 누리는 평범한 것이었습니다. 지금 우리는 우리가 매일 누리는 이러한 복에 대하여 감사드리고 있습니까?

"그리스도의 평강이 항상 여러분의 마음에 깃들도록 하십시오. …무엇에나 감사하는 사람이 되십시오."(골 3:15)

337 | 루터의 깨달음

믿음으로 구원
(♪344장, 351장)

성 베드로 대성당

더 큰 죄 짓고 오라며 수도원에서 내쫓긴 루터는 로마서를 비롯하여 바울 서신을 연구했습니다. 로마에서 무릎으로 계단 오르기를 중단하고 오직 믿음으로 걸어 올라갔습니다.

마르틴 루터는 수도원 생활 7년 동안 누구보다도 열심히 기도하고 금식하고 철저히 규칙을 지켰습니다. 그러나 기쁨과 감사는 없고 죄책감만 더할 뿐이었습니다.

그럴수록 죄책감에서 벗어나기 위해 날마다 참회와 회개를 계속했습니다. 고해성사를 받은 담당 신부 스타우핏츠는 더 큰 죄를 짓고 오라고 루터를 내쫓을 정도였습니다.

그러는 동안 루터는 로마서를 비롯하여 바울 서신을 통하여 바울 신학 연구에 게으르지 않았습니다.

1510년 로마에 간 루터는 성 베드로 사원의 '거룩한 계단'을 무릎으로 기어 올라가고 있었습니다. 온몸으로 고행을 수행하던 그때, 마치 번개처럼 뇌리를 파고드는 성경 구절이 있었습니다.

"오직 믿음으로!"

루터는 벌떡 일어나 더는 고행을 통해 의롭게 되기를 포기하고 종교 개혁의 발자국을 내디뎠습니다.

"복음에는 하나님의 의로움이 나타나 있어, 오직 믿음으로 믿음에 이르게 합니다."(롬 1:17)

338 | 간디의 모범

본과 모범
(♪454장, 463장)

간디에게 사탕을 많이 먹는 아들을 데려온 아이 엄마가 못 먹게 말해 달라고 하자 보름 후 다시 오라고 했습니다. 사탕은 몸에 좋지 않다는 말을 왜 첫날 안 했느냐고 하자 보름 전 그날 간디도 사탕을 먹고 있었다고 했습니다.

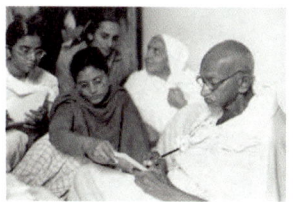

1948년 사진작가 앙리 브레송이 찍은 암살 직전의 간디 모습

한 어머니가 자녀를 데리고 간디를 찾아왔습니다.

"제 아들이 사탕을 너무 좋아해요. 사탕을 자주 먹지 않도록 충고 좀 해주세요. 제 아들이 선생님을 좋아하기 때문에 선생님 말씀에는 순종할 것입니다."

간디는 어머니와 소년의 얼굴을 바라보며 말했습니다.
"보름 후 아들을 데리고 다시 찾아오시면 말씀드리지요."

보름 후 어머니는 아들을 데리고 다시 간디를 찾아왔습니다. 간디는 소년의 눈을 사랑스러운 표정으로 바라보며 부드럽게 말했습니다.
"사탕을 즐겨 먹지 마라. 건강에 좋지 않단다."

소년은 고개를 끄덕였습니다. 그러자 어머니는 간디에게 고마움을 표시한 후 물었습니다.
"왜 보름 전에 이런 말씀을 해주지 않았습니까?"
간디가 웃으면서 대답했습니다.
"사실 그때는 저도 사탕을 먹고 있었답니다."

남의 잘못을 고쳐준다는 것은 참으로 어렵습니다. 나부터 모범을 보이지 않으면 어떤 좋은 충고도 공허한 메아리일 뿐입니다. 실천의 삶이 최고의 교훈입니다.

"내가 그리스도 예수를 본받는 자 된 것처럼 여러분도 나를 본받는 자들이 되십시오."(고전 11:1)

339 | 남편을 팝니다

남편과 아내
(♪555장, 557장)

남편을 염가에 판다는 한 신문 광고입니다.
"사냥 도구와 골프 도구 몇 개는 덤입니다."
전화 60여 통뿐 아무도 사지 않고 충고했습니다.
"그래도 남편이 살아 있다는 사실에 감사하세요."

"남편을 염가에 팝니다. 사냥 도구와 골프 도구 몇 개는 덤입니다."

1998년 미국 캘리포니아의 한 신문에 이런 광고가 났습니다. 골프나 사냥에 미쳐 다니는 남편이 미워서 팔아 버리겠다는 생각을 했다는 것입니다. 남편을 팔 수 있는 물건으로 취급한 이 광고를 본 사람들은 웃었습니다.

"그래도 남편이 살아 있다는 사실에 감사하세요."

광고를 낸 여성은 이런 전화를 60여 통 받았습니다. 그러나 남편을 사겠다는 사람은 하나도 없었습니다. 혼자 사는 여자들의 충고가 대부분이었습니다.

남편 없이 어떻게 아이를 키우겠느냐면서 자녀 교육을 걱정하는 전화도 많았습니다. 남편 없는 고독한 밤을 모르는 아내의 헛소리를 탓하기도 했습니다.

별별 광고가 다 있지만 이런 해프닝 광고는 독자들의 마음을 서늘하게 하면서 시대의 변천을 읽게 했습니다. 남편과 아내의 올바른 역할과 관계를 생각하게 하는 광고라고 할 수 있습니다. 한편으로는 왜 이런 광고까지 봐야 하는지 서글프기까지 했습니다.

"남편에게 순종하십시오. 그러면 설령 말씀을 믿지 않는 남편일지라도, 여러분의 선한 행실을 통하여 믿음을 갖게 될 것입니다."(벧전 3:1)

340 | 개 훈련

칭찬과 격려
(♪218장, 220장)

토퍼 부인은 남편을 개처럼 훈련하기로 했습니다.
칭찬하고 상도 주고 맛있는 음식도 주니 좋아했지만
개 훈련 책대로 한다는 걸 안 남편은 화가 나서
아내를 더 멀리하고 말도 하지 않았습니다.

토퍼 부인은 개 훈련에 관한 책을 읽다가 좋은 생각이 떠올랐습니다. 개를 훈련하듯 남편을 다루면 효과가 클 것으로 알고, 개를 다루듯 남편을 다루었습니다.

늘 잘 대해 주었습니다. 칭찬도 하고 상을 주어야겠다고 생각되면 맛있는 것을 먹으라고 내놓았습니다. 남편의 머리를 쓰다듬으며 사랑한다고 말했습니다.

그러자 남편도 행동이 달라져서 가정이 화목해졌습니다. 아내에게 친절하고 상냥해졌습니다. 함께 외출도 하고 외식 나가서는 맛있는 것을 권하기도 했습니다. 다투지도 않고 잘 지냈습니다.

그러던 어느 날 남편은 아내의 책상에서 개 훈련에 관한 그 책을 읽게 되었습니다. 남편은 어이가 없고 몹시 화가 났습니다. 그동안 자신에게 했던 아내의 행동은 그 책에서 본 개 다루는 방식이었던 것입니다. 남편은 다시 무뚝뚝해졌습니다. 화를 잘 내고, 아내를 더욱 멀리하고, 말도 잘하지 않았습니다.

그러나 여기서 한 가지 교훈은 배울 만합니다. 개나 사람이나 칭찬하고 친절하게 대하고 웃어주며 맛있는 것을 대접하면 사이가 좋아진다는 원리입니다.

"도가니로 은을 단련하고 풀무로 금을 단련하듯이, 칭찬으로 사람의 됨됨이를 시험해 볼 수 있다."(잠 27:21)

341 | 피카소의 벽화

평화의 주님
(♪412장, 408장)

전쟁의 참상을 그린 피카소의 「우는 여인」

피카소는 한국전쟁 때 「평화」라는 벽화를 그렸습니다. 어항 속의 새도 포함된 이 그림은 답답하고 끔찍하여 마음의 평화가 없으면 지옥이라고 했습니다. 평화의 왕 예수님을 모시고 살면 평화가 옵니다.

도시의 한 벽에 그려 놓은 벽화가 있었는데 주제는 평화입니다. 마음에 평화가 없으면 어항 속의 새와 같습니다. 어항 속도 답답한데 드넓은 하늘을 훨훨 날아다니는 새가 갇혀 있으니, 그 답답함이야 오죽하겠습니까?

그것은 분명 비극이고 불행입니다. 비극과 불행의 실상은 그런 모습입니다. 평화나 행복과는 거리가 먼 이야기입니다.

20세기 천재 화가인 피카소는 한국전쟁이 일어나자 벽화 「전쟁과 평화」를 그렸습니다. 한국전쟁은 어느 쪽도 승리하지 못한 답답하고 지겨운 싸움이었습니다.

피카소가 그린 그 벽화 중에는 새가 어항 속에 들어 있는 모습도 있습니다. 독특한 이미지를 잘 잡는 피카소의 그림은 보는 이로 하여금 답답함과 끔찍함을 느끼게 했습니다.

새가 어항 속에 갇혀 있으면 말이 되느냐고 누군가가 물었습니다. 피카소는 이렇게 대꾸했습니다.

"마음에 평화가 있으면 어디서든 가능합니다."

누구든지 마음속에 평강의 왕 예수 그리스도를 모시고 살면 평화를 누릴 수 있습니다. 어항 속을 벗어나 넓고 푸른 하늘을 훨훨 날아다닐 수 있습니다.

"한 아기가 우리를 위하여 태어났도다. 주께서 우리를 위하여 한 아들을 주셨도다. 그 아기가 장차 우리의 통치자가 되어 우리를 다스리실 것이니…"(사 9:6)

342 | 포드의 4대 건강법

건강과 장수
(♪ 410장, 412장)

84세에 죽은 헨리 포드는 왕성한 활동을 했습니다. 그의 건강법은 매일 운동하기, 건강식, 신선한 공기, 마음의 평화와 신앙 지키기였습니다. 기도 생활을 열심히 한 것도 건강법이었습니다.

헨리 포드(Ford, Henry, 1863~1947, 미국)

1947년에 84세로 죽은 자동차 왕 헨리 포드는 죽기 며칠 전까지도 왕성한 활동을 보였습니다. 그는 노년기에 더욱 완숙한 경영과 경제 활동을 했습니다. 밥이 보약이라는 말처럼 포드의 건강법은 네 가지였습니다.

첫째, 적당한 운동을 매일 지속적으로 하기

둘째, 건강한 음식 섭취로 활기차게 살기

셋째, 신선한 공기 마시기

넷째, 마음의 평화와 신앙 지키기

헨리 포드는 이것을 지키기 위해 노력했습니다. 그는 산으로 강으로 신선한 공기를 마시러 다녔습니다. 적극적인 사고방식의 소유자인 그는 경영의 구상도 맑은 공기 속에서 생각하고 추진해 갔습니다.

철저한 기독교 신자인 그의 건강법은 무엇보다도 모든 어려움을 하나님께 맡긴 것입니다. 마음의 안정이 건강의 기초라며 여유를 가지고 일했습니다. 그것이 장수의 비결이요, 성공의 지름길이었습니다.

"네 스스로 지혜롭다고 여기지 말고, 오직 주를 경외하는 가운데 모든 악을 멀리하여라."(잠 3:7)

343 | 기다림

기다림과 소망
(♪479장, 488장)

마스턴 박사가 3천여 명을 대상으로 설문 조사를 했는데 사람이 살아가는 목적은 94%가 기다림이라고 답했습니다. 기쁜 소식이나 애인을 기다리고, 예수 재림을 기다리는데 가장 불행한 사람은 기다림이 없는 6%뿐이었습니다.

심리학자 마스턴 박사가 3천 명을 대상으로 설문 조사를 했습니다. 살아가는 목적 가운데 하나가 기다림에 있다고 답한 이가 94%라고 발표하여 사람들을 어리둥절하게 했습니다.

어떤 이들은 사람을 기다리며 몇 해를 참습니다. 어떤 이들은 꾸준히 기다리며 기회를 노립니다. 누구는 기쁜 소식을 기다리는 시간에 묻혀 있고, 누구는 어떤 물건을 계속 기다리며 초조해합니다.

사람들은 무언가를 기다리고 있습니다. 이 기다림은 때로는 허무가 되어 사람을 실망시키고, 때로는 보람찬 꿈이 되어 사람을 들뜨게 합니다.

교인들은 예수님의 재림을 기다리며 삽니다. 기도하고 전도하고 봉사하면서 주의 재림을 기다리는 소망으로 살고 있습니다. 기다림은 다양한 감정으로 다가옵니다. 재판 결과를 기다리는 초조한 감정이 있는가 하면, 애인을 기다리는 아름다운 감정도 있습니다. 약속을 기다리는 들뜬 감정도 있습니다.

그의 조사 결과는 모두가 무엇인가를 몹시 기다리며 산다는 사실을 보여줍니다. 사람은 이런저런 기다림으로 살아갑니다. 가장 불행한 사람은 기다림이 없는 6%일 것입니다. 그들은 공허한 시간 속에서 절망할 뿐입니다.

"우리의 시민권은 하늘에 있습니다. 우리는 거기 하늘로부터 장차 오실 우리의 구원자, 곧 주 예수 그리스도를 간절히 기다리고 있습니다."(빌 3:20)

344 묘지의 문

죄인과 천국
(♪494장, 483장)

오스트리아 비엔나의 카프찬 교회 묘지에서는 장례식 때마다 독특한 문답이 있습니다.
"죄인이며 우리의 친구 프랜시스 요셉입니다."
요셉 황제 장례식 때 이 말로 묘지 문이 열렸습니다.

영욕의 황제 프란츠 요셉 (Franz Josef)

오스트리아 비엔나의 카프찬 교회 묘지에서는 장례식 때마다 독특한 문답이 있습니다. 요셉 황제 장례식 때의 일입니다. 장례 행렬이 묘지 문 앞에 이르렀을 때였습니다.

"밖에 있는 자가 누구냐?"
"이 나라 최고의 권위자 프랜시스 요셉 황제입니다."
"나는 그런 자를 모른다."
"거기 누구냐?"
"오스트리아 국왕이며 사도의 계승자입니다."
"나는 그런 자를 모른다."
"밖에 온 자가 누구냐?"
"죄인이며 우리의 친구 프랜시스 요셉입니다."

이런 대답이 있은 후에야 비로소 묘지의 문이 열리고, 묘지 안으로 들어가면 매장이 진행되는 것입니다. 이것은 장차 천국 문에서 있을 예행 연습이라고 합니다. 황제도 천국에서는 별것 아닙니다. 죄인이라는 고백만이 천국 문을 열 수 있다는 사실을 보여주는 비엔나 묘지의 오랜 관습입니다.

"그러나 병든 사람에게는 의사가 필요하오. 나는 의인들을 부르러 이 땅에 온 것이 아니라, 죄인들을 불러 회개시키려고 왔소."(눅 5:31-32)

345 | 아버지라는 존재

아버지와 자녀
(♪577장, 579장)

마르셀 뒤샹의 〈예술가 아버지의 초상〉

한 신문에서 6세 어린이 100명에게 물었습니다. 텔레비전이 아버지보다 낫다고 91명이 대답했습니다. 냉장고에는 먹을거리가 있고, 부엌에는 엄마가 있고, 뒤뜰에는 강아지가 있는데 아버지는 왜 있느냐고 했습니다.

"텔레비전과 아버지 중에 누가 더 좋은가?"

미국의 신문 『크리스천 사이언스 모니터』가 6세 어린이 100명을 대상으로 물었는데 결과는 황당했습니다. 100명 중 92명이 텔레비전을 택했습니다. 아버지의 존재가 그것밖에 안 된다니 참으로 기가 막히고 어이없는 대답입니다.

"냉장고에는 먹을거리가 있고, 거실에는 재미있는 텔레비전이 있으며, 부엌에는 밥을 해주는 엄마가 있고, 뒤뜰에서는 신나게 뛰놀 내 강아지가 있는데, 아버지는 우리 집에 무엇 때문에 있어야 해요?"

아이들의 이런 말에 아버지들은 분노할까요? 아니면 부끄러워 반성할까요? 현대의 아버지들은 가정 내 어디에도 설 자리가 없단 말인가요? 돈 버는 기계에 불과한 아버지가 된 것이 과연 누구 때문인가요?

오늘날 어느 나라나 마찬가지입니다. 아버지의 존재 의미가 점점 축소됩니다. 치열한 경쟁 사회에서 돈 버느라 정신없이 바쁜 탓이기도 하지만, 그래도 아버지들이 자녀들과 함께하는 시간을 갖지 못한 책임이기도 합니다. 이것은 엄마들의 책임이기도 합니다. 자녀에게 아버지의 소중한 존재를 확인시켜 주지 못한 책임이 더 클지도 모릅니다.

"네 집 안방에 있는 네 아내는 열매를 주렁주렁 맺는 탐스런 포도나무 같고… 올리브 나무 같도다. 보라, 주를 경외하는 사람은 이 같은 복을 받으리라."(시 128:3-4)

346 | 술과 악마

술의 폐해
(♪522장, 322장)

포도나무를 심는 사람에게 악마가 무엇이냐고 묻자 발효시키면 술이 되고 마시면 즐겁다고 했습니다. 악마가 나무 밑에 양, 사자, 돼지, 원숭이 피를 놓는데 술 한 잔은 양에서 시작하여 넉 잔째는 원숭이처럼 됩니다.

한 사람이 포도나무를 심고 있었습니다. 그때 악마가 다가와서 물었습니다.

"포도나무란 무엇인가?"

그 사람이 친절하게 설명했습니다.

"단맛과 신맛이 나는 열매를 맺는 나무요. 열매를 발효시키면 술이 되는데, 사람이 그 술을 마시면 마음이 즐거워진다오."

악마는 그 말을 비웃으며 포도나무 밑에 슬며시 양, 사자, 돼지, 원숭이의 피를 뿌렸습니다.

그때부터 사람이 술 한 잔을 마시면 양처럼 순해지고, 두 잔을 마시면 사자처럼 사나워지고, 석 잔을 마시면 돼지처럼 추잡해지고, 넉 잔을 마시면 원숭이처럼 떠들게 됐다고 합니다. 술은 사람을 광대로 삼아 멋대로 연극하게 만듭니다.

술을 많이 마시면 잃는 것이 여섯 가지나 있습니다. 건강, 재물, 지혜, 사랑, 신용, 평화입니다. 술집 주인은 술꾼을 좋아하지만 아무도 술꾼을 사위로 삼으려 하지 않습니다. 술을 많이 마시는 사람이 남길 유산은 질병과 가난뿐입니다.

"눈이 붉게 충혈된 사람이 누구냐? 술에 찌들어 술이라면 정신 못 차리고, 또한 이 술 저 술을 섞어서 마셔대는 술꾼들이 바로 그런 자들이다."(잠 23:30)

347 | 죽음의 세기

전쟁과 어린이
(♪ 411장, 413장)

전쟁 사망자 1억 5000만 명, 15세 미만 군인 20만 명, 아프가니스탄의 15세 미만 군대, 이란의 13세 징집 군대, 니카라과는 3천 명의 어린이 군대, 콘트라 반군은 12세부터, 20세기는 전쟁의 시대, 죽음의 세기였습니다.

대(大) 피테르 브뤼헐 '죽음의 승리'

20세기는 죽음의 세기요, 전쟁의 시대였습니다. 1980년까지 80년 동안 죽음과 전쟁의 시대였습니다. 전쟁 사망자는 1억 5천만 명이나 되었습니다.

현재 전 세계에는 15세 미만의 군인은 20만 명이 넘는다고 합니다. 아프가니스탄에는 15세 미만으로 구성된 군대가 있고, 이란에는 13세 징집 군인도 많습니다. 니카라과 정부군도 3천 명의 어린이 군대를 보유하고 있습니다. 콘트라 반군은 12세부터 총을 잡게 하여 전쟁 훈련을 시킵니다.

세계가 전쟁 놀이터인가요? 어린이들을 훈련하여 전쟁터로 내보내면 어쩌자는 건가요? 정녕 이 땅에서 전쟁광들을 사라지게 하는 길은 없는 건가요?

어린이는 어린이답게 교육하고 책을 읽게 하고 정서적으로 길러야 하는데, 총을 들게 해서 사람을 죽이는 군인으로 훈련하면 어떡하나요?

21세기는 평화 공존의 시대가 되어야 합니다. 전쟁 도발은 어떤 원인으로도 합리화할 수 없습니다. 전쟁광들을 다스리기 위한 세계적인 중재 기구가 있어야 합니다.

예수 그리스도는 평강의 왕이십니다. 그분의 뜻에 따라 우리는 전쟁 없는 평화의 시대를 회복해야 합니다.

"민족끼리, 나라와 나라끼리, 더 이상 칼을 들고 서로 맞서는 일이 없을 것이므로, 전쟁을 위해 군사 훈련을 하는 일도 다시는 없을 것이다."(사 2:4)

348 | 금광 캠프

가정과 아기
(♪565장, 556장)

서부 개척 시대의 미국 캘리포니아주에 금광이 발견되자 몰려온 광부들은 싸움, 술주정, 총질로 시끄러웠습니다. 어느 날 한 캠프에서 아기를 낳다가 엄마가 죽었는데 남겨진 아기를 돌보면서 기적같이 조용해졌습니다.

바로의 공주와 모세

 서부 개척 시대에 미국 캘리포니아주에서 금광이 발견되자 남자들이 벌떼같이 몰려왔습니다. 금광에서 일하는 그들은 거의 날마다 싸움, 술주정, 총질로 시끄러웠습니다.

 그러던 중 한 캠프에 아기가 태어났습니다. 아기 엄마는 아이를 낳다가 죽었습니다. 아기는 하는 수 없이 거친 광부들의 손에 키워졌습니다. 한 달, 두 달, 광부들은 당번을 정해 가며 아기를 돌보고 우유를 먹이며 키웠습니다.

 그런데 기적이 일어났습니다. 거의 날마다 싸움질, 술주정, 도박, 고함으로 잠시도 조용하지 않았는데, 어느 누가 지도하지도 않았는데, 아기가 있는 캠프는 조용해졌습니다.

 광부들도 순해졌습니다. 아기가 잠잘 때나 웃을 때, 술주정으로 떠드는 소리도 없었습니다. 아기가 있는 캠프는 모범적인 캠프가 되어 갔습니다. 광산 일도 열심히 해서 수입도 좋고 아기도 무럭무럭 잘 자라났습니다.

 한 아기로 인해 광산 캠프가 변했습니다. 아기 덕분에 거친 광부들이 순한 아버지들이 되어 서로 아끼게 되었습니다. 아기가 가져다 준 놀라운 기적입니다. 이처럼 가정에는 아기가 있어야 합니다.

"슬하의 자식들은 주께서 주신 선물이요, 모태의 열매는 주께서 주신 상급이다. …그런 화살이 화살통에 가득한 사람은 그 얼마나 복되랴."(시 127:3-5)

349 | 사치스러운 사람들

사치와 낭비
(♪322장, 427장)

음탕한 군주, 사마염(司馬炎)

중국 진나라 때의 부자 왕개는 호화롭게 살며 사람 젖을 먹고 자란 돼지고기만 먹었습니다. 석숭은 금가루 먹고 자란 닭고기와 달걀을 먹었습니다. 네로 황제의 부인은 여행 중 나귀 젖으로 목욕했습니다.

　동서양을 막론하고 특별한 사람이 많았습니다. 그들은 평범한 삶을 떠나 특별한 방법으로 살았습니다. 그중에서도 사치와 별미를 즐긴 특별한 사람들이 있습니다.

　중국 진나라 때의 부자 왕개(王愷)는 사치하며 호화롭게 살았습니다. 돼지고기를 즐겨 먹는 그는 꼭 사람의 젖을 먹고 자란 돼지고기만 먹었다고 합니다.

　같은 진나라에서 무역업으로 큰돈을 번 석숭(石崇)은 문장가이며 고급 관료였습니다. 그는 닭장에서 금가루만 먹고 자란 닭고기와 달걀만 먹었다고 합니다.

　서양에서 네로 황제의 부인은 여행을 자주 했습니다. 갈 때마다 50마리의 나귀를 몰고 가서 나귀 젖으로 목욕했다고 합니다. 그녀뿐만 아니라 로마 귀족 부인들도 나귀 젖으로 목욕하기를 즐겼다고 합니다.

　이것이 과연 바람직한 생활일까요? 별난 사람들의 이런 사치스럽고 놀라운 생활은 돈과 신분을 자랑하는 이상 심리자의 모습일 뿐입니다. 가치 있고 고귀한 삶은 특별한 음식을 섭취하거나 고급 옷을 입는 데 있지 않고, 사회와 이웃에 무엇인가를 이바지하는 헌신과 봉사에 있다고 할 것입니다.

"이제까지 마음껏 자신을 영화롭게 하고 극도로 사치를 누렸으니, 이제는 그만큼 큰 고통과 극한 슬픔을 안겨 주어라."(계 18:7)

350 | 송청의 선행

선행과 베풂
(♪218장, 517장)

당나라의 송청은 약 조제에 탁월했습니다.
그의 약을 먹으면 어떤 병도 다 나았습니다.
외상값 장부를 연말이면 태우고 잊어버렸지만
나중에 돈 벌어서 더 많이 주는 사람도 있었습니다.

외상장부

중국 당나라에 송청이라는 유명한 약장수가 있었습니다. 그는 약 조제에 탁월한 재주가 있었습니다. 그의 약을 먹고 병이 나은 사람이 많았습니다.

송청은 돈 없는 가난한 사람들에게는 외상으로 약을 지어주었습니다. 연말이면 외상 장부가 수십 권에 이르렀습니다. 그러나 한 번도 약값을 독촉하는 법이 없었습니다. 연말이면 외상 장부를 모두 불태워 버리고 두 번 다시 약값을 묻지 않았습니다.

어떤 사람은 이런 그를 어리석은 사람이라고 비웃었고, 어떤 사람은 대단한 인물이라고 추켜세웠습니다. 그의 대답은 간단했습니다.

"나는 어리석은 사람도 대단한 사람도 아닙니다. 40년 동안 약장수를 하면서 수백 권의 외상 장부를 불태웠지만 크게 손해 본 적은 없습니다. 약값을 떼어먹은 사람도 더러 있었지만, 나중에 출세해서 약값보다 훨씬 많은 돈으로 보답하는 사람도 꽤 있었습니다. 선을 베푸는 것이 항상 손해 보는 장사만은 아닙니다."

"우리는 저마다 이웃을 기쁘게 하고, 이웃의 유익을 위해 살아야 하며, 이웃에게 덕을 세우도록 해야 합니다."(롬 15:2)

351 | 진가陳家의 결혼식

희생과 봉사
(♪213장, 216장)

거위를 잡으려는데 알을 낳으니 수탉을 잡으라 하고 양은 털을 주고, 개는 집 지키고, 소는 농사를 짓는다며 다른 짐승 잡으라는 말에 주인은 다 잡겠다고 했습니다. 가축들이 서로 희생하겠다고 하자 주인은 크게 감동했습니다.

중국 우화에 '진가의 결혼식'이라는 이야기가 있습니다. 진가 집안의 주인이 잔치에 쓸 거위를 잡으려고 불렀으나 알을 낳으니 수탉을 잡으라고 했습니다. 수탉은 새벽마다 울어 주인을 깨우므로 양을 잡으라고 했습니다. 양은 털을 주고, 개는 집을 지키고, 소는 농사를 짓는 등 효용성을 주장하면서 다른 가축을 잡으라고 했습니다.

주인은 생각다 못해 모든 가축을 다 잡아 큰 잔치를 벌이겠다고 했습니다. 이에 가축들이 모여 회의를 열었습니다. 먼저 거위가 나섰습니다. 수탉은 새벽마다 주인을 깨우는 중대한 일을 해야 하니, 차라리 자신이 잡혀서 잔치 제물이 되겠다며 울었습니다. 그러자 모든 가축이 감동했습니다. 저마다 다른 가축의 효용성을 말하면서 자기가 잡혀 죽겠다고 나섰습니다.

이런 광경을 본 주인은 감동하여 어느 가축도 잡지 않기로 했습니다. 이 중국 우화가 주는 교훈은 이것입니다. 필생즉사 필사즉생必生卽死 必死卽生. 살고자 하면 죽고 죽고자 하면 산다는 교훈입니다. 임진왜란 때 이순신 장군이 위기에서 부하들에게 강조한 말입니다.

"자기 목숨만 소중하게 생각하는 사람은 그 목숨을 잃게 될 것이다. …자기 목숨을 버리는 사람은 도리어 그 목숨을 얻게 될 것이다."(마 10:39)

352 | 타이타닉호의 침몰

교만의 결과
(♪454장, 455장)

영국이 그리스 신화의 거인 '타이탄'의 이름을 따서 초호화 여객선 타이타닉을 만들어 첫 출항했는데 뉴펀들랜드 해역에서 빙산과 충돌하여 침몰했습니다. 승선자 2,200명 중에서 1,513명이 사망했습니다.

타이타닉 침몰을 그린 그림

1912년 영국은 거대한 배 한 척을 만들었습니다. 무게 46,300톤, 길이 269m인 이 초호화 여객선의 이름은 타이타닉이었습니다. 그리스 신화에 나오는 거인 '타이탄'의 이름을 따서 지은 것입니다.

사람들은 하나님도 침몰시킬 수 없는 배라며 호기를 부렸습니다. 그러나 첫 항해에 나선 그해 4월 14일 뉴펀들랜드 해역에서 빙산에 부딪쳐 침몰하고 말았습니다. 승선자 2,208명 중 사망자는 1,513명이었습니다. 최고의 배가 일으킨 최악의 참사였습니다.

「타이타닉」이란 영화를 보면 선장의 교만이 그대로 드러납니다.

"사람들은 타이타닉호를 세계에서 가장 빠른 배로 기록할 것이다."

그러나 그 교만은 몇 시간 후 나타난 빙산 앞에서 산산이 부서지고 말았습니다. 교만은 파멸을 낳습니다. 하나님은 인간에게 완전함을 허락하지 않았습니다. 인간은 하나님 앞에서 항상 겸손해야 합니다.

"교만은 멸망으로 이끄는 앞잡이요, 거만한 마음은 몰락으로 향하는 지름길이다."(잠 16:18)

353 | 걸지 않은 대문 빗장

회심과 용서
(♪525장, 527장)

폼페오 바토니의 '돌아온 탕자'

가출한 딸이 참회하고 9년 만에 고향집으로 가서 한밤에 문을 두드리니 대문이 그냥 열렸습니다. 방문도 열려 있었는데 어머니는 딸을 안고 울었습니다. "네가 집을 나간 날부터 한 번도 대문 빗장을 걸지 않았다."

설교자 위버가 스코틀랜드에서 누가복음 15장의 '돌아온 탕자' 이야기를 주제로 설교할 때였습니다. 그의 설교를 듣던 한 여자가 참회의 눈물을 줄줄 흘렸는데, 설교 후 그녀는 위버에게 말했습니다.

"저는 어머니와 함께 살다가 크게 다투고 9년 전에 가출했습니다. 오늘 목사님의 설교를 듣고 어머니의 사랑을 깨달았습니다. 이제 고향으로 달려가 저의 회심을 고백하겠습니다."

그녀는 9년 만에 고향을 찾았습니다. 한밤중에 고향집 대문을 두드렸으나 인기척이 없었습니다. 대문을 가볍게 밀자 문이 스르르 열렸습니다. 어머니의 방문도 열려 있었습니다. 그녀는 어머니를 불렀고, 어머니는 딸을 와락 끌어안으며 엉엉 울었습니다.

"잘 돌아왔다. 네가 집을 나간 날부터 한 번도 대문 빗장을 걸지 않았다. 네가 한밤중에 와도 쉽게 들어올 수 있도록 밤마다 불을 밝혀 놓았어."

어머니의 사랑은 빗장을 거는 법이 없습니다. 하나님의 품 역시 닫히지 않고 언제 어디서든 항상 죄인을 향해 활짝 열려 있습니다.

"악한 자들아, 이제 네 길을 버리고 주께로 돌아오라. …돌이켜서 주께로 돌아오라. 그러면 주께서 불쌍히 여기시고 얼마든지 받아주실 것이다."(사 55:7)

354 | 피카소의 그림

복음의 가치
(♪94장, 439장)

피카소가 여행 중 한 농가에서 하룻밤 묵고 나설 때
그 집 딸아이의 하얀 손수건에 그림을 그려주려고 했지만
울면서 엄마에게 달려가니 제발 그냥 가라고 했습니다.
피카소를 알았다면 부탁해서라도 그림을 받았을 것입니다.

파블로 루이즈 피카소(1881~1973)

피카소가 여행하다가 어느 농가에서 하룻밤 신세를 졌습니다. 다음날 길을 떠나려 할 때, 그 집의 귀여운 딸아이가 하얀 손수건을 가지고 있는 것을 보았습니다. 피카소는 그 집에 선물 하나를 주고 싶었습니다.

"그 손수건에 그림 하나 그려줄까?"

그 말을 들은 아이는 동그랗게 놀란 눈으로 울먹이며 엄마에게로 달려갔습니다.

"엄마, 저 사람이 내 손수건에 물감을 칠하겠다고 해."

엄마도 놀란 아이를 품에 안으며, 손님을 향해 그냥 길을 가라고 손짓했습니다. 피카소의 커다란 눈만 멀뚱멀뚱해졌습니다.

만약 그 농부의 아내가 그림에 관해 알거나 피카소를 알아보았더라면 어떠했을까요? 그의 그림 한 장은 몇 억의 가치가 있는데, 제발 한 장이라도 그려 달라고 하지 않았을까요? 손수건이 아닌, 보자기나 블라우스라도 펴 놓고 그려 달라고 졸랐을 것입니다.

가치를 알아보지 못하면 보석을 눈앞에 두고도 보석인 줄 모르는 법입니다. 세상에서 가장 빛나는 보석은 그리스도의 십자가 복음입니다.

"십자가의 말씀이 멸망할 자들에게는 어리석게 들리겠지만, 구원받은 우리에게는 하나님의 크신 능력입니다."(고전 1:18)

355 | 링컨과 스토우 부인

하나님의 일꾼
(♪320장, 332장)

美 흑인 해방의 어머니 스토우 부인

소설가 스토우 부인을 만난 링컨 대통령이 말했습니다.
"위대한 소설을 쓴 분의 모습은 아주 강인할 줄 알았습니다."
"노예 제도를 보고 노여워하신 하나님이 쓰신 거예요."
두 사람은 겸손하게 하나님의 도구였다고 말했습니다.

4년간의 남북전쟁이 북군의 승리로 끝난 후 두 사람의 영웅이 만났습니다. 바로 링컨 대통령과 스토우 부인입니다. 한 사람은 북군의 지도자로서 노예 해방을 위해 싸웠고, 다른 한 사람은 『톰 아저씨의 오두막』이라는 작품을 통해 인간 평등을 주장했습니다.

링컨은 스토우 부인을 보고 깜짝 놀랐습니다.

"뜻밖인데요. 위대한 소설을 쓴 분의 모습은 아주 강인할 줄 알았습니다."

스토우 부인은 미소를 지으며 이렇게 말했습니다.

"그 소설은 제가 쓴 것이 아니라 노예 제도를 보고 노여워하신 하나님이 쓰신 거예요. 저는 단지 그분의 작은 도구였을 뿐이에요. 당신의 모습도 상상했던 것과는 다르네요. 의외로 인자한 표정이군요."

"저 역시 하나님의 작은 도구였을 뿐입니다."

자신들이 이룩한 모든 업적을 하나님께 돌리고, 단지 하나님의 작은 도구일 뿐이라는 두 사람의 겸손한 고백은 지금도 미국인들의 입에 오르내리고 있습니다.

"오늘날 내가 나 된 것은 오직 하나님의 은혜로 말미암은 것입니다."(고전 15:10)

356 | 허영에 속는 사람들

허영과 사치
(♪322장, 463장)

똑같은 재료와 기술로 만든 숙녀화 4켤레를 진열했는데
손님들은 120달러와 60달러 정가에 비싼 걸 택했습니다.
똑같은 구두를 이렇게 두 배나 더 주고 산 것은
비싼 것이 더 좋다고 믿는 허영심 때문입니다.

　미국 뉴욕의 한 숙녀화 가게에서 있었던 일입니다. 구두 만드는 사람은 똑같은 재료와 똑같은 솜씨로 만든 숙녀화를 거의 같은 형태로 진열대에 전시했습니다. 그러고는 한 켤레에는 60달러, 다른 것에는 120달러의 정가표를 붙였습니다.

　그런데 며칠 뒤 손님들의 반응은 전혀 예상 밖이었습니다. 네 사람의 고객 중에 세 사람이 숙녀화를 이리저리 살펴보고 고심하더니 120달러짜리를 택했습니다. 절반 값의 숙녀화를 택한 고객은 한 사람뿐이었습니다. 똑같은데도 75%가 갑절이나 비싼 숙녀화를 선택한 것입니다.

　주인은 참으로 이상하다고 생각했습니다. 그들은 어리석었습니다. 자신의 허영에 속은 것입니다. 똑같은 구두를 두고 값이 두 배나 비싸니까 두 배나 더 좋은 신발인 줄 알았던 것입니다. 비싸게 사야만 좋은 것이라고 믿은 자신에게 속은 것입니다.

"무슨 일을 하든지, 이기심이나 허영으로 하지 마십시오."(빌 2:3)

357 | 말무덤

충성과 헌신
(♪328장, 333장)

토호군에 참전한 이유길 장군이 백병전을 벌이기 전 옷을 찢어 '5월 5일 死'라고 써서 집으로 보냈습니다. 말은 밤낮 달려 장군의 집에 도착 후 죽었는데 말의 무덤을 만들어 장군의 무덤 아래 묻었습니다.

경기도 파주시 광탄면 발랑리 183번지

경기도 파주시 광탄에는 말무덤이 있습니다. 조선조 광해군 11년 중국 요동 지방 전투에 토호군으로 참전한 이유길 장군의 충마忠馬 무덤입니다.

이유길 장군은 요동에서 백병전을 벌이기 전, 옷을 찢어 '5월 5일 死'라는 글자를 써서 말갈기에 매어 집으로 보냈습니다. 밤낮으로 달린 말은 마침내 장군의 집에 이르자 지쳐서 죽었습니다.

조정에서는 이 말의 충성스러움에 감동해 직위를 품고, 이유길 장군의 무덤 아래 잘 묻어 주었습니다.

말무덤을 보면 인간이 부끄럽습니다. 짐승도 이렇게 자기 주군을 위해 죽는데, 사람은 은혜를 배신하는 경우가 얼마나 많은지 모릅니다. 바른 삶과 바른 죽음을 말무덤에서 배웁니다.

"하늘을 나는 학도 정해진 제철을 알고, 비둘기와 제비와 두루미도 모두 돌아올 때를 아는데, 오직 내 백성은 내가 정한 주의 법규를 알지 못한다."(렘 8:7)

358 | 어이없는 일

교만과 넘어짐
(♪454장, 467장)

뉴욕 자이언츠 팀과 보스턴 레드삭스 팀의 투수전에서
뉴욕이 2:1로 이긴 상태인 9회 말 경기였습니다.
공이 높이 떠서 경기가 끝났다며 청중이 환호할 때
외야수는 어이없이 공을 놓치고 말았습니다.

2013년 보스턴 레드삭스 우승 반지

    1912년 미국 야구 월드 시리즈에서 뉴욕 자이언츠 팀과 보스턴 레드삭스 팀이 맞붙게 되었습니다. 치열한 투수전이 펼쳐진 끝에 뉴욕이 2:1로 이기고 있었습니다.

    9회 말 경기에서는 보스턴 팀의 마지막 공격이 있었습니다. 그라운드에는 주자 두 명이 2루와 3루에 있었습니다. 그때 투 아웃 상황에서 타자가 친 공이 높이 떠올랐습니다. 어린이도 충분히 잡을 수 있는 평범한 플라이 공이었습니다.

    그런데 외야수 스노드 그래스는 이 쉬운 공을 어이없이 놓치고 말았습니다. 공이 높이 뜨자 이미 이긴 줄 알고 방심했던 것입니다. 승리를 예상하고 좋아하는 뉴욕 팀 관중의 환호성이 자기에게서 비롯된다고 철석같이 믿고 우쭐하며 헛손질한 것입니다. 그 결과 3:2로 역전한 보스턴 팀이 그해 월드 시리즈 챔피언이 되었습니다.

    이런 어이없는 일은 야구뿐만 아니라 우리의 일상에도 가끔 있는 일입니다. 너무 빨리 승리감에 취하면 작은 실수가 엄청난 손실을 가져오기도 합니다. 모든 일에 있어서 교만은 넘어짐과 몰락의 지름길입니다.

"교만은 멸망으로 이끄는 앞잡이요, 거만한 마음은 몰락으로 향하는 지름길이다."(잠 16:18)

359 | 포인세티아의 비밀

환난과 역경
(♪336장, 342장)

포인세티아 : 크리스마스를 밝게 해주는

포인세티아는 따뜻한 실내에 두면 안 되고 한겨울 추위와 어둠을 겪어야 합니다. 크리스마스 때가 되면 푸른 나뭇잎이 새빨간 꽃잎으로 변하여 더욱 아름답습니다.

해마다 크리스마스 때가 되면 성탄 트리와 더불어 포인세티아를 보게 됩니다. 새빨간 꽃잎은 푸른 나뭇잎이 붉게 변한 것인데 거기에는 비밀이 있습니다.

그 식물은 밝고 온화한 방에 두면 색깔이 곱지 않습니다. 추운 자리, 깜깜한 자리에 두어야 성탄 때 푸른 나뭇잎이 변하여 아름다운 진홍색이 됩니다.

가장 아름다운 포인세티아를 보고 싶으면 추운 방, 어두운 방에 두어야 합니다. 그러면 진홍빛 꽃잎을 내면서 더욱 생기 있게 된다고 합니다. 추위와 어둠 속에서 더욱 단련된다는 것이 포인세티아의 비밀입니다.

포인세티아의 붉은 꽃잎은 매력적입니다. 한겨울 성탄절에 다른 꽃들은 거의 시들어 사라졌을 때 유별나게 붉은 꽃을 자랑합니다. 그런 자랑은 어둠과 추위를 견디고 이겨낸 뒤에 오는 것입니다. 바로 이것이 우리의 신앙에 환난과 역경을 겪는 이유이기도 합니다.

"우리가 지금 겪고 있는 잠깐 동안의 이 고난은, 장차 우리에게 비교조차 할 수 없을 정도로 훨씬 더 크고 영원한 영광을 가져다 줄 것입니다."(고후 4:17)

360 고산족의 소 값

희망과 긍정
(♪491장, 354장)

히말리야 고산족은 소를 사고팔 때
풀을 뜯어먹는 습성을 보고 값을 정합니다.
아래서부터 뜯어먹고 위로 오르는 소가 비싸고
위에서부터 아래로 내려오며 뜯어먹는 소는 쌉니다.

중국 티베트 고산지대의 야크

    히말라야 고산에 사는 사람들은 소를 사고팔 때 소값을 정하는 규정이 다릅니다. 살찌고 튼튼한 소가 비싼 게 아니라 풀을 뜯어 먹는 모습을 보고 값을 정합니다.

    소가 풀을 뜯어먹을 때, 아래서부터 뜯어먹고 위로 오르면서 뜯어먹는 소가 제일 비쌉니다. 그것은 히말라야 지역의 특성 때문입니다. 낮은 데부터 뜯어먹고 위로 올라가면서 뜯어먹는 소가 오래 삽니다. 위에서부터 아래로 뜯어먹는 소는 머지않아 굶어 죽을 것이므로 값이 나가지 않습니다. 그 소는 오래 살지 못합니다.

    소값을 결정하는 기준은 바로 풀을 뜯는 습성에 달려 있습니다. 상향 습성이냐 하향 습성이냐에 따라 소의 미래가 달려 있습니다.

    인간의 삶도 그 습성에 따라서 매우 달라집니다. 희망 습성이냐 절망 습성이냐, 긍정 습성이냐 부정 습성이냐에 따라 성공과 실패, 행복과 불행이 결정됩니다. 우리는 좋은 습성으로 성공과 행복을 누려야 할 것입니다.

"궁핍하면 궁핍한 대로, 넉넉하면 넉넉한 대로 사는 법을 잘 압니다. …어떤 상황에 처하든 나는 스스로 만족하면서 사는 비결을 터득했습니다."(빌 4:12)

361 | 아방궁

평강과 기쁨
(♪322장, 408장)

청나라 원요의 아방궁도

아방궁은 동서 900m, 남북 160m인데 이런 것이 300개나 있고 땅굴 30리를 파놓았다고 합니다. 암살 모반이 겁나 유사시에 도망갈 곳입니다. 북경의 자금성도 크지만 비교가 안 됩니다.

　아방궁은 중국 진나라의 시황제가 기원전 212년에 건축한 중국 역사상 가장 큰 궁전입니다. 그래서 아방궁은 크고 화려한 초호화 건물의 대명사가 되었습니다.

　『사기史記』에 묘사된 아방궁 정전은 동서가 500보(800~900m), 남북이 5장(150~160m)입니다. 이런 건물이 궁에 300개나 있었다고 합니다. 아방궁 밑으로는 땅굴을 30리나 파놓았습니다. 유사시에 몰래 달아날 굴입니다. 얼마나 생존의 위기를 느꼈으면 그랬을까요?

　행복과 불행은 집의 크기와 호화로움에 달려 있지 않습니다. 이렇게 크고 화려한 집에서도 진시황은 마음 편히 쉬지 못했습니다. 항상 암살과 모반을 두려워하며 불행하게 살았으니 어찌 보면 불쌍한 사람입니다. 진나라를 정복한 후 이 궁궐을 초나라의 항우가 불태워 버렸는데, 3개월 동안 불길이 끊이지 않고 타올랐다니 놀라울 따름입니다.

　현존하는 궁전 중에서 중국 북경의 자금성이 가장 큽니다. 정전이 가로 60m, 세로 30m, 전 길이 모두 100개 정도이니 아방궁에 비하면 초가삼간에 불과합니다. 그러나 아무리 크고 화려한 궁궐이라도 평강과 기쁨이 없으면 소용없고, 초가삼간이라도 웃음이 있으면 최고입니다.

"마른 빵 한 조각을 먹더라도 서로 화목하게 지내는 것이 온갖 풍성한 음식을 차려놓고서도 서로 다투는 것보다 낫다."(잠 17:1)

362 | 라구아디아 판사의 판결

돌봄과 구제
(♪517장, 218장)

한 노인이 빵을 훔친 죄를 심판하는 날이었습니다.
눈물이 흥건한 그에게 절도죄인 벌금형이 내렸습니다
그동안 좋은 음식 많이 먹은 값으로 그 벌금은
판사가 내겠다고 하자 참석자들도 돈을 내놓았습니다.

 미국 뉴욕시 즉결 심판부의 라구아디아 판사가 한 사건의 재판을 맡았습니다. 가게에서 빵을 훔친 노인이 법정에 서서 두 눈에 눈물을 글썽이며 말했습니다.

 "사흘을 굶었는데 그때부터는 눈에 아무것도 보이지 않았습니다. 무엇이라도 먹어야 했습니다."

 한참을 생각한 판사는 근엄한 표정으로 판결을 내렸습니다.

 "사정은 참으로 딱하지만 절도 행위는 벌금형에 해당합니다. 따라서 본 판사는 벌금형에 처합니다. 하지만 그 벌금은 내가 대신 내겠습니다."

 그러면서 자신의 지갑에서 돈을 꺼낸 그는 재판정에 참석한 사람들을 향해 말했습니다.

 "이 돈은 그동안 내가 너무 좋은 음식을 많이 먹은 죄에 대한 벌금입니다. 여러분도 동참하고 싶다면 이 모자에 돈을 넣으십시오."

 재판정에 참석한 사람들은 즉석에서 돈을 모았고, 그 돈은 가난한 노인의 벌금이 되었습니다. 남은 돈으로는 노인의 끼니를 해결할 수 있었습니다. 우리는 가난한 이웃에게 관심을 가져야 합니다. 헐벗고 가난한 이웃을 외면한 채 혼자서 너무 많이 갖고 너무 많이 먹는 것은 죄가 됩니다.

 "가난하고 약한 사람을 잘 보살펴 주는 자들이여! 재앙의 날이 닥칠 때 주께서 그를 건져 주실 것이다."(시 41:1)

363 제일 큰 장난감

자선과 베풂
(♪215장, 464장)

성탄절에 날개 4피트의 모형 비행기를 가장 가난한 집에 선물로 들고 갔는데 아버지는 가출하고 아들 넷, 딸 넷이 있었습니다. 18년 후 그 집 아들은 전투기 조종사가 되었습니다.

울드리코 목사 이야기가 『다락방』에 소개된 적이 있습니다. 그의 어머니는 사회 복지사로 일했습니다. 그의 집에서는 성탄 때마다 관례가 있었습니다. 교인 중 가장 가난한 집에 가장 정성이 깃든 성탄 선물을 갖다 주는 것이었습니다.

"네 장난감 중에서 제일 좋고 큰 것을 제일 가난한 집 아이에게 갖다 주어라."

그가 어렸을 때 어머니가 한 말입니다. 그는 어머니의 말에 따랐지만 속으로는 아깝다는 생각을 떨쳐 버리지 못했습니다. 날개가 4피트나 되는 이 큰 모형 비행기는 어린 그가 가장 소중하게 여기는 장난감이었습니다.

그래도 그는 어머니의 말씀대로 그 비행기를 들고 가난한 집을 찾아갔습니다. 아들 넷, 딸 넷이 사는 집인데 아버지는 가출하고 없었습니다.

그때로부터 18년이 지났습니다. 비행기 선물을 받은 그 가난한 집의 아들들은 조종사가 되어 있었습니다. 한 아들은 747 보잉기 조종사였고, 또 한 아들은 최신 전투기 조종사였습니다. 장난감 비행기가 아닌 진짜 비행기를 모는 조종사였습니다. 그들은 모형 비행기를 보면서 조종사의 꿈을 키웠던 것입니다. 그 가정은 울드리크 목사의 교회에 출석하는 교인이었습니다.

"가난한 사람을 짓누르는 것은… 하나님을 모욕하는 일이지만, 궁핍한 사람에게 호의를 베푸는 것은 그를 지으신 하나님을 공경하는 일이다."(잠 14:31)

364 | 윌리엄 캐리의 임종

충성과 헌신
(♪405장, 349장)

침례교 인도 선교사 윌리엄 캐리의 묘비명입니다.
"윌리엄 캐리, 1761년 8월 17일생 여기 잠들다.
가엾고 불쌍한 벌레 같은 인간,
하나님의 친절한 팔에 영원히 안기나이다."

1834년 6월 9일, 윌리엄 캐리(William Carey) 별세

윌리엄 캐리는 미국 침례교 선교위원회가 인도로 파송한 최초의 선교사였습니다. 그의 모토는 다음과 같았습니다.

"하나님께로부터 위대한 일들을 기대하라. 하나님을 위해 위대한 일들을 성취하라."

캐리는 자신이 죽은 후에 다음과 같은 말을 묘비에 새겨줄 것을 지인들에게 부탁했습니다.

"윌리엄 캐리, 1761년 8월 17일생 여기 잠들다. 가엾고 불쌍한 벌레 같은 인간, 하나님의 친절한 팔에 영원히 안기나이다."

그는 임종 자리에서 한 친구에게 이렇게 말했습니다.

"내가 죽었을 때 캐리에 대해서는 아무 말도 하지 말게. 오직 캐리가 믿었던 구주에 대해서만 이야기하게."

윌리엄 캐리는 위대한 복음 전도자였던 사도 바울의 후예로서 부끄러움 없는 복음 전도자로 살아간 사람이었습니다.

"복음을 전하는 것이 내게는 하등 자랑거리가 될 수 없습니다. …만일 내가 복음을 전하는 일을 그만둔다면, 내게 재앙이 미칠 것입니다."(고전 9:16)

365 | 황소 걸음

여유와 신중함
(♪364장, 413장)

남명 조식이 제자인 좌의정 정탁에게 말했습니다.
"내가 소 한 마리를 줄 테니 평생 잘 타고 다니게.'
물론 마음의 소인데 황소걸음으로 살라는 뜻입니다.
한국인은 밥 먹는 것, 걷기, 운전이 가장 빠릅니다.

정선. '청우출관도', 29.6×23.2cm

조선조 중기의 남명 조식曺植은 퇴계 이황과 더불어 성리학의 대학자였습니다. 선조 때 좌의정을 지낸 정탁이 바로 남명의 제자입니다. 그는 스승의 가르침이 컸다고 말하곤 했습니다. 벼슬길에 나갈 때 남명이 그에게 말했습니다.

"내가 소 한 마리를 줄 테니 평생 잘 타고 다니게."

이것은 물론 마음의 소였습니다. 만사에 초조해하거나 서두르지 말고 여유 있게, 느긋하게, 신중하게 하라는 뜻이었습니다. 정탁은 그 후 나라에 충성했습니다. 그는 스승 남명의 가르침 때문이었다고 자주 이야기했습니다.

한국인은 세계에서 가장 빠른 세 가지가 있다고 합니다. 걸어가는 속도, 밥 먹는 속도, 운전 속도입니다. 이 셋이 세계 최고라는 것입니다. 이 세 가지가 너무 빨라 온갖 사고가 잦다고 합니다.

이제 우리도 남명의 가르침대로 마음속에 소 한 마리씩 몰고 다녀야 하지 않을까요? 빠르고 정신없는 세상에 황소걸음처럼 느긋함과 여유로움과 신중함, 조용히 생각하고 묵상하는 법을 배워야 하지 않을까요?

"너희가 내게로 돌아와 순종하면 살길을 찾을 것이다. …오히려 힘을 얻고 강하게 될 것이다. 그러나 너희는 그것을 원하지 않았다."(사 30:15)

김영진
작가약력

- 1944 경북 예천 출생
- 고려대학교 경영대학원, 감리교신학대학원 졸업
- 1965년 시집 『초원의 꿈을 그대들에게』를 내며 등단
- 저서

  『초원의 꿈을 그대들에게』, 『나들이』, 『책한테 길을 물어』,

  『열린 문으로 들어가기』, 『책 읽는 사람이 세계를 이끈다』,

  『희망이 있으면 음악이 없어도 춤춘다』, 『네 인생을 재부팅하라』,

  『별과 꽃과 사랑의 노래』, 『10대여, 네 안의 힘을 믿어라』,

  『금강산』, 『개성』, 『백두산』, 『빈 그릇의 노래』,

  『긍정의 말』, 『지혜의 말』 등 다수

- 『새벗』 500호 발행,

  국제펜클럽 한국 본부 감사

  한국잡지협회 회장

  한국기독교문인협회 이사장 역임

- 한국문인협회 자문위원,

  한국시인협회 이사,

  (주)성서원 회장

김영진문학관
金永鎭文學館

「김영진 문학관」은 2016년 6월 16일 경기도 덕양구 대자동에서 개관했다.
2011년 11월에 문을 연 경북 예천 '수계 김영진 문학관'이 경북도청 통상관으로 사용하게 되어 이곳으로 이전한 것이다.
「김영진 문학관」에는, 시인이자 수필가인 김영진 시집, 에세이, 자기계발, 기독교 서적 등 50여권이 전시 되어 있다.
또한 각종 문학상 수상, 서울 혜화동 로터리와 시인 등의 시비(詩碑) 사진을 한 눈에 볼 수 있다.
또 김 시인의 역사를 한 눈에 볼 수 있는 작품과 사진, 문인들과 주고 받은 편지 등을 12폭 병풍 8개에 담아 놓았다.

경기도 고양시 덕양구 대자동 통일로 512길 6-29 Tel. 02-765-0011~17 Fax. 02-743-6811

기적의 예화

2024년 10월 15일 초판 1쇄 발행
지은이 | 김영진
펴낸곳 | 성서원
판매처 | (유)성서원
주소 | 경기도 고양시 덕양구 덕은로 60-12, 제비동호(덕은동)
이메일 | saebut-9106@hanmail.net
인터넷 홈페이지 | www.biblehouse.co.kr
김영진 홈페이지 | www.youngjinkim.co.kr
출판등록 | 제2017-000218호
전화 | 02-765-0011~7
팩스 | 02-743-6811

ⓒ김영진2020
저작권자와 맺은 특약에 따라 검인을 생략합니다.

※ 이 책은 저작권법에 따라 보호받는 저작물이므로 무단 전재와 복제를 금지하며,
이 책의 내용의 전부 또는 일부를 인용하려면 반드시
성서원 김영진『365 기적의 예화』( )페이지, 출처를 밝히고
성서원 이메일 saebut-9106@hanmail.net로 전송하셔야합니다.

잘못된 책은 바꾸어 드립니다.